Jurisdição e Direitos Fundamentais

ANUÁRIO 2004/2005 – Volume I, Tomo I

ESCOLA SUPERIOR DA MAGISTRATURA
DO RIO GRANDE DO SUL – AJURIS

1322

Anuário 2004/2005 - Volume I, Tomo I
da Escola Superior da Magistratura do Rio Grande do Sul - AJURIS

ASSOCIAÇÃO DOS JUÍZES DO RIO GRANDE DO SUL

BIÊNIO 2004 - 2005

Desembargador Carlos Rafael dos Santos Júnior - Presidente.
Doutora Denise Oliveira Cezar - Vice-Presidente Administrativo.
Doutor Cláudio Luís Martinewski - Vice-Presidente do Patrimônio Financeiro.
Doutor Ricardo Pippi Schmidt - Vice-Presidente Cultural.

ESCOLA SUPERIOR DA MAGISTRATURA
Professor Doutor Eugênio Facchini Neto - Diretor.
Professor Desembargador Nereu José Giacomolli - Vice-Diretor.

CONSELHO EDITORIAL:
Coordenador: Ingo Wolfgang Sarlet;
Almir Porto da Rocha Filho; Antonio Guilherme Tanger Jardim;
Antônio Janyr Dall'Agnol Júnior; Carlos Alberto Alvaro de Oliveira;
Eugênio Facchini Neto; José Antônio Paganella Boschi;
Juarez Freitas; Luiz Felipe Brasil Santos; Nereu José Giacomolli;
Paulo de Tarso Vieira Sanseverino; Plínio Saraiva Melgaré;
Ricardo Pippi Schmidt; Rogério Gesta Leal; Ruy Rosado de Aguiar Neto;
Sérgio Gischkow Pereira; Voltaire Lima de Moraes; Wellington Pacheco Barros.

J95   Jurisdição e direitos fundamentais: anuário 2004/2005 / Escola Superior da Magistratura do Rio Grande do Sul – AJURIS; coord. Ingo Wolfgang Sarlet. – Porto Alegre: Escola Superior da Magistratura: Livraria do Advogado Ed., 2006.
v. 1, t. 1.; 23 cm.

ISBN 85-7348-403-9

1. Direito Constitucional. 2. Direitos e garantias individuais. 3. Poder Judiciário. I. Sarlet, Ingo Wolfgang, coord.

CDU - 342

Índices para o catálogo sistemático:
Direito Constitucional
Direitos e garantias individuais
Poder Judiciário

(Bibliotecária responsável: Marta Roberto, CRB-10/652)

Ingo Wolfgang Sarlet
Coordenador

Jurisdição e Direitos Fundamentais

ANUÁRIO 2004/2005 – Volume I, Tomo I
ESCOLA SUPERIOR DA MAGISTRATURA
DO RIO GRANDE DO SUL – AJURIS

Porto Alegre, 2005

© dos autores, 2005

Capa, projeto gráfico e diagramação de
Livraria do Advogado Editora

Revisão
Rosane Marques Borba

Direitos desta edição reservados por
Livraria do Advogado Editora Ltda.
Rua Riachuelo, 1338
90010-273 Porto Alegre RS
Fone/fax: 0800-51-7522
editora@livrariadoadvogado.com.br
www.doadvogado.com.br

Escola Superior da Magistratura do Rio Grande do Sul - AJURIS
Rua Celeste Gobbato, 229
90110-160 Porto Alegre RS
Fone/fax (51) 3289-0000
esm@ajuris.org.br

Impresso no Brasil / Printed in Brazil

Prefácio

Ao apresentarmos nosso plano de gestão ao Conselho Técnico-Administrativo e ao Conselho Consultivo da Escola Superior da Magistratura – AJURIS –, incluímos uma proposta de criação de um Anuário da Escola, o que agora se concretiza, com a publicação de seu primeiro volume.

A iniciativa justificava-se, o nosso ver, por alguns motivos. A AJURIS – Associação de Juízes do Rio Grande do Sul – já edita, há várias décadas, uma prestigiosa e prestigiada revista, com ampla circulação nacional. Trata-se de uma revista de natureza multitemática, publicando artigos sobre as mais variadas áreas do pensamento jurídico. Percebíamos, porém, a necessidade de uma revista monotemática, que congregasse artigos de grande valor científico sobre um único tema condutor. O anuário da Escola poderia preencher esse vazio. A idéia, que foi aprovada por seu conselho editorial, é que a cada gestão seria publicado um volume, envolvendo um único tema, a ser definido no início da gestão.

Uma segunda razão prende-se ao prestígio de nossa Escola, nso cenários estadual e nacional. Trata-se da primeira Escola Judicial criada na América Latina, que serviu de modelo a tantas outras, no país e nos países latinoamericanos. Tendo iniciado suas atividades há quase quarenta anos, foi oficializada pelo Tribunal de Justiça do Estado do Rio Grande do Sul em 1980. Desde então, ela vem desempenhando seu papel de braço cultural do Poder Judiciário gaúcho. Além de preparar os futuros magistrados gaúchos, vem cada vez mais se dedicando à educação e à formação contínua de magistrados, serventuários da justiça, juízes leigos e conciliadores. Seus inúmeros Grupos de Estudos, reunindo juízes, professores e alunos, têm contribuído para o aumento do conhecimento científico em matérias dogmáticas tradicionais, bem como em áreas pioneiras, como é o caso da Justiça Restaurativa e da Gestão de Qualidade no PJ. Inúmeros juristas internacionais, em passagem pelo Brasil, têm proferido palestras em nossa Escola, garantindo sua inserção internacional como centro de produção de cultura jurídica. Convênio com a FGV-Direito/Rio tem possibilitado aos magistrados gaúchos a freqüência, em nossa sede, de curso de mestrado profissionalizante em Administração e Gestão do Poder Judiciário. No próximo ano, deveremos iniciar nosso próprio Curso de Especialização em Direitos Fundamentais. Por todas essas razões, entendemos que nossa Escola tem a maturidade e o prestígio necessários para ter um anuário científico de qualidade.

A escolha do tema para o primeiro anuário tem tudo a ver com nossa história e com nossa função. O Poder Judiciário encontra grande parte de sua legitimação democrática no fato de ser o guardião dos direitos fundamentais. A teoria democrática contemporânea não se cansa de salientar que o viver democrático não se esgota na liberdade de expressão, na possibilidade de votar livremente, na liberdade de imprensa, ou na regra da maioria. É fundamental o compromisso de todos, Estado e Sociedade, com o respeito, a defesa e a implementação dos direitos fundamentais – não só da maioria, mas também das minorias. E nesse aspecto, o Judiciário ocupa papel privilegiado. Assim, nada mais apropriado que o anuário de uma Escola Judicial se debruce sobre tal tema, reunindo material que servirá para reflexão de elevado nível crítico por parte dos magistrados gaúchos, bem como de todos aqueles preocupados com o tema.

A Escola Superior da Magistratura/AJURIS agradece sobremodo ao organizador desse primeiro volume, colega e professor Ingo Wolfgang Sarlet, pela dedicação e pelo empenho, cujo trabalho resultou na publicação de textos inéditos, de enorme valor científico, da lavra de renomados professores e cientistas do direito. Foram obtidos tantos textos, de tamanha qualidade, que se optou pela publicação do volume em dois tomos, devendo o segundo ser publicado nos primeiros meses de 2006.

Nosso agradecimento, também, à Livraria do Advogado, pela parceria que viabilizou a presente publicação.

Porto Alegre, novembro de 2005.

Eugênio Facchini Neto
Diretor da ESM/AJURIS

Nereu José Giacomolli
Vice-Diretor da ESM/AJURIS

Sumário

Apresentação: notas preliminares do coordenador
Ingo Wolfgang Sarlet (org.) 9

**1ª Parte
O Poder Judiciário, a Constituição e os
Direitos Humanos e Fundamentais**

I – A crise do Judiciário no Brasil: notas para discussão
José Eduardo Faria 15

II – A reforma (deforma?) do Judiciário e a assim designada "federalização" dos crimes contra os direitos humanos: proteção ou violação de princípios e direitos fundamentais?
Ingo Wolfgang Sarlet
Leonardo Furian
Tiago Fensterseifer 49

III – Súmulas vinculantes: em busca de algumas projeções hermenêuticas
Lenio Luiz Streck 107

IV – A Constituição, os direitos sociais e a justificativa política liberal
Frank I. Michelman 131

V – O controle jurisdicional de políticas públicas no Brasil: possibilidades materiais
Rogério Gesta Leal 157

VI – O Estado, a responsabilidade extracontratual e o princípio da proporcionalidade
Juarez Freitas 179

VII – Direito Constitucional, Direito Ordinário, Direito Judiciário
Cezar Saldanha Souza Junior 197

**2ª Parte
Temas de Direito Constitucional e
Direitos Fundamentais**

VIII – Presente de los derechos humanos y algunos desafíos – con motivo de la reforma de la Constitución Nacional de 1994
Rodolfo Vigo 211

IX – Os Direitos Humanos como Direitos Subjetivos – Da dogmática jurídica à ética
Luiz Fernando Barzotto 239

X – Ações afirmativas no Direito Constitucional brasileiro: reflexões a partir de debate constitucional estadunidense
Roger Raupp Rios 281

XI – Regras da Corte Suprema Norte-Americana sobre Ação Afirmativa
Mark Tushnet 303

XII – La configuración normativa de principios y derechos constitucionales en la Constitución europea
Francisco Balaguer Callejón 321

XIII – Aspectos de una teoría constitucional para Europa
Peter Häberle 335

Apresentação:
notas preliminares do coordenador

Por delegação do Conselho Editorial e indicação da Direção da Escola Superior da Magistratura do Rio Grande do Sul (AJURIS), cujos quadros tenho a honra de integrar, coube-me a responsabilidade e o privilégio ímpar de coordenar a elaboração do primeiro volume (2 tomos) do Anuário da Escola da Magistratura, versando sobre a temática do Poder Judiciário e os Direitos Fundamentais, que, pela sua atualidade e transcendental relevância, não poderia deixar de ter sido escolhida pelo Conselho Editorial, quando da sua memorável primeira reunião nas dependências da Escola da Magistratura, ainda em 2004. A intenção sempre foi clara e já deflui da própria escolha do tema da coletânea: reunir contribuições de autores nacionais e estrangeiros que explorassem alguns dos inúmeros aspectos que dizem respeito à posição ocupada pelo Poder Judiciário e pelos seus Juízes no âmbito da arquitetura política e institucional no Brasil e no exterior, bem como com a atuação dos órgãos jurisdicionais na efetivação dos direitos fundamentais e dos direitos humanos (considerando-se aqui a possível distinção entre as perspectivas constitucional e internacional ou mesmo – em se assim preferindo - entre uma abordagem jusnaturalista e juspositivista da questão). Para além disso, integram a obra diversos textos que, mesmo não priorizando ou mesmo enfocando diretamente o papel do Poder Judiciário na implementação das promessas embutidas nos direitos fundamentais, abordam temas cruciais da teoria dos direitos humanos e fundamentais, no contexto da teoria constitucional (inclusive em perspectiva supranacional), ou mesmo abordagens de temas mais específicos, que apontam perspectivas concretas para o exercício da função jurisdicional, compreendida aqui como necessariamente comprometida com a causa da máxima eficácia e efetividade da Constituição, dos princípios e dos direitos e garantias fundamentais, que não pode prescindir de um qualificado embasamento para uma atuação legítima e efetiva.

É justamente a partir desta perspectiva que os textos foram agrupados em duas partes, a primeira versando sobre o Poder Judiciário, a Constituição e os Direitos Humanos e Fundamentais, e a segunda reunindo contribuições diversas sobre a temática do Direito Constitucional e dos Direitos Humanos e Fundamentais.

No âmbito da primeira parte, a coletânea inicia com a o alentado estudo de JOSÉ EDUARDO FARIA, Titular de Sociologia Jurídica da Universidade de São Paulo, abordando a "crise do judiciário no Brasil: notas para discussão", apresentando tanto uma radiografia quanto um diagnóstico do Poder Judiciário brasileiro, além de apontar algumas perspectivas para a crise que tem assolado também esta instituição. Na seqüência, texto da lavra do coordenador da obra, em parceria com LEONARDO FURIAN e TIAGO FENSTERSEIFER, versando sobre "A reforma (deforma?) do judiciário e a assim designada 'federalização' dos crimes contra os direitos humanos: proteção ou violação de princípios e direitos fundamentais?", trata de problema concreto que guarda conexão com a crise já referida, mas que, para além disso, discute, à luz da dogmática constitucional e da teoria dos direitos fundamentais, a possibilidade de contradições mesmo em relação a reformas e institutos que, em princípio, destinam-se à causa da defesa dos direitos humanos e fundamentais. Nesta mesma linha, situa-se o contributo de LENIO LUIZ STRECK, Titular do Programa de Pós-Graduação em Direito da UNISINOS, que enfoca, pelo prisma da hermenêutica filosófica, a problemática das assim designadas súmulas vinculantes, igualmente introduzidas no âmbito da recente Reforma do Poder Judiciário no Brasil e cujo impacto sobre os direitos humanos e fundamentais reclama uma permanente reflexão crítica.

Ainda o contexto desta primeira parte da obra, FRANK MICHELMAN, da Universidade de Harvard (tradução de Fabiano Holz Beserra e Airton Nedel), aborda, pelo prisma prevalente da filosofia política, a Constituição, os Direitos Sociais e a Justificativa Política Liberal, tratando sobre os problemas da constitucionalização de direitos sociais o desafio de sua concretização pelos órgãos jurisdicionais. Cuidando do controle jurisdicional das políticas públicas no Brasil, inserindo a espinhosa e atualíssima problemática no contexto mais amplo da própria gestão pública e dos direitos fundamentais, segue-se texto da lavra de ROGÉRIO GESTA LEAL, Desembargador do Tribunal de Justiça do Rio Grande do Sul e Professor Titular da UNISC (Universidade de Santa Cruz do Sul). Na seqüência, JUAREZ FREITAS, Professor Titular da Faculdade de Direito e do Programa de Pós-Graduação em Direito da PUCRS (Pontifícia Universidade Católica do Rio Grande do Sul), focaliza a temática da responsabilidade extracontratual do Estado, a partir das diretrizes do princípio da proporcionalidade, na sua dupla dimensão como impondo tanto uma proibição de excesso, quanto uma proibição de inoperância do Estado na efetivação de direitos fundamentais. Encerrando esta primeira parte, CEZAR SALDANHA SOUZA JUNIOR, ao discorrer sobre o Direito Constitucional, Direito Ordinário e Direito Judiciário, enfatiza a necessidade de uma harmonização, portanto, de um equilíbrio, entre os três níveis do ordenamento jurídico para a garantia do Estado Democrático de Direito.

Já na segunda parte, que reúne textos diversos envolvendo temas atuais e polêmicos da teoria constitucional e a respeito dos direitos humanos e fundamentais, inicia-se com o contributo de RODOLFO VIGO, intitulado "Presente de los derechos humanos y algunos desafios", que busca traçar um quadro atual da teoria dos direitos humanos, mas também tematizar alguns problemas concretos e perspectivas nesta seara. Ainda no campo de uma teoria (não estritamente jurídico-dogmática) dos direitos humanos e fundamentais, situa-se o ensaio de LUIZ FERNANDO BARZOTTO, discorrendo sobre os direitos humanos como direitos subjetivos e sobre a própria concepção de direitos subjetivos. O tema da discriminação (notadamente racial), infelizmente universal e atualíssimo, constitui a ênfase dos dois textos que seguem, respectivamente da lavra de ROGER RAUPP RIOS, Juiz Federal no Rio Grande do Sul e Professor das Escolas da Magistratura Federal (ESMAFE) e estadual (AJURIS) e de MARK TUSHNET, Professor de Direito Constitucional na Universidade de Georgetown (tradução de Martha Goya). Para encerrar a coletânea, disponibilizam-se textos de FRANCISCO BALAGUER CALLEJÓN, Catedrático de Direito Constitucional e de Direito Constitucional Europeu na Universidade de Granada (versando sobre a configuração normativa de princípios e direitos constitucionais na Constituição Européia) e de PETER HÄBERLE, Catedrático Emérito da Universidade de Bayreuth, que discorre sobre alguns temas atuais de uma teoria constitucional para a Europa.

Não sendo o caso de comentar individualmente os textos que integram esta coletânea, já que por opção pessoal se entende que com isso se estaria a subtrair do leitor a possibilidade de um primeiro contato (direto) com a obra, importa aqui registrar, em primeiro lugar, os agradecimentos efusivos aos ilustres autores que tornaram possível a edição desta coletânea, assegurando-lhe o almejado padrão de qualidade. Igualmente credores de gratidão os tradutores AIRTON NEDEL, FABIANO HOLZ BESERRA e MARTHA GOYA, pelo seu dedicado trabalho. Ao Professor ROGÉRIO GESTA LEAL, uma necessária nota de gratidão pelas preciosas sugestões formuladas, agradecimentos extensivos ao Professor PLÍNIO MELGARÉ, que, além disso, disponibilizou o texto da lavra de RODOLFO VIGO.

Antes de encerrarmos, cabe destacar o empenho e incentivo por parte da direção da Escola da Magistratura (AJURIS), por intermédio do valioso e competente esforço dos seus diretores, professores e Magistrados EUGÊNIO FACCHINI NETO e NEREU GIACOMOLLI, no sentido de viabilizar a realização do projeto de um anuário de natureza temática, que, paralelamente a já prestigiada e difundida REVISTA DA AJURIS, propiciará ainda maior inserção da ESCOLA e da ASSOCIAÇÃO DOS JUÍZES DO RIO GRANDE DO SUL no âmbito da produção científica nacional e internacional, impulsionando o seu papel de agente ativo na promoção da discussão qualificada e aberta dos temas centrais do Direito, da Política e da Sociedade. Por fim, agradece-se ao competente trabalho da equipe da LIVRARIA DO ADVOGADO EDITORA, pela parceria no empreendimento.

Porto Alegre, novembro de 2005.

INGO WOLFGANG SARLET

Juiz de Direito e Professor Titular de Direito Constitucional
nos cursos de Graduação e Pós-Graduação da PUCRS
e na Escola Superior da Magistratura (AJURIS)

1ª Parte

O Poder Judiciário, a Constituição e os Direitos Humanos e Fundamentais

— I —

A crise do Judiciário no Brasil: notas para discussão

JOSÉ EDUARDO FARIA

Doutor em filosofia do direito na USP e pós-doutorado em sociologia jurídica, na University of Wisconsin, é Professor Titular do Departamento de Filosofia e Teoria Geral do Direito da Universidade de São Paulo, professor-colaborador da pós-graduação lato sensu da Fundação Getúlio Vargas, professor do Curso de Especialização da Escola Superior de Advocacia OAB/SP; consultor da Fapesp e membro do Conselho Editorial do Instituto Internacional de Sociologia do Direito; Consultor Conselho Nacional de Desenvolvimento Científico e Tecnológico CNPq.; Consultor Fundação de Amparo à Pesquisa do Estado de São Paulo. Foi professor visitante na Università degli Studi de Lecce, Universidad Internacional de Andaluzia e Univerdidad Pablo Olavide, e autor de 14 livros, todos versando sobre a relação entre mudança social e mudança jurídica, direito e desenvolvimento econômico, eficácia jurídica e violência simbólica, legitimidade e legalidade e efetividade das instituições judiciais.

Sumário: 1. O Judiciário e o contexto socioeconômico brasileiro; 2. A "judicialização" da economia e da política; 3. Os riscos da "indiferenciação" entre os sistemas político, econômico e judicial; 4. O Judiciário e a integração dos mercados; 5. O Judiciário e os processos de desregulação e deslegalização; 6. O futuro do Judiciário; 7. Conclusão; Bibliografia.

As coisas deste mundo estão num fluxo tão constante que nada permanece muito tempo no mesmo estado.
John Locke

Talvez seja este nosso século o primeiro no qual a velocidade da transformação das coisas no mundo suplantou a troca de seus habitantes.
Hannah Arendt

Cada vez mais submetido a um intenso fogo cruzado, o Judiciário brasileiro é hoje visto e tratado como o mais anacrônico dos Poderes da República. Perante a opinião pública e a imprensa, ele é um moroso e inepto prestador de um serviço público essencial. Já o Executivo, conforme as declarações oficiais e oficiosas dos responsáveis pela preparação do Orçamento Geral da União, o considera uma instituição com baixíssima eficiência gerencial, altamente perdulária e insensível ao equilíbrio das finanças públicas, pois seus vultosos gastos com obras de discutível utilidade e/ou funcionalidade, suas crescentes despesas de custeio e suas próprias sentenças, além de comprometer o ajuste fiscal e a efetividade de uma política econômica voltada à consecução da estabilidade monetária, também travariam a "reforma do Estado". E o Congresso, por fim, há tempos acusa o Judiciário de exorbitar em suas prerrogativas, de interferir no processo legislativo e de bloquear a execução de políticas formuladas por órgãos representativos eleitos democraticamente, "destecnificando" a aplicação da lei e, por conseqüência, levando à "judicialização" da política e à "tribunalização" da economia.

Tomadas pelo seu valor de face, todas essas críticas parecem excessivamente severas e até mesmo injustas. Todavia, isto não quer dizer que a maioria delas não seja procedente ou não tenha algum fundo de verdade, o que alimenta as mais variadas indagações sobre o futuro da instituição num contexto marcado por fortes desigualdades sociais e culturais, graves limitações fiscais e transformações radicais nos modos de funcionamento da economia – a ponto de pôr em xeque alguns dos princípios fundamentais do próprio Estado-Nação, como os da soberania, do equilíbrio dos poderes da hierarquia das leis, da diferenciação entre o público e o privado, da oposição das fontes formais às fontes materiais de direito e da unidade, centralidade e exclusividade de suas estruturas jurídicas e judiciais.

O objetivo deste trabalho é intervir nessa polêmica, ainda que pontualmente, seja procurando responder algumas dessas indagações, seja identificando alguns dos fatores estruturais responsáveis pelo que, na mídia, na academia e nos próprios meios forenses, convencionou-se chamar de "a crise da Justiça". Pondo o foco mais nas complexas relações do Judiciário com as demais instituições governamentais e com a sociedade, e menos no conteúdo de sentenças incongruentes, palavrosas e incapazes de estimar o impacto de suas conseqüências, o trabalho examina, no primeiro item, o descompasso entre a concepção arquitetônica dos tribunais brasileiros e a realidade sócio-econômica em que atuam. O segundo e o terceiro itens discutem o assim chamado fenômeno da "judicialização da política", mostrando como, diante de tanta sobrecarga de trabalho e da crescente complexidade da sociedade contemporânea, o Judiciário se torna vulnerável a tentativas de intervenções externas, justificadas sob os mais variados pretextos – da desburocratização administrativa ao combate à corrupção, da racionalização jurisprudencial à imposição de algum tipo de controle externo. Como essas intervenções obedecem a lógicas, técnicas e linguagens distintas do sistema jurídico, elas ampliam o risco de perda de autonomia dos tribunais e, no limite, podem até levar ao comprometimento das próprias liberdades públicas. O quarto item parte das transformações qualitativas no direito positivo provocadas pela reestruturação do capitalismo, entre as décadas de 80 e 90, chamando atenção para o impacto corrosivo da integração transnacional dos mercados de insumos, bens, serviços e capitais na soberania do Estado-Nação. O quinto item aprofunda a análise, mostrando como o avanço da globalização econômica, ao relativizar as fronteiras do Estado e as competências das instituições judiciais, com fortes implicações na regulação e resolução dos diferentes tipos de litígio, abre caminho para a substituição do monismo pelo pluralismo jurídico, rompendo a exclusividade do Judiciário. Os dois últimos itens mapeiam alguns dos desafios que o Judiciário brasileiro hoje tem de enfrentar e vencer, a fim de que possa sair do isolamento social e político em que atualmente se encontra e possa conciliar baixo custo com eficiência funcional, preservação de direitos e justiça.

1. O Judiciário e o contexto socioeconômico brasileiro

Numa primeira aproximação, a assim chamada "crise da Justiça" se traduz pela crescente ineficiência com que o Judiciário, em quase todos seus ramos, setores e instâncias, tem desempenhado suas três funções básicas: a instrumental, a política e a simbólica (Santos, Marques, Pedroso e Ferreira, 1996: 19-34). Pela primeira, o Judiciário é o principal *locus* de resolução dos conflitos. Pela segunda, ele exerce um papel decisivo como mecanismo de controle social, fazendo cumprir direitos e obrigações contratuais, reforçando as estruturas vigentes de poder e assegurando a integração da sociedade. Pela terceira, dissemina um sentido de eqüidade e justiça na vida social, socializa as expectativas dos atores na interpretação da ordem jurídica e, por fim, calibra os padrões vigentes de legitimidade na vida política.

A ineficiência do Judiciário brasileiro no exercício dessas três funções decorre, em grande parte, da incompatibilidade estrutural entre sua arquitetura ou arcabouço e a realidade socioeconômica a partir da qual e sobre a qual tem de atuar. Em termos históricos, desde seus primórdios no Brasil colonial, como uma instituição de feições inquisitórias forjada pelo Estado português a partir das raízes culturais da Contra-Reforma, aos dias de hoje, com seu intrincado sistema de prazos, instâncias e recursos, o Judiciário sempre foi organizado como um burocratizado sistema de procedimentos escritos. Já em termos funcionais a instituição foi concebida para exercer as funções instrumental, política e simbólica no âmbito de uma sociedade basicamente estável, com níveis minimamente eqüitativos de distribuição de renda e um sistema legal integrado por normas padronizadoras, unívocas e hierarquizadas em termos lógico-formais. Os conflitos jurídicos, nesse sentido, seriam basicamente interindividuais e surgiriam a partir de interesses minimamente unitários, mas encarados em perspectiva diametralmente oposta pelas partes. Desse modo, a intervenção judicial ocorreria somente após a violação de um direito substantivo, e sua iniciativa ficaria a cargo dos lesados. Em outras palavras, o Judiciário agiria apenas quando devidamente provocado. A litigância judicial teria um horizonte eminentemente retrospectivo, versando sobre eventos passados. As ações judiciais seriam assim um processo em grande parte controlado pelas partes, a quem caberia a responsabilidade de definir as principais questões submetidas a juízo. E o impacto do julgamento ficaria circunscrito apenas a elas.

Quadro 1
Evolução temporal da desigualdade de renda
Porcentagem da renda apropriada pelas pessoas

Ano	20% mais pobres	40% mais pobres	50% mais pobres	20% mais ricos	10% mais ricos	1% mais ricos
1977	2,4	7,7	11,7	66,6	51,6	18,5
1982	2,5	8,2	12,5	3,9	47,4	13,2
1984	2,7	8,5	12,8	64,0	47,7	13,3
1988	2,1	7,3	11,3	66,0	49,8	14,4
1990	2,1	7,3	11,3	65,8	49,2	14,3
1996	2,1	7,7	12,1	64,2	47,6	13,6
1997	2,2	7,8	12,1	64,2	47,7	13,8
1998	2,3	8,0	12,3	64,2	47,9	13,9

Nota: A distribuição utilizada foi a de domicílios segundo a renda domiciliar *per capita*.
Fonte: Pesquisa Nacional por Amostra de Domicílios (PNAD), 1999.

A realidade brasileira, no entanto, conforme se pode ver com base no quadro acima sobre a distribuição de renda no país (Quadro 1), é incompatível com esse modelo de Judiciário. Instável, iníqua, contraditória e conflitiva, ela se caracteriza por enormes desigualdades sociais, regionais e setoriais; por situações de miséria, indigência e pobreza que negam o princípio da igualdade formal perante a lei, impedem o acesso de parcelas significativas da população aos tribunais e comprometem a efetividade dos direitos fundamentais; pelo aumento do desemprego aberto e oculto e pela redução do número de trabalhadores com carteira assinada, portanto desprovidos de proteção jurídica (Quadro 2); por uma violência urbana desafiadora da ordem democrática e oriunda dos setores sociais excluídos da economia formal, para os quais a transgressão cotidiana se converteu na única possibilidade de sobrevivência; por um aumento preocupante dos índices de criminalidade (Quadro 3); por uma apropriação perversa dos recursos públicos, submetendo os deserdados de toda sorte a condições *hobbesianas* de vida; e por um sistema legal incoerente, fragmentário e incapaz de gerar previsibilidade e segurança das expectativas, dada a profusão de regras gerais e abstratas editadas para dar conta de casos muito específicos e meramente conjunturais e de normas excessivamente singelas para serem aplicadas em situações altamente complexas.

Quadro 2
O mercado de trabalho brasileiro 1989-1999

Anos	Pessoal ocupado[1]	Taxa de desemprego aberto[2]	Desemprego total (aberto e oculto)[3]	Percentual de trabalhadores com carteira assinada[4]
1989	121,1	3,4	8,8	–
1990	118,6	4,3	10,0	56,9
1991	109,1	4,8	11,6	53,7
1992	101,9	6,0	14,9	51,4
1993	98,0	5,3	14,7	50,5
1994	100,3	5,1	14,3	49,2
1995	98,8	4,6	13,2	48,4
1996	88,6	4,7	14,9	47,7
1997	86,6	5,7	15,7	46,4
1998	82,1	7,6	18,2	45,8
1999	77,1*	7,7*	19,4*	44,5

[1] Índice da Fiesp(jun. 94 = 100)   [2] Índice do IBGE   [3] Índice do Dieese
[4] Dados do IBGE, de janeiro do ano seguinte
* Média mensal até outubro, anualizada
Organização: Rubem Almonacid.

Quadro 3
BRASIL
Homicídios 1979-1998

Ano	Homicídios	População	Homicídios 100.000	Variação	Total mortos	Homicídios mortes
Total	515.986	NA	NA	112,74	15.505.653	NA
1979	11.194	118.552.504	9,44	...	711.742	1,57
1980	13.910	119.002.706	11,69	23,79	750.727	1,85
1981	15.213	121.154.159	12,56	7,43	750.276	2,03
1982	15.500	123.774.229	12,56	0,05	741.614	2,10
1983	17.408	126.403.352	13,77	9,62	771.203	2,26
1984	19.754	129.025.577	15,31	11,17	809.825	2,44
1985	19.726	131.639.272	14,98	(2,12)	788.231	2,50
1986	20.477	134.228.492	15,26	1,80	811.556	2,52
1987	23.086	136.780.739	16,88	10,64	799.621	2,89
1988	21.100	139.280.140	15,50	(10,24)	834.338	2,53
1989	28.708	141.714.953	20,26	33,72	815.773	3,52
1990	31.988	144.090.756	22,20	9,59	817.284	3,91
1991	30.580	146.825.475	20,83	(6,18)	803.836	3,80
1992	27.651	148.684.120	18,60	(10,71)	827.652	3,34
1993	30.512	151.556.521	20,13	8,26	878.106	3,47
1994	32.620	153.726.463	21,22	5,40	887.594	3,68
1995	37.171	155.822.296	23,85	12,42	893.877	4,16
1996	37.775	157.070163	24,05	0,82	908.882	4,16
1997	39.761	159.636.413	24,91	3,57	903.516	4,40
1998	41.802	161.790.311	25,84	3,73	...	...

Fonte: CENEPI/IBGE/MJ-SENASP

Jurisdição e Direitos Fundamentais

Por isso, desde que um amplo espectro de movimentos sociais – centros de defesa de direitos humanos, comunidades de base, comissões eclesiais movimentos de minorias, sindicatos, organizações não-governamentais etc. – emergiu entre os anos 70 e 80 procurando ampliar o acesso dos segmentos marginalizados e mais pobres da população ao Judiciário, e o advento da Constituição de 88 propiciou um sem-número de demandas judiciais para o reconhecimento de novos direitos, no seu dia-a-dia os tribunais brasileiros passaram a movimentar toneladas de papel e a protocolar, carimbar, rubricar, distribuir, despachar e julgar milhões de ações (Quadro 4). Mas, apesar dessa explosão de litigiosidade, ou justamente por causa dela, eles jamais conseguem conduzir os processos a uma solução definitiva, e coerente com outras ações idênticas, dentro de prazos de tempo minimamente razoáveis.

A conversão dos cartórios judiciais em máquinas *kafkianas* de fazer transcrições, emitir certificados e expedir notificações, por exemplo, levam os juízes a transformar-se em administradores de escritórios emperrados, em vez de exercer sua verdadeira função jurisdicional. A atuação excessivamente formalista dos tribunais superiores, ao prender-se a minúcias processuais na avaliação dos julgamentos das instâncias inferiores, retarda as decisões terminativas e/ou desloca o foco do julgamento das questões essenciais para questões meramente procedimentais (entre 1990 e 1994, 23,18% dos casos decididos pelo Supremo Tribunal Federal trataram exclusivamente de técnicas processuais e em 36,37% a corte empregou argumentos de direito processual como fundamentação de suas sentenças) (Castro:1996). Por fim, a conversão dos recursos judiciais num sistema quase automático e repleto de tecnicalidades de discutível utilidade faz da atividade-fim da magistratura um trabalho de Sísifo, reduzindo as instâncias superiores ao papel de verdadeiras juntas administrativas de confirmação de decisões já anteriormente tomadas em casos idênticos (entre 1991 e 1996, 84% dos recursos extraordinários e agravos de instrumento julgados pelo Supremo Tribunal Federal foram repetições de casos já decididos pela corte) (Arantes e Kerche, 1999: 39). E, na medida em que esse contexto organizacional tende a embotar o espírito e a não estimular a reflexão, a valorizar a tradição e a desprezar a crítica, o Judiciário acaba sendo franciscano na produção de idéias novas e de respostas para seus principais problemas.

Como pode ele sobreviver fechado em si mesmo, incapaz de se autoavaliar e de responder a estímulos externos? De que modo exercer suas funções instrumentais, políticas e simbólicas de modo minimamente eficiente? Como lidar com os conflitos emergentes no âmbito de uma sociedade tensa, heterogênea e conflitiva se quase todo o arcabouço do sistema jurídico está envelhecido e superado? Como aplicar direitos de última geração, se a cultura técnico-profissional dos operadores jurídicos foi forjada com base em premissas incompatíveis com a atual realidade socioeconômica? Como traduzir o interesse público em situações concretas, nas quais estão em choque interesses e direitos difusos, por um lado, e o direito à propriedade privada, por outro? Se as regras processuais foram concebidas basicamente para filtrar, canalizar e viabilizar a tramitação de litígios interinviduais, como os tribunais devem enfrentar os conflitos comunitários, grupais e classistas? De que modo desestimular ou impedir o uso abusivo dos recursos judiciais, especialmente os impetrados com fins acintosamente dilatórios, fator responsável por uma certa banalização dos tribunais superiores? Se as decisões dos juízes se circunscrevem apenas aos autos e às partes, como devem agir quando a resolução dos litígios a eles submetidos implica políticas públicas, cuja responsabilidade é do Executivo? Como suas sentenças podem guardar um mínimo de coerência entre si, uma vez que o inflacionado, fragmentário e ilógico ordenamento legal em vigor não permite decisões unívocas, e o sistema descentralizado de decisões judiciais carece de uma efetiva articulação entre suas diferentes instâncias e braços especializados? Como proceder quando os demais Poderes batem à porta dos tribunais solicitando decisões que não foram capazes de tomar consensualmente?

Quadro 4
Movimento Processual

Instâncias Judiciais	1999 Entradas	1999 Julgados	1998 Entradas	1998 Julgados
Justiça comum de 1º grau	3.617.064	2.411.847	7.467.189	4.938.083
Justiça comum de 2º grau	271.300	246.445	421.578	371.343
STF	18.564	16.498	26.187*	29.830*

* 1999 – Fonte: Quadro elaborado com base nas informações do site www.stf.gov.br

2. A "judicialização" da economia e da política

A falta de respostas plausíveis para essas questões dá a medida da crise do Judiciário brasileiro. Como os anacrônicos e desnecessariamente complexos mecanismos processuais não permitem uma filtragem correta, uma tramitação objetiva e um encaminhamento adequado dos litígios jurídicos, muitas vezes eles acabam chegando em estado bruto e com uma altíssima carga de explosividade à apreciação da magistratura. Daí as crescentes dificuldades enfrentadas pela corporação para expedir despachos e sentenças coerentes, previsíveis e oportunos, assegurando a obediência às leis, garantindo o cumprimento dos contratos e, com isso, dando aos atores sociais e. aos agentes econômicos o ambiente, as condições e os estímulos para uma cooperação eficiente e a tomada de decisões racionais.

Como a magistratura não pode deixar sem resposta os casos que lhes são submetidos, independentemente de sua complexidade técnica e/ou de suas implicações econômicas, políticas e sociais, não poucas vezes ela se sente impelida a exercer uma criatividade decisória que, como será examinado de forma crítica mais à frente, acaba transcendendo os limites da própria ordem legal. Afinal, em "casos difíceis", nos quais a interpretação a ser dada a uma norma, lei ou código não está clara ou é controvertida, "os juízes não têm outra opção a não ser inovar, usando o próprio julgamento político" (Dworkin, 1997:2). O problema é que, em muitos desses casos, nos quais julgar não significa apenas e tão-somente estabelecer o certo ou o errado com base na lei, mas também assegurar a concretização dos objetivos por ela previstos, o Judiciário não dispõe de meios próprios para implementar suas sentenças – especialmente aquelas que pressupõem decisões e, principalmente, recursos materiais e investimentos dos demais setores da administração pública. À mercê de atos, gastos, programas governamentais e serviços públicos fora de sua competência e jurisdição, a instituição encontra-se assim numa encruzilhada.

Por um lado, quando insiste em enquadrar o Executivo, tentando obrigá-lo a oferecer esses serviços num contexto de ajuste e "responsabilidade" fiscal, cortes de orçamento e ausência de fontes permanentes de recursos para o financiamento de políticas públicas, bem como limitando sua discricionariedade, promovendo o controle da constitucionalidade das leis e obrigando as autoridades econômicas a se ater aos estritos limites da ordem legal, o Judiciário é sempre acusado de "judicializar" a política. Ou seja, de invadir áreas que não são de sua alçada, multiplicando as tensões no âmbito governamental. Como conseqüência, é ameaçado de retaliações e objeto de críticas desqualificadoras, por não compreender a "racionalidade sistêmica" da economia – "incompreensão" essa cada vez mais utilizada pelo Executivo como pretexto e como argumento de autoridade para a imposição de entraves e obstáculos à "judiciabilidade" de suas decisões e seus atos.

Quanto menor a estabilidade macroeconômica, maior a crise de governabilidade – este seria, segundo os governantes, o efeito imediato que o "idealismo formalista" da magistratura os impediria de neutralizar. *Quanto maior a discricionariedade dos governantes, menor a certeza jurídica* – este, segundo a magistratura, seria o efeito mais corrosivo de uma "razão econômica" que, situada fora do domínio das determinações jurídicas e deixada sem um efetivo controle constitucional, conduziria à progressiva erosão do Estado de Direito e, por conseguinte, à substituição do regime democrático-representativo por um regime burocrático autoritário (Faria, 1993:: 10). Não foi por mera coincidência que, na dinâmica desse embate, as propostas de criação do controle externo sobre a magistratura, de ampliação do número de mecanismos processuais de proteção antecipada do

Executivo contra demandas que os cidadãos possam ajuizar contra ele (como a ação declaratória de constitucionalidade, o incidente de constitucionalidade e o incidente de legalidade), de imposição da "avocatória", da súmula vinculante e outras medidas destinadas a suspender a jurisdição dos órgãos adjudicantes de 1º e 2º graus e até de extinção da Justiça do Trabalho passaram a ganhar corpo entre nós. Isso ocorreu depois que parcelas expressivas da corporação judicial começaram a enquadrar e a pressionar diferentes setores e instâncias da administração pública com objetivo de criar as condições necessárias para a implementação dos direitos econômicos e sociais assegurados pela Constituição de 88; ou, então, a interpretá-la em perspectiva diretamente oposta aos interesses e expectativas dos responsáveis pelas políticas de "ajuste fiscal" e estabilização monetária no âmbito do Executivo; ou, ainda, conforme já foi dito antes, a tomar decisões com enormes custos para a governabilidade, como nas ações relativas ao aumento de impostos, à criação de novos tributos, à desindexação e reajustes salariais, à privatização de empresas públicas, às mudanças nos valores dos benefícios da Previdência Social e nos critérios de contagem de tempo para aposentadoria etc.

Quadro 5
Índice de confiabilidade das instituições

Confiabilidade	Confia		Não confia		Não sabe/Não opinou	
Instituições	1993	1999	1993	1999	1993	1999
Igreja Católica	77%	76%	20%	21%	3%	3%
Meios de Comunicação	62%	58%	34%	39%	4%	3%
Sindicatos Trabalhistas	61%	49%	34%	44%	5%	7%
Justiça	53%	55%	43%	42%	4%	3%
Militares	52%	35%	43%	60%	5%	5%
Congresso	32%	14%	60%	82%	8%	4%
Empresariado	28%	45%	65%	49%	7%	6%
Partidos	19%	11%	76%	85%	5%	4%
Políticos	15%	5%	82%	94%	3%	1%

Fonte: IBOPE, 1993, 1999

Por outro lado, para tentar neutralizar o risco de eventuais retaliações, o Judiciário simplesmente pode agir pragmaticamente, deixando de confrontar o Executivo e tolerando sua tendência em invocar as necessidades de "ajuste fiscal" e "equilíbrio previdenciário" como justificativa para legislar para situações pretéritas, revogar atos juridicamente perfeitos, criar impostos confiscatórios e interferir em direitos adquiridos. Pode, igualmente, recorrer a critérios de "justiça comutativa" ao julgar as ações judiciais resultantes do despertar de determinados setores sociais para o reconhecimento de seus direitos de cidadania: Por fim, também, pode limitar suas iniciativas "modernizadoras" apenas à descentralização administrativa, à demanda por investimentos em informática e instalações físicas e à mobilização por um aumento quantitativo de recursos para a expansão do número de varas e juízes, mantendo-se apegados a doutrinas jurídicas que o distanciam da eficiência operacional e da justiça social. E ainda tem a conhecida alternativa de continuar insistindo na expansão dos juizados especiais para os pequenos conflitos de massa nas áreas civil e criminal, que libera os tribunais para a resolução de conflitos de maior valor, gravidade e complexidade técnico-jurídica. Trata-se, como é sabido, de uma experiência muito bem-sucedida de simplificação e enxugamento das formas processuais no âmbito da justiça comutativa, ainda que o tempo da execução das decisões seja inversamente proporcional ao tempo do julgamento, e com enorme repercussão na mídia. Mas que, além de limitar a efetividade de garantias constitucionais, especialmente no âmbito penal, também não funciona nos conflitos e controvérsias que envolvem direitos sociais e questões distributivas.

Quadro 6

CRIATIVIDADE JUDICIAL \ AUTONOMIA DECISÓRIA	BAIXA	ALTA
BAIXA	1	3
ALTA	2	4

Fonte: adaptado de Guarnieri (1996) e Campilongo (2000).

Com estratégias como as mencionadas no parágrafo anterior, o Judiciário leva seus integrantes a assumir a perspectiva de simples juízes-executores ou, no máximo de juízes delegados (Quadro 6), conseguindo assim preservar a autonomia e a independência do Judiciário diante dos demais Poderes. No entanto, a eficácia da tutela judicial fica, em parte, comprometida. Com isso, a instituição corre dois enormes e perigosos riscos. Em primeiro lugar, o risco de se tornar socialmente irrelevante e, por conseqüência, ver aumentar ainda mais os já alarmantes níveis de desencanto, desconfiança e descrédito com que a maioria das instituições brasileiras é encarada pela população (Quadro 5). Em segundo lugar, o risco de ver ainda ampliado o número de pessoas – cerca de 69,7% da população – envolvidas em algum tipo de conflito que não levaram ou não puderam levá-los a um tribunal (Quadro 7) (Santos, 1993) e das quais 43% o resolveram por conta própria.

Quadro 7
**População com mais de 18 anos e mais envolvidos
em conflitos, por tipo de reação – Brasil e Regiões
(1985-1988)**

Porcentagem da população	Brasil	N	NE	SE	S	CO
Não buscaram a justiça	67,9	60,0	65,0	64,0	68,0	67,0
Resolveram por conta própria	43,0	41,0	34,2	42,0	50,0	55,0
Temeram represálias	1,5	1,2	1,8	0,8	0,5	–
Não buscaram a Justiça por custar menos se indiferente ao conflito	28,7	35,5	36,0	28,4	21,8	22,8
Recorreram a outras pessoas ou entidades	6,0	7,0	6,3	6,0	6,2	5,0

Fonte: IBGE, Participação política e social, v.1, 1990 e Santos (1993)

Descrito de modo excessivamente simplista e, por vezes, até mesmo maniqueísta e sensacionalista pela mídia, a "judicialização" da política é um fenômeno bastante complexo e envolve diferentes fatores. Dentre eles, um dos mais conhecidos é a incapacidade do Estado – por meio do Poder Executivo – de controlar, disciplinar e regular, com os instrumentos normativos de um ordenamento jurídico resultante de um sistema romano idealista, rígido e sem vínculos com a realidade contemporânea, uma economia cada vez mais complexa e integrada, em escala planetária. Pressionado por fatores conjunturais, desafiado por contingências que desafiam sua autoridade, condicionado por correlações circunstanciais de forças, obrigado a exercer funções muitas vezes incongruentes entre si e levado a tomar decisões em contradição com os interesses sociais vertidos em normas constitucionais, o Executivo legisla desenfreadamente com o objetivo de coordenar, balizar, gerir, limitar e induzir o comportamento dos agentes produtivos. Essa legislação, contudo, não só é quase sempre produzida ao arrepio de Constituições cada vez mais alteradas ou reformuladas, como também costuma fundir diferentes matérias num mesmo texto legal ou fragmentar a mesma matéria em diferentes leis e medidas provisórias, decretos e portarias (Quadro 8). Se, com apenas pouco mais de 13 anos de vigência, a Constituição de 1988 já é a mais emendada de todas que o Brasil teve desde sua independência (Quadros 9 e 10), no âmbito tributário, onde a média é de 300 novas normas por ano, essa legislação se desdobra em 55.767 artigos, 33,374 parágrafos e 9.956 alíneas (cf. *O Estado de S. Paulo*, edição de 8 de agosto de 2001).

Quadro 8
MPs editadas e reeditadas
por período de governo

Sarney	8,5
Collor	5,1
Itamar	18,8
F.Henrique (1º mandato)	62,4
F.Henrique (2º mandato)	86

Fonte: Congresso Nacional, maio de 2001

Quadro 9
Emendas e projetos de emendas nas Constituições Brasileiras

Constituição	Promulgação	Término	Duração	Emendas
Império	1824	1889	65 anos	1
República Velha	1891	1930	40 anos	1
Revolução de 1930	1934	1937	3 anos	1
Estado Novo	1937	1945	8 anos	21
Redemocratização	1946	1967	21 anos	27
Regime Militar	1967	1969	2 anos	0
Emenda Constitucional nº 1/69	1969	1988	19 anos	26
Nova República	1988	Em vigor	12 anos e meio (6 de revisão)	37

Fonte: Congresso Nacional, maio de 2001

Quadro 10
Constituição de 1988

Casa Legislativa de Origem	Emendas já apresentadas	Emendas em tramitação
Câmara dos Deputados	1.233	639
Senado	1.191	158

Fonte: Congresso Nacional, maio de 2001

O resultado dessa estratégia legislativa adotada pelo Executivo é paradoxal. Quanto mais o Executivo recorre a ela, quer para disciplinar, regular e controlar o funcionamento da economia quer para neutralizar as contingências advindas do livre jogo de mercado, menos vê suas metas concretizadas e suas decisões, acatadas ou cumpridas. Quanto mais normas edita para resolver problemas específicos e/ou pontuais, mais ele os multiplica, pois essas normas se intercruzam e criam intrincadas cadeias normativas, rompendo assim a unidade lógica, a coerência conceitual, a uniformidade doutrinária e a funcionalidade do próprio ordenadamente jurídico. Deste modo, em vez de propiciar certeza e aumentar o potencial de eficácia da legislação, uma vez que todo caso bem-sucedido de aplicação das leis e de solução de controvérsias sempre acarreta efeitos de demonstração que fortalecem a confiança geral no sistema jurídico, ele acaba produzindo exatamente o inverso.

O mesmo Executivo que legisla desenfreada e desordenadamente para estabilizar a moeda e acabar com a inflação econômica acaba provocando, desse modo, uma enorme instabilidade legal e uma corrosiva inflação jurídica. Com isso, ele não só acirra os conflitos, multiplica as tensões e encurta seu próprio horizonte decisório, comprometendo a efetividade de suas políticas e programas de governo, como também dificulta o cálculo racional entre os agentes produtivos, distorce a formação dos preços relativos, dissemina uma insegurança generalizada no sistema econômico e multiplica as tensões no âmbito tanto do Legislativo quanto do Judiciário. No primeiro poder, as tensões decorrem do fato de que ele é levado a funcionar não em função da lógica e dos valores inerentes à representação política, mas, antes, das necessidades conjunturais e do tempo decisório do Executivo. No segundo, as tensões decorrem do fato de que o cipoal normativo invariavelmente leva os tribunais superiores a serem chamados para tentar restabelecer ou assegurar um mínimo de coerência, unidade e hierarquia no sistema jurídico.

É justamente aí que surge o fenômeno da "judicialização da política" (Tate e Torbjörn: 1997 e Morillo: 1991). Como a ordem jurídica assim produzida não oferece aos operadores do direito as condições para que possam extrair de suas normas critérios constantes e precisos de interpretação, ela acaba exigindo um trabalho interpretativo contínuo. E, como seu sentido definitivo só pode ser estabelecido quando de sua aplicação num caso concreto, na prática os juízes são obrigados a assumir um efetivo poder legislativo. Ao aplicar as leis a casos concretos, em outras palavras, eles também terminam sendo seus co-autores. Por isso, note-se, não são os juízes que rompem a tradicional divisão do trabalho jurídico no Estado de Direito. É, isto sim, a incapacidade do Executivo e do Legislativo de formular leis claras, unívocas e sem lacunas, de respeitar os mais elementares princípios gerais de direito e de incorporar as inovações legais exigidas pela crescente integração dos mercados (Waltman: 1996), que propicia o aumento das possibilidades de escolha, decisão e controle oferecidas à magistratura, levando assim à "tribunalização" da política ou "judicialização" da vida econômica. É a incapacidade desses dois poderes de formular uma ordem jurídica com um mínimo de unidade, coerência e certeza, em suma, que leva o Judiciário a ter de decidir questões legais de curto prazo e com enormes implicações socioeconômicas, convertendo-se assim numa instituição "legislativamente" *ativa* (Faria, 1992:80).

As dificuldades do Executivo e do Legislativo acima mencionadas e a "judicialização da política" daí a advinda não são um fato novo entre nós. Elas já estavam escancaradas na Assembléia Constituinte, quando seus integrantes, numa decisão política de natureza claramente pragmática, optaram por redigir uma Carta com "textura aberta" e normas programáticas ou princípios lógicos nas matérias mais polêmicas, por causa da ausência de bancadas hegemônicas capazes de propiciar um tratamento jurídico mais objetivo e preciso. Como nenhum partido dispunha, por si ou mesmo sob a forma de coalizões, de maioria qualificada para agir na conformidade de um projeto político capaz de dar um mínimo de unidade conceitual e coerência programática à nova ordem constitucional, o recurso aos princípios, às normas programáticas e às cláusulas indeterminadas, que poderiam ser reguladas posteriormente por leis complementares e ordinárias, em outras condições e outras configurações partidárias, foi a estratégia então adotada para permitir a conclusão dos trabalhos em tempo hábil.

O texto constitucional, por isso mesmo, ficou na maior parte das vezes ambíguo e sem espírito definido, sendo impossível saber ao certo, por exemplo, o que de fato é direito adquirido, o que pode ser objeto de emenda e o que foi convertido em cláusula pétrea. Ele se desdobra em inúmeros capítulos, artigos, incisos e parágrafos que, se por um lado expressam o precário equilíbrio entre as diferentes forças políticas e grupos partidários no âmbito e no decorrer da Assembléia Constituinte, por outro congelam formalmente determinadas situações sociais e econômicas sem explicar como elas podem ser mantidas, em termos substantivos ou materiais. Com isso, o Judiciário teve sua discricionariedade excessivamente ampliada, sendo levado a assumir o papel de revalidador, legitimador, legislador ou até mesmo de instância recursal das próprias decisões do sistema político, formado pelos Poderes Executivo e Legislativo – e, porque não, do Ministério Público.

Em princípio, esse sistema pode adiar suas decisões à espera de melhor oportunidade ou conveniência para agir, encarando a própria Constituição como uma fórmula relativamente maleável de tomada de decisões coletivas (Quadro 11). O mesmo já não acontece com os tribunais. Por sua própria natureza, estrutura e função, eles não podem deixar de decidir quando devidamente acionados pela sociedade, mesmo que as normas a serem aplicadas tenham uma textura aberta, sejam indeterminadas, antinômicas ou lacunosas. Para o Judiciário, suas decisões são formuladas com base nas premissas oferecidas pelo sistema político, sob a forma de normas, leis, códigos etc. E, se essas premissas não são claras, precisas e coerentes, pois a produção legislativa do Executivo é cada vez mais condicionada por suas respostas contingentes às mudanças econômicas e às oscilações dos mercados, os tribunais não podem ser culpados por isso, nem, muito menos, ser responsabilizados por problemas que, do ponto de vista material ou substantivo, não são de sua alçada ou competência.

Quadro 11

Características \ Sistema	Político	Judicial
Atores	Várias partes representadas por vários partidos	Em princípio, duas partes e um terceiro participante (o juiz)
Litígio	Coletivos	
Contraditório	Plurilateral	Bilateral
Princípio decisório básico	Regra de maioria como critério e fundamentado da decisão	Aplicação da lei por juiz técnico e imparcial
Horizonte decisório	Prospectivo	Retrospectivo
Visão do ator	Macro	Micro
Racionalidade	Material	Formal
Autonomia	Relaciona as demandas que decide com base na conveniência e na representatividade	Não pode escolher demandas nem postergar decisões indefinidamente
Alcance	Toda sociedade	Só as partes do processo

3. Os riscos da "indiferenciação" entre os sistemas político, econômico e judicial

Esta é a questão essencial no conflito de interesses entre o Executivo e o Legislativo com o Judiciário, desde o advento das políticas de ajuste e responsabilidade fiscal, ao longo dos anos 90, com o objetivo de reduzir ou neutralizar a incapacidade financeira do Estado. Se a esfera de atuação dos tribunais cresceu a ponto de levá-lo a assumir funções políticas, bloqueando determinadas ações e iniciativas do Executivo ou justapondo-se ao Legislativo, é porque a Constituição promulgada em 5 de outubro de 1988 por este último Poder de alguma forma assim o permitiu, na medida em que consagrou um extenso elenco de direito, aumentou as garantias para proteção dos direitos fundamentais, fortaleceu o Legislativo frente ao Executivo e instituiu um federalismo fiscal, por meio de transparências significativas de recursos da União para estados e municípios. Na medida em que a relação Governo-Congresso, que é eminentemente política por sua própria natureza, ficou carente de um árbitro por causa da excessiva rigidez como a Carta disciplinou a separação dos Poderes, coube ao Judiciário exercer esse papel. No entanto, de que modo exigir dele que sua arbitragem seja exclusivamente técnica e formal? De que modo pode a instituição conciliar a natureza política dos conflitos institucionais submetidos à sua apreciação com a necessidade de proferir decisões baseadas e circunscritas à letra da lei? (Sadek e Arantes, 1994:37).

O problema é que, se por um lado isso pode ser utilizado como "argumento de defesa" do Judiciário para responder ou refutar as críticas do

Executivo e do Legislativo, por outro, na dinâmica das instituições governamentais nacionais, leva a uma superposição de esferas, critérios, procedimentos e lógicas decisórias, a uma erosão dos valores precípuos de cada um dos Poderes da República e a uma sobrecarga no *policy-making* do país. A tensão institucional e a assim chamada "crise de governabilidade" são as conseqüências mais visíveis dessa "desdiferenciação" entre papéis, competências e prerrogativas do Executivo, do Legislativo e do Judiciário; a anomia jurídica, sua situação-limite.

Para neutralizar todos esses riscos, por isso mesmo, não cabe ao sistema judicial suprir a incapacidade decisória do Executivo ou do Legislativo, nem colocar valores como equilíbrio fiscal e estabilidade monetária à frente dos seus, em nome dos "interesses maiores da Nação". Essa é a função básica do sistema econômico. Como, numa sociedade complexa, o papel do sistema judicial é apenas o de aplicar a lei, seu modo operativo é binário, uma vez que suas estruturas só estão preparadas para decidir entre o legal e o ilegal, o constitucional e o inconstitucional. O sistema judicial, é evidente, não pode ser insensível ao que ocorre nos âmbitos da economia e da política. Contudo, os tribunais, em seus diferentes setores, ramos e instâncias, só podem traduzir essa sensibilidade nos limites de sua capacidade operativa. Quando acionados, o máximo que podem fazer é julgar se uma decisão política ou econômica é constitucional e legalmente válida. Se forem além disso, os tribunais estarão exorbitando de seus papéis e justificando reações defensivas dos demais sistemas, como as já mencionadas ameaças de retaliação, sob forma de restrições orçamentárias, imposição de algum tipo de controle externo sobre a Justiça, adoção da súmula vinculante etc., correndo assim o risco de perder seu papel de vigilante das leis.

Não é difícil identificar e avaliar, ainda que de modo muito resumido, as conseqüências desse comprometimento da contínua e cada vez mais veloz diferenciação funcional de uma sociedade complexa. O contra-ataque dos sistemas político e econômico ao extravasamento das funções do sistema judicial conduz, inexoravelmente, à perda de autonomia deste último (Campilongo: 2001). Como preservá-la quando os tribunais e juízes abandonam os limites que o sistema jurídico lhes impõe? Por isso, todas as vezes em que os diferentes ramos, setores e instâncias da Justiça incorporam elementos estranhos à lógica do sistema jurídico, eles não só rompem sua lógica operacional, como também politizam a aplicação do direito e levam à erosão dos marcos ou padrões de referência, com conseqüências trágicas.

No âmbito da sociedade, por exemplo, quando os tribunais estão sobrecarregados com funções que não são suas ou encontram-se em confronto com os demais poderes, a perda de rapidez, coerência e qualidade em seus serviços se converte, na prática, em sinônimo de negação de justiça – principalmente para a população de baixa renda. No âmbito do sistema político, decisões judiciais lentas e incoerentes tornam-se geradoras em potencial de "crises de governabilidade". No âmbito do sistema econômico, a incapacidade judicial de confirmação de expectativas de direito torna-se um fator de disseminação de insegurança generalizada no mundo dos negócios (Quadro 12) e de multiplicação de custos indiretos, com um impacto altamente negativo no desempenho das empresas, na proteção legal de créditos e no estabelecimento das providências a serem tomadas no caso da impossibilidade de sua cobrança, na definição das propriedades materiais e intelectuais e dos procedimentos para sua transferência, na captação de investimentos diretos geradores de riquezas e empregos, na defesa do consumidor, no combate ao abuso do poder econômico e na própria qualidade das políticas macroeconômicas.

Quadro 12
Avaliação diferenciada de seis instituições do sistema de justiça
(em porcentagem)

Avaliação	Justiça do Trabalho	Justiça Federal	Justiça comum estadual	STF	Ministério Público	Cartórios Judiciais
Ótimo	1	1	0	1	1	1
Bom	10	12	9	24	12	7
Regular	27	33	33	34	38	27
Ruim	30	32	35	18	25	33
Péssimo	31	17	19	9	13	24
S/opinião	1	5	4	14	11	8

Pergunta: Como o Sr. (empresário) avalia o desempenho das seguintes instituições?
Fonte: Idesp (1993).

Numa situação de "indiferenciação" generalizada entre os sistemas judicial, administrativo, político e econômico, portanto, aprofundando os argumentos acima, seus efeitos podem ser mortais tanto para a vitalidade do próprio regime democrático quanto para o desenvolvimento econômico do País. No primeiro caso, o motivo é fácil de ser entendido. Se, do ponto de vista funcional, o papel da democracia é manter elevadas as possibilidades de escolha e abertas as alternativas de decisão, via regra de maioria, quando elas são reduzidas drasticamente, os direitos fundamentais e as liberdades públicas acabam sendo de alguma forma comprometidos mortalmente. No segundo caso, também é óbvio: ordens jurídicas imprecisas na forma e contraditórias no conteúdo, interpretadas e aplicadas por tribunais excessivamente sobrecarregados, lentos, ineptos e raros, incapazes de fixar uma jurisprudência uniforme e de tomar decisões previsíveis, sempre geram custos adicionais que, inexoravelmente, são transferidos para o "preço" ou o valor global dos empréstimos, por meio de taxas de risco.

Como é sabido, se os agentes econômicos são por princípio atores racionais e seu objetivo é maximizar recursos escassos, neutralizar riscos e minimizar gastos com informações, negociações e execução de contratos, para tomar uma decisão eles precisam de um quadro legal que seja claro e preciso. Na dinâmica do livre jogo de mercado, por isso mesmo, as decisões de investir ou de liberar crédito têm relação direta com a objetividade e as garantias das condições de contratação das operações financeiras e das atividades negociais – mais precisamente, com a segurança que os investidores sentem nas formas de encaminhamento e resolução de eventuais problemas jurídicos envolvendo seus recursos ou os tomadores de empréstimos (North: 1990; e Pinheiro: 1999 e 2000). Quando a confiança é baixa e os resultados das transações econômicas não são seguros e previsíveis, para se proteger, os investidores adicionam ao montante do investimento um valor de risco, antecipando-se dessa maneira às dificuldades legais e judiciais que podem vir a enfrentar. Portanto, como o País não dispõe de poupança interna – seja ela espontânea ou compulsória – suficiente para financiar seu crescimento, de que modo captar esses recursos no mercado externo se, por causa da imprecisão da ordem legal nacional e da ineficácia de seu sistema judicial, a taxa de risco é alta?

4. O Judiciário e a integração dos mercados

Essa menção ao mercado feita no item anterior não é gratuita ou retórica. Com a progressiva integração dos mercados de bens, serviços e capitais, ao longo dos últimos anos, a assim chamada "globalização" econômica modificou as noções de tempo e espaço, relativizou a importância das fronteiras econômicas e tornou os fluxos de capitais mais difíceis de serem controlados. Ao levar a política a ser substituída pelo mercado como instância máxima de regulação social, em outras palavras, esse fenômeno tornou a autonomia decisória dos governantes vulnerável a opções feitas em outros lugares sobre as quais têm escasso poder de influência e pressão. Fez com que os padrões fiscais e monetários passassem a ser determinados pela competição internacional, tornando os governos meramente reativos e obrigando-os a adequar-se às novas condições. Esvaziou a idéia de justiça via política tributária e converteu os cortes de gastos sociais e o encolhimento do Estado em instrumento de redução de direitos e, por conseqüência, da própria cidadania. Pôs em xeque todo um sistema de garantias, proteção e oferta de condições materiais básicas conquistado democraticamente e justificado em nome da equalização de oportunidades. Transformou obrigações governamentais em negócio privado e reduziu o titular de um direito civil a mero consumidor de serviços empresariais, muitos dos quais prestados em mercados com baixo grau de competição e enorme desequilíbrio de forças entre ofertantes e demandantes. Agravou as desigualdades socioeconômicas preexistentes e acirrou os conflitos entre os poderes locais, regionais e centrais.

Acima de tudo, ao gerar formas de poder e de influência novas e autônomas, a "globalização" econômica também acabou pondo em questão a própria centralidade e exclusividade das estruturas jurídicas e judiciais do Estado moderno, baseadas, como já foi dito anteriormente, nos princípios da soberania e da territorialidade, no primado do equilíbrio dos poderes, na distinção entre o público e o privado, entre o interesse individual e o coletivo, e na concepção do direito positivo como um sistema lógico-formal de normas abstratas, genéricas, claras e precisas.

Como uma das instituições básicas do Estado constitucional moderno, o Judiciário não ficou imune a todas essas transformações. Originariamente, no período histórico do capitalismo concorrencial, entre a segunda metade do século e as três primeiras décadas do século 20, ele foi concebido para, no exercício de suas funções adjudicantes, preservar a propriedade privada, conferir eficácia aos direitos individuais, assegurar os direitos fundamentais, garantir as liberdades públicas e afirmar o império da lei, protegendo os cidadãos contra os abusos de poder do Estado. Mais tarde, no período histórico do capitalismo organizado, entre 1940 e 1970, o Judiciário também passou a implementar direitos sociais, condicionando a formulação e a execução de políticas públicas com propósitos compensatórios e distributivistas. E agora, em plena fase de reestruturação do capitalismo, iniciada em resposta à crise de acumulação dos anos 80, esse Poder se vê diante de um cenário novo, incerto e cambiante, no qual o Estado-Nação vai perdendo sua autonomia decisória, e o ordenamento jurídico vê comprometida sua unidade, sua organicidade e seu poder de "programar" comportamentos, escolhas e decisões.

Por causa das pressões centrífugas resultantes das inovações tecnológicas, dos novos paradigmas industriais, da desterritorialização da produção, da transnacionalização dos mercados e da nova divisão mundial do trabalho, o Judiciário, ao menos sob a forma de uma estrutura organizacional fortemente hierarquizada, operativamente fechada, orientada por uma lógica legal-racional e obrigada a uma rígida e linear submissão à lei, tornou-se uma instituição que tem de enfrentar o desafio de alargar os limites de sua jurisdição, de modernizar suas estruturas administrativas e de rever seus padrões funcionais, para tentar conseguir sobreviver como um poder autônomo e independente.

4.1. Em termos de *jurisdição*, por exemplo, como o Judiciário foi organizado para atuar dentro de limites territoriais bastante precisos e no contexto de centralidade e exclusividade da atuação estatal, seu alcance tende a diminuir na mesma proporção em que as barreiras geográficas vão sendo superadas pela expansão da informática, das comunicações e dos transportes, e os atores econômicos vão estabelecendo múltiplas redes de interação. Quanto maior é a velocidade desse processo, mais o Judiciário é atingido pelo pluralismo regulatório e pela emergência de mecanismos menos institucionalizados de resolução de conflitos, que deslocam a procura dos tribunais para outras instâncias decisórias, sejam elas públicas ou privadas. Quanto mais intensa é a integração da economia em escala planetária, em outras palavras, mais o Judiciário passa a ser atravessado pelas justiças emergentes, quer nos espaços infra-estatais (as locais, por exemplo, com forte influência comunitária), quer nos espaços supra-estatais (as justiças de caráter internacional e transnacional, oriundas de organismos multilaterais e do próprio mercado).

Todas essas justiças, é evidente, variam enormemente segundo seu grau de formalidade, acessibilidade, especialização, alcance e eficácia. Atualmente, os espaços infra-estatais vêm sendo crescentemente polarizados por formas "inoficiais" ou não-oficiais de resolução de conflitos (que vão desde a auto-composição de interesses, sob a forma de modelos descentralizados e desprofissionalizados que estimulam a obtenção de decisões por meio do consenso, a até mesmo à imposição da lei do mais forte em guetos miseráveis ou favelizados nas grandes cidades) e por meios alternativos de solução extrajudicial de conflitos (como intervenções administrativas, auto-regulação profissional, estratégias de mediação conduzidas por mediadores livremente escolhidos pelas partes, técnicas de conciliação e arbitragem, comissões paritárias montadas para promover negociação coletiva no âmbito de empresas etc.) (Fitzpatrick: 1988 e Moreira: 1997). Já os espaços supra-estatais têm sido polarizados pelos órgãos jurisdicionais transnacionais e pelos mecanismos adjudicatórios extrajudiciais criados e/ou estimulados pelos mais diversos organismos multilaterais (Fundo Monetário Internacional, Organização Mundial do Comércio, Banco Mundial, Banco Interamericano de Desenvolvimento, Banco de Compensações Internacionais, Organização Internacional da Propriedade Intelectual, Organização para a Cooperação e Desenvolvimento Econômico, Organização Internacional do Trabalho, etc.), por conglomerados empresariais, por instituições financeiras e por entidades não-governamentais.

4.2. Em termos *organizacionais*, o Judiciário foi estruturado para operar sob a égide dos códigos e leis processuais de caráter civil, penal e trabalhista, cujos prazos e ritos são incompatíveis com a multiplicidade de lógicas, valores, procedimentos decisórios, rítmos e horizontes temporais hoje presentes na economia globalizada. Nesta o sentido de tempo é dado, entre outros fatores, por uma racionalidade de caráter eminentemente material, pelo cálculo de custo/benefício e pelas expectativas de lucro com relação a um dado ciclo de rotação dos capitais, enquanto nos tribunais ele é associado ao garantismo processual e forjado como instrumento de organização social e controle da dinâmica dos processos judiciais.

No âmbito do direito, em outras palavras, o tempo do processo judicial é o tempo diferido, encarado como sinônimo de segurança e concebido como uma relação de ordem e autoridade, representada pela possibilidade de esgotamento de todos os recursos e procedimentos numa ação judicial. Cada parte, intervindo no momento certo, pode apresentar seus argumentos e ter a garantia de ser ouvida na defesa de seus interesses. O tempo diferido, nesta perspectiva, é utilizado como instrumento de certeza, na medida em que impede a realização de julgamentos precipitados, sem o devido distanciamento com relação aos acontecimentos que deram margem à ação judicial. Já o tempo da economia globalizada é o tempo real, isto é, o tempo da simultaneidade. À medida que se torna mais complexa, gerando novas contingências e incertezas, a economia globalizada obriga os agentes a desenvolver intrincados mecanismos para proteger seus negócios, capitais e investimentos da imprevisibilidade e do indeterminado. A presteza se converte assim numa das condições básicas para a neutralização dos riscos inerentes às tensões e aos desequilíbrios dos mercados, o que leva a um processo decisório orientado pelo sentido de vigência e baseado tanto na capacidade quanto na velocidade de processamento de informações técnicas e altamente especializadas. Por isso, empresas e instituições financeiras passam a ver o tempo diferido do processo civil e penal como sinônimo de elevação dos custos das transações econômicas, encontrando na tendência de aumento do número de causas decididas por aplicação de normas processuais em detrimento da decisão de mérito baseada no direito substantivo, um bom argumento para justificar esse ponto de vista.

4.3. Além disso, ainda no plano organizacional, o Judiciário também não costuma dispor de meios materiais nem de condições técnicas para propiciar a todos seus integrantes a reciclagem, a especialização, a atualização de conhecimentos e o treinamento necessários para tornar possível a compreensão, em termos de racionalidade material ou substantiva, dos litígios inerentes a contextos socioeconômicos cada vez mais complexos e transnacionalizados. Não é por acaso que as corporações empresariais e financeiras transnacionais, conscientes das dificuldades das instituições judiciais para lidar com o novo, para interpretar normas cada vez mais programáticas e para conhecer o próprio contexto histórico em que atuam, têm deliberadamente fugido dos países com tribunais excessivamente burocratizados, ritualizados e presos a arcabouços e arquétipos jurídicos ultrapassados com origem no direito romano.

Trata-se de uma fuga com três dimensões complementares. Primeiramente, corporações transnacionais tendem a acatar seletivamente as distintas legislações nacionais, optando por concentrar seus investimentos apenas nos países em cujo âmbito elas lhes são mais favoráveis (North: 1990; Martínez: 1998; e Pinheiro: 2000). Em segundo lugar, essas corporações também tendem a buscar alternativas ao processo tradicional e a se valer de instâncias alternativas especializadas, seja no âmbito governamental (por meio de autoridades administrativas independentes com poder de decisão, regulação, controle e fiscalização e com capacidade técnica tanto para apreciar litígios complexos quanto para aplicar sanções), seja no âmbito social (por meio de técnicos de negociação, mediações e de arbitragens) (Auerbach: 1983). Por fim, tendem a acabar criando, elas próprias, muitas das regras de que necessitam e a estabelecer mecanismos específicos de auto-resolução dos conflitos. Para as grandes corporações e para as instituições financeiras, as vantagens dessas estratégicas são inúmeras. As discussões podem ser mais rápidas, objetivas e precisas. Códigos ultrapassados e linguagens empolgadas podem ser substituídas por regras e ritos definidos pragmaticamente fora de intermediação do Estado. Intervenções equivocadas de juízes e promotores sem a devida formação especializada para compreender problemas muito técnicos e específicos podem ser evitados. Acima de tudo, produz-se economia de tempo, o que termina fazendo com que essa combinação entre rapidez decisória, descomplicação processual e baixo custo seja convertida no padrão básico de avaliação dos procedimentos públicos e privados de resolução dos conflitos – padrão esse no qual os mecanismos extrajudiciais tendem a se destacar por uma eficiência e objetividade que os tribunais, nas condições atuais em que operam, não teriam como assegurar.

4.4. Em termos *funcionais*, como foi concebido com a prerrogativa exclusiva de aplicar o direito positivo do Estado-Nação, sob a forma de uma ordem jurídica postulada como completa, lógica, coerente e livre de ambigüidades, lacunas ou antinomias, o monopólio adjudicatório do Poder Judiciário, em países como o Brasil, hoje é desafiado pela expansão de ordens normativas e práticas que, quando não negam aos órgãos judiciais do Estado a exclusividade do exercício da função, de romper conflitos de interesses, modificam drasticamente o conceito tradicional de jurisdição, alargando-o. Como se pode ver no quadro 13, são direitos autônomos (como o "marginal", que, na prática, é um contradireito constituído pelo narcotráfico e pelo crime organizado nas periferias miseráveis das grandes cidades ou das regiões metropolitanas) e semi-autônomos, com regras, procedimentos e recursos próprios, entreabrindo a coexistência – por vezes sincrônica, por vezes conflitante – de diferentes normatividades. Mais precisamente, trata-se de um pluralismo jurídico de natureza infra-estatal ou supra-estatal. No âmbito especificamente econômico, por exemplo, é esse o caso, por um lado, da *Lex Mercatoria*, o corpo autônomo de práticas, regras, códigos de conduta, cláusulas contratuais, termos padronizados e princípios mercantis constituído pela comunidade empresarial para autodisciplinar suas atividades em escala internacional e propiciara critérios, métodos e procedimentos para a resolução de eventuais conflitos. E, por outro, o *Direito da Produção*, o conjunto de normas técnicas formuladas para atender às exigências de padrões mínimos de qualidade, transporte e segurança dos bens e serviços em circulação no mercado transnacionalizado, de especificação de seus componentes, certificação da origem de suas matérias-primas, de contabilização e controle de seus custos, etc.

Quadro 13
Tipos de ordens normativas e suas práticas judiciais

Tipos de ordem Características	*Lex mercatoria* e direito da produção	Direito inoficial	Direito positivo	Direito marginal
O que está em jogo	Tensões não declaradas publicamente	Conflitos materiais	Litígios Jurídico-processuais	Agressões
Objetivos	Relações continuadas	Soluções substantivas	Soluções formais	Contestação
Tipos de norma	Pragmático e casuísta	Soluções "ad hoc"	Direito codificado	Lei do mais forte
Racionalidade	Procedimental	Material	Formal	Irracional
Modo de formalização	Contratual	Negociação	Aplicação	Ausência de formalização
Tipo de procedimento	Transação/ mediação	Conciliação/ arbitragem	Decisão	Punição e Repressão
Grau de institucionalização	Organização flexível e Sistemas auto-regulados	Campo social semi-autônomo	Campo normativo estatal	Marginalidade social e criminal
Efetividade do Direito	Por aceitação e inclusão	Por adaptação ao contexto	Pretensão de aplicabilidade universal	Desafio contínuo da ordem

Fonte: Adaptado de Rouland (1988: 447)

Como se pode ver com base no quadro acima, o pluralismo jurídico acima mencionado resultou, no plano infra-estatal, no advento de justiças técnico-profissionais (especializadas em arbitragens) constituídas a égide ou mesmo à margem da jurisdição convencional e de justiças não-profissionais e informais (as comunitárias, por exemplo), ambas operadas basicamente com critérios de racionalidade material e circunscrevendo sua atuação a conflitos intragrupos, intracomunidades e intraclasses; e no plano supra-estatal, a proliferação de foros descentralizados de negociação e a multiplicação de órgãos técnico-normativos – como o *International Accounting Standards Committee*, a *International Organization for Standardization*, a *Internet Corporation for Assigned Norms and Numbers* e a *Associação Brasileira de Normas Técnicas* – criados especialmente para unificar normas contábeis, fixar parâmetros, homologar pesquisas, dar pareceres e também promover arbitragens (muitas vezes mais rápidas, seguras, confiáveis, práticas e eficientes do que as sentenças judiciais).

A título de ilustração, a resolução de mais de 80% dos conflitos mercantis entre empresas de médio e grande portes no âmbito da economia globalizada atualmente já estaria sendo feita por mediações privadas e arbitragens extrajurisdicionais, atualmente. Nos Estados Unidos, a *American Arbitration Association*, uma entidade privada, conta com 57 mil árbitros inscritos em 35 filiais. Nesse mesmo país, há ainda 1.200 programas de Resolução Alternativa de Disputas (*Alternative Dispute Resolution* e *Amicable Dispute Resolution*), com participação de vários setores governamentais, profissionais de diferentes áreas e distintas nacionalidades. Sediada na França, a *Chambre International du Commerce*, igualmente privada, coordena mais de 750 arbitragens em 30 diferentes países, envolvendo partes de 90 distintas nacionalidades. E, em Portugal, seis centros de arbitragem de conflitos de consumo fornecem um serviço integrado (informação jurídica, conciliação, mediação e decisão arbitral) e já resolvem o equivalente a pelo menos um terço dos litígios de responsabilidade extracontratual que chegam ao Judiciário (Cf. *Público*, Lisboa, edição de 7 de janeiro de 2001; e Pedroso: 2001).

4.5. Diante da crescente autonomia dos diferentes setores da vida social propiciada pelo fenômeno da globalização econômica, com suas racionalidades específicas e muitas vezes incompatíveis entre si levando à ampliação dos sistemas auto-organizados e auto-regulados, o Judiciário está sendo levado a uma crise de identidade funcional. Por um lado, o Estado-Nação do qual faz parte, ao promulgar suas leis, cada vez mais é obrigado a levar em conta as variáveis internacionais para saber o que pode realmente regular e quais de suas normas serão efetivamente respeitadas. Por outro lado, os tribunais e os demais Poderes do Estado-Nação também já não podem mais almejar disciplinar contextos sociais crescentemente heterogêneos e complexos por meio de normas ou "constituições-dirigentes" – aquelas que introduzem no âmbito do ordenamento jurídico institutos, valores, categorias, dispositivos e procedimentos incompatíveis com os do direito positivo. Daí as estratégias de desregulação, deslegalização e desconstitucionalização que têm sido adotadas desde os governos Reagan e Tatcher, entre os anos 70 e 80, estendendo-se dos Estados Unidos e da Inglaterra para o mundo inteiro, paralelamente aos programas de privatização dos monopólios públicos e à substituição das instituições governamentais de bem-estar coletivo e dos mecanismos estatais de seguridade social por seguros privados, ampliando assim o intercruzamento de distintas ordens normativas.

5. O Judiciário e os processos de desregulação e deslegalização

O que tem estimulado e fundamentado a proliferação dessas estratégias é, entre outros fatores, uma espécie de cálculo de custo/benefício por parte dos legisladores contemporâneos. Por um lado, eles se conscientizaram de que, ao tentar usar o direito positivo como instrumento de controle, planejamento e direção econômicas, abarcando as mais dispersar matérias, os Estados Desenvolvimentistas, Provedores ou Providenciários dos anos 60 e 70 tentaram ir muito além do que a lógica e a racionalidade jurídicas permitem. Por outro, com mecanismos normativos excessivamente simples para lidar com questões extremamente diferenciadas e sofisticadas e sem condições de ampliar a complexidade de seu ordenamento normativo e de seu aparato judicial ao nível equivalente de complexidade dos problemas socioeconômicos, os legisladores, pragmaticamente, também não têm hesitado em optar pela desregulamentação, deslegalização e desconstitucionalização. Afinal, se quanto mais tentam planejar, controlar e dirigir menos conseguem ser eficazes e obter resultados satisfatórios, o que ficou evidenciado desde a crise "fiscal" e pela crise de "ingovernabilidade sistêmica" daqueles Estados no decorrer dos anos 80, não lhe resta outra alternativa para preservar sua autoridade funcional: ou seja, quanto menos tentarem disciplinar e intervir, menor será o risco de serem desmoralizados pela inefetividade de seu instrumental regulatório.

A consequência desse processo, principalmente em países periféricos, como o Brasil, tem sido uma intrincada articulação de sistemas e subsistemas internos e externos, nos planos micro e macro. Uma parte significativa dos direitos nacionais, por exemplo, hoje vem sendo internacionalizada pela expansão da *Lex Mercatoria, da Lex Informática* e do *Direito da Produção* e por suas relações intersticiais com as normas emanadas dos diferentes organismos multilaterais. Uma outra parte, por sua vez, vem sendo esvaziada pelo crescimento de normas "privadas", no plano infranacional, na medida em que cada corporação empresarial, valendo-se do vazio normativo deixado pelas estratégias de desregulamentação, deslegalização e desconstitucionalização, cria no âmbito das cadeias produtivas em que está situada as regras de que precisa e jurisdiciza suas áreas e espaços de atuação segundo suas conveniências. A desregulamentação e a deslegalização ao nível do Estado-Nação significam, desta maneira, a re-regulamentação e a relegalização ao nível da sociedade (Santos: 1995) – mais precisamente, ao nível das organizações privadas capazes de, por exemplo, promover investimentos produtivos, trazer tecnologia de ponta, oferecer empregos, impor comportamentos etc.

Contribuindo assim para acelerar a crise de identidade do Poder Judiciário, o direito positivo que ele tradicionalmente sempre aplicou, principalmente nos países cujas instituições jurídicas são de origem franco-românica, como o Brasil, encontra-se com sua estrutura lógico-formal bastante erodida. Esse direito também vê destruída a tradicional *summa divisio* entre o público e o privado em torno da qual foi organizado. Tem sua organicidade fragmentada por uma multiplicidade de ramos jurídicos altamente especializados, o que provoca a ruptura da unidade conceitual da cultura técnico-jurídica (com inspiração eminentemente privatística) da magistratura. E ainda acaba sendo obrigado a responder às exigências de caráter social e econômico de modo casuístico e *ad hoc*, conforme o poder de voz, pressão, influência e mobilização desta ou daquela empresa, deste ou daquele sindicato, desta ou daquela ONG etc. O que resta daquele ordenamento originariamente estruturado com base no dogma da completude, no princípio da coerência e no postulado da inexistência de lacunas e antinomias, na melhor tradição jusdogmática, acaba sendo substituído por uma legislação basicamente "descodificada". Uma legislação que, cada vez mais, parece caminhar na direção de diferentes cadeias ou redes normativas, bem como na substituição dos "interesses gerais" (enquanto princípios "totalizadores" do sistema jurídico) por interesses corporativos conflitantes entre si. No limite, essa seria a legislação típica de um Estado-Nação que, não mais ocupando com exclusividade uma posição central exclusiva de controle da sociedade, é reduzido a um de seus sistemas funcionais, entre tantos outros (como se pode ver no quadro 13).

6. O futuro do Judiciário

Esse cenário conduz ao desaparecimento do Poder Judiciário? Obviamente que não. Ele tende a perder seu monopólio adjudicatório em algumas áreas, setores e matérias, não há como negar em termos objetivos. Mas em hipótese alguma sairá de cena. Recolocando em novos termos o que discuti páginas atrás, diria que o futuro da instituição dependerá do modo como ela irá se comportar em pelo menos quatro importantes e polêmicas áreas de atuação, a saber:

6.1. A primeira delas diz respeito às conseqüências sociais da transnacionalização dos mercados e das experiências de integração econômica.

Como a globalização é um fenômeno perverso, aprofundando a exclusão social à medida que os ganhos de produtividade são obtidos às custas da degradação salarial, da informatização da produção e do subsequente fechamento de postos de trabalho convencional na economia formal, e como seu avanço provocou o surgimento paralelo de novas formas de criminalidade e de ilícito econômico, exigindo respostas para as quais as instituições jurídico-judiciais tradicionais não estavam preparadas para enfrentar, a simbiose entre marginalidade econômica e marginalidade social lançou desafios inéditos para o Estado-Nação, em matéria de preservação da ordem, da segurança e da disciplina.

Com a globalização, em outras palavras, os "excluídos" do sistema econômico perdem progressivamente as condições materiais para exercer seus direitos fundamentais, mas nem por isso são dispensados das obrigações e dos deveres estabelecidos pela legislação, principalmente a penal. Com suas prescrições normativas, o Estado os integra ao sistema jurídico basicamente em suas feições *marginais* – isto é, como inadimplentes, maus pagadores, invasores, protagonistas do comércio informal, transgressores de toda natureza, condenados etc. Diante da ampliação da desigualdade, dos bolsões de miséria, da criminalidade e da propensão à desobediência coletiva por parte de alguns grupos situados na economia informal (perueiros, camelôs, ambulantes, marreteiros, "dogueiros", sacoleiros etc.), o Estado-Nação reforçaria o caráter eminentemente punitivo-repressivo de sua legislação penal, obrigando assim o Judiciário a aplicá-la, com todos os custos que possa trazer para sua imagem. Para tanto, muitos governos vêm tentando mudar a concepção de intervenção mínima e última do direito penal, tornando-a cada vez mais simbólica, promocional, intervencionista e preventiva, mediante a disseminação do medo no seu "público-alvo" (os excluídos) e a ênfase a uma pretensa garantia de segurança e tranqüilidade social.

Enquanto no âmbito do direito econômico e trabalhista vive-se hoje um período de refluxo, "flexibilização" e desregulação, no direito penal – e isto ficou bastante claro após os trágicos atentados de 11 de setembro de 2001, em New York e Washington – tem-se uma situação inversa: uma veloz e intensa definição de novos tipos penais, muitas vezes justificadas em nome de combate ao terrorismo, ao narcotráfico, ao crime organizado, às operações de lavagem de dinheiro ilícito e à imigração ilegal; uma crescente jurisdicização e criminalização de várias atividades em inúmeros setores na vida social; o enfraquecimento dos princípios da legalidade e da tipicidade, por meio do recurso a normas com "textura" aberta; a ampliação do rigor de penas já cominadas e da severidade das sanções; a aplicação quase irrestrita da pena de prisão; o estreitamento das fases de investigação criminal e instrução processual e a inversão do ônus da prova, com o comprometimento das devidas garantias legais.

6.2. A segunda área diz respeito às conseqüências do desequilíbrio dos poderes provocado inicialmente pela expansão dos Estados Desenvolvimentistas, Provedores ou Providenciários nos anos 60 e 70, e, mais tarde, a partir dos anos 80, pela relativização de sua soberania, com o advento da globalização econômica. Se, num primeiro momento, em resposta a pressões social-democratas, o Executivo foi avocando a titularidade da iniciativa legislativa, "publicizando" o direito privado, "administrativizando" o direito público e "tecnicizando" a política, paralelamente à opção por políticas econômicas de inspiração keynesiana, num segundo momento seu choque de competências com o Legislativo levou o Judiciário a ser acionado como uma instância capaz de promover o desempate institucional e de superar a paralisia decisória.

Como os juízes são obrigados a julgar com base no ordenamento jurídico e nos limites estritos dos autos, os casos que lhes são apresentados, conforme já foi dito, essa obrigação ganha especial relevância em face, justamente, das já mencionadas transformações em andamento nesse mesmo ordenamento. Seja por causa do conflito de competências entre os três Poderes, seja porque o Judiciário sempre tem de atuar num patamar de complexidade técnico-jurídico maior do que a do Legislativo e do Executivo, seja por causa da resistência de determinados setores da sociedade à revogação dos direitos fundamentais e sociais pelos processos de desregulamentação, deslegalização e desconstitucionalização, o fato é que, quanto mais cambiante for esse cenário, mais o Judiciário acabará sendo levado ao centro das discussões políticas e mais tem de assumir papéis inéditos de gestor de conflitos e mais dificuldades tem para decidir – um fenômeno altamente disfuncional na economia globalizada, em cujo âmbito os protagonistas preferem, por razões óbvias, concentrar seus investimentos em países sem tribunais congestionados, com ritos processuais simples, transparentes, rápidos e baixo potencial de intervenção.

6.3. Evidentemente, apesar de sua tendência a buscar formas e órgãos extrajurisdicionais de resolução de conflitos conforme seus interesses, conveniências e necessidades, os investidores estrangeiros tendem a sentir-se tão mais seguros quanto maior é o coeficiente de certeza jurídica dos países onde aplicam seus recursos (World Bank: 2001). Entre outras coisas, isso implica o reconhecimento da propriedade privada e a previsão de procedimentos legais para sua transferência. Requer também, como já foi dito antes, a proteção jurídica dos créditos e o estabelecimento das providências normativas a serem tomadas no caso da impossibilidade de sua cobrança.

Exige o cumprimento dos contratos e o respeito à propriedade intelectual. E, por fim, necessita de tribunais responsáveis com uma eficiência e previsão capazes de compensar, tanto em termos econômicos quanto em termos de segurança jurídica, a rejeição a outras formas de resolução de litígios.

Em termos de investimentos externos, por isso mesmo, numa ordem jurídico-judicial com essas características, os custos indiretos da infra-estrutura judicial nas transações econômicas tendem a ser baixos, o que constitui um fator de atração de capitais. Inversamente, tribunais morosos, ineptos e caros, portanto incapazes de fixar uma jurisprudência uniforme e tomar decisões previsíveis, sempre acabam induzindo a opção por formas extrajurisdicionais de resolução de conflitos e gerando custos adicionais, que inexoravelmente, são transferidos ao preço dos empréstimos, por meio das taxas de risco. As decisões de investir ou de liberar créditos, em outras palavras, têm assim relação com a segurança que os investidores internacionais sentem nas formas de encaminhamento e de resolução de eventuais problemas jurídicos envolvendo seus recursos ou os tomadores de seus empréstimos. Quando a confiança é baixa, e os resultados das transações econômicas não são nem seguros nem previsíveis, para se proteger os investidores tendem a adicionar ao montante do investimento um valor de risco, antecipando-se dessa maneira às dificuldades legais e judiciais que poderão vir a enfrentar.

6.4. A quarta área de atuação diz respeito aos tradicionais problemas de justiça "corretiva" ou "retributiva" e de ampliação do acesso aos tribunais, pela sociedade. Foi para enfrentar esses problemas que, nas duas últimas décadas e meia, o Judiciário optou por se transformar organizacionalmente, procurando descentralizar-se, informalizar-se, desburocratizar-se e "desoficializar-se" por meio de juizados especiais para as pequenas causas de natureza civil e criminal – ou seja, para os litígios de massa, abundantes e rotineiros, com pequeno valor material e já suficientemente "jurisprudencializados". Embora tenham a aparência de uma justiça de segunda classe para cidadãos de segunda classe (Santos: 1996), não se pode, é evidente, subestimar a contribuição desses juizados para viabilizar o acesso de contingentes expressivos da população aos tribunais. Ocorre, porém, que a perversa distribuição de renda e as graves distorções por ela geradas levaram muitas matérias no âmbito da "justiça comutativa" a serem progressivamente contaminadas por conflitos distributivos – o que, por consequência, acaba por converter "simples" questões triviais ou corriqueiras de direito positivo em questões de caráter inequivocamente político.

Essa contaminação tem sido evidenciada, algumas vezes, pela instrumentalização ideológica de temas e matérias como aposentadoria, seguro-saúde, mensalidade escolar, previdência pública, inquilinato, rescisão de contrato trabalhista, cobrança de imposto territorial urbano etc. E, outras vezes, sido explicitada pelas próprias dissensões internas no âmbito da magistratura, sob a forma de movimentos de "juízes para a democracia", de juízes favoráveis ao "direito alternativo" e de juízes exclusivamente preocupados com sua situação funcional e com a preservação de suas prerrogativas corporativas. Diversamente destes últimos, os dois primeiros movimentos revelam consciência de que a ruptura da unidade do ordenamento jurídico em inúmeras cadeias normativas, ao provocar um significativo aumento das possibilidades de escolha e decisão, abriu caminho para a politização da categoria. Divergem, contudo, quanto à orientação política a ser adotada, estimulando desta maneira o retorno, ao debate jurídico, do antigo e tradicional problema relativo ao alcance e aos limites da interpretação. Em contextos socioeconômicos estigmatizados por dualismos profundos e em contextos jurídicos fragmentados por normas contraditórias e fracamente articuladas por princípios gerais muito abertos, de que modo – eis o eixo central do debate – a interpretação pode resumir-se a um simples ato de conhecimento (e não de decisão, ou seja, não-política) e de descrição de normas (e não de criação)?

A primeira grande dúvida, portanto, é saber se o Poder Judiciário de fato saberá e conseguirá dar conta desses dois papéis contraditórios – um, de natureza essencialmente punitiva, aplicável sobre os segmentos economicamente marginalizados e que lhe é imposto pelo caráter repressivo do novo arcabouço da legislação penal que vai surgindo em nome do combate ao terrorismo, ao crime organizado, à imigração ilegal e às novas formas de ilícito econômico; outro, de natureza eminentemente distributiva, o que implica, além da necessária coragem e vontade, a adoção de critérios compensatórios e protetores em favor desses mesmos segmentos, tendo em vista a consecução de padrões mínimos de eqüidade, integração e coesão sociais.

A segunda grande dúvida é saber se os integrantes desse Poder, dos quais 50% são originários de famílias com ocupação no setor público (Vianna, Carvalho, Melo e Burgos, 1997:8), o que de algum modo condiciona a percepção e a mentalidade da corporação, têm consciência do alcance e das implicações dessa contradição. E, também e principalmente, do fato de que o enfrentamento e a superação dessa contradição exigem uma discussão preliminar sobre a democratização da instituição – sob a forma, por exemplo, de "controles" mais efetivos, como a reivindicação dos juízes de primeiro grau de contar com representantes nos "órgãos especiais" dos tribunais. Afinal, como pode almejar ser o depositário da legitimidade democrática um Poder autônomo, que controla de modo quase total o acesso aos seus quadros funcionais, e em cujo âmbito o valor da independência se sobrepõe demasiadamente a outros com os quais deveria compor, como eficiência e transparência? Um Poder em que o arraigado "esprit de corps" de seus integrantes esvazia aos mecanismos de autofiscalização e auto-controle, levando a uma perigosa diluição de responsabilidades? Um Poder em que a elevadíssima auto-representação que seus integrantes fazem de si próprios se choca com a imagem de ineficiência, inépcia, pouca transparência e inacessibilidade com que é visto por parte significativa dos usuários de seus serviços? Enfim, um poder internamente coeso e relativamente homogêneo, mas socialmente isolado e avesso a discutir seus problemas de forma aberta, que insiste em se apresentar como o único guardião dos valores da justiça e da invulnerabilidade perante as tentações do dinheiro e que, na maioria das vezes, se exime de responder a cobranças por desqualificar *a priori* seus críticos, considerando-os tecnicamente despreparados e juridicamente desinformados?

Pondo-se essas questões em termos mais objetivos: se é certo que, todas as vezes em que enfrenta o Executivo e o Legislativo, o Judiciário sempre é acusado de não ser uma instituição democrática, pois seu poder não resulta ou deriva das urnas, não será necessário reformular inteiramente os mecanismos de responsabilização disciplinar e legal da magistratura para refutar essa acusação? É bastante ilustrativa, nesse sentido, a resposta dada por conhecido e respeitado juiz europeu. "Se do que se trata é alcançar o máximo grau possível de racionalização do exercício do poder, de todas as expressões de poder estatal", diz ele, "a consciência da indubitável relevância adquirida por tais efeitos pela independência judicial e da necessidade de fazê-la efetiva frente a todos deve ser combinada com um eficaz funcionamento dos dispositivos legais de controle (a rigorosa motivação das sentenças, entre eles) e uma ágil atuação dos mecanismos estatutários de responsabilidade (...). Trata-se de alcançar um difícil e delicado equilíbrio no qual a dimensão cultural (da magistratura), sempre mencionada e tão descuidada, exerce um papel essencial" (Ibáñez, 1995:12).

Por isso mesmo, a terceira grande dúvida é saber se os magistrados, neste momento histórico de massificação da própria carreira, de desvalorização social, profissional e simbólica da corporação e de "midiatização" das atividades forenses, terão a humildade, a sensibilidade, a mente alargada e a massa crítica necessárias para extrair todas as lições desse debate. Ou seja:

a) se terão consciência de que a Justiça, por ser um serviço público, sempre está sujeita a restrições orçamentárias, motivo pelo qual sua modernização não pode ser confundida como sinônimo de construção de novos prédios e de aquisição de computadores que jamais são usados em rede por todos os tribunais do país;

b) se saberão reciclar-se, modernizar-se e adaptar à nova realidade social, econômica e política as velhas práticas administrativas e uma cultura técnico-profissional assentadas em princípios tornados anacrônicos pelos fenômenos da globalização econômica e da reorganização do capitalismo, da financeirização do capital, da reestruturação produtiva e da metamorfose do direito, com a crescente convergência ou aproximação dos institutos, categorias e procedimentos da *civil law* aos da (cada vez mais inequivocamente universal) *common law;*

c) se terão a percepção para descobrir que as reformas processuais, por serem sempre concebidas por juristas e operadores de direito com base nos recursos oferecidos pela dogmática jurídica, jamais conseguem mudar estruturalmente o funcionamento do Judiciário, o que somente seria possível se a modernização da instituição fosse encarada e tratada como um processo multidisciplinar, cujo sucesso depende da colaboração de profissionais de diferentes áreas fora do universo jurídico; e

d) se conseguirão reformular, adensar e aperfeiçoar os mecanismos de recrutamento e seleção dos novos magistrados, que hoje desprezam a aptidão da função adjudicatória segundo critérios éticos e com base numa cultura de cidadania, limitando-se a avaliar somente os conhecimentos teóricos e técnico-legais dos candidatos e valorizando uma cultura meramente técnico-burocrática, o que em princípio é compatível com o papel do juiz-executor e do juiz-delegado (vide seção 2), mas que em hipótese alguma se adequam às complexas e inéditas questões hoje levadas aos tribunais.

7. Conclusão

Se nas fases rotineiras da sociedade o conhecimento cotidiano, organizacional e funcional é suficiente para que as instituições saibam determinar as diferenças entre o certo e o errado, o novo e o anacrônico, o bom e o ruim, nos períodos de transformações intensas e radicais, como o atual, essas distinções ficam difíceis de serem reconhecidas, e as incertezas se multiplicam (Santos, Marques e Pedroso: 1996). Nessas situações, por isso mesmo, as instituições são obrigadas a reformular suas regras cognitivas e a rever, aprofundar e refinar seus mecanismos de aprendizagem, para conseguir neutralizar riscos, poder se adequar aos novos ventos e até garantir as condições de sobrevivência.

É justamente com base nessa aprendizagem, creio eu, para concluir, que a magistratura brasileira pode conscientizar-se da encruzilhada em que hoje se encontra a instituição a que serve. Por um lado, e este é mais um juízo de fato do que de valor, o Judiciário faz parte de um Estado-Nação cuja soberania, cuja capacidade de iniciativa legislativa, cuja autonomia decisória e cuja base tributário-orçamentária têm sido postas em xeque pela transnacionalização dos mercados e pela subseqüente conversão das economias nacionais numa "economia-mundo". Por outro, contudo, está situado num contexto social flagrantemente contraditório e altamente explosivo, que nada lembra aquela idéia de sociedade (típica da "douta" cultura jurídica coimbrã tradicional) como uma pluralidade de cidadãos livres, independentes e encarados a partir de sua individualidade; um contexto, enfim, em que a cidadania, quando não é excluída e condenada ao universo da informalidade, é integrada e submetida à lógica avassaladora do capital transnacionalizado.

Acionado pelos "excluídos" para dirimir conflitos que afetam o processo de apropriação das riquezas e distribuição eqüitativa dos benefícios sociais, mas desprezado e ignorado por muitos setores "incluídos" na economia transnacionalizada, que tendem cada vez mais a elaborar suas próprias normas, seus ritos e mecanismos próprios de resolução de controvérsias, o Judiciário brasileiro é assim um Poder que tem de redefinir seus espaços de atuação e forjar uma identidade funcional mais precisa. Se é certo que a instituição não tem outra legitimidade a não ser a que lhe é dada por sua independência institucional, por sua eficiência funcional e por sua autoridade moral, essa legitimidade precisa ser permanentemente validada pela prática, no cotidiano de cada tribunal – e é justamente por isso que a instituição, como as duas epígrafes deste trabalho sugerem, tem, urgentemente, de mudar.

Bibliografia

ARANTES, Rogério Bastos; KERCHE, Fábio. *Judiciário e Democracia no Brasil*, in *Novos Estudos*, São Paulo: Centro Brasileiro de Análise do Planejamento (Cebrap), n° 58, 1999.

AUERBACH, Jerold S. *Justice without law? Resolving disputes without lawyers*, Oxford: Oxford University Press, 1983.

CAMPILONGO, Celso Fernandes. *Política, Direito e Decisão Judicial: uma redescrição a partir da teoria dos sistemas*. São Paulo: Pontifícia Universidade Católica, tese de concurso, mímeo, 2000.

CASTRO, Marcos Faro. Los Tribunales, el derecho y la democracia en Brasil, *in: Revista Internacional de Ciencias Sociales*. Paris: Unesco, 1996.

DWORKIN, Ronald. "Juízes políticos e democracia", in: O *Estado de São Paulo*, 20/3, 1997.

FARIA, José Eduardo. *Justiça e Conflito: os juízes em face dos novos movimentos sociais*. São Paulo: RT, 1992.

——. *Direito e economia na democratização brasileira*. São Paulo: Malheiros, 1993.

FITZPATRICK, Peter "The rise and rise of informalism", in: *Informal Justice*, Roger Matthews org., London Sage, 1988.

IBAÑEZ, Perfecto Andrés. "El Poder Judicial en momentos difíciles", in: *Claves de Razón Práctica*. Madrid: Prisa, 1995.

IDESP. *A crise do Judiciário vista pelos juízes*. São Paulo: relatório de pesquisa, Maria Teresa Sadek e Rogério Bastos Arantes orgs, 1993.

GUARNIERI, Carlos; PEDREZOLI, P. *La puissance de juger*. Paris: Michalon, 1996.

MARTÍNEZ, Néstor Humberto. "Rule of law and economic efficiency", in *Justice Reform in Latin America,* Washington, Inter-Americam Develeopement Bank, 1998.
MOREIRA, Vital. *Auto-Regulação Profissional e Administração Pública.* Coimbra: Almedina, 1997.
MORILLO, Joaquín Garcia. "Desparlamentarización, judicialización y criminalización de la política", in *La democracia post-liberal.* José Feliz Tezanos (org.). Madrid: Editorial Sistema, 1996.
NORTH, Douglas. *Institutions, institutional change and economic performance,* Cambridge (Mass.): Cambridge University Press, 1990.
PEDROSO, João. A construção de uma justiça de proximidade: o caso dos Centros de Arbitragem de Consumo, in: *Revista Crítica de Ciências Sociais,* Coimbra, n° 60, 2001.
PINHEIRO, Armando Castellar. *Judicial system performance and economic development.* Rio de Janeiro: Banco Nacional de Desenvolvimento Econômico e Social, Departamento de Economia, 1996.
——. *Judiciário e Economia no Brasil.* São Paulo: Sumaré, 2000.
ROULAND, Norbert. *Antropologie Juridique.* Paris: PUF, 1988.
SADEK, Maria Teresa; ARANTES, Rogério Bastos "A crise do Judiciário e a visão dos juízes", in: *Revista USP,* Dossiê Judiciário. São Paulo: USP, 1994.
SANTOS, Boaventura. *Toward a New Common Sense: law, science and politics in the paradigmatc transition,* London/New York, Routledge, 1995.
——; MARQUES, Maria Manuel L.; PEDROSO, João; FERREIRA, Pedro L. *Os tribunais nas sociedades contemporâneas.* Porto: Centro de Estudos Sociais, Centro de Estudos Judiciais, Afrontamento, 1996.
SANTOS, Wanderley Guilherme. *As razões da desordem.* Rio de Janeiro: Rocco, 1993.
TATE, Neal; VALLINDER, Torbjörn. "The global expansion of judicial power, the judicialization of politics", in *The global expansion of judicial power.* New York: New York University Press, 1997.
VIANNA, L. Werneck; CARVALHO, Maria Alice R.; MELO, P. Cunha; BURGOS, Marcelo Baumann. *Corpo e Alma da Magistratura Brasileira.* Rio de Janeiro: Iuperj/Revan, 1997.
WALTMAN, Jerold L. "The curts and political change in posti-industrial society", in: *The political role of law courts in modern democracies,* J. Waltmann e K. Holland (orgs.), London, MacMillan Press, 1998.
WORLD Bank. *Building Insttutions for Markets,* Washington. World Development Report 2002. World Bank/Oxford University Press, 2001.

— II —

A reforma (deforma?) do Judiciário e a assim designada "federalização" dos crimes contra os direitos humanos: proteção ou violação de princípios e direitos fundamentais?[1]

INGO WOLFGANG SARLET

Doutor em Direito pela Universidade de Munique. Estudos em Nível de Pós-Doutorado nas Universidades de Munique, Georgetown e junto ao Instituto Max-Planck de Direito Social Estrangeiro e Internacional (Munique), onde também atua como representante brasileiro e correspondente científico. Professor de Direito Constitucional nos cursos de Graduação, Mestrado e Doutorado da PUC/RS e da ESM (AJURIS). Coordenador do Grupo de Pesquisas (CNPq) "Constituição e Direitos Fundamentais", vinculado ao Mestrado e Doutorado em Direito da PUC/RS e do Grupo de Estudos em Direito Constitucional da ESM(AJURIS). Juiz de Direito de Entrância Final (RS).

LEONARDO FURIAN

Bacharel em Direito (PUC-RS), Advogado, Pesquisador do Núcleo de Pesquisas (CNPq) "Constituição e Direitos Fundamentais" junto ao Programa de Pós-Graduação em Direito da PUC/RS e do Grupo de Estudos de Direito Constitucional da ESM (AJURIS).

TIAGO FENSTERSEIFER

Bacharel em Direito (PUC-RS), Mestrando em Direito pela PUC-RS, Bolsista CNPq, Pesquisador do Núcleo de Pesquisas (CNPq) "Constituição e Direitos Fundamentais" junto ao Programa de Pós-Graduação em Direito da PUC/RS, do NEPAD – Núcleo de Estudos e Pesquisa "Ambiente e Direito" da PUC-RS (CNPq) e do Grupo de Estudos de Direito Constitucional da ESM (AJURIS).

---

[1] O presente texto resultou de pesquisa e discussão realizadas no âmbito do Grupo de Estudos de Direito Constitucional, promovido pela Escola Superior da Magistratura do RS (AJURIS) e coordenado pelo primeiro autor, Professor Doutor INGO WOLFGANG SARLET, a partir de outubro de 2004. Destaque-se que em virtude da data da conclusão do trabalho (maio de 2005), não foi mais possível inserir alguns dos mais recentes textos a respeito do tema, que serão objeto de consideração em eventual versão posterior. Outrossim, cabe agradecer aos integrantes do Instituto de Hermenêutica Jurídica e dos grupos de pesquisa "Constituição e Direitos Fundamentais" (PPGD da PUC/RS) e de Direito Constitucional da Escola Superior da Magistratura (AJURIS) pela discussão de diversos tópicos enfrentados no texto e as provocações daí oriundas, que contribuíram para o aprofundamento de algumas reflexões ora expostas.

Sumário: 1. Notas preliminares: contextualizando e problematizando o tema; 2. Sinopse das propostas de federalização das competências para o julgamento dos crimes contra os direitos humanos; 3. As principais razões em prol da federalização da competência para o julgamento de crimes contra os direitos humanos: mais uma vez seremos vítimas do sedutor canto das "sereias"?!; 4. Avaliação crítica do "se" e do "como" da "federalização": uma análise dos principais argumentos em prol da ilegitimidade constitucional do incidente de deslocamento de competência; 4.1. Refutando o "maquiavelismo constitucional" ou porque também aqui há de prevalecer a máxima ético-jurídica de que a nobreza dos fins não assegura a legitimidade de qualquer meio; 4.2. A federalização da competência para o julgamento de graves violações dos direitos humanos é, em si mesma, ofensiva a princípios fundamentais?; 4.3. O deslocamento de competência, também da forma como foi proposto, viola direitos e garantias fundamentais da pessoa humana?; 4.3.1. Observações preliminares; 4.3.2. Uma primeira barreira: o princípio da legalidade e o problema da definição das violações (crimes?) contra os direitos humanos no contexto das restrições a princípios e direitos fundamentais; 4.3.3. O princípio do juiz natural como direito e garantia fundamental e elemento nuclear do Estado Democrático de Direito; 5. Síntese conclusiva: resgatando a legitimidade constitucional e enfrentando a implantação gradativa e silenciosa de um "mal-estar constitucional"; 6. Referências bibliográficas.

1. Notas preliminares: contextualizando e problematizando o tema

Considerando o elevado número de emendas efetuadas até o presente momento, a revelar o frenesi reformista que tomou conta da cena político-institucional brasileira nestes últimos 17 anos (mais de cinqüenta emendas, incluídas as emendas constitucionais de revisão) já é possível afirmar, sem que se possa ser acusado de leviandade, que no Brasil acabou por se verificar – pelo menos em boa parte – justamente o contrário do que lecionou, em outro cenário, Gomes Canotilho:[2] ao invés dos programas partidários e governamentais incorporarem os ideais da Constituição, todos possuem seus próprios programas e ideais, e, para a sua implementação, pretendem – ainda que por vezes violando a nossa Lei Fundamental – a sua alteração. Que com isso estamos a experimentar uma crise de legitimidade e, de resto, um comprometimento crescente da própria força normativa da Constituição (como bem demonstrou Hesse),[3] resulta evidente e, por ora, dispensa maiores comentários.

---

[2] Ensina o catedrático de Coimbra: "um *programa eleitoral partidário* ou um *acordo partidário-governamental-parlamentar* não são, rigorosamente, um *programa constitucional de governo*" (grifo do autor). CANOTILHO, José Joaquim Gomes. *Constituição Dirigente e Vinculação do Legislador*: contributo para compreensão das normas constitucionais programáticas. Coimbra: Almedina, 1994, p. 468.

[3] Especialmente atual no caso brasileiro é a lição do eminente jurista alemão, para quem, "igualmente perigosa para força normativa da Constituição afigura-se a tendência para a freqüente revisão constitucional sob a alegação de suposta e inarredável necessidade política. Cada reforma constitucional expressa a idéia de que, efetiva ou aparentemente, atribui-se maior valor às exigências de índole fática do que à ordem normativa vigente". HESSE, Konrad. *A Força Normativa da Constituição*. Porto Alegre: Sergio Antonio Fabris, 1991, p. 22.

É justamente neste contexto que foi proposta, pelo então Deputado Federal Hélio Bicudo, a reforma do Poder Judiciário, veiculada por meio da proposta de emenda constitucional nº 96, que remonta ao ano de 1992, e cuja tramitação no Congresso Nacional findou com a sua aprovação pelo Senado Federal em 17 de novembro de 2004 e posterior promulgação da Emenda Constitucional nº 45, de 08 de dezembro de 2004 (doravante EC 45/04). Sem que se vá aqui historiar todas as vicissitudes que cunharam também o processo desta reforma em especial, que, de resto, já vinha sendo discutida antes mesmo da vigência da nossa atual Constituição, bem como deixando consignado que não se trata de refutar a possibilidade de reformas (inclusive do Poder Judiciário) em si, visto que o mecanismo da reforma constitucional, usado com moderação e respeitados os limites materiais e formais impostos pelo Constituinte, atua como importante elemento de garantia da estabilidade constitucional, por assegurar a possibilidade de adequação do texto à realidade cambiante e, portanto, viabilizar a necessária sinergia com a constituição material, propõe-se a discussão de apenas um dos aspectos da Reforma do Judiciário – no caso, como já anunciado pelo título –, a questão da assim designada "federalização dos delitos contra os direitos humanos". A escolha deste tópico, aliás, já restaria justificada pela sua repercussão e tendo em conta os diversos pontos correlatos passíveis de questionamento. Neste sentido, basta atentar para o acalentado debate promovido tanto na esfera política, quanto no âmbito das associações de classe da área jurídica (tais como OAB, AMB, AJUFE etc.) na mídia e na própria doutrina, que já há algum tempo despertou para o assunto.

Com efeito, como já sabido e de acordo com o sumário histórico a ser apresentado logo adiante, foi incorporada à reforma do Poder Judiciário a possibilidade de deslocamento da competência para o julgamento de graves violações de direitos humanos da Justiça Estadual para a Justiça Federal, o que, de acordo com a emenda, poderá ocorrer mesmo após o fato, portanto, antes ou durante o inquérito policial ou, ainda, durante a própria tramitação do processo. Que tal previsão, a despeito da nobreza das intenções de muitos que a defendem e da legitimidade do propósito em si mesmo (que é o de outorgar maior proteção a direitos humanos fundamentais) não se encontra como, de resto, se percebe com base em diversas manifestações no seio da doutrina, imune a críticas, visto que – segundo aqui será advogado – resultou na violação até mesmo de princípios e direitos fundamentais consagrados nacional e internacionalmente, é o que se pretende discutir neste texto.

Desde logo, todavia, impõe-se o registro de que **não (!!!)** é nosso propósito enveredar pela seara passional e muitas vezes excessivamente corporativa e até mesmo maniqueísta que – infelizmente – tem pautado, como sói acontecer entre nós, também este debate. Assim, evitar-se-á o uso de argumentos não necessariamente jurídicos e até mesmo ilegítimos (já que generalistas e resultantes de uma presunção de má-fé ou, no mínimo, da presunção de que se está apenas a defender interesses corporativos) como o de que se cuida de mais um golpe direcionado contra as instituições estaduais, com o intuito claro de fragilizá-las por conta de uma centralização do poder pela Justiça e pelo Ministério Público Federal, ou, pela perspectiva da Justiça Federal, de que qualquer resistência ao instituto do deslocamento de competência vindo da Justiça Estadual é movida meramente pelo interesse corporativo de não abrir mão de parcela de seu poder. Que a centralização ilegítima de poder, com a conseqüente ruptura do pacto federativo (tema, aliás, recorrente desde que iniciaram as reformas constitucionais) é de fato um ponto a ser questionado, constituindo inclusive um argumento contra a instituição do deslocamento de competência, não significa que não se possa reconhecer a existência de argumentos razoáveis – assim como a nobreza de propósitos – por parte de muitos dos defensores de tal medida.

Feitas estas considerações e anunciado o objetivo, qual seja, o de demonstrar a substancial inconstitucionalidade da "federalização" dos delitos contra os direitos humanos introduzida no artigo 109 da Constituição Federal de 1988 (doravante CF) pela EC 45/04 (inciso V-A),[4] no mínimo pelo modo como foi prevista pelo reformador constitucional, iniciar-se-á com um resumo histórico, apresentando desde a proposta original até a versão aprovada no texto final; segue uma síntese de justificativas e argumentos em prol da federalização; após, avaliar-se-á cada argumento no contexto da discussão da constitucionalidade do "se" e do "como" da "federalização".

Por derradeiro, antes de enfrentar-se o roteiro proposto, uma última nota preliminar, que, a despeito de sua singeleza, não poderia faltar em homenagem às exigências de um mínimo de rigor científico. Embora o título do presente ensaio tenha feito referência deliberada – e deliberadamente entre aspas – à "federalização" dos crimes contra os direitos humanos, fórmula, de resto, habitualmente utilizada, resta claro que "federalizada" é apenas – e se for o caso – a competência para a sua investigação, processamento e julgamento. Além do mais, como o problema abrange não apenas (embora neste caso com particular agudeza, dadas as conseqüências) a esfera jurisdicional, até se compreende – para além da simplicidade terminológica – a utilização da expressão "federalização dos crimes contra os direitos humanos". Todavia, não apenas por razões de preciosismo terminológico e conceitual, mas também em virtude do enfoque precípuo deste estudo, consigna-se aqui que este versa, em primeira

---

[4] Há que registrar a existência de duas Ações Diretas de Inconstitucionalidade propostas respectivamente pela Associação dos Magistrados Brasileiros (AMB) perante o Supremo Tribunal Federal (protocolada em 05.05.05, ADI – 3486) e pela Associação Nacional dos Magistrados Estaduais (ANAMAGES), em 11.05.05 (ADI – 3493) questionando precisamente a constitucionalidade do incidente de deslocamento de competência discutido neste estudo.

linha e como já anunciado, sobre a federalização da competência para o julgamento dos delitos contra os direitos humanos, sem que esteja a se desconsiderar a relevância de outras facetas relevantes da problemática. Além disso, tendo em vista a miríade de possibilidades argumentativas passíveis de serem consideradas (mesmo que por vezes manifestamente temerárias) também não se pretende mais do que avaliar criticamente alguns (possivelmente os principais) argumentos favoráveis e contrários apresentados até o momento, tudo com o singelo intuito de contribuir positivamente para o necessário debate e reflexão a respeito do tema. Assim, em caráter preliminar, segue uma sumária notícia a respeito da evolução da discussão no plano do processo político, até a promulgação da EC 45/04, que colocou em vigor a tão esperada e ao mesmo tempo tão controvertida reforma do Poder Judiciário.

2. Sinopse das propostas de federalização das competências para o julgamento dos crimes contra os direitos humanos

A previsão para a Justiça Federal julgar crimes em geral, previstos em tratados internacionais, remonta à Constituição Federal de 1967. A ditadura militar, que havia recriado a Justiça Federal pelo Ato Institucional nº 2, de 1965, apresentou um projeto para uma nova Constituição, que resultou na aprovação pelo Congresso, mediante processo constituinte de questionável legitimidade, da Lei Fundamental de 1967, com o intuito (entre outros propósitos) de obstar as decisões judiciais que entendiam aplicável a Constituição de 1946 e, com isso, vinham exercendo um certo controle sobre os atos autoritários do governo. Como era intenção das forças políticas de então centralizar o poder no plano federal, para melhor controlar as atividades e os movimentos contrários ao regime, dispôs o art. 119 da Constituição que:

Art 119 – Aos Juizes Federais compete processar e julgar, em primeira instância:
(...)
V – os crimes previstos em tratado ou convenção internacional e os cometidos a bordo de navios ou aeronaves, ressalvada, a competência da Justiça Militar;

Convém destacar, nesta quadra, como demonstraremos no decorrer do texto, que a própria Constituição de 1967, produzida por um regime autoritário, não ousou contrariar o princípio do juiz natural, mesmo porque a ditadura de qualquer modo não respeitava o que estava contido na Constituição, quando não lhe convinha.

Uma década depois, a Emenda Constitucional nº 7, de 13 de abril de 1977, incluiu no texto (art. 125) as expressões: "quando, iniciada a execução no País, o resultado tenha ou devesse ter ocorrido no estrangeiro, ou reciprocamente", delimitando a competência da Justiça Federal às hipóteses previstas posteriormente pela atual Constituição de 1988, até a aprovação da ora comentada reforma do Judiciário.

Retomando alguns pontos de relevo vinculados ao trâmite das propostas, vale relembrar que já no ano de 1996, por ocasião da edição do primeiro Plano Nacional de Direitos Humanos, foi encaminhada, pelo então Ministro da Justiça Nelson Jobim, a primeira proposta para a federalização dos crimes contra os direitos humanos por meio da PEC 368-A, de 13.5.96, assim redigida:

Art. 1º São acrescentados dois incisos no art. 109 da Constituição, de números XII e XIII, com a seguinte redação:

Art. 109. [Aos juízes federais compete processar e julgar:]

XII – os crimes praticados em detrimento de bens ou interesses sob a tutela de órgão federal de proteção dos direitos humanos;

XIII – as causas civis ou criminais nas quais órgão federal de proteção dos direitos humanos ou o procurador-geral da República manifeste interesse.

Tal sugestão foi apensada à PEC nº 96/92, de iniciativa do então Deputado Federal Hélio Bicudo, que originou a proposta de reforma do Poder Judiciário e que recentemente foi aprovada, não sem uma série de percalços e ajustes, inclusive no tocante ao tema ora versado. Com efeito, no ano de 2000, modificou-se o texto, e a Câmara dos Deputados chegou a aprovar proposta de emenda de reforma do Judiciário, que, no concernente à federalização dos delitos contra os direitos humanos, ficou com a seguinte redação:

Art. 109. Aos juízes federais compete processar e julgar:

V-A – as causas relativas a direitos humanos a que se refere o parágrafo quinto deste artigo;

§ 5º – nas hipóteses de grave violação de direitos humanos, o Procurador-Geral da República, com a finalidade de assegurar o cumprimento de obrigações decorrentes de tratados internacionais de direitos humanos, dos quais o Brasil seja parte, poderá suscitar, perante o Superior Tribunal de Justiça, em qualquer fase do inquérito ou processo, incidente de deslocamento de competência para a Justiça Federal.

Remetida ao Senado Federal, em março de 2002, a Comissão de Constituição e Justiça aprovou o seguinte acréscimo (inciso V-B) no rol de competências da Justiça Federal.

Art. 109 (...)

V-A – as causas relativas a direitos humanos a que se refere o § 5º deste artigo;

V-B – os crimes praticados em detrimento de bens ou interesses sob tutela de órgão federal de proteção dos direitos humanos, nos termos da lei.

§ 5º Nas hipóteses de grave violação de direitos humanos, o Procurador-Geral da República, com a finalidade de assegurar o cumprimento de obrigações decorrentes de tratados internacionais de direitos humanos dos quais o Brasil seja parte, poderá

suscitar, perante o Superior Tribunal de Justiça, em qualquer fase do inquérito ou processo, incidente de deslocamento de competência para a Justiça Federal.

A última redação, aprovada pelo Senado em primeiro turno no dia 07 de julho de 2004 e que resultou definitivamente aprovada pelo plenário em 17.11.2004, com posterior promulgação da Emenda Constitucional nº 45 em 08.12.2004 (justamente quando se comemorava – ou deveria poder se comemorar, diga-se de passagem – o dia da Justiça) estabeleceu o que segue:

Art. 109. Aos juízes federais compete processar e julgar:

(...)

V – os crimes previstos em tratado ou convenção internacional, quando, iniciada a execução no País, o resultado tenha ou devesse ter ocorrido no estrangeiro, ou reciprocamente;

V – A – as causas relativas a direitos humanos a que se refere o § 5º deste artigo;

(...)

§ 5º Nas hipóteses de grave violação de direitos humanos, o Procurador-Geral da República, com a finalidade de assegurar o cumprimento de obrigações decorrentes de tratados internacionais de direitos humanos dos quais o Brasil seja parte, poderá suscitar, perante o Superior Tribunal de Justiça, em qualquer fase do inquérito ou processo, incidente de deslocamento de competência para a Justiça Federal.

Tendo em conta a evidente conexão com o problema da federalização da competência para o julgamento dos crimes contra os direitos humanos, cumpre recordar que em 8 de maio de 2002 foi sancionada a Lei 10.446, que dispõe sobre infrações penais de repercussão interestadual ou internacional, em cumprimento do art. 144 da Constituição Federal, atribuindo à Polícia Federal, independentemente da responsabilidade dos órgãos de segurança dos Estados, proceder à investigação do seguinte modo:

Art. 1º Na forma do inciso I do § 1º do art. 144 da Constituição, quando houver repercussão interestadual ou internacional que exija repressão uniforme, poderá o Departamento de Polícia Federal do Ministério da Justiça, sem prejuízo da responsabilidade dos órgãos de segurança pública arrolados no , em especial das Polícias Militares e Civis dos Estados, proceder à investigação, dentre outras, das seguintes infrações penais:

(...)

III – relativas à violação a direitos humanos, que a República Federativa do Brasil se comprometeu a reprimir em decorrência de tratados internacionais de que seja parte; e (...).[5]

Com esta iniciativa da lei, que disciplina a investigação pela Polícia Federal, demonstra-se que a federalização da competência para julgamento dos crimes contra os direitos humanos não constitui processo engendrado

---

[5] Lei Federal nº 10.446, de 8 de maio de 2002. Disponível em https://www.presidenciadarepublica.gov.br/. Acesso em 09.11.2004.

exclusivamente – como, aliás, não poderia deixar de ser – no âmbito da reforma do Poder Judiciário, e, sim, que tem sido acompanhado por outras ações (e não apenas estas que foram mencionadas), que já há algum tempo têm ocupado a agenda político-institucional. Ainda que existam exceções, verifica-se que também o deslocamento de competência ora examinado insere-se no contexto de um conjunto de medidas erosivas do sistema federal brasileiro por conta de uma crescente centralização do poder, bastando aqui uma simples referência às reformas administrativa, tributária e outras tantas que marcaram a já referida trajetória reformista pós-1988.

3. As principais razões em prol da federalização da competência para o julgamento de crimes contra os direitos humanos: mais uma vez seremos vítimas do sedutor canto das "sereias"?!

A reforma do Poder Judiciário – na esteira do que ocorreu com a reforma administrativa, com as duas reformas previdenciárias e com a reforma tributária, para citar apenas os exemplos mais expressivos – veio acompanhada de intensa divulgação em todos os meios de comunicação, veiculando a conhecida e recorrente mensagem de que seria (tal como proposta) indispensável para o aperfeiçoamento do Poder Judiciário. Notadamente o objetivo era aproximá-lo da cidadania e torná-lo um instrumento efetivo de solução dos litígios e reclamos da sociedade, acabando com a sua falta de transparência e imunidade a qualquer controle externo (aqui a criação dos Conselhos Nacionais da Magistratura e do Ministério Público), bem como superando o problema da demora na prestação judicial (neste sentido, a instituição da súmula vinculante e do direito à razoável duração dos processos, entre outros). No caso específico ora examinado, pregou-se (e poderia haver argumento mais sedutor que esse, já que incensurável, em si mesmo?) a necessidade de assegurar a persecução e punição efetiva das violações de direitos humanos, pauta em torno da qual gravitam os demais argumentos esgrimidos pelo governo federal, por setores do Judiciário e do Ministério Público (compreensivelmente também, em termos gerais, centrados na esfera federal), por alguns segmentos expressivos da sociedade civil organizada, como é o caso de muitas organizações não-governamentais de defesa dos direitos humanos,[6] e também – embora aí não sem acirrada

---

[6] Assume-se aqui posição no sentido de que substancialmente a defesa da "federalização dos crimes contra os direitos humanos" encontra-se restrita a esses setores, muito embora haja quem entenda que tal temática tenha ganho a adesão das ruas e das praças brasileiras que se manifestam de modo praticamente uníssono (como se esse, por si só, fosse um argumento decisivo) de forma favorável à novidade. Neste sentido, evidentemente exagerada – inclusive porque desacompanhada de documentação e/ou dados empíricos comprobatórios – a manifestação de SANTOS, Weliton Militão (*Crimes contra os Direitos Humanos – Julgamento – Competência*. Disponível em http://www.cjf.gov.br/revista/numero10/artigo6.htm. Acesso em 17.09.2004), ao proclamar que: "no âmbito do Direito pátrio, salvo

controvérsia – no meio jurídico acadêmico e jurídico em geral, como dão conta os intensos debates promovidos pela Magistratura, Ministério Público, Ordem dos Advogados do Brasil e pelas faculdades de Direito e demais cursos jurídicos em todo o País.

Que o Brasil segue apresentando índices alarmantes, em alguns casos até mesmo ocupando as primeiras colocações neste lamentável *ranking* em nível global, no que diz com a violação de direitos humanos e fundamentais, já é do domínio comum e vai aqui desde logo apontado como inquestionável, de tal sorte que dispensáveis, para efeitos deste ensaio, referências estatísticas, bastando aqui lembrar o elevadíssimo número de homicídios registrado anualmente entre nós – incluindo as inúmeras chacinas e linchamentos – a ponto de nos compararmos a países em estado permanente de guerra civil ou mesmo de guerra externa. Em verdade, basta uma mínima vivência do nosso cotidiano urbano e rural para constatarmos que estamos a experimentar um estado de maior ou menor fascismo societal, como bem lembra Boaventura Santos.[7] Que tal modalidade, talvez mais sutil, mas não menos implacável de "fascismo" também – mas não só – decorre do fato de que as promessas da modernidade não se efetivaram para a maior parte da população brasileira e que com exceção de alguns para a grande maioria vale a dura realidade do atraso social, econômico e cultural (Lenio Luiz Streck)[8] igualmente é correto e merece destaque neste contexto.

Assim, considerando esta ambiência cunhada por uma crise de efetividade, identidade e confiança dos direitos humanos e fundamentais,[9] não

---

idiossincrasias adiáforas de certos setores da Justiça Estadual, o povo clama, a um uníssono de voz, *nemo non videt*, que a Justiça Federal deva julgar os crimes contra os direitos humanos, bem, ainda, extravasando as fronteiras do País, sob o prisma do Direito comparado, mais precisamente sob o aspecto global, o clamor mundial, inconfundivelmente, como se viu, *in nemine discrepante*, é no sentido de que haja um Tribunal Internacional para julgar certos delitos de maior gravidade, cuja jurisdição não seria limitada pelo aspecto espacial ou geográfico, nem mesmo temporal").

[7] Segundo o renomado sociólogo lusitano, o fascismo societal implica, dentre outras manifestações, uma espécie de *apartheid social*, no sentido de "da segregação social dos excluídos através de uma cartografia urbana dividida em zonas selvagens e zonas civilizadas. As zonas selvagens são as zonas do estado de natureza hobbesiano. As zonas civilizadas são as zonas do contrato social e vivem sob a constante ameaça das zonas selvagens. Para se defenderem, transformam-se em castelos neufeudais, os enclaves fortificados que caracterizam as novas formas de segregação urbana (cidades privadas, condomínios fechados, *gated communitie*)" SANTOS, Boaventura de Sousa. *Reinventar a Democracia*. Lisboa: Gradiva, 1998, p. 33-34.

[8] Expõe Lenio Luiz Streck: "Em países como o Brasil, onde, repita-se, o Estado Social foi um simulacro, *há ainda uma fase a ser percorrida*. Essa fase deve ser representada pela realização das promessas da modernidade, todas previstas no pacto constituinte de 1988". STRECK, Lenio Luiz. *Jurisdição Constitucional e Hermenêutica: uma nova crítica do direito*. Porto Alegre: Livraria do Advogado, 2002, p. 86.

[9] Neste sentido, v. SARLET, Ingo Wolfgang. "O Direito Fundamental à moradia na Constituição: algumas anotações a respeito de seu contexto, conteúdo e possível eficácia". In. SAMPAIO, José Adércio Leite (coord.). *Crises e desafios da Constituição*. Belo Horizonte: Del Rey: 2004, p. 424. Na leitura de Ingo Sarlet, a crise do Estado Democrático e Social de Direito acaba por gerar uma crise dos direitos fundamentais, sendo que esta, "não se restringe mais a uma crise de efetividade, mas alcança inclusive a esfera do próprio reconhecimento e da confiança no papel exercido pelos direitos fundamentais numa sociedade genuinamente democrática... constata-se uma crescente descrença nos direitos

foi à toa que se difundiu a justa crença (considerados os propósitos apontados) de que a ora implementada proposta de "federalização" dos delitos contra os direitos humanos encontra eco em diversas entidades da sociedade civil que se dedicam à defesa desses direitos, demandas que se originam da percepção (igualmente correta em si mesma, importa frisar) de que os mecanismos atualmente existentes para a apuração e punição das violações de direitos humanos no Brasil são ineficientes – desimportando neste momento as razões para tanto – e merecem ser aprimorados.[10]

Ainda mais entusiasmada é a posição de Paulo Sérgio Pinheiro e Paulo de Mesquita Neto, que entendem que juntamente com as Leis federais n° 9.140/95 (pela qual o Estado reconhece sua responsabilidade por mortes e desaparecimentos de pessoas durante o regime ditatorial), n° 9.299/96 (que estabelece o julgamento pela justiça comum dos crimes dolosos cometidos por policiais militares) e de n° 9.455/97 (que define os crimes de tortura), se "puder ser sancionado o projeto de emenda constitucional proposto pelo governo federal para dar à Justiça Federal competência para julgar crimes contra os direitos humanos, o PNDH (*Plano Nacional de Direitos Humanos, inserção explicativa dos autores*) terá conseguido assegurar instrumentos jurídicos decisivos para debelar a impunidade".[11]

Na esteira destas considerações, o governo brasileiro, ao justificar, ainda na fase da propositura e tramitação da emenda constitucional, a tese da "federalização" dos crimes contra os direitos humanos, apresentou uma síntese dos principais argumentos favoráveis:

> A federalização dos crimes contra os direitos humanos é o instrumento que permite ao Poder Judiciário Federal e ao Ministério Público Federal o processamento e julgamento de delitos que importem em violação de tratados, pelos quais a União responde na esfera internacional, no sentido de demonstrar interesse nacional na resolução destes casos. As graves violações aos direitos humanos são questões de interesse de todo o país, e sua repercussão, interna e externa, extrapola os limites territoriais dos Estados da Federação. Importa ressaltar que a proposta não transfere à competência da Justiça Federal, de maneira indiscriminada e generalizada, automaticamente todos os crimes contra direitos humanos. Apenas nas hipóteses de grave violação de direitos humanos, o Procurador-Geral da República, com a finalidade de assegurar o cumprimento de obrigações decorrentes de tratados internacionais de direitos humanos dos quais o Brasil seja parte, poderá suscitar, perante o Superior Tribunal de Justiça, incidente de deslocamento da Justiça Comum para a

---

fundamentais. Estes, ao menos a partir da compreensível ótica da massa de excluídos, ou passam a ser encarados como verdadeiros 'privilégios' de certos grupos (basta apontar para a oposição entre os 'sem-terra' e os 'com terra', os 'sem teto' e os 'com teto', bem como os 'com-saúde' e os 'com-educação' e os que aos mesmos não têm acesso)".

[10] CASTRO, Flávio Dino de, SCHREIBER, Simone. *Federalização da Competência para Julgamento de Crimes Contra os Direitos Humanos*. Disponível em http://www.ajufe.org.br/. Acesso em 27.09.2004.

[11] PINHEIRO, Paulo Sérgio, MESQUITA NETO, Paulo de. "Direitos Humanos no Brasil: perspectivas no final do século". In: *Cinqüenta Anos da Declaração Universal dos Direitos Humanos*. São Paulo: Fundação Konrad Adenauer, 1999, p. 66.

Justiça Federal. Este incidente não é novidade no ordenamento jurídico, assemelhando-se ao desaforamento do Tribunal do Júri (CPP, art.424).[12]

Alega-se, portanto (tese em geral subjacente aos argumentos esgrimidos pelos defensores da reforma) que se estaria a dar uma resposta efetiva aos organismos internacionais em razão das violações freqüentes dos direitos humanos em nosso País. Abstraindo-se aqui que o modo pelo qual foi veiculado o argumento por parte do governo brasileiro deixa transparecer que a "federalização" seria no fundo não mais do que um mero paliativo e, portanto, essencialmente uma forma de contentar retoricamente os organismos supranacionais de defesa dos direitos humanos, como que se, agora sim, estaria o Brasil a levar a sério os direitos fundamentais, é preciso reconhecer que também neste ponto não merece substancial reparo a justificativa apresentada.

Neste sentido, Flávia Piovesan, com sua habitual competência, apresenta outra justificativa, embora inserida no mesmo contexto:

A justificativa é simples: considerando que estas hipóteses estão tuteladas em tratados internacionais ratificados pelo Brasil, é a União que tem a responsabilidade internacional em caso de sua violação. Vale dizer, é sob a pessoa da União que recairá a responsabilidade internacional decorrente da violação de dispositivos internacionais que se comprometeu juridicamente a cumprir. Todavia, paradoxalmente, em face da sistemática vigente, a União, ao mesmo tempo em que detém a responsabilidade internacional, não detém a responsabilidade nacional, já que não dispõe da competência de investigar, processar e punir a violação, pela qual internacionalmente estará convocada a responder.[13] [14]

---

[12] Disponível em http://www.mj.gov.br/reforma/index.htm. Acesso em 10.11.2004. Com relação a pretensa semelhança com o desaforamento do tribunal do júri, abordaremos na quarta parte referente as implicações do incidente de deslocamento.

[13] PIOVESAN, Flávia. *Direitos Humanos Internacionais e Jurisdição Supra-Nacional: a exigência da federalização*. Disponível em http://www.dhnet.org.br/inedex.htm. Acesso em 10.11.2004.

[14] Com o mesmo entendimento: "O Estado brasileiro é hoje parte nos principais instrumentos internacionais de direitos humanos. Isso impõe à União responder perante os organismos internacionais por todos os atos que violem os direitos humanos em nosso território, qualquer que tenha sido o agente violador. Paradoxalmente, no entanto, a União não dispõe de meios legais para apurar violações perpetradas na esfera estadual. Daí a importância da aprovação, pela Câmara dos Deputados, da proposta de emenda constitucional que permite o deslocamento de competência para a Justiça Federal, nos casos de violações aos direitos humanos". DIAS, José Carlos; VIEIRA, Oscar Vilhena. *Monopólio da Impunidade*. Disponível em http://www.neofito.com.br/artigos/art01/jurid297.htm. Acesso em 26.09.2004. Também não é diferente o posicionamento de Fernando Moreira Gonçalves: "A República Federativa do Brasil é signatária da Convenção Americana de Direitos Humanos. Casos como ''Eldorado dos Carajás'' e ''Carandiru'' podem gerar pesadas condenações, a serem pagas pela União e não pelos governos locais, em processos instaurados perante a Corte Interamericana de Direitos Humanos. Dessa forma, a União Federal está sujeita a ser responsabilizada, no plano internacional, pelas omissões ou falhas das autoridades locais na repressão a violações aos direitos humanos, mas não possui, no âmbito interno, mecanismos jurídicos que permitam a atuação de seus agentes nas investigações ou no julgamento desses delitos. Essa situação paradoxal, por si só, justificaria deslocar o julgamento desses processos para a Justiça Federal, em razão do evidente interesse da União no seu resultado. Esse, entretanto, não é único fundamento da medida". GONÇALVES, Fernando Moreira. *Justiça Federal e Direitos Humanos*, Extraído do site do jornal Correio Braziliense em 13/09/99.

Ainda no que diz com o rol de justificativas colacionadas, alega-se até mesmo falta de parcialidade (isenção) e/ou fragilidade e ineficiência dos órgãos estaduais (especialmente o Judiciário, o Ministério Público e a Polícia) no que diz com a capacidade de efetiva repressão dos delitos contra os direitos humanos. Tais argumentos prendem-se – no que diz com a ausência de isenção e fragilidade – à suposição de que os órgãos estaduais seriam mais vulneráveis às pressões do meio social, do poder econômico e político local e regional. Além do mais, tanto a fragilidade e ineficiência residiriam basicamente na capacidade reduzida de articulação e alocação de meios suficientes por parte dos órgãos estaduais para atuar com eficácia em face das violações de direitos humanos.

Importa recordar, todavia, que a dita e repetida maior isenção e independência da Justiça Federal e do Ministério Público da União,[15] por estarem menos sujeitos às pressões políticas, sociais e econômicas e, em virtude disso, estarem em condições de assegurar maior eficácia jurídica e efetividade para os direitos humanos previstos em tratados ou convenções internacionais nos quais a União seja parte, foi uma justificativa explicitamente levantada na exposição de motivos da Proposta de Emenda encaminhada pelo então Ministro da Justiça Nelson Jobim, quando da apresentação do Plano Nacional de Direitos Humanos em 1996:

> A fórmula consiste na inserção de dois novos incisos no art. 109 da Constituição. Sem dúvida, a Justiça Federal e o Ministério Público da União, no âmbito das suas atribuições, vêm se destacando no cenário nacional como exemplos de isenção e de dedicação no cumprimento dos seus deveres institucionais. Por outro lado, cumpre destacar que a própria natureza dessas duas Instituições, com atuação de abrangência nacional, as tornam mais imunes aos fatores locais de ordem política, social e econômica que, até agora, têm afetado um eficaz resguardo dos Direitos Humanos.[16]

Por derradeiro, mesmo que haja argumentos adicionais reforçando a tese da "federalização" (como, por exemplo, o seu cunho excepcional, assim como a própria comparação com o instituto do desaforamento aplicado nos casos de julgamento pelo Tribunal do Júri), não se trata aqui de rastrear a totalidade das razões esgrimidas, mas, acima de tudo, de apresentar em

---

[15] A respeito: "Outro aspecto relevante é a ocorrência de grande quantidade de violações aos direitos humanos onde autoridades locais figuram como investigados ou réus. Nesses casos, a certeza de somente ser investigado por seus próprios pares significa um prenúncio de impunidade a estimular novas violações. É importante, também, sempre lembrar que a previsão constitucional de deslocamento da competência desses casos para a Justiça Federal traz junto consigo a atuação da Polícia Federal nas investigações e do Ministério Público Federal na promoção da ação penal, o que por si só, serve como um grande estímulo à realização de um trabalho correto pelas polícias e demais autoridades locais." GONÇALVES, Fernando Moreira, *op. cit.*

[16] *Apud* CASTRO, Flávio Dino de; SCHREIBER, Simone. *Federalização da Competência para Julgamento de Crimes Contra os Direitos Humanos.* In:http://www.ajufe.org.br/index.php?ID_MATERIA=389. Acesso em 27.09.2004.

linhas gerais os principais objetivos (e argumentos) que lastrearam a proposta ora incorporada ao texto constitucional, de modo a permitir a sua avaliação crítica, o que, de resto, constitui o cerne deste estudo e será desenvolvido nos segmentos subseqüentes.

4. Avaliação crítica do "se" e do "como" da "federalização": uma análise dos principais argumentos em prol da ilegitimidade constitucional do incidente de deslocamento de competência

4.1. Refutando o "maquiavelismo constitucional" ou porque também aqui há de prevalecer a máxima ético-jurídica de que a nobreza dos fins não assegura a legitimidade de qualquer meio

Que a tarefa de contestar a "federalização" dos delitos contra os direitos humanos – ainda mais em se considerando a incensurável nobreza dos objetivos (mas não necessariamente de todos os argumentos) já é dificultada só pelo fato de se estar supostamente a contestar algo irrefutavelmente bom e necessário, vai aqui reconhecido. De fato, é compreensível que se caia na tentação de questionar o porquê de tanta resistência em relação ao doce canto das "sereias". Qual a razão da necessidade de se assumir também nesta questão o papel de Ulisses, amarrando-se ao mastro para não ceder ao chamado, se este, além de sincero e nobre, não implica o risco de, após imobilizar os seus companheiros, ser (pelo menos fisicamente) devorado por quem o lança ao vento?

É justamente este, todavia, o ponto nevrálgico a ser enfrentado também quanto ao problema ora versado. Assim como com outras reformas (do que, de resto, já temos provas suficientes, considerando a evolução recente), a bondade da causa – quando esta, de fato, estiver demonstrada (como se admite no caso da "federalização") – nunca assegurou, por si só, a correção e legitimidade dos meios para alcançar os objetivos propostos. Além disso, a tática de se utilizar a nobreza dos objetivos praticamente como único (ou principal) argumento para sustentar a escolha do meio para sua implementação não raras vezes resulta, quando não em evidente panfletarismo (tanto mais eficiente quanto melhor a causa e o apoio por esta granjeado no meio social, político e, acima de tudo, por parte dos meios de comunicação), num inequívoco deslocamento de perspectiva, além de legitimar um raciocínio viciado pela ausência de outros questionamentos. Afinal de contas, reitere-se a observação, qual a razão de se contestar o que serve (em princípio e pelo menos aparentemente) para fazer o bem!?

Considerando o exposto, percebe-se o quanto a tão conhecida quanto combatida (ainda que por vezes de modo hipócrita) máxima de Maquiavel de que os fins justificam os meios é recorrentemente esquecida quando se está convencido de que os próprios fins são nobres, como se estas qualidades desde logo impregnassem qualquer meio escolhido para a consecução dos fins. Ora, se a proteção eficiente dos direitos humanos e da dignidade da pessoa humana é um fim altamente louvável (possivelmente o primeiro e melhor fim a ser almejado por qualquer ordem social e política), como não defender a "federalização" dos delitos contra os direitos humanos ou mesmo outra medida voltada à consecução dessa finalidade? Ainda que se reconheça, nunca é demais repisar, que quando aqui se fala em "maquiavelismo constitucional" é acima de tudo com o objetivo de destacar que a desconsideração (ainda que por mera falta de cuidado e de maior reflexão crítica) da legitimidade constitucional dos meios não pode ser compensada, por si só, pela adequação constitucional dos fins almejados, especialmente quando resultar em violações de princípios e direitos fundamentais!

É precisamente este o propósito deste estudo, por mais elementar que seja: demonstrar que a despeito dos objetivos da mais alta nobreza – aos quais se adere enfaticamente, convém repisar – sempre se deve questionar (preferencialmente antes e, como é o caso, mesmo depois de sua efetiva implantação) a legitimidade dos meios. Assim, a própria escolha do meio em si mesmo (como, no caso, o deslocamento da competência para julgamento dos crimes contra os direitos humanos) no mínimo não se revela insuscetível de avaliação crítica, quanto mais o modo pelo qual restou implementado. Em outras palavras, também aqui há de se analisar com um mínimo de reflexão tanto o "se" quanto o "como" da alteração constitucional envidada, já que – notadamente em virtude de uma pelo menos potencial (ver-se-á que no caso existe bem mais do que isso) ingerência em valores, princípios e direitos fundamentais da nossa ordem jurídica e até mesmo uma afetação de direitos humanos consagrados na esfera internacional, não há também como deixar de aplicar, com todo o rigor (na dupla dimensão do "se" e do "como"), o teste de proporcionalidade das medidas tomadas.

Por derradeiro, mesmo que no caso específico da "federalização" se impõe o reconhecimento de que a bondade dos objetivos foi acompanhada de um expressivo número de argumentos adicionais (o que, de resto, seguidamente não é o caso, como já anunciado) não há como abrir mão do exame crítico de cada uma das razões esgrimidas, não por si só, mas no contexto da legitimação intrínseca e extrínseca da relação entre meios e fins.

4.2. A federalização da competência para o julgamento de graves violações dos direitos humanos é, em si mesma, ofensiva a princípios fundamentais?

Desde que se passou a cogitar seriamente da introdução de um incidente de deslocamento de competência para julgamento das violações de direitos humanos para a Justiça Federal, não foram tão poucos os que questionaram inclusive a própria razão de ser, portanto, a conveniência e necessidade da criação do incidente. Assim, em que pesem as razões em prol da alteração levada a efeito por meio da EC 45/04, sumariamente colacionadas no segmento anterior, também a nós não parece que a medida possa resistir ao teste da constitucionalidade, seja com base na conformidade com os limites materiais à reforma constitucional, seja pelo crivo da proporcionalidade, notadamente no que diz com o atendimento dos requisitos da adequação ou, pelo menos, da necessidade. Aliás, a rigor sustenta-se aqui que até mesmo tal exame poderia ser dispensado, já que nem mesmo satisfatoriamente superado o pressuposto da efetiva demonstração da correção dos argumentos que foram utilizados para justificar a medida. De qualquer modo, cuida-se de questões conexas, sendo inevitável alguma superposição, inclusive entre os argumentos a respeito do "se" e do "como" do novo instituto, como haverá oportunidade de se constatar.

Antes, todavia, de se enveredar por esta seara, seguem algumas anotações preliminares, que voltarão a ter relevo mais adiante. Assim, é significativo que o poder de reforma constitucional tenha referido expressamente a terminologia *direitos humanos*, e não *direitos fundamentais*. Considerando, ainda, que um dos principais e recorrentes argumentos em prol do incidente tem sido a necessidade de assegurar de modo efetivo a responsabilização em virtude de violação de direitos humanos, preservando o Brasil em termos de responsabilidade internacional, verifica-se que a terminologia adotada não o foi por mera coincidência, ou, pelo menos, que a sua utilização neste contexto permite afirmar que acabou sendo consagrada a tão questionada, mas mesmo assim possível distinção entre direitos humanos (positivados no plano internacional) e fundamentais (positivados no plano constitucional), de resto já anunciada expressamente pelo Constituinte quando, no artigo 4º, inciso II, da CF, previu que no plano das relações internacionais o Brasil deverá zelar pela prevalência dos direitos humanos, ao passo que a epígrafe do Título II da Constituição fala dos direitos e garantias fundamentais![17] Tal constatação, por sua vez, não constitui mero diletantismo ou preciosismo terminológico, mas acaba por assumir importância já no que diz com a discussão em torno de quais efetivamente os direitos abrangidos pelo recém-criado incidente, ainda mais tendo em conta qualquer ausência de concretização da noção direitos humanos pelo reformador. Tal aspecto, ora apenas anunciado, voltará a ser contemplado quando da discussão em torno da forma pela qual o incidente foi previsto.

---
17 Sobre o tema, v. SARLET, Ingo Wolfgang. *A Eficácia dos Direitos Fundamentais*, 5ª ed., Porto Alegre: Livraria do Advogado, 2005, p. 35-36.

Adentrando agora o terreno movediço da querela em torno da correção dos motivos sustentados pelos defensores do incidente e analisando a questão preponderantemente à luz de oportunidade, conveniência e necessidade (enfim, da proporcionalidade) da própria introdução do deslocamento de competência, ainda que este fosse isento de qualquer mácula no concernente à forma e ao modo de sua aplicação, a alegação de que com a "federalização" restará diminuída a impunidade reinante no âmbito das violações de direitos humanos, bem como aprimorada e tornada mais efetiva a prestação jurisdicional nesta seara, carece de qualquer sustentáculo objetivo e empiricamente demonstrado.

Com efeito, a simples menção a casos isolados que, de resto, poderiam ter tido o mesmo destino (caso apreciados na esfera federal) não supre esta deficiência. Além do mais, a divulgação de dados estatísticos referentes à esfera estadual é intrinsecamente distorcida, visto que é justamente no plano dos estados da Federação que até o presente momento (ressalvadas causas envolvendo o interesse direto da União, como tráfico, contrabando etc.) são apreciadas tais violações. Ante a ausência de elementos de comparação, qualquer paralelo fundado nestes argumentos revela-se inconsistente. Neste sentido, a recorrente alegação de que no Tribunal Interamericano de Direitos Humanos (Costa Rica) a Justiça Estadual responde pela maioria esmagadora das condenações do Brasil, esbarra justamente no fato de que é a Justiça Estadual que julga a maioria dos casos que trata de violação dos direitos humanos. A mera transferência da competência, ainda que restrita a determinadas hipóteses e casos de suma gravidade (o que depende da interpretação variável dos nossos Tribunais Superiores e da disposição em avocar um ou outro caso por parte do Procurador-Geral da República) certamente não permite assegurar que tais violações receberão melhor tratamento em outra esfera judiciária. Pelo contrário, justamente em termos de impunidade, a federalização poderá implicar perigosíssimo "monopólio da impunidade"[18] (e um monopólio casuístico e potencialmente arbitrário), ou, pelo menos, em uma indesejável e até mesmo arbitrária concentração de poder na União.

Em que pese a instigante e evidentemente bem intencionada argumentação de José Carlos Dias e Oscar Vilhena Vieira,[19] no sentido de que o incidente de deslocamento de competência haverá de ter caráter excepcional e subsidiário, propiciando uma "saudável pressão sobre as autoridades estaduais" e uma "salutar competição entre as instâncias estadual e federal", que contribuirão para a quebra da "nossa tradição de monopólio na respon-

---

[18] V. o manifesto de DIAS, José Carlos e VIEIRA, Oscar Vilhena. *Monopólio da Impunidade*. Extraído do jornal Folha de São Paulo. Incluído no site em 20/04/2000. Disponível em http://www.neofito.com.br/artigos/art01/jurid297.htm. Acesso em 26.09.2004.
[19] Idem.

sabilização penal", também estas razões não merecem acolhida. Em primeiro plano, pelo fato de não afastarem os fortes argumentos indicando a inconstitucionalidade do incidente vinculados à forma de sua utilização, que serão objeto de atenta análise no segmento seguinte. Além disso – mantendo-nos por ora na esfera da "federalização" em si mesma, convém sempre lembrar que também e justamente estando em causa a violação de direitos humanos, não se deveria buscar **um** culpado, mas **o** culpado. Causa espécie – mesmo que não se esteja a negar a ocorrência de distorções sérias, a depender do caso – que os julgamentos resultantes em absolvição ou em pena inferior à desejada (ainda que aplicada nos limites estritamente previstos na legislação penal) não raras vezes – por mais que se demonstre a fragilidade da prova ou as limitações legais relativas ao processo – são rotulados de parciais, obtidos mediante pressão ou mesmo outros meios, pelo menos de acordo com setores importantes dos meios de comunicação e por parte de segmentos da opinião pública, que, certamente, não deveriam contaminar a atuação dos agentes encarregados da persecução e julgamento dos detratores dos direitos humanos. Muito embora trivial a lembrança, nunca é demais recordar que também para assegurar a devida punição do efetivo autor de uma violação dos direitos humanos segue valendo a máxima de que não se deverá aplicar qualquer meio, mas sempre os meios compatíveis com o princípio (ele próprio incorporado como um dos princípios nucleares do direito internacional dos direitos humanos) do devido processo legal, igualmente afetado pelo incidente ora examinado o que será objeto de posterior avaliação.

Os argumentos esgrimidos pelos ilustres articulistas, no tocante à "saudável pressão" sobre os estados e "salutar competição" entre as esferas estadual e federal, poderão, como em outras circunstâncias, esbarrar justamente no contrário, ou seja, numa perigosa e desagregadora competição entre os entes da Federação e contribuir mais ainda para a crescente ruptura do nosso pacto federativo, que, importa não olvidar, desde a nossa primeira Constituição da República, se encontra expressamente contido no rol das "cláusulas pétreas" da nossa Constituição. Pelo impacto causado sobre as instâncias estaduais, já pela divulgada convicção de que estas são, quando não coniventes, omissas, relutantes ou mesmo incapazes de punir as violações contra os direitos humanos, há como sustentar sim que o núcleo essencial do princípio federativo está sendo pelo menos inequivocamente ameaçado, situação que, no limite, equivale a uma tendencial abolição de um conteúdo "pétreo", nos termos do artigo 60, § 4º, I, da nossa Constituição.[20]

---

[20] A respeito do tema, v. SARLET, Ingo Wolfgang, *op.cit.* 2005, p. 399, e, mais recentemente, SARMENTO, Daniel, "Direito Adquirido, Emenda Constitucional, Democracia e Reforma da Previdência", in: TAVARES, Marcelo Leonardo (Coord.), *A Reforma da Previdência Social. Temas Polêmicos e Aspectos Controvertidos*, Rio de Janeiro: Lúmen Júris, 2004.

Para além disso – e basta aqui apontar para o autofágico jogo do "empurra-empurra" já tão comum no sistema federal pátrio – este estímulo à competição contribuirá ainda mais para a neutralização da indispensável, mas entre nós tão desconsiderada, função integrativa da Constituição.[21] De outra parte, ainda que não seja esta a linha argumentativa aqui privilegiada, mesmo na esfera acadêmica há quem aponte para um importante efeito colateral da "federalização", já que poderá levar a um desprestígio e uma fragilização das instâncias estaduais, que serão sempre competentes para apreciar violações "leves" de direitos humanos, ao passo que, se assim for entendido, os órgãos da Justiça Federal poderiam assumir a apreciação das assim consideradas "graves" violações dos direitos humanos.[22]

As mesmas razões, importa destacar, valem tanto para o Poder Judiciário quanto para o Ministério Público, na função de instituição essencial à justiça. Com efeito, o próprio Procurador-Geral de Justiça, na condição de Chefe do Ministério Público Estadual, terá sua autoridade pura e simplesmente desconsiderada pelo Procurador-Geral da República, destituído de qualquer hierarquia funcional em relação aos Procuradores-Gerais dos Estados, tudo a reforçar um injustificado conflito político e institucional, além de enrobustecer a tese de violação do pacto federativo.

No concernente ao argumento de que o deslocamento de competência provocará a diminuição da impunidade, igualmente há que encarar com reservas tal afirmação. Tanto nos massacres execráveis de Carandiru, Carajás, Candelária e vários outros, que envolviam um número maior de autores e resultaram em julgamentos pelo Júri Popular (com condenações, ainda que da minoria dos acusados), a federalização da competência para o julgamento desses crimes não teria tido o condão de assegurar efetivamente uma punição mais abrangente e mais rápida. Que a demora do processo com múltiplos réus e advogados não pode ser imputada pura e simplesmente ao descaso ou incapacidade do Ministério Público e do Judiciário dos Estados, mas é inerente ao complexo e formal ritual dos processos envolvendo a competência e as prerrogativas constitucionais do Tribunal do Júri, obrigatório em todas essas situações e similares, igualmente não deve ser olvidado, até mesmo pelo fato de que tais fatores independem de a competência

---

[21] V. por todos, na condição de um dos teóricos que protagonizou a defesa de tal função, SMEND, Rudolf. *Constitución y Derecho Constitucional*, Trad. De José Mª. Beneyto Pérez, do texto em alemão de 1928, Madrid: Centro de Estudios Constitucionales, 1985, especialmente p. 62 e ss. Dentre os autores contemporâneos, privilegiando-se aqui os de língua portuguesa, confira-se CANOTILHO, J. J. Gomes. *Direito Constitucional e Teoria da Constituição*. 7ª ed. Coimbra: Almedina, 2003, especialmente o Capítulo 1 "Funções Clássicas da Constituição" (p. 1435 e ss.) e o Capítulo 2 "A revisão das Funções da Constituição" (p. 1447 e ss.), ambos da parte V "Teoria da Constituição" do Título 4 "Dimensões Actuais da Teoria da Constituição".

[22] Cfr. FERREIRA, Luiz Alexandre Cruz; TÁRREGA, Maria Cristina Vidotte. "Reforma do Poder Judiciário e Direitos Humanos", in: WAMBIER, Tereza Arruda Alvim (Coord), *Reforma do Judiciário: primeiros ensaios críticos sobre a EC n. 45/2004*, São Paulo: Revista dos Tribunais, 2005, p. 462.

ser da justiça estadual ou federal!!! Da mesma forma, as testemunhas do fato seguiriam sendo as mesmas e, portanto, também as suas alegações. Além disso, não se deverá olvidar o elementar, qual seja, o de que o órgão julgador (que não é o Juiz estadual ou federal) segue sendo formado por integrantes do povo, cabendo aos Juízes togados apenas a instrução e a presidência dos trabalhos.

Outro aspecto a ser considerado é que o incidente de deslocamento de competência também poderá dificultar a própria prestação jurisdicional, diminuindo até mesmo as possibilidades de efetiva proteção dos bens tutelados pelo, como veremos mais adiante, ambíguo e arbitrário conceito de grave violação dos direitos humanos. Como bem destaca o Magistrado João Ricardo Santos Costa, analisando o problema ainda à luz do projeto de emenda constitucional, importa ter em conta também a ótica do acesso à justiça, pois,

> está na contramão dos movimentos de acesso à justiça, porque impõe novos obstáculos sem a remoção de qualquer dos existentes.
>
> A proposta não serve para aumentar a oferta de justiça, porque reduz drasticamente o acesso físico aos tribunais, em face da contrastante disparidade numérica de unidades judiciais das Justiças Estaduais e em relação à Justiça Federal. Essa constatação também leva ao reconhecimento de que, havendo necessidade de um maior deslocamento das partes reclamantes, avulta-se também outro obstáculo: o custo do acesso".[23]

Mesmo que tal argumento possa eventualmente não ser o principal (muito embora possa até mesmo se sustentar, na esteira de outra inovação expressamente[24] introduzida pela Reforma do Judiciário, uma violação até mesmo do direito-garantia da razoável duração do processo)[25] o somatório das objeções colacionadas enrobustece a tese da inconstitucionalidade da própria criação do incidente de deslocamento. Nesta mesma linha, outras razões esgrimidas para justificar o deslocamento de competência dos crimes contra os direitos humanos, como a alegada falta de parcialidade e maior sujeição aos poderes e pressões locais são restrições que igualmente podem ser estendidas à própria Justiça Federal, uma vez que nada garante

---

[23] COSTA, João Ricardo Santos. "Federalização dos denominados crimes contra os direitos humanos: equívoco baseado em casuísmo e falsos paradigmas", in: *Revista da AJURIS*, Porto Alegre: Ajuris, v. 30, n. 92, p. 33-49, dez./2003, p. 41.

[24] Embora, para muitos, já implicitamente consagrada pela nossa Constituição, quando da garantia do devido processo legal e do acesso à justiça. Neste sentido, v., dentre tantos, TUCCI, José Rogério Cruz e. "Garantia da prestação jurisdicional sem dilações indevidas como corolário do devido processo legal". *Revista de Processo*, Ano 17, n. 66, Abr/Jun, 1992. São Paulo: Revista dos Tribunais, 1992, p. 72-78.

[25] Cf. a nova redação do artigo 5º, inciso LXXVIII, da CF 88. Neste contexto, convém lembrar que caberá recurso ao STF da decisão que indeferir ou deferir o deslocamento de competência, importando, em princípio, na possibilidade da própria suspensão do processo e afetando tanto a coleta da prova como inclusive acarretando eventual prescrição, em se cuidando de penas não muito altas, a depender do caso.

que esta também não esteja sujeita a tais restrições, inclusive de maior vulto, considerando a pressão internacional, que, mesmo utilizada para estimular a punição, não poderia resultar em atropelo, com o intuito de satisfazer a opinião pública nacional e externa, das garantias mais elementares de cada pessoa humana, de resto, como já frisado, insculpidas, desde a Declaração da ONU, nos tratados internacionais.

O discurso embasado em tais alegações (seja qual a esfera federativa atingida, pois em relação a ambas qualquer presunção de parcialidade ou incapacidade sempre será ilegítima) chega a ser até mesmo preconceituoso, pois, como novamente bem salienta João Ricardo Santos Costa:

> Demonstra-se, assim, como já dito, que o movimento pela federalização tem uma sustentação teórico-científica, estimulada por uma falsa referência paradigmática e baseada em noções irreais. Há que se indagar quais são as razões históricas, culturais, econômicas e sociais analisadas e comprovadas que retiram de um segmento judicial a competência e transferem a outro? Qual o critério para se concluir que a Justiça Federal é a mais isenta e mais dedicada no cumprimento de suas funções institucionais?[26]

Outro argumento que aqui não poderia deixar de ser avaliado, até mesmo pela sua importância no âmbito do debate travado, diz com a necessidade da "federalização" em face da responsabilidade internacional da União pelas violações cometidas e pela sua impunidade. A despeito de a responsabilidade internacional não ser propriamente da União, mas do Estado como um todo (integrado por União, Estados e Municípios, ao menos de acordo com o artigo 1º da nossa Constituição), mas considerando que é a União que assume, em nome do Estado, esta responsabilidade, para efeitos inclusive de eventual condenação, tal argumento, ainda mais esgrimido habilmente e de forma sem dúvida bem intencionada por ilustres, notáveis e notórios defensores dos direitos humanos e do processo de sua internacionalização, por si só até poderia convencer. Com efeito, como aceitar que a União responda no plano internacional se não detém a responsabilidade nacional, já que não dispõe sequer da competência para investigar, processar e punir a violação pela qual responde internacionalmente?[27]

Ora, se o problema for de responsabilização pecuniária (ou não) em razão do não-atendimento das obrigações firmadas em tratados internacionais, não é a federalização por si só, ainda mais da forma pela qual foi prevista, que impedirá uma eventual responsabilização, já que seguirá havendo milhares de violações não "federalizadas". Neste sentido, basta invocar os exemplo da prisão civil e da garantia da razoável duração do

---

[26] COSTA, João Ricardo Santos, *op. cit.*, p. 45.
[27] Neste sentido, v. a argumentação de PIOVESAN, Flávia, "Reforma do Judiciário e Direitos Humanos", in: TAVARES, André Ramos; LENZA, Pedro; ALARCÓN, Pietro de Jesús (Coord), *Reforma do Judiciário Analisada e Comentada*, São Paulo: Editora Método, 2005, pp. 78-9.

processo (esta, de resto, fragilizada pelo próprio incidente), já que a expressiva maioria das condenações proferidas pela Corte Interamericana de Direitos Humanos envolve a imposição pelos magistrados brasileiros de prisão civil para depositários infiéis e outras hipóteses que dificilmente poderiam ser qualificadas de "graves" violações de direitos humanos. Por certo que tais casos não poderão ensejar, a todo o momento, uma "federalização", assim como ocorre, de resto, na maioria das situações, de tal sorte que tal argumento não tem o condão de embasar o deslocamento de competência, ainda mais em flagrante violação de princípios e direitos fundamentais, como ainda restará demonstrado.

Soma-se ao exposto (o que, a rigor, já deveria bastar para a demonstração da ilegitimidade constitucional da própria criação do incidente de deslocamento de competência) a circunstância de que uma medida de tal repercussão sobre o pacto federativo e as instituições estaduais, somente (e desde que não invasiva do núcleo essencial de qualquer conteúdo pétreo da Constituição) se justificaria – embora sempre questionável o modo de implementação – se inexistentes outras medidas eficientes e menos agressivas a outros direitos e princípios fundamentais, como, de fato, disponíveis entre nós.

Com efeito, com base no artigo 144, § 1º, da CF, mediante a regulamentação dada pela Lei Federal 10.446/02, notadamente em seu artigo 1º, inciso III, já está consagrada a atuação da milícia federal em casos de violação dos direitos humanos, assim como, de qualquer modo, viável a atuação conjunta das Polícias, assim como dos Ministérios Públicos, estadual e federal.[28] De outra parte, já prevista no sistema a hipótese – rigorosa e excepcional, porém regrada e legitimada de modo prévio e democraticamente – da Intervenção Federal (como já solicitada inclusive no Pará, pelo então Procurador-Geral da República, Aristides Junqueira) nos estados-membros da Federação, justamente em virtude de comprometimento das autoridades locais e estaduais no que diz com a violação de tratados internacionais.[29] Diversamente do que se tem alegado, no sentido de que a "federalização" é possível pelo fato de já existir o instituto da intervenção (artigo 34, inciso VII, alínea "b", da CF),[30] é, pelo contrário, exatamente a previsão (diga-se de passagem, estabelecida pelo Constituinte originário!)

---

[28] Também aqui há sinergia com a argumentação deduzida na ADI – 3493, item 4.
[29] Nesta linha, embora com algumas diferenças importantes no que diz com a fundamentação, a argumentação deduzida na ADI – 3493 (item 2).
[30] Neste sentido, v., por todos, PIOVESAN, Flávia, *op. cit.*, 2005, p. 81, e MORAES, José Luiz Bolzan de. "Deslocamento de competência para a Justiça Federal de violações contra direitos humanos", in: AGRA, Walber de Moura (Coord), *Comentários à Reforma do Poder Judiciário*, Rio de Janeiro: Forense, 2005, p. 253, questionando também – como boa parte dos defensores da "federalização" – o caráter "avocatório" do instituto e afirmando a sua semelhança com o desaforamento utilizado no caso dos julgamentos pelo tribunal do júri.

desta intervenção que, somada aos outros meios disponíveis, que desautoriza – a não ser que se queira esquecer também das exigências mínimas do princípio da proporcionalidade (igualmente reconhecido entre nós e na esfera internacional, pois largamente aplicado também pelos tribunais internacionais) – o incidente recentemente introduzido pela Emenda nº 45/04.

Ainda quanto a este ponto, mesmo que se queira alegar que a intervenção federal é, de certo modo, mais grave que a "mera" federalização da competência, importa não esquecer que se cuida, no primeiro caso, de uma previsão do Poder Constituinte, e não do Congresso reformador! Ademais, considerando o rito da intervenção e as suas possíveis conseqüências (não necessariamente ofensivas a direitos e garantias fundamentais do cidadão) não se pode sequer afirmar que se trata de um meio mais gravoso (ou "drástico", como se tem afirmado), já que a previsão da intervenção atua – e não apenas entre nós – como fator de preservação da unidade federal, o que, no caso da "federalização", justamente não restou demonstrado. Há que destacar, neste contexto, que previsão excepcional por parte da União prevista no art. 34, VII, "a", da CF (assegurar os direitos da pessoa) em momento algum significa que com isso restariam autorizadas medidas que justamente acabariam por violar direitos da pessoa, tais como o devido processo legal, o juiz natural, a legalidade, entre tantos outros.[31] Também a intervenção está sujeita a um devido processo legal estabelecido na própria Constituição originária e por isso mesmo a própria forma de sua implementação não está de todo imune a um controle de constitucionalidade! De qualquer sorte, o simples fato de o Constituinte ter previsto um meio supostamente mais interventivo na esfera dos direitos fundamentais (o que aqui se admite apenas em caráter argumentativo), como de resto, já anunciado, por si só não autoriza a escolha de qualquer outro meio pelo poder reformador, sujeito aos limites formais e materiais à reforma e às exigências da proporcionalidade de qualquer restrição.

Nunca é demais lembrar, nesta quadra, que o princípio (ou postulado, para os que assim preferem) da proporcionalidade somente estará atendido se demonstrada a adequação da medida, portanto, a efetiva possibilidade de se alcançar de modo eficiente o resultado almejado (no caso, a maior proteção dos direitos humanos),[32] mas também a sua necessidade, ou seja, a inexis-

---

[31] Basta recordar que a intervenção poderá consistir no apoio logístico aos organismos estaduais, no envio de forças policiais para atuar na segurança dos envolvidos etc.

[32] Neste ponto, muito embora na inicial da ADI 3493 tenha sido bem apontada a violação do princípio da proporcionalidade, revela-se como questionável – pelo menos da forma como foi sustentada – uma afronta às exigências do primeiro critério (da adequação), já que este não envolve o exame em si mesmo da afetação de outros bens constitucionais (o que assume relevo no tocante às exigências da necessidade e da proporcionalidade em sentido estrito), mas sim da aptidão técnica, da viabilidade prática da medida adotada, no caso a "federalização da competência", o que, em tese, não pode ser descartado. O que é possível argumentar em termos de inadequação da medida, é a circunstância, já lembrada, de que a própria efetividade do deslocamento de competência não resta (consoante já demonstrado) minima-

tência de outros mecanismos similares em termos de eficiência e que impliquem uma menor restrição dos direitos e princípios colidentes.[33] Que ambos os requisitos (e bastaria um) não se fazem minimamente presentes, restou pelo menos amplamente fundamentado. Que os instrumentos já disponíveis devem ser levados a sério e aplicados se for o caso, não justifica o novo incidente, mas sim a efetiva implementação dos recursos existentes.

Por derradeiro, em termos de conclusão parcial, a própria instituição do deslocamento de competência constitui, já por si só, pelo menos uma efetiva ameaça ao núcleo essencial do princípio federativo e, portanto, equivale à sua tendencial abolição, nos termos do artigo 60, § 4º, inciso I, da nossa Constituição. Além disso, independentemente do argumento ora referido (portanto, mesmo se tendo por afastada uma violação dos limites materiais em termos de invasão do conteúdo nuclear da nossa federação), a inconstitucionalidade manifesta do incidente já decorre da violação do princípio – igualmente fundamental em qualquer Estado de Direito – da proporcionalidade, seja em face do teste da adequação (embora neste caso com maior cautela, em face das razões colacionadas), mas especialmente à luz do critério da necessidade, ou seja, da inexistência de outro ou outros meios suficientemente eficientes e menos agressivos a princípios e direitos

---

mente embasada em elementos objetivos, mas sim em prognoses legislativas divorciadas de qualquer critério técnico e objetivamente aferível, que, em sendo este o caso, também são – ainda que de modo limitado – passíveis de um controle de constitucionalidade a partir do princípio da proporcionalidade. Não sendo o caso de explorar aqui esta complexa dimensão do tema (entre nós paradigmaticamente desenvolvido por MENDES, Gilmar Ferreira (*Jurisdição Constitucional: o controle abstrato de normas no Brasil e na Alemanha*. 4ª ed. São Paulo: Saraiva, 2004; *Hermenêutica constitucional e direitos fundamentais*. Brasília: Brasília Jurídica, 2000) remete-se às lições de ÁVILA, Humberto. *Teoria dos Princípios*, 3ª ed., São Paulo: Malheiros, 2003, p. 116-121) que examina de forma minuciosa e profunda os critérios para a aferição da adequação da medida restritiva, sustentando, em caráter conclusivo, que "o exame da adequação só redunda na declaração de invalidade da medida adotada pelo Poder Público nos casos em que a incompatibilidade entre o meio e o fim for claramente manifesta" (p. 113), o que, na hipótese ora discutida, resulta evidente, em face dos argumentos já deduzidos e, de modo, especial, pela total ausência de dados objetivos minimamente amparados em critérios empíricos, e não apenas num mero juízo de possibilidade.

[33] Sobre as exigências da proporcionalidade de um modo geral, confira-se, por todos e no âmbito da doutrina estrangeira, SCHOLLER, Heinrich. "O Princípio da Proporcionalidade no Direito Constitucional e Administrativo da Alemanha", In: *Revista Interesse Público*, ano 1, n. 2, Abr/Jun, 1999. São Paulo: Nota Dez, 1999, p. 93-107; CANOTILHO, José Joaquim Gomes, *op. cit.*, 2003, p. 266 e ss. e pp. 457-458; e VIEIRA DE ANDRADE, José Carlos, *Os Direitos Fundamentais na Constituição Portuguesa de 1976*, 3ª ed. Coimbra: Almedina, 2004. Entre nós, STEINMETZ, Wilson (*Colisão de direitos fundamentais e princípio da proporcionalidade*. Porto Alegre: Livraria do Advogado, 2001); SCHÄFER, Jairo (*Direitos fundamentais: proteção e restrições*. Porto Alegre : Livraria do Advogado, 2001); SILVA, Luis Virgílio Afonso da ("O 'Proporcional e o Razoável'", in: *Revista dos Tribunais*, vol. 798. São Paulo: Revista dos Tribunais, abril de 2002, p. 21-50) ÁVILA, Humberto (*op.cit.*, p. 112 e ss.); BARROS, Suzana (*O Princípio da proporcionalidade e o controle de constitucionalidade das leis restritivas de direitos fundamentais*. 3.ed. Brasília: Brasília Jurídica, 2003); MENDES, Gilmar Ferreira (*Hermenêutica constitucional e direitos fundamentais. op. cit.* ou *Direitos fundamentais e controle de constitucionalidade: estudos de direito constitucional*. 3.ed. São Paulo: Celso Bastos, 2004), destacando-se, todavia, algumas diferenças conceituais e terminológicas, mais ou menos substanciais, sem prejuízo do elo comum em termos da imposição de se examinar adequação, necessidade e proporcionalidade em sentido estrito de qualquer medida restritiva de direitos e princípios fundamentais.

fundamentais,[34] como já demonstrado e consoante voltará a ser invocado logo adiante também no que diz com a forma pela qual foi prevista a aplicação do incidente.

4.3. O deslocamento de competência, também da forma como foi proposto, viola direitos e garantias fundamentais da pessoa humana?

4.3.1. Observações preliminares. Em que pese já ter sido demonstrada, para dizer o mínimo, a questionável legitimidade constitucional (seja pelo prisma dos limites materiais à reforma constitucional, seja pelo ângulo do princípio da proporcionalidade) da própria previsão de um incidente de deslocamento de competência e, de modo geral, a problemática "federalização" do julgamento das violações dos direitos humanos, as razões em prol da inconstitucionalidade do incidente, tal qual já destacado na introdução, nem de longe se esgotaram, já que alcançam, com ainda maior virulência, o modo pelo qual se dará a aplicação do incidente. Em outras palavras: ainda que se admitisse – o que aqui se faz apenas *ad argumentandum* – a constitucionalidade da introdução do deslocamento de competência em si mesmo, ou seja, do "se" da "federalização", há que perquirir sobre a legitimidade constitucional do modo (isto é, do "como") se dará a "federalização", especialmente no que concerne aos seus pressupostos e ao seu procedimento. Que tal problema é, indubitavelmente, de maior gravidade, de tal sorte que a "federalização" em si mesma ainda poderia ser tida como o mal menor, não deverá jamais ser negligenciado, pois até mesmo dentre os defensores da "federalização" há os que apontam para a questionável legitimidade constitucional de alguns aspectos atinentes à sua implementação. Muito embora seja precisamente este o enfoque dos próximos segmentos, convém sinalar que por vezes os argumentos favoráveis e contrários se repetem, já que não há como dissociar completamente ambas as dimensões da problemática. De qualquer sorte, evitar-se-á ao máximo o uso de repetições, investindo-se prioritariamente na discussão em torno da eventual violação de outros princípios, direitos e garantias fundamentais.

4.3.2. Uma primeira barreira: o princípio da legalidade e o problema da definição das violações (crimes?) contra os direitos humanos no contexto

---

[34] Particularmente quanto a este aspecto colaciona-se, dentre outras, recente decisão proferida pelo Supremo Tribunal Federal (RE nº 374981/RS, Relatado pelo eminente Ministro Celso de Mello): "... sempre que houver a possibilidade de se impor medida menos gravosa à esfera jurídica do indivíduo infrator, cujo efeito seja semelhante àquele decorrente da aplicação de sanção mais limitadora, deve o Estado optar pela primeira, por exigência do princípio da proporcionalidade em seu aspecto necessidade".

das restrições a princípios e direitos fundamentais. A substancial inconstitucionalidade do incidente de deslocamento de competência, no que diz com seus pressupostos e processamento, já se revela de modo escancarado no que diz com a própria delimitação (no sentido de sua tipificação, em se cuidando da dimensão penal) das violações de direitos humanos que poderiam ensejar a propositura do incidente. Com efeito, de acordo com o já citado § 5º do artigo 109 da CF (acrescido pela EC 45/04), "nas hipóteses de grave violação de direitos humanos...", o Procurador-Geral da República poderá suscitar o incidente. Desde logo, percebe-se que o ponto nodal da problemática ora posta reside na total ausência de critérios minimamente determinados para identificação das "graves violações de direitos humanos", resultando em atropelo dos princípios da legalidade e da tipicidade, ambos expressão direta do princípio do Estado de Direito. Se até mesmo a definição do que é grave violação já se revela como altamente discutível e sujeita a toda sorte de arbitrariedades, quanto mais a identificação dos bens jurídicos efetivamente violados e das circunstâncias em que tal violação ensejaria o deslocamento da competência, circunstância esta questionada até mesmo por alguns defensores da "federalização".[35]

Neste sentido, basta recordar aqui a possível distinção entre direitos fundamentais (como aqueles positivados no plano constitucional) e direitos humanos (reconhecidos no âmbito do direito internacional), diga-se de passagem, chancelada pelo incidente de deslocamento de competência – ainda que de forma indireta – para mostrar que uma primeira reflexão permite questionar se o reformador constitucional referiu-se apenas aos direitos consagrados nos tratados ratificados pelo Brasil ou se também se encontram abrangidos os demais direitos fundamentais positivados, de modo expresso ou implícito, na Constituição, ainda que não previstos em tratados devidamente internalizados.

Além do mais, em face do extenso rol dos direitos assegurados mesmo no plano internacional, remanesce a indagação se todos os direitos humanos, em caso de "grave violação", ensejariam a propositura do incidente ou apenas alguns deles. Neste caso, quais seriam? Por outro lado, a expressão "grave violação de direitos humanos" poderia até mesmo, ainda que não tenha sido esta a vontade do reformador (que, em sendo a *voluntas legislatoris*, continuará a ser a vontade mais frágil – inclusive pela dificuldade de identificá-la claramente –, já que sempre sujeita à vontade do intérprete) implicar o reconhecimento de violações graves para além da esfera penal, isto sem falar na possibilidade, também não expressamente vedada, da utilização do incidente em relação a qualquer esfera jurisdicional. Acresce-se a isso, que embora a finalidade do incidente possa ser considerada, desde

---

[35] Entre outros, v., recentemente, MORAIS, José Luiz Bolzan de., *op. cit.*, p. 253-4, propondo uma interpretação restritiva das hipóteses, que voltará a ser referida.

logo, como sendo um importante elemento limitador no que diz com a aplicação do instituto, também nesta esfera incidem os mesmos argumentos, visto que "a finalidade de assegurar o cumprimento de obrigações decorrentes de tratados internacionais de direitos humanos dos quais o Brasil seja parte", igualmente prevista no artigo 109, § 5°, da CF/88, também peca, ainda que com menor intensidade, pela sua amplitude e pela margem de arbítrio que permite na sua invocação. Com efeito, uma vez ratificado o tratado, as obrigações internacionais envolvem a observância de todos os direitos naquele contidos, seja o direito de liberdade, seja a proibição da prisão por dívidas ou de depositário infiel (de resto, causa de considerável número de condenações do Brasil nas instâncias internacionais) seja a observância das mais elementares garantias, inclusive do princípio da legalidade e do juiz natural, entre outras?!.

Assim, ainda que se venha aqui argumentar que tal abertura semântica e normativa seja até mesmo saudável, considerando que permitiria que a experiência concreta e a prática doutrinária e jurisprudencial concretizassem as hipóteses que autorizam o incidente,[36] tal argumento jamais poderia levar à desconsideração do princípio da legalidade e da segurança jurídica, por sua vez, elementos nucleares do Estado democrático de Direito, que, a exemplo de qualquer outro princípio e direito fundamental poderão até mesmo, pelo menos em princípio, sofrer alguma relativização, mas jamais uma restrição invasiva de seu respectivo conteúdo essencial ou transgressiva do princípio da proporcionalidade no que diz com as suas respectivas exigências.

É justamente nesta linha de argumentação, que há de se partir necessariamente do pressuposto – a despeito de incômodo para toda e qualquer proposta autoritária e concentradora de Poder – que o Estado democrático de Direito consagrado, convém não olvidar, pela nossa Constituição, encontra-se umbilicalmente comprometido com o princípio da legalidade (na dupla dimensão formal e material) como princípio geral de Direito. É de consignar, desde logo (para espancar qualquer incompreensão) que não se cuida, na hipótese, propriamente de uma aplicação do princípio da legalidade em matéria penal, inicialmente expresso pela tradicional fórmula do *nullum crimem sine legem*, cunhada por Anselm von Feuerbach, do qual decorrem os princípios do *nullum crimen, nulla poena sine lege praevia*; *nullum crimen, nulla poena sine lege scripta*; *nullum crimen, nulla poena sine lege stricta*; *nullum crimen, nulla poena sine lege certa*,[37] que, respec-

---

[36] Cfr., novamente, PIOVESAN, Flávia, *op. cit.*, 2005, p. 81, que, a despeito da defesa do incidente, bem aponta para o fato de que "a proposta da federalização, no entanto, exigirá a elucidação de seus próprios requisitos de admissibilidade (ex: "grave violação de direitos humanos"; "assegurar o devido cumprimento de obrigações decorrentes dos tratados de direitos humanos"). A prática permitirá que tais vazios, lacunas e questões em aberto sejam, gradativamente, preenchidos".

[37] Assim é posição de Francisco de Assis Toledo: "Com a aplicação concomitante desses quatro princípios, contidos por implicitude no princípio geral antes referido (refere-se ao princípio da legali-

tivamente, estabelecem: a) que não pode haver delito ou pena sem lei que o defina anteriormente, proibindo a retroatividade das leis, a não ser para beneficiar o réu *(lex praevia)*; b) a proibição de sanção penal com base em costumes *(lex scripta)*; c) a vedação do uso da analogia *in malam partem*; e, d) a proibição da tipificação de condutas indeterminadas e vagas *(lex certa)*.[38] Com efeito, o princípio da legalidade em matéria penal (com as suas diversas exigências já mencionadas) não resta afetado em virtude do deslocamento das competências, já que seguem sendo aplicáveis aos delitos que forem considerados como representando uma grave violação dos direitos humanos, as penas já previstas pela legislação penal que apenas seriam aplicados por outro órgão judiciário.

Convém ressaltar, ainda neste diapasão, que a despeito de ser até em princípio possível afirmar a aplicabilidade da garantia da legalidade estrita às normas de competência, portanto, ao campo processual, tal como habilmente sustentado na exordial da Ação Direta de Inconstitucionalidade proposta pela AMB (item IV), o problema maior reside mesmo em outra esfera, já que não são poucas as hipóteses já registradas entre nós onde tal argumento também haveria de ser esgrimido. Mesmo que a existência de hipóteses similares não seja por si só um impedimento para questionar a medida ora introduzida pela Reforma do Judiciário, mas admitindo-se, por cautela, a maior fragilidade desta linha de raciocínio, não restam dúvidas de que visto por outra perspectiva (ainda que conexa) o princípio da legalidade assume particular relevância como parâmetro argumentativo para sustentar a inconstitucionalidade do incidente.

Assim, mesmo não sendo o objetivo do presente trabalho desenvolver todas as dimensões e repercussões do princípio da legalidade, importa destacar – em virtude da sua inquestionável relevância no presente contexto – que o princípio da legalidade num Estado democrático de Direito não resta atendido apenas pela observância de suas garantias formais,[39] já que pressupõe também uma dimensão material que é alcançada precisamente mediante a efetiva proteção e a garantia dos direitos fundamentais em geral.

Muito embora a variação terminológica constata-se uma certa concordância no sentido de que o princípio da legalidade estrita – este igualmente

---

dade), constrói-se a denominada função de garantia da lei penal ...". TOLEDO, Francisco de Assis. *Princípios Básicos de Direito Penal*, 5ª ed., São Paulo: Saraiva, 1994, p. 22.

[38] Para Nereu José Giacomolli, o princípio da legalidade, em termos substanciais, exige mais do que a simples previsão prévia pela lei, pois, "a garantia política do princípio da legalidade informa que todo o cidadão não será submetido, por parte dos poderes do Estado, a crimes ou penas que não tenham legitimidade popular". GIACOMOLLI, Nereu José. Função Garantista do Princípio da Legalidade. *Revista da AJURIS*, Porto Alegre: Ajuris, v. 26, nº 78, Jun., 2000, p. 232.

[39] Referindo-se ao conceito de legalidade, expõe ainda Nereu José Giacomoli, que este "sai da esfera estritamente formal do *nullum crimen, nulla poena, sine lege*, (art. 5º, XXXIX, CF) propiciador da aplicação do *ius puniendi*, para atingir, proteger e garantir os direitos fundamentais (arts. 1º, III, 5º, XLI, XXXV e LXVIII, CF)". Idem, p. 235.

não meramente redutível à sua expressão penal – advém do princípio da legalidade[40] que, por sua vez, está calcado na concepção de um Estado democrático de Direito, sendo, juntamente com os demais princípios constitucionais inerentes a este modelo de estatalidade,[41] um pressuposto e fundamento da validade e legitimidade do sistema jurídico na sua integralidade,[42] notadamente de qualquer ordem constitucional que se pretenda genuinamente democrática.

Tendo sempre em mente que o princípio da *lex certa* (assim como as demais expressões do princípio da legalidade) ocupa lugar de destaque na galeria dos assim chamados princípios-garantia, que, de acordo com Gomes Canotilho, são normas (princípios) que, dotados de força normativa positiva e negativa, visam instituir direta e/ou indiretamente uma *garantia* dos cidadãos, sendo ao mesmo tempo, na sua dimensão subjetiva, autênticos direitos fundamentais,[43] verifica-se que também neste caso está-se a tratar de conteúdos que inquestionavelmente integram as "cláusulas pétreas" da nossa Constituição, por força do seu art. 60, § 4º, IV. Tal consideração resta enrobustecida pelo fato de que o princípio da *lex certa* assume a condição de elemento essencial do princípio da segurança jurídica e da legalidade em geral, assim como a legalidade estrita em matéria penal, que constitui garantia autônoma, por si só já assegurada contra o poder de reforma constitucional (art. 5º, XXXIX).

Além disso, importa ter em mente que o princípio da legalidade (aqui compreendida como a exigência de *lex certa*) guarda conexão direta com o princípio da segurança jurídica e com o princípio da proteção à confiança,[44]

---

[40] Para Cláudio do Prado Amaral, o princípio da taxatividade é a expressão material do princípio da legalidade, pois de nada adiantaria a garantia que os crimes fossem previstos em lei em sentido formal e material, se esta não venha a ser clara, ou seja, "De nada valeriam a reserva e a anterioridade da lei, a proibição da analogia e dos costumes prosocietate, se a lei não estivesse cunhada de clareza ...". AMARAL, Cláudio do Prado, *op. cit.*, p. 117.

[41] Sobre este modelo de Estado, confiram-se as lições de Lenio Luiz Streck, ao referir-se às principais funções do Estado de bem Estar Social, expõe, que, "algumas situações históricas produziram um novo conceito. O *Estado Democrático de Direito* emerge como um aprofundamento da fórmula, de um lado, do Estado de Direito e, de outro, do *Welfare State*.Resumidamente, pode-se dizer que, ao mesmo tempo em que se tem a permanência em voga da já tradicional questão social, há como que a sua qualificação pela questão da igualdade. Assim, o conteúdo deste se aprimora e se complexifica, posto que impõe à ordem jurídica e à atividade estatal um conteúdo utópico de transformação do *status quo*. Produz-se, aqui, um pressuposto teleológico cujo sentido deve ser incorporado aos mecanismos próprios ao Estado o Bem-Estar, construídos desde há muito". STRECK, Lenio Luis, *op. cit.*, p. 64.

[42] Nesse sentido, v. FERRAJOLI, Luigi. *Derecho y razón: Teoría del garantismo penal*. Valladolid: Editorial Trotta, 2002, p. 97, bem lembrando que "*y en la medida en que tales principios están incorporados en el ordenamiento positivo bajo forma de principios constitucionales o en todo caso legales, es tambièn un modelo normativo de legitimidad jurídica o de validez*" (grifo do autor).

[43] CANOTILHO, José Joaquim Gomes. *op. cit.*, 2003, p. 1167.

[44] Embora alguns autores entendam que o princípio da segurança jurídica significa o mesmo que o princípio da proteção da confiança ou, ainda, que este seria um subprincípio daquele, concorda-se com o posicionamento de Gomes Canotilho, que leciona, "que a *segurança jurídica* está conexionada com elementos objetivos da ordem jurídica – garantia de estabilidade jurídica, segurança de orientação e

por exigir que a conduta punível seja prevista de forma prévia e clara, inclusive para possibilitar ao destinatário da norma o seu entendimento. Nesse sentido, sustentando justamente tal posição, Gomes Canotilho lembra que o princípio da precisão ou determinabilidade das normas jurídicas, como prefere o jurista lusitano, manifesta-se simultaneamente como pressuposto e complemento do próprio princípio da segurança jurídica ou da proteção de confiança, de tal sorte que daí – ainda de acordo com Gomes Canotilho –, decorrem duas idéias fundamentais:

> A primeira é a da *exigência de clareza das normas* legais, pois de uma lei obscura ou contraditória pode não ser possível, através da interpretação, obter um sentido inequívoco capaz de alicerçar uma solução jurídica para o problema concreto. A segunda aponta para a *exigência de densidade suficiente* na regulamentação legal, pois um acto legislativo (ou um acto normativo em geral) que não contém uma disciplina suficientemente concreta (= densa, determinada) não oferece uma *medida* jurídica capaz de: (1) alicerçar *posições* juridicamente protegidas dos cidadãos; (2) constituir uma *norma de actuação* para a administração; (3) possibilitar, como *norma de controlo*, a fiscalização da legalidade e a defesa dos direitos e interesses dos cidadãos (grifo do autor).[45]

Muito embora a correção do exposto, é claro que o princípio da determinação nem sempre poderá ser atendido de forma satisfatória em todas as situações, como, aliás, pretendido, quem sabe até mesmo de modo um tanto ingênuo para o contexto atual, pelo notável iluminista Marquês de Beccaria[46] no que diz com o princípio da taxatividade em matéria penal. Com efeito, até mesmo em homenagem à necessária concepção sistêmica da ordem jurídico-constitucional (como sistema materialmente aberto e hierarquizado de valores princípios e regras)[47], há por certo situações em que os

---

realização do direito – enquanto a *proteção da confiança* se prende mais com os componentes subjectivas da segurança, designadamente a calculabilidade e previsibilidade dos indivíduos em relação aos efeitos jurídicos dos actos dos poderes públicos" (grifo do autor). CANOTILHO, José Joaquim Gomes, *op. cit.*, 2003, p. 257. No que diz com a segurança jurídica e proteção à confiança no direito brasileiro, remetemos ao excelente e recente estudo de COUTO E SILVA, Almiro do. "O Princípio da Segurança Jurídica (Proteção à Confiança) no Direito Público Brasileiro e o Direito da Administração Pública de Anular seus Próprios Atos Administrativos: o Prazo Decadencial do art. 54 da Lei do Processo Administrativo da União (Lei nº 9.784/99)". in: *Revista Brasileira de Direito Público* (RBDP), nº 6, jul/set. 2004, p. 8 e ss.

[45] CANOTILHO, José Joaquim Gomes, *op. cit.*, 2003, p. 258.

[46] A propósito, como o próprio autor entendia, "Quando as leis forem fixas e literais, quando apenas confiarem ao magistrado a missão de examinar os atos dos cidadãos, para indicar se esses atos são conformes à lei escrita, ou se a contrariam; quando, finalmente, a regra do justo e do injusto, que deve orientar em todos os seus atos o homem sem instrução e o instruído, não constituir motivo de controvérsia, porém simples questão de fato, então não se verão mais os cidadãos submetidos ao poder de uma multidão de ínfimos tiranos, tanto mais intoleráveis quanto menor é a distância entre o opresso e o oprimido". BECCARIA, Cesare. *Dos Delitos e das Penas*. Trad. Torrieri Gumarães. São Paulo: Editora Martin Claret, 2004, p. 23.

[47] Adota-se, a respeito, o conceito de Juarez Freitas, para quem, sistema jurídico é "uma rede axiológica e hieraquizada topicamente de princípios fundamentais, de normas estritas (ou regras) e de valores jurídicos cuja função é a de, evitando ou superando antinomias em sentido amplo, das cumprimento

princípios da *lex certa*, da proteção de confiança e da segurança jurídica poderão vir a ser (sempre de modo excepcional) parcialmente restringidos, desde que respeitado o seu respectivo núcleo essencial e atendidas às exigências internas da proporcionalidade, quando em confronto com outros princípios constitucionais e/ou direitos fundamentais.

De qualquer sorte, existe um âmbito nuclear a ser respeitado e assegurado que impõe ao legislador, no que diz com a determinabilidade da norma (em especial, mas não exclusivamente, convém frisar, no que concerne ao tipo penal incriminador, cuja taxatividade é mais premente) o esgotamento técnico das possibilidades de previsão legislativa,[48] especialmente impedindo o arbítrio por parte dos órgãos do poder público quando de sua aplicação.

Tais premissas encontram especial repercussão quando se cuida de medidas legais restritivas de direitos e garantias fundamentais, precisamente o que ocorre na hipótese ora analisada quando está em causa uma inquestionável restrição (neste caso, como ainda será mais desenvolvido, de uma efetiva violação)[49] do princípio-garantia do juiz natural. Com efeito, ainda que entre nós tal aspecto careça de maior desenvolvimento doutrinário e jurisprudencial, não há qualquer razão para uma desconsideração do princípio da legalidade também nesta dimensão específica, no sentido de impor ao legislador, sempre que restringir direitos fundamentais, um dever de clareza e determinação, o que, na esteira das lições de Gomes Canotilho, já colacionadas, significa – como bem aponta também a doutrina mais recente – que a lei deve prever de modo preciso o suporte fático e as conseqüências da restrição,[50] apresentando pelo menos uma densidade suficiente (um certo grau de determinação de seu conteúdo).[51] Em outras palavras – para o que interessa no caso – especialmente quais as hipóteses que autorizam a res-

---

aos objetivos justificadores do Estado Democrático, assim como se encontram consubstanciados, expressa ou implicitamente, na Constituição". FREITAS, Juarez. *A Interpretação Sistemática do Direito*. 4.ed. São Paulo: Malheiros, 2004, p. 61.

[48] GIACOMOLLI, Nereu José, *op. cit.*, p. 238.

[49] Esclarece-se aqui a distinção entre restrição e violação, já que uma restrição só será considerada uma violação de direito fundamental quando implicar afronta a algum limite dos limites, como ocorre quando desatendidas as exigências da reserva legal, da proporcionalidade e do núcleo essencial.

[50] No âmbito da doutrina e jurisprudência constitucional alemãs, onde tal noção encontrou sua maior fundamentação dogmática, cite-se aqui, por todos, PIERTOTH, Bodo; SCHLINK, Bernhard; Grundrechte – Staatsrecht II, 20ª ed., Heidelberg: C.F. Muller, p. 66. Referindo a necessidade de observância do critério da determinação e clareza em alguns países da União Européia (França, Suíça, Áustria) v. a recente contribuição de KOKOTT, Juliane. "Grundrechtliche Schranken und Schrankenschranken", in: MERTEN, Detlev; PAPIER, Hans-Jürgen (Coord), *Handbuch der Grundrechte in Deutschland und Europa*, vol. I, Heidelberg: C.F. Müller, 2004, p. 866, muito embora a ressalva de que no âmbito da jurisprudência do Tribunal Europeu de Direitos Humanos o rigor na apreciação das exigências da reserva legal seja menor. De qualquer modo, também para o Tribunal Europeu vale o entendimento de que o conteúdo da lei restritiva seja acessível, previsível e suficientemente determinado (p. 867).

[51] Cfr. VIEIRA DE ANDRADE, José Carlos. *op. cit.*, p. 312-13. Entre nós, v. especialmente STEINMETZ, Wilson Antonio. *op. cit.*, p. 39 e ss., na esteira de Robert Alexy e outros.

trição. Que tal requisito não foi atendido minimamente pela EC 45/2004 resulta evidente, dada a margem de arbítrio outorgada ao poder público (neste caso, ao Procurador-Geral da República e aos Tribunais Superiores) pela lei restritiva.

Não deveria causar espécie que, uma norma que apenas se refere a uma "grave violação de direitos humanos" (que pode, em tese, abarcar uma "grave" – o que por si só já dá suficiente margem a dúvidas – violação de qualquer direito humano) necessariamente remete ao legislador infraconstitucional, para que este estabeleça, com a necessária clareza,[52] o teor do alcance da expressão "graves violações de direitos humanos". Somando-se tal abertura e indeterminação – por si só já suficiente para fulminar a norma restritiva – ao fato de que é apenas o Procurador-Geral da República, livremente nomeado pelo Presidente da República, o agente legitimado para requerer o deslocamento de competência, o reconhecimento da ilegitimidade constitucional do incidente, da forma como foi aprovado, deveria já ter ocorrido no controle preventivo de constitucionalidade. Nunca é demais lembrar que se está em face de restrição ao direito-garantia do juiz natural, uma das mais elementares conquistas da humanidade em termos de proteção constitucional e internacional dos direitos humanos e fundamentais.

Ainda no que diz com as exigências da clareza e determinação, importa destacar a circunstância elementar (mas nem por isso irrelevante) de que também a lei que vier a regulamentar o dispositivo constitucional ora em exame (se é que isso será tido como necessário pelo Supremo Tribunal Federal) não poderá, com maior razão inclusive, desconsiderar tais implicações essenciais do princípio da legalidade e da segurança jurídica, pena de também violar a Constituição.

Por outro lado, admitindo-se que venha a ser editada lei que defina quais as hipóteses que configuram uma grave violação dos direitos humanos, e que tal lei seja condizente com o princípio da legalidade (em especial quanto ao subprincípio da *lex certa*), o deslocamento de competência somente poderá ser aplicado aos atos praticados a partir da vigência dessa lei, pois, inequivocadamente, esta cria um gravame inclusive para a parte ré, além do impacto sobre a ordem objetiva de valores consagrada pela Constituição. De qualquer modo, há que considerar aqui a exigência de que a lei restritiva tenha efeitos apenas prospectivos, já que vedada a sua retroação, de tal sorte que não merece acolhida eventual alegação de que o princípio da irretroatividade não se aplica em matéria processual, sujeito, de modo geral, à máxima do *tempus regit actum*.[53]

---

[52] Este também, com fundamentos adicionais, um dos esteios da argumentação deduzida na ADI-3486 (item V).
[53] Cfr.,por todos, VIEIRA DE ANDRADE, José Carlos, *op. cit.*, p. 312 e ss.

Embora não se esteja a abrir mão da tese da substancial inconstitucionalidade por violação dos princípios da legalidade e da segurança jurídica, notadamente no que concerne ao requisito da clareza e determinação da medida restritiva de direitos e garantias fundamentais, convém registrar que, a prevalecer o entendimento contrário e não sendo sequer e pelo menos exigida uma regulamentação legal, impõe-se, como eventual saída, uma interpretação restritiva do que vem a ser "grave violação de direitos humanos". Nesta linha de raciocínio situa-se a posição de Bolzan de Moraes, que, a despeito de favorável ao instituto, sustenta que o mesmo só se aplica a graves violações de direitos humanos assegurados em tratados internacionais que não tenham sido já incorporados ao ordenamento interno, afirmando, na seqüência, que resta esvaziado o sentido da norma ora questionada.[54] Tal argumento, que se aplaude pelo caráter excepcionalíssimo que imprime ao deslocamento de competência (caso este for mantido em vigor e na ausência de lei certa regulamentadora), por sua vez também confirma, em certo sentido, a tese possível da distinção entre direitos humanos (assegurados no plano internacional) e direitos fundamentais (constitucionais). Por outro lado, o raciocínio não se encontra imune a objeções naquilo em que passa a dispensar (ainda mais para efeitos de aplicação do incidente de deslocamento de competência) os demais direitos assegurados em tratados de qualquer ato de incorporação, ainda mais em se considerando o que dispõe o direito constitucional originário positivo, tema que aqui não há como desenvolver.[55]

Neste contexto, considerando os termos da ADI 3493, proposta pela Associação Nacional dos Magistrados Estaduais, que invocou a não-auto-aplicabilidade do § 5º do art. 109 da CF, introduzido pela EC 45/2004 (item 5, p. 14 e ss.), é de se endossar, como já salientado, que na ausência de uma declaração de inconstitucionalidade do próprio § 5º (o que seria o desejável) a fundamentação da inicial da ação naquilo em que alude à exigência de lei regulamentadora. Todavia, quando lá se sustenta a necessária declaração da não-auto-aplicabilidade, há que registrar aqui o risco de tal posicionamento, já que a mesma tese (da não-auto-aplicabilidade), nas ocasiões em que foi aplicada pelo Supremo Tribunal Federal, gerou acirrada controvérsia (e basta referir aqui o caso do antigo art. 192, § 3º, da CF, que limitava

---

[54] Cfr. MORAES, José Luiz Bolzan de, *op. cit.*, p. 254.
[55] No que diz com a controvérsia em torno da incorporação e hierarquia dos tratados, consulte-se a paradigmática obra de PIOVESAN, Flávia. *Direitos humanos e direito constitucional internacional*. São Paulo: Max Limonad, 2000; MAZZUOLI, V. de Oliveira, *Direito Internacional: Tratados e Direitos Humanos Fundamentais na Ordem Jurídica Brasileira*, Rio de Janeiro: América Jurídica, 2001; GALINDO, George Rodrigo Bandeira. *Tratados internacionais de direitos humanos e Constituição brasileira*. Belo Horizonte: Del Rey, 2003, p. 303 e ss; PAGLIARINI, Alexandre Coutinho. "Exceção Constitucional ao Regime Geral de Tratados no Brasil: Os Pactos Internacionais de Direitos Humanos". *Interesse Público*, São Paulo: Notadez, v. 5, n. 23, p. 50-60, 2004; SARLET, Ingo Wolfgang, *op. cit.*, p. 141 e ss., inclusive a respeito do novo § 3º incluído pela Emenda Constitucional nº 45.

os juros reais a 12% ao ano), exatamente pelo fato de a não-auto-aplicabilidade poder ser compreendida como fator impeditivo de se extrair qualquer efeito da norma constitucional, o que, por sua vez, conflita com o entendimento hoje consagrado na doutrina majoritária (nacional, pelo menos) de que todas as normas constitucionais são dotadas de alguma eficácia e, via de conseqüência, de alguma aplicabilidade.[56] Melhor seria, portanto, sustentar que, naquilo em que a norma se encontra na dependência de regulamentação, se está diante de uma norma de eficácia limitada, de acordo com a terminologia preferencial no âmbito da doutrina pátria.

De qualquer modo – e é bom repisar tal aspecto com vigor – ainda que se pudesse sustentar que se trata de norma de eficácia plena, tal circunstância jamais impediria a declaração de sua inconstitucionalidade, inclusive por violação do princípio da legalidade, como fartamente demonstrado!

Mesmo que se possa invocar a ausência de juridicidade do argumento e reconhecendo-se o seu cunho essencialmente especulativo e até mesmo pessimista, nunca é demais lembrar – *embora, convém destacar, não estejamos a vivenciar tal hipótese desde a derrocada do regime militar* – não há como deixar de lançar aqui a sempre útil advertência de que a memória, ainda mais a coletiva, é curta, já que não raras vezes a abertura do tipo penal incriminador foi utilizada como forma de repressão em regimes totalitários e ditatoriais, possibilitando a persecução penal e punição (inclusive às penas de trabalhos forçados e de morte) de todos os que eram contrários ao regime político vigente ou que, de alguma forma, se revelavam como incômodos aos "donos do poder".[57] Condutas que "atentavam contra o são sentimento do povo alemão", assim como atos que comprometiam e ameaçavam a "segurança nacional" ou mesmo o famoso conceito de "inimigos do povo ou da revolução" são exemplos que deveriam ecoar para sempre em nossas mentes. Que também – a depender do arbítrio dos legitimados para instaurar e decidir pela "federalização" – uma "grave violação dos direitos humanos" para salvaguardar a "responsabilidade internacional" do Brasil pode vir a ensejar a responsabilização criminal e até mesmo funcional de alguns – eventualmente os "incômodos" – não é de se descartar

---

[56] Cf., por todos, SILVA, José Afonso da. *Aplicabilidade das Normas Constitucionais*, 6ª ed., 2ª tiragem, São Paulo: Malheiros, 2003. Para uma crítica da classificação tricotômica das normas constitucionais e das demais propostas classificatórias da doutrina, v. SARLET, Ingo Wolfgang, *op. cit.*, 2005, p. 248 e ss., o qual sustenta uma classificação binária das normas constitucionais, com fundamentadas razões.

[57] Nesse sentido, Ferdinand Lassalle (1825-1864), ao sustentar sua concepção sociológica de Constituição e dizer que a essência da Lei Maior era a soma dos diversos fatores reais de poder da sociedade que lhe era contemporânea, escreveu que: "Juntam-se esses fatores *reais* do poder, os escrevemos em uma folha de papel e eles adquirem expressão *escrita*. A partir desse momento, incorporados a um papel, não são simples *fatores reais do poder*, mas sim verdadeiro *direito* – instituições jurídicas. Quem atentar contra eles, atenta contra a lei, e por conseguinte é punido". LASSALLE, Ferdinand. *A Essência da Constituição*. 4. ed. Rio de Janeiro: Lumen Juris, 1998, p. 32.

por completo, e *basta esta mera possibilidade* (mesmo que a pena se atenha aos estritos limites fixados pela lei) para justificar a incompatibilidade do incidente, pelo menos na forma ora vigente, com os princípios constitucionais ora analisados.

Ainda que a tese aqui sustentada não venha a prevalecer, resta analisar a existência (que desde logo vai afirmada enfaticamente) de uma violação, dentre outros, especialmente do princípio do juiz natural[58] a partir dos critérios da proporcionalidade e do núcleo essencial, para o que se remete ao próximo segmento, o que se verifica inclusive em sendo regulamentadas pelo legislador as hipóteses de "grave violação de direitos humanos". É evidente que, antes de mais nada, importa firmar posição a respeito do que se entende pela garantia do juiz natural à luz do sistema constitucional brasileiro.

4.3.3. O princípio do juiz natural como direito e garantia fundamental e elemento nuclear do Estado Democrático de Direito. Dentre os elementos nucleares do Estado de Direito (leia-se Estado democrático de Direito),[59] mesmo considerando a superação de sua versão liberal e predominantemente individualista, segue ocupando lugar de destaque, o postulado da limitação direta e integral dos Poderes do Estado (Executivo, Legislativo e Judiciário) pelo Direito. As instituições democráticas do Estado de Direito operam, portanto, no sentido de não permitir a implementação de estados totalitários ou despóticos,[60] onde o poder político estatal impõe-se sem limites sobre a vontade política coletiva e os cidadãos.[61] A característica

---

[58] Destaque-se que em ambas as ações diretas propostas e já referidas, a violação da garantia do juiz natural constitui um dos esteios do pedido de declaração de inconstitucionalidade do incidente de deslocamento de competência.

[59] A origem da expressão "Estado de Direito" está calcada no direito alemão (*Rechtsstaat*), significando, em última análise, a subordinação do Estado ao Direito.

[60] Gomes Canotilho aponta alguns exemplos de Estados Totalitários, caracterizando-os como Estados de "não-direito". Entre eles: os Estados Comunistas, o Estado Novo (Português), o Estado Falangista (Espanhol), o Estado Nazista (Alemão) e o Estado Fascista (Italiano). CANOTILHO, José Joaquim Gomes. "Estado de Direito". *Cadernos Democráticos*, n. 7. Fundação Mário Soares. Lisboa: Gradiva, 1998, p. 16 e 21. Nossa história recente nos permite aumentar a lista do jurista português e incluir entre os Estados de "não-direito", por ordem cronológica, o Estado Novo e o Estado instaurado pelo golpe militar de 1964, especialmente, após o Ato Institucional n. 5 e a EC n. 1, de 1969.

[61] Bobbio, sob a ótica dos Estados de Direito e dos Estados de Não-Direito, tece as suas críticas ao sistema internacional de proteção aos direitos humanos. "Chamamos de 'Estados de Direito' os Estados onde funciona regularmente um sistema de garantias dos direitos do homem: no mundo, existem Estados de direito e Estados não de direito. Não há dúvida de que os cidadãos que têm mais necessidade da proteção internacional são os cidadãos dos Estados não de direito. Mas tais Estados são, precisamente, os menos inclinados a aceitar as transformações da comunidade internacional que deveriam abrir caminho para a instituição e o bom funcionamento de uma plena proteção jurídica dos direitos do homem. Dito de modo drástico: encontramo-nos hoje numa fase em que, com relação à tutela internacional dos direitos do homem, onde essa é possível talvez não seja necessária, e onde é necessária é bem menos possível". BOBBIO, Norberto. *A era dos direitos*. Tradução de Carlos Nelson Coutinho. 10.ed. Rio de Janeiro: Campus, 1992, p. 41.

fundamental do Estado de Direito é, de tal sorte, a subordinação do Estado à ordem jurídica constitucional, na qual encontram-se plasmados os princípios e valores materiais da sociedade politicamente organizada, que devem orientar e determinar as ações estatais. Neste sentido, não se deve perder de vista, na esteira das lições de Gomes Canotilho, que as diversas dimensões do Estado de Direito contemporâneo (juridicidade, democracia, justiça social e sustentabilidade ambiental), representam o somatório das conquistas da civilização, revelando que, assim como os direitos fundamentais que lhe são inerentes e nos quais o Estado de Direito encontra seu fundamento material de legitimidade, também o Estado de Direito vem passando por um processo evolutivo contínuo, reconhecendo e agregando novas dimensões jurídicas que se complementam reciprocamente: o Estado Constitucional, o Estado Democrático, o Estado Social e o Estado Ambiental (Pós-Social), em suma, o Estado dos direitos e garantias fundamentais de todas as dimensões.[62]

Nesse contexto, vinculado também à dimensão material do Estado de Direito, notadamente no que diz com os limites impostos à atividade estatal pela ordem de valores representada pelos princípios e direitos fundamentais, o princípio do juiz natural, como garantia fundamental assegurada ao particular em face do Estado, constitui um dos eixos deste sistema de limitações da atuação estatal, de tal sorte que, de há muito, transcendeu a dimensão constitucional (estatal) e alcançou a condição de direito e garantia humano e fundamental no âmbito do sistema internacional (assim como dos sistemas regionais) de proteção dos direitos humanos. Como um dos modos amplamente consagrados de estabelecer o espaço de trânsito político-jurídico delineado para a atuação estatal no âmbito do Estado democrático de Direito, o princípio-direito-garantia[63] do juiz natural busca frear qualquer impulso arbitrário do Estado sobre o indivíduo, sempre primando pelo norte normativo estabelecido pelo princípio da dignidade da pessoa humana (Art. 1ª, III, da CF). Nesta perspectiva, situa-se já a jurisprudência do nosso Supremo Tribunal Federal, representada aqui pela decisão proferida em sede de *habeas corpus,* relatada e lavrada pelo Ministro Celso de Mello:

> O princípio da naturalidade do juízo – que traduz significativa conquista do processo penal liberal, essencialmente fundado em bases democráticas – atua como fator de

---

[62] Cf., acerca da concepção de Estado de Direito Pós-Social, SARMENTO, Daniel. Os direitos fundamentais nos paradigmas liberal, social e pós-social (pós-modernidade constitucional?). In. SAMPAIO, José Adércio Leite (Coord.). *Crises e desafios da Constituição.* Belo Horizonte: Del Rey: 2004, p. 375-414.

[63] O princípio do juiz natural manifesta-se como sendo simultaneamente um direito e uma garantia fundamental, já que, acima de tudo, qualquer pessoa tem o direito (subjetivo) de ser julgada pelo juiz natural. Sobre a distinção possível entre direitos e garantias, remetemos a SARLET, Ingo Wolfgang, *op. cit.*, 2005, p. 197-205.

limitação dos poderes persecutórios do Estado e representa importante garantia de imparcialidade dos juízes e tribunais.[64]

Na Constituição da República Federativa do Brasil, o princípio do juiz natural encontra respaldo expresso em dois incisos (XXXVII e LIII)[65] do seu artigo 5º, a partir dos quais, em conjugação com o disposto nos tratados internacionais firmados pelo Brasil (notadamente o Pacto Internacional de Direitos Civis e Políticos, de 1966, e a Convenção Americana de Direitos Humanos, de 1969, ambos devidamente incorporados ao ordenamento interno) se extraem os elementos nucleares do princípio, dentre os quais impende destacar, desde já, a imparcialidade do Juiz[66] e a segurança do cidadão contra o arbítrio estatal, no que concerne à criação de juízos ou tribunais de exceção e a vedação do estabelecimento da competência após o fato.[67]

Neste contexto, é possível, com base em relevante doutrina nacional, conceituar o princípio do juiz natural como representando aquele Juiz previsto explícita ou implicitamente na Constituição e que foi previamente (portanto, com competência definida sempre *ante factum*) instituído por lei para julgar determinado setor de relações, de fatos e de pessoas, do que resulta a vedação constitucional dos chamados "tribunais de exceção" assim como a exigência da fixação da competência para o julgamento de determinado crime previamente à ocorrência do fato.[68]

Tal compreensão harmoniza também com o pensamento de Ferrajoli,[69] para quem o princípio do juiz natural designa o direito do cidadão a não ser julgado num processo em que se estabelece o juiz competente em momento

---

[64] STF – 1ª Turma – HC N. 69.601/SP – Rel. Min. Celso de Mello, Diário da Justiça, Seção I, 18 Dez., 1992, p. 24.377.

[65] Assim dispõem os citados incisos do art. 5º: XXXVII – não haverá juízo ou tribunal de exceção; LIII – ninguém será processado nem sentenciado senão pela autoridade competente.

[66] Scarance Fernandes aponta para a compreensão da imparcialidade do juiz vista não como atributo do juiz, mas como pressuposto da própria existência da atividade jurisdicional. FERNANDES, Antonio Scarance. *Processo Penal Constitucional*. 3.ed. São Paulo: Revista dos Tribunais, 2002, p. 125.

[67] Nunca é demais lembrar, que a partir do disposto no art. 5º, § 2º, da CF, expressiva doutrina e parte da jurisprudência, atribuem aos direitos previstos nos tratados uma hierarquia constitucional. Além disso, mesmo que se venha a refutar tal argumento (em face da por ora ainda sedimentada posição do STF a respeito), os tratados, ainda que com hierarquia legal, haverão de ser aplicados pelo menos para a devida interpretação dos elementos que compõem o âmbito de proteção do princípio do juiz natural. De qualquer sorte, como voltará a ser mencionado, não se revela como consistente uma negação da aplicação dos tratados para a compreensão da garantia do juiz natural, para ao mesmo tempo chancelar, com base no argumento da proteção dos direitos previstos nestes mesmos tratados, o incidente de deslocamento de competência.

[68] Cf., na doutrina nacional, à luz de uma leitura constitucional do processo penal e do princípio do juiz natural, LOPES JR, Aury. *Introdução crítica ao processo penal: fundamentos da instrumentalidade garantista*. 2.ed. Rio de Janeiro: Lúmen Júris, 2005, p. 71-83; BONATO, Gilson. *Devido processo legal e garantias processuais penais*. Rio de Janeiro: Lúmen Júris, 2003, p. 132-147; GRANDINETTI, Luis Gustavo; CARVALHO, Castanho de. *Processo penal e (em face da) Constituição: princípios constitucionais do processo penal*. 3.ed. Rio de Janeiro: Lúmen Júris, 2004, p. 107-113.

[69] FERRAJOLI, Luigi. op. cit., p. 590.

posterior ao delito, e, em razão disso, ordenado à obtenção de um determinado resultado. Da mesma forma, destaca a reserva absoluta da lei e a impossibilidade de alteração discricionária das competências judiciais. Tais garantias estão postas também para afirmar o princípio da igualdade e da legalidade, satisfazendo o direito de todos a ter os mesmos juízes e os mesmos processos.

> La garantía del "juez natural" indica esta normalidad, del régimen de competencias, preconstituida por la ley al juicio, entendiendo por competencia "la medida de la jurisdicción" de que cada juez es titular. Significa, precisamente, tres cosas distintas aunque relacionadas entre sí: la necesidad de que el juez sea preconstituido por la ley y no constituido "post factum"; la inderogabilidad y la indisponibilidad de las competencias; la prohibición de jueces extraordinarios y especiales.[70]

Entre nós, tal entendimento, como já apontado, vai bem sintetizado por Scarance Fernandes,[71] ao estabelecer três regras de proteção que configuram a garantia constitucional do princípio do juiz natural: 1) só podem exercer jurisdição os órgãos instituídos pela Constituição; 2) ninguém pode ser julgado por órgão instituído após o fato; 3) entre os juízes pré-constituídos vigora uma ordem taxativa de competências que exclui qualquer alternativa deferida à discricionariedade de quem quer que seja.

Registre-se, de outra parte, que a definição ora sumariamente apresentada, mas largamente aceita pela doutrina e jurisprudência nacional, estrangeira e internacional (especialmente oriunda dos Tribunais Internacionais e Supranacionais), corresponde exatamente aos elementos nucleares da garantia do juiz natural, seja no que diz com o sistema de proteção internacional (ONU),[72] seja no que concerne ao que restou expressamente enunciado no Pacto de São José da Costa Rica:

> Art. 8º – Garantias judiciais
> 1. Toda pessoa terá o direito de ser ouvida, com as devidas garantias e dentro de um prazo razoável, por um *juiz ou Tribunal competente, independente e imparcial, estabelecido anteriormente por lei*, na apuração de qualquer acusação penal formulada contra ela, ou na determinação de seus direitos e obrigações de caráter civil, trabalhista, fiscal ou de qualquer natureza. (grifamos).

Convém lembrar que a incorporação da assim designada Convenção Americana sobre Direitos Humanos ao ordenamento jurídico brasileiro

---

[70] FERRAJOLI, Luigi. *op. cit.*, p. 590.
[71] FERNANDES, Antonio Scarance, *op. cit.*, p. 127.
[72] Nesse sentido: Pacto Internacional sobre Direitos Civis e Políticos aprovado pelo Congresso pelo Decreto Legislativo nº 226, de 12 de dezembro de 1991, cuja Carta veio a ser depositada em 24 de janeiro de 1992 e entrou em vigor, para o Brasil, em 24 de abril de 1992. Em seu art. 14, o pacto estabelece, entre outras garantias, que "1. Todas as pessoas são iguais perante os Tribunais e as Cortes de Justiça. Toda pessoa terá o direito de ser ouvida publicamente e com as devidas garantias por um Tribunal competente, independente e imparcial, estabelecido por lei, na apuração de qualquer acusação de caráter penal formulada contra ela ou na determinação de seus direitos e obrigações de caráter civil. (...)". In: http://www.rndh.gov.br/pacto_civil.html. Acesso em: 16.05.2005.

deu-se, após a sua ratificação, por meio do Decreto Legislativo nº 678, de 06 de novembro de 1992, o que, considerando a hierarquia constitucional atribuída, pelo menos (em que pese a resistência de alguns e especialmente ainda do Supremo Tribunal Federal) por expressiva doutrina e jurisprudência aos direitos e garantias previstos nos tratados internacionais em que a República Federativa do Brasil seja parte, apenas enrobustece – agora num contexto mais amplo, o da inserção internacional – o que já havia sido expressamente consagrado pelo Constituinte de 1988 quanto ao Juiz natural.

No que diz com a proteção internacional e constitucional dos direitos humanos e fundamentais (ainda que se possa controverter a respeito da automática incorporação dos tratados, em face das exigências da CF/88 quanto a este ponto), não se deveria questionar a hierarquia constitucional (pelo menos na condição de direito materialmente constitucional) dos tratados em matéria de direitos humanos na ordem jurídica interna. De acordo com Flávia Piovesan, merecidamente uma das mais festejadas juristas na esfera da defesa dos direitos humanos e fundamentais,

> A incorporação automática do Direito Internacional dos Direitos Humanos pelo Direito brasileiro – sem que se faça necessário um ato jurídico complementar para a sua exigibilidade e implementação – traduz relevantes conseqüências no plano jurídico. De um lado, permite ao particular a invocação direta dos direitos e liberdades internacionalmente assegurados e, por outro lado, proíbe condutas e atos violadores a estes mesmos direitos, sob pena de invalidação.[73]

Ora, diante da obrigatoriedade imposta pela ordem constitucional de fixação da competência para o processamento de ação criminal em momento anterior ao cometimento do fato, questiona-se então a constitucionalidade da Emenda da Reforma do Judiciário, no que se refere à criação do instituto do incidente de deslocamento de competência nela previsto. Conforme se percebe do novo texto constitucional, o poder discricionário[74] que

---

[73] PIOVESAN, Flávia. *op. cit.*, 2000, p. 95.

[74] Nesse sentido, é oportuna a lição de Andreas Krell sobre a vinculação do poder discricionário aos direitos fundamentais e o crescente controle judicial sobre os atos administrativos. "Não há mais dúvidas, no Brasil, que todo e qualquer ato administrativo, inclusive o ato discricionário e também aquele decorrente da valoração administrativa dos conceitos indeterminados de prognose, é suscetível de um controle jurisdicional mínimo, baseado nos princípios constitucionais e nos princípios gerais de Direito. Na atual fase 'pós-positivista', que foi instaurada com a ampla positivação dos princípios gerais de Direito nos novos textos constitucionais, os atos administrativos discricionários não devem ser controlados somente por sua legalidade, mas por sua 'juridicidade'. Essa 'principialização' do Direito (proibição de arbitrariedade, razoabilidade, proporcionalidade, igualdade, proteção da confiança legítima, etc.) aumentou a margem de vinculação dos atos discricionários". KRELL, Andreas J. A recepção das teorias alemãs sobre "conceitos jurídicos indeterminados" e o controle da discricionariedade no Brasil. *Revista do Instituto de Hermenêutica Jurídica*. Vol. 2. Porto Alegre: Instituto de Hermenêutica Jurídica, 2004, p. 68-69. Guardadas as devidas proporções e diferenças entre os atos administrativos, legislativos e judiciais, sustentamos, com Juarez Freitas, de modo analógico aos demais atos, que todo ato discricionário é vinculado, pois "a discricionariedade resulta invariavelmente vinculada aos princípios constitutivos do sistema e aos direitos fundamentais" (FREITAS, Juarez. *O Controle dos Atos Administrativos e os Princípios Fundamentais*, 3ª ed., São Paulo: Malheiros, 2004, p. 221).

se pretende colocar nas mãos do Ministério Público Federal para determinar o deslocamento da competência através do incidente previsto pela Emenda da Reforma do Judiciário afronta o princípio do juiz natural e fragiliza o cidadão perante o Estado, violando fundamentos constitucionais do Estado democrático de Direito.

Além disso, a própria previsão abstrata do incidente de deslocamento viola ao menos um dos direitos humanos (juiz natural) previsto em tratados internacionais e possibilita, portanto, se entendermos que os pactos internacionais devam ser aplicados de forma integral e sistemática, a condenação do Brasil perante tribunais de proteção aos direitos humanos! Constata-se, neste contexto, que a interpretação do conteúdo nuclear do princípio do juiz natural deve pautar-se pelos instrumentos internacionais, que, segundo os próprios defensores da "federalização", têm hierarquia constitucional.

Importa repisar, de outra parte, que tal procedimento abre um espaço de discricionariedade incompatível com a limitação constitucional imposta ao exercício dos poderes estatais, condicionados estes à proteção e concretização das garantias constitucionais.

Com efeito, a liberdade conferida ao Procurador-Geral da República para determinar quais os crimes contra os direitos humanos que receberão a atenção e o zelo da justiça federal, postulando o deslocamento de competência junto ao Superior Tribunal de Justiça, viabiliza inclusive – *o que, consoante já frisado, não se pode descartar em tese* – a ocorrência de verdadeiras perseguições contra agentes públicos (policiais, integrantes do Ministério Público, Magistrados e até mesmo determinados acusados da prática de uma "grave" violação), que, para além do âmbito estritamente criminal e policial, podem tomar dimensão política e ideológica, propiciando até mesmo, a depender dos ventos nem sempre estáveis da política e da vida institucional brasileira, medidas absolutamente incompatíveis com o Estado democrático de Direito.[75]

---

[75] A história brasileira do século que passou foi marcada por instabilidades políticas, que muitas vezes enveredaram por uma solução golpista e ditatorial. Como todo regime ditatorial, também "os nossos" cometeram atrocidades de toda ordem, especialmente, contra as pessoas, cuja intrínseca dignidade, não raras vezes, foi objeto de grave violação. Tal assertiva (embora assim possa se pensar), de longe não é exagerada, e, para confirmá-la, nos conta Fernando Morais (*Olga*. 16ª ed., 9ª tiragem. São Paulo: Companhia das Letras, 1997, pp. 191-192) a respeito do primeiro governo de Getúlio Vargas, que, após a tentativa frustrada do levante comunista (novembro de 1935), restaram presos pelo aparato de segurança (ou, melhor, de repressão) diversas lideranças do Partido Comunista, entre elas, Luis Carlos Prestes, e outros quadros políticos que vieram do estrangeiro, como os alemães Arthur Ewert e Olga Benário Prestes. No Rio de Janeiro o então jovem advogado Heráclito Fontoura Sobral Pinto, resolveu por própria conta defender Prestes e Ewert (pois nessas alturas, Olga, mesmo grávida, já tinha sido enviada como presente de Getúlio a Hitler) perante o Tribunal de Segurança Nacional "uma corte de exceção criada especialmente para julgar os envolvidos na insurreição de novembro de 1935". Após ter que recorrer a mãe de Prestes, para que este aceitasse seu patrocínio, "a primeira providencia do defensor (...) foi afrontar a ditadura denunciando, de maneira que se tornaria célebre, o tratamento dado

Ainda que – o que seria um mal pelo menos menor – viessem a ser regulamentadas, por meio de lei em sentido formal e material, de forma precisa, as hipóteses em que caberia a instauração do incidente, a inconstitucionalidade substancial do mesmo não restaria sanada, já que apenas superada (sendo esta a alternativa a ser acolhida) a questão da arbitrariedade no que diz com a eleição dos casos concretos pelo Procurador-Geral da República. Quanto à violação do princípio do juiz natural, esta inquestionavelmente remanesceria em aberto, visto que seguiria afetado o seu núcleo essencial (Juiz ou Tribunal competente, constitucional e/ou legalmente fixado antes do fato). Nunca é demais recordar, neste contexto, que qualquer restrição a direito fundamental (e a garantia do Juiz natural evidentemente não foge a regra) sempre que resultar em afetação do núcleo essencial sempre será desproporcional e, portanto, substancialmente inconstitucional,[76] mesmo que se demonstre a adequação e necessidade da medida, que, aliás, também já restou suficientemente rechaçada na primeira parte deste trabalho.

De outra parte, ainda no tocante ao princípio-garantia do juiz natural, há de ser insistentemente repisado que este não mais se limita, há muito tempo, a impedir o estabelecimento de tribunais de exceção, reclamando sua inserção interpretativa no contexto do momento constitucional em curso, portanto, como já suficientemente frisado, exigindo uma leitura à luz das exigências de um Estado democrático de Direito.

Mesmo que se queira afirmar que, na sua expressão literal, a vedação de uma alteração da ordem legal (quanto mais constitucional) de competências após o fato não se encontra agasalhada na CF, tal jamais poderia significar que a referida vedação não se encontre implicitamente assegurada na própria garantia constitucional do juiz natural, ainda mais quando compreendida, por meio de uma interpretação sistemática (portanto também sempre teleológica) do sistema constitucional de direitos e garantias no seu conjunto. Aliás, é justamente isso que demonstra a síntese dos elementos essenciais que compõe o âmbito de proteção do juiz natural, tal qual sustentado por expressiva e moderna doutrina e jurisprudência nacional. Por outro lado, igualmente não há como fazer vistas grossas em relação ao conteúdo do princípio do juiz natural tal qual consagrado nos tratados internacionais firmados pelo Brasil, pois, ainda que se não lhes reconheça

---

ao comunista alemão", que vinha sofrendo "sessões" diárias de torturas. "Nos primeiros dias de 1937 um jornal do Rio havia publicado uma notícia policial dando conta de que o cidadão Mansur Karan, da cidade de Curitiba, fora condenado à prisão por ter espancado um cavalo até a morte. Sobral valeu-se da decisão do juiz que condenara Karan e recorreu a um artigo da Lei de Proteção aos animais para tentar salvar a vida de Ewert. A lei dizia que 'todos os animais existentes no país são tutelados do Estado' – e já que a lei dos homens era insuficiente para impedir o flagelo do alemão, pelo menos que fosse protegido como um animal para que as torturas cessarem". Foi principalmente graças a Sobral Pinto que Prestes começou a receber as cartas da mãe e da irmã, além das de Olga que se encontrava nos porões da Gestapo.
[76] Cf. nota 32.

hierarquia constitucional (o que se refuta, como já sinalado) a legislação, portanto também os tratados incorporados na condição de lei, pode (e muitas vezes deve) concretizar e explicitar até mesmo os próprios elementos nucleares dos direitos fundamentais, o que à evidência não desnatura a hierarquia constitucional destes. Pelo contrário, ao socorrer-se dos tratados (mesmo com força de lei apenas) o intérprete está até mesmo revelando sua prudência e respeito aos demais poderes constituídos, já que, antes de proceder a uma exegese pessoal (por vezes absolutamente necessária) do âmbito de proteção de um direito fundamental, privilegia a interpretação do próprio legislador, que, contudo, como se pretende demonstrar sumariamente logo a seguir, não mais se encontra autorizado a suprimir ou esvaziar o núcleo essencial do direito fundamental por conta do princípio da proibição de retrocesso em matéria de direitos e garantias fundamentais.

Tais argumentos ganham ainda maior relevo quando se percebe até mesmo uma certa contradição por parte dos defensores do incidente de deslocamento de competências. Estes, de modo geral e, convém destacar, cobertos de razão, pregam o reconhecimento da hierarquia constitucional dos tratados em matéria de direitos humanos. Todavia, quando se cuida de interpretar o conteúdo (o âmbito de proteção, se assim preferirmos) do princípio-garantia do juiz natural, esquecem justamente de utilizar os parâmetros postos pela própria ordem jurídica internacional, sedimentada em todos os principais tratados já desde a Declaração da ONU de 1948.

Outrossim, invoca-se constantemente o fato de que o incidente será utilizado de forma excepcional e apenas em situações de inequívoca necessidade, dada a falta de atuação ou atuação ineficiente dos órgãos estaduais e em casos muito graves e de ampla repercussão. Com tal argumento, pretende-se, portanto, contornar – com base no próprio princípio da proporcionalidade – a evidente violação do princípio da proporcionalidade no que diz especialmente com as restrições ao princípio da legalidade e do juiz natural. Se o uso excepcional poderá minorar o impacto negativo, ele não afasta, por si só, as violações apontadas, ainda mais quando, excepcional, ou não, é precisamente, entre outros aspectos, o uso casuístico e não previsível do instituto uma das suas mais contundentes impropriedades.

A pretendida reforma constitucional não fragiliza apenas o réu subjugado à persecução criminal empregada pelo Estado, mas toda a sociedade brasileira. Nesse sentido, destaca-se a diferença entre as dimensões objetiva e subjetiva dos direitos fundamentais. Gomes Canotilho aponta a dimensão subjetiva "quando se refere ao significado ou relevância da norma consagradora de um direito fundamental para o indivíduo, para os seus interesses, para a sua situação de vida, para a sua liberdade".[77] A dimensão objetiva

---
[77] Cf. CANOTILHO, José Joaquim Gomes, op. cit., 2003, p. 1256.

das normas definidoras de direitos fundamentais encontra-se vinculada ao significado dos bens jurídicos fundamentais para toda a coletividade, para o interesse público, enfim para a vida comunitária.[78] Dessa forma, o princípio do juiz natural, que, numa análise apressada e superficial, pode sugerir uma garantia unicamente voltada para o réu de ação criminal, representa, em verdade, um valor de toda a sociedade, consagrado através de um processo de afirmação histórica constante e de permanente conquista civilizatória. A supressão de tal garantia constitucional implica retrocesso jurídico, diante da maior debilidade do cidadão no que diz com a relação de forças que se firma com o Estado. A dimensão objetiva dos direitos fundamentais projeta o princípio em questão para o plano de valor jurídico do Estado democrático de Direito, assumindo, nesta perspectiva, dimensão transindividual.[79]

Por outro lado, mesmo que se possa concordar com o argumento de que deslocamento da competência para o julgamento pela Justiça Federal não resultaria propriamente no estabelecimento de um Juízo ou Tribunal de Exceção (até mesmo pelo fato de se cuidar de uma esfera judiciária permanente, qualificada, instituída pela própria Constituição, e que, tal qual a Justiça Estadual, é detentora das garantias constitucionais da independência funcional), isso em nada altera a circunstância já mais do que suficientemente apontada, qual seja, de que ainda assim se está a firmar a competência após o fato e inclusive já no decorrer do processo.

Nesta mesma quadra, além do exposto quanto ao juiz natural (o que já deveria bastar para fulminar o instituto ora questionado, pelo menos no que diz com a forma pela qual foi implementado), o incidente de deslocamento de competência significa um perigoso retrocesso jurídico também naquilo em que revitaliza o "direito penal do autor",[80] em descompasso com a lei-

---

[78] CANOTILHO, José Joaquim Gomes, *op. cit.*, 2003, p. 1256.

[79] Nesse sentido, para BONAVIDES, Paulo (*Curso de Direito Constitucional*. 15ª ed. São Paulo: Malheiros, 2004, pp. 568-569), a "concepção de objetividade e de valores relativamente aos direitos fundamentais fez com que o princípio da igualdade tanto quanto o princípio da liberdade tomassem também um sentido novo, deixando de ser mero direito individual (...) para assumir, conforme demonstra a doutrina e a jurisprudência do constitucionalismo alemão, uma dimensão objetiva de garantia contra atos de arbítrio do Estado". V., também, entre nós: BRANCO, Paulo Gustavo Gonet. In: *Hermenêutica constitucional e direitos fundamentais*, pp. 152 e ss.; SARMENTO, Daniel. "A dimensão objetiva dos direitos fundamentais: fragmentos de uma teoria", in: TORRES, Ricardo Lobo; MELLO, Celso Albuquerque (Orgs.), *Arquivos de Direitos Humanos*, v. IV. Rio de Janeiro: Renovar, 2003, p. 63-102; SARLET, Ingo Wolfgang. "Constituição e Proporcionalidade: o direito penal e os direitos fundamentais entre proibição de excesso e de insuficiência", in: *Revista Brasileira de Ciências Criminais*. v. 12. São Paulo: Revista dos Tribunais, mar-abr de 2004, especialmente, item 3.1 "A perspectiva jurídico-objetiva dos direitos fundamentais e a sua função como imperativos de tutela ou deveres de proteção do Estado: significado e principais desdobramentos", p. 80 e ss.

[80] Aliás, a formulação mais do que ampla de "grave violação" possibilita que o exclusivo legitimado para provocação do incidente escolha quem será o "cliente deste procedimento", permitindo, não apenas a punição pelo que a pessoa fez, mas pelo que ela é. Esta faculdade diverge frontalmente do discurso dominante no seio da doutrina penal contemporânea, no sentido de que se deve superar a punição do

tura constitucional que se faz hoje do Direito Penal, voltado unicamente para o fato criminoso, sem agregar preconceitos e possibilitar perseguições em razão das condições pessoais e posicionamentos políticos do autor do fato, ao exemplo do ocorrido no Brasil durante o regime militar.

Assim, tendo em conta este aspecto e considerando-se que a proteção dos direitos fundamentais, no que diz respeito ao seu núcleo essencial (o que se aplica especialmente ao juiz natural), somente é possível na medida em que esteja assegurado um nível mínimo de segurança jurídica e previsibilidade do próprio ordenamento jurídico objetivo e, acima de tudo, dos direitos subjetivos dos cidadãos, afirma-se também aqui a necessária observância do princípio da proibição de retrocesso, para o que se remete à lição de Ingo Sarlet:

> A proibição de retrocesso, mesmo na acepção mais estrita aqui enfocada, também resulta diretamente do princípio da maximização da eficácia de (todas) as normas de direitos fundamentais. Por via de conseqüência, o art. 5º, § 1º, da nossa Constituição, impõe a proteção efetiva dos direitos fundamentais não apenas contra a atuação do poder de reforma constitucional (em combinação com o art. 60, que dispõe a respeito dos limites formais e materiais às emendas constitucionais), mas também contra o legislador ordinário e os demais órgãos estatais (já que medidas administrativas e decisões jurisdicionais também podem atentar contra a segurança jurídica e a proteção de confiança), que, portanto, além de estarem incumbidos de um dever permanente de desenvolvimento e concretização eficiente dos direitos fundamentais (inclusive e, no âmbito da temática versada, de modo particular os direitos sociais) não pode – em qualquer hipótese – suprimir pura e simplesmente ou restringir de modo a invadir o núcleo essencial do direito fundamental ou atentar, de outro modo, contra as exigências da proporcionalidade.[81]

---

autor e punir o cometimento do fato. A propósito, anota Ferrajoli, que "las normas penales constitutivas, en efecto, no vetan, castigan inmediatamente. O, si se quiere, no prohíben actuar sino ser" (FERRAJOLI, Luigi. *op. cit.* p. 504). Ainda, nos relata o jurista italiano, que esta previsão já foi utilizada infinitas vezes na história do direito penal, ocupando-se por vezes das bruxas (refere-se ao preceito bíblico "*No permitirás vivir a las brujas*"), dos judeus, ciganos, hereges, infiéis, classe, inimigos do povo, da revolução, subversivos, vadios e vagabundos, e, nesta quadra, podemos dizer dos doravante designados de "inimigos dos direitos humanos"!!! O dispositivo permite que o Procurador-Geral da República aponte discricionariamente quem é (e o verbo "ser" é utilizado propositadamente) o perigoso inimigo dos direitos humanos. Embora o dispositivo em tela não contenha uma norma incriminadora, mas de competência penal, a disciplina posta pela emenda da Reforma do Judiciário pode enveredar pelo caminho, como nos contam Zaffaroni e Nilo Batista, de supor que "o delito seja sintoma de um estado do autor, sempre inferior ao das demais pessoas consideradas normais". Este sintoma, anotam os autores, pode ser de natureza moral, tratando-se "de uma versão secularizada de um estado de pecado jurídico"; ou, para outra teoria do direito do autor a inferioridade com os demais se dá por "natureza mecânica e, portanto, trata-se de um estado perigoso" (grifamos) (ZAFFARONI, Eugênio Raúl; BAPTISTA, Nilo; e outros. *Direito Penal Brasileiro*: primeiro volume – Teoria Geral do Direito Penal, 2ª ed. Rio de Janeiro: Revan, 2003, p. 131). A previsão de deslocamento em si não traz nenhuma punição por prever determinada característica de um indiciado ou réu, mas possibilita que ocorram perseguições em razão da característica pessoal (o ser e não o fato em si), pois a "inferioridade" poderá ser afirmada, em razão da generalidade da previsão, de forma arbitrária, pelo exclusivo legitimado para propor o incidente ainda que sujeita a um indeferimento.

[81] SARLET, Ingo Wolfgang. "Direito fundamentais sociais e proibição de retrocesso: algumas notas sobre o desafio da sobrevivência dos direitos sociais num contexto de crise". *Revista do Instituto de Hermenêutica Jurídica*. Vol. 2. Porto Alegre: Instituto de Hermenêutica Jurídica, 2004, p. 150.

Assim, também na perspectiva de uma proibição de retrocesso substancial (já que também não absoluta e limitada pelo núcleo essencial de cada posição afetada) o incidente de deslocamento de competência carece de legitimação constitucional. Ainda que o princípio da proibição de retrocesso assuma aqui um caráter complementar, em termos argumentativos, importa frisar que nem por isso carece de relevância, notadamente em se considerando uma possível objeção às razões anteriormente veiculadas (com destaque para a violação do núcleo essencial), no sentido de que a garantia do juiz natural, tal qual explicitada no texto constitucional (art. 5º, incs. XXXVII e LIII), não abrange expressamente a vedação de uma fixação da competência após o fato, razão pela qual não se poderia falar em violação do conteúdo nuclear da garantia.

Além de ser o caso de reiterar aqui a posição dominante na melhor doutrina e o entendimento corrente no âmbito do Supremo Tribunal Federal, ambos já apontados, verifica-se que também o núcleo essencial implícito (por integrar a esfera nuclear do âmbito de proteção de um direito fundamental) e legislativamente concretizado – no caso, pelos tratados internacionais incorporados ao ordenamento interno (caso se venha a insistir na sua hierarquia meramente legal) merece proteção contra o retrocesso, no sentido de que este núcleo se transmuta, na lição de Gomes Canotilho e Vital Moreira[82] – perfeitamente ajustável ao contexto jurídico-constitucional brasileiro[83] – num autêntico direito fundamental negativo (defensivo) e, como tal, imune à supressão ou mesmo às restrições desproporcionais.[84] Que a proibição de fixação da competência após o fato (ainda mais se somada à possibilidade de livre escolha pelo Procurador-Geral da República de quais as hipóteses de grave violação e sobre a oportunidade da proposi-

---

[82] CANOTILHO, José Joaquim Gomes; MOREIRA, Vital. *Fundamentos da Constituição*. Coimbra: Coimbra Editora, 1999, p. 131.

[83] A respeito, v. SARLET, Ingo Wolfgang, *op. cit.*, p. 134-162.

[84] Neste sentido, aponta-se aqui, entre outros, além do entendimento de BARROSO, Luis Roberto (*O direito constitucional e a efetividade de suas normas*. 5.ed. Rio de Janeiro: Renovar, 2001, p. 158), a lição já clássica de SILVA, José Afonso da (*op. cit.*); MIRANDA, Jorge (*Manual de Direito Constitucional*. Coimbra: Coimbra, 2000, v. 4, p. 397-399); STRECK, Lenio Luiz (*Hermenêutica jurídica e(m) crise*. Porto Alegre: Livraria do Advogado, 1999, p. 31 e ss.); assim como BARCELOS, Ana Paula (*A eficácia dos princípios constitucionais – o princípio da dignidade da pessoa humana*. Rio de Janeiro: Renovar, 2002), que, por sua vez, sustenta tratar-se de um desdobramento de uma eficácia negativa dos princípios constitucionais. Mais recentemente, ver a contribuição de MENDONÇA, José Vicente dos Santos (Vedação do Retrocesso: o que é e como perder o medo. In: BINENBOJM, Gustavo (Org.). *Revista de Direito da Associação dos Procuradores do Novo Estado do Rio de Janeiro*, v. 12, Rio de Janeiro, Lúmen Júris, 2003, p. 205 e ss.), muito embora sinalando que não se trata de uma questão apenas atrelada à eficácia negativa das normas constitucionais. Reforçando o entendimento aqui colacionado, importa frisar que já na literatura sobre a eficácia e aplicabilidade das normas constitucionais, com destaque aqui para os clássicos (desde TEIXEIRA, João Horácio Meirelles. *Curso de Direito Constitucional*, Rio de Janeiro: Forense Universitária, 1991, passando por SILVA, José Afonso da, *op. cit.*), toda e qualquer norma constitucional gera pelo menos um direito subjetivo negativo, no sentido de autorizar a impugnação de qualquer ato contrário à Constituição e que frustre a sua aplicação e, portanto, efetivação (SARLET, Ingo Wolfgang. *op. cit.*, p. 238 e ss.).

tura do incidente) integra o núcleo essencial do princípio do Juiz Natural, restou, para efeitos deste estudo, suficientemente fundamentado.

Soma-se a isso a circunstância de que o Estado se encontra vinculado de forma permanente e isenta de lacunas (no sentido de uma vinculação de todos os órgãos, funções e agentes estatais)[85] a um dever de proteção dos direitos fundamentais, dever este decorrente da dimensão objetiva dos princípios e direitos fundamentais.[86] Neste sentido, o Estado encontra-se impedido de implementar medidas que, tal como a da "federalização", embora introduzidas em nome da proteção dos direitos humanos, venham a agredir de modo frontal as dimensões objetiva e subjetiva de outros direitos humanos e fundamentais, seja na esfera nacional (constitucional) seja no plano internacional. Na consecução dos seus deveres de proteção, os órgãos estatais, por sua vez, devem observar o duplo limite imposto pelo princípio da proporcionalidade; em outras palavras, há que atentar permanentemente para o equilíbrio entre a proibição de excesso (a vedação de restrições desproporcionais de outros direitos para salvaguardar determinados bens constitucionais) e a assim designada proibição de insuficiência (ou proibição de déficit ou de inoperância, como preferem, igualmente com base em bons argumentos, autores da nomeada de um Gomes Canotilho e de um Juarez Freitas),[87] de acordo com o qual também não se poderá incorrer numa desproporção às avessas, isto é, no desguarnecimento da proteção de outros bens constitucionais fundamentais.

---

[85] Salienta Gomes Canotilho a existência de uma vinculação explícita e principal, portanto, "uma vinculação sem lacunas" do poder público em geral aos direitos fundamentais (CANOTILHO, José Joaquim Gomes, *op. cit.*, 2003, p. 439). Decorrente dessa lição, em outra passagem, resta afirmado que a "proteção jurídico-judiciária individual *sem lacunas*" tem como sentido nuclear que a "garantia dos direitos fundamentais só pode ser efectiva quando, no caso da violação destes, houver uma instância independente que restabeleça a sua integridade" (Idem, p. 272).

[86] Assim, de acordo com o dever de proteção dos direitos fundamentais ao Estado cabe zelar, "inclusive preventivamente, pela proteção dos direitos fundamentais dos indivíduos não somente contra os poderes públicos, mas também contra agressões provindas de particulares e até mesmo de outros Estados" (SARLET, Ingo Wolfgang. *op. cit.* pp. 163-164). Para Alexy, "los derechos a protección son derechos subjetivos constitucionales frente al Estado para que este realice acciones positivas fácticas o normativas que tienen como objeto la delimitación de las esferas de sujetos jurídicos de igual jeraquía como así también la imponibilidad y la imposición de esta demarcación" (ALEXY, Robert. *Teoria de los Derechos Fundamentales*. Madrid: Centro de Estudios Políticos y Constitucionales, 2001, p. 436). V., também, CANOTILHO, José Joaquim Gomes. *op. cit.*, 2003, p. 1253 e ss.

[87] CANOTILHO, José Joaquim Gomes, *op. cit*, 2003, p. 273; FREITAS, Juarez. *O Controle dos Atos Administrativos*, pp. 38-43. Além dos autores citados, que, como salientado, propõe outra denominação a "outra face" do princípio da proporcionalidade, v., também, na doutrina estrangeira, CANARIS, Claus-Wilhem. *Direitos Fundamentais e Direito Privado*. Coimbra: Almedina, 2003; entre nós, SARLET, Ingo Wolfgang, "Constituição e proporcionalidade: o direito penal e os direitos fundamentais entre proibição de excesso e de insuficiência". *Revista Brasileira de Ciências Criminais*, São Paulo: Revista dos Tribunais, v. 12 ou 47, mar.- abr./2004, p. 60 e ss; STRECK, Lenio Luiz, "A Dupla Face do Princípio da Proporcionalidade: da proibição de excesso (*Übermassverbot*) à proibição de proteção de deficiente (*Untermassverbot*) ou de como não há blindagem contra normas penais inconstitucionais". In: *Revista da AJURIS*. Porto Alegre: Ajuris, v. 32, n. 97, mar./2005, p. 171 e ss.

Que o reconhecimento da inconstitucionalidade do incidente de deslocamento de competência, especialmente em relação ao princípio do juiz natural, não acaba por resultar em uma violação da proibição de insuficiência – objeção que poderia ser oposta ao argumento aqui esgrimido – já decorre do fato de que o incidente, como proposto, fere elementos nucleares do princípio e direito fundamental do/ao juiz natural, de tal sorte que insanável o vício. De qualquer modo, reiteram-se as razões já vertidas na primeira parte, que revelam a existência de outros meios – inclusive já disponíveis – para a devida proteção dos direitos humanos reconhecidos pelo Brasil perante a comunidade internacional, o que por si só já bastaria para afastar a alegação de uma afronta ao princípio da proibição de insuficiência, cujas exigências, importa frisar, são inquestionavelmente mais baixas do que as da proibição de excesso.[88]

Ainda no que diz com o tópico ora versado, há que enfrentar outro argumento advogado pelos defensores do incidente de deslocamento. Assim, alega-se que o novo instituto é similar ao antigo, e por muito tempo não seriamente questionado, pedido de desaforamento, previsto para os processos da competência do Tribunal do Júri. Com efeito, para Flávia Piovesan, que também sustenta a substancial identidade entre o novo incidente e o desaforamento,

> Tal proposta está em absoluta consonância com a sistemática processual vigente (vide o instituto do "desaforamento"), como também com a sistemática internacional de proteção dos direitos humanos (que admite seja um caso submetido à apreciação de organismos internacionais quando o Estado mostra-se falho ou omisso no dever de proteger os direitos humanos). Ademais, se a própria ordem constitucional de 1988 permite a drástica hipótese de intervenção federal quando da afronta de direitos humanos (art.34, VII, "b"), em prol do bem jurídico a ser tutelado, não há porque obstar a possibilidade de deslocamento. Enfatize-se ainda que o Superior Tribunal de Justiça seria o órgão competente para julgar o "incidente de deslocamento de competência", justamente porque é ele o órgão jurisdicional competente para dirimir conflitos entre entes da federação.[89]

Em que pese o arguto argumento e a autoridade moral e intelectual inquestionável de quem o sustenta, não é esta a posição aqui adotada. Antes, contudo, de prosseguir com o debate, segue transcrição do dispositivo que prevê o desaforamento, no caso, o art. 424 do Código de Processo Penal:

> Art. 424. Se o interesse da ordem pública o reclamar, ou houver dúvida sobre a imparcialidade do júri ou sobre a segurança pessoal do réu, o Tribunal de Apelação, a requerimento de qualquer das partes ou mediante representação do juiz, e ouvido sempre o procurador-geral, poderá desaforar o julgamento para comarca ou termo

---

[88] Sobre as diferenças entre proibição de excesso e insuficiência v. CANARIS, Claus-Wilhem. *op. cit.*, p. 65 e ss.
[89] PIOVESAN, Flávia. *Direitos Humanos Internacionais e Jurisdição Supra-Nacional*: a exigência da federalização. In. http://www.dhnet.org.br/inedex.htm. Acesso em 13.09.2004.

próximo, onde não subsistam aqueles motivos, após informação do juiz, se a medida não tiver sido solicitada, de ofício, por ele próprio.

Parágrafo único. O Tribunal de Apelação poderá ainda, a requerimento do réu ou do Ministério Público, determinar o desaforamento, se o julgamento não se realizar no período de 1 (um) ano, contado do recebimento do libelo, desde que para a demora não haja concorrido o réu ou a defesa.

As diferenças entre ambos os institutos são manifestas. Em primeiro lugar, o desaforamento poderá ser requerido pelas próprias partes e pelo Juiz do processo, e não por um órgão externo ao feito. Em segundo lugar, o desaforamento ocorre apenas e tão-somente nos casos da competência do Tribunal do Júri, pelas peculiaridades do próprio processo. De outra parte, importa ter em conta que a competência segue sendo do Tribunal do Júri, ainda que em outra Comarca (e, portanto, da mesma Justiça), o que igualmente aponta para a própria desnecessidade do incidente de deslocamento. Além disso, o próprio desaforamento não tem sido isentado de críticas por parte da doutrina especializada, inclusive em face do princípio do Juiz natural.[90] Não bastasse isso, cuidando-se de "grave violação dos direitos humanos" (seja lá o que venha a ser compreendido por isso) representada por crime doloso contra a vida (que, de resto, sempre será a mais grave das violações) e, pelo menos enquanto reconhecida sua legitimidade constitucional, será possível a própria utilização do desaforamento, tornando, consoante já frisado, até mesmo dispensável o incidente de deslocamento de competência. Aliás, como argumento adicional, vale anotar que nos processos convencionais da competência do Tribunal do Júri a própria leitura da pronúncia (por mais que se tente evitar tal efeito) por vezes influencia o julgamento, o que dizer na hipótese de um incidente de deslocamento, veiculado em toda a mídia nacional e internacional, quando, por exemplo, da divulgação da decisão do Superior Tribunal de Justiça que acolheu o incidente.

Por derradeiro, a utilização do desaforamento como argumento para sustentar a viabilidade constitucional do deslocamento de competência introduzido pela reforma do Judiciário revela-se como sendo extremamente questionável também pelo fato de se estar, de certo modo, interpretando os princípios constitucionais à luz da legislação infraconstitucional, quando é justamente o contrário que se impõe, ainda mais estando em causa restrições a direitos e garantias fundamentais.

De qualquer sorte, é justamente o fato de existir o desaforamento, que, de resto, não é idêntico e nem mesmo similar ao deslocamento de competência, que demonstra mais uma vez a inconstitucionalidade (por desproporcional) da "federalização" das competências, por violação do critério da

---

[90] Cf. CHOUKR, Fauzi Hassan. "Juiz Natural: para uma releitura constitucional do tema do desaforamento". In: *Processo Penal: Leituras constitucionais*. Gilson Bonato (Org.). Rio de Janeiro: Lúmen Juris, 2003, p. 71-108.

necessidade, em face da possibilidade de se utilizar meio de fato menos gravoso e drástico e que, além disso, serve justamente para assegurar um julgamento isento em virtude de possíveis pressões sobre os julgadores e sobre os demais envolvidos no processo.

Para além da violação da garantia do juiz natural, também é possível sustentar – a título de reforço argumentativo – uma pelo menos indireta e correlata ofensa ao princípio do devido processo legal (art. 5º, LIV, da CF), no sentido de que se está, com o incidente de deslocamento de competência, ainda mais na forma como foi criado, a inserir um "elemento de suspense inaceitável no processo penal", já que este deslocamento poderá ser requerido e deferido a qualquer momento, em tese até mesmo na segunda instância judiciária.[91] Também a violação dos princípios da ampla defesa e do contraditório (art. 5º, LV, da CF) assume a condição de uma via argumentativa razoável, seja pelo "elemento surpresa" já referido, seja pelo fato de – a depender de uma eventual correção legislativa ou jurisprudencial, se for o caso – não estar prevista a possibilidade de uma impugnação do pedido formulado pelo Procurador-Geral da República, seja pelas instâncias estaduais (o que resultaria no estabelecimento de um conflito de atribuições, no que toca ao Ministério Público, e de competências, no que diz respeito ao Poder Judiciário), seja por parte do acusado da violação de direitos humanos, no contexto do que constitui a aplicação corrente dos princípios colacionados.[92]

Ademais, também é possível aduzir que o incidente de deslocamento de competência está violando outro princípio constitucional relativo ao processo penal, qual seja, o da igualdade das partes, que se estriba, por sua vez, nos princípios da ampla defesa e do contraditório.[93] Na esteira, entre outros, de Scarance Fernandes,[94] é legítimo argumentar que o incidente implica violação substancial do princípio isonômico, naquilo que assegura que tanto a acusação quanto a defesa devem dispor de paridade de armas no processo penal. No mesmo sentido, bem anota Ferrajoli:

> Para que la contienda se desarrolle lealmente y con igualdad de armas, es necesaria, por outro lado, la perfecta igualdad de las partes: en primer lugar, que la defensa esté dotada de la misma capacidad y de los mismos poderes que la acusación; en segundo lugar, que se admita su papel contradictor en todo momento y grado del procedimiento y en relación con qualquier acto probatorio, de los experimentos judiciales y las pericias al interrogatório del imputado, desde los reconocimientos hasta las declaraciones testificales y los careos.[95]

---

[91] Neste sentido, v. a argumentação deduzida na ADI – 3486 (autor: AMB), item IV, também objeto de referência na ADI – 3493.
[92] Tal argumento foi deduzido na ADI – 3493, item III, 3.
[93] Nesse sentido: FERRAJOLI, Luigi. *op. cit.* p. 583.
[94] FERNANDES, Antonio Scarance, *op. cit*, p. 46 e ss.
[95] FERRAJOLI, Luigi. *op. cit.* p. 614.

A igualdade de partes, como bem salienta Scarance Fernandes, não exclui, todavia, a possibilidade de, em determinadas situações, dar-se a uma delas tratamento especial para compensar eventuais desigualdades, suprindo-se o desnível de proteção da parte inferiorizada. Justificando o presente entendimento, o processualista traz à colação o favorecimento da defesa em determinadas situações em razão de princípios relevantes do processo penal, como o *in dubio pro reo* e *favor rei*.

Ora, é preciso dar-se conta de que no incidente ocorre justamente o inverso! Além de a acusação ser promovida pelo Estado contra um indivíduo, relação por si só em geral desigual, criou-se um instrumento que desequilibra ainda mais a balança, uma vez que, além de tudo, a *parte acusatória irá escolher qual juízo que irá julgar sua ação!* Em razão também disso e de tudo que já foi colocado, é que o incidente se situa na direção oposta do que se vem entendendo como uma das finalidades do processo, ou seja, a de ser um "instrumento de proteção dos direitos e garantias individuais",[96] ou melhor, dos direitos e garantias fundamentais.

Por todo o exposto, não poderia ser outra a conclusão aqui adotada. O incidente de deslocamento de competência, também no que diz com a forma pela qual foi implementado, viola frontalmente não apenas princípios e garantias fundamentais da nossa Constituição (especialmente os da segurança jurídica, da legalidade, do juiz natural, da proporcionalidade e da proibição de retrocesso), mas também princípios e garantias amplamente consagradas no direito internacional comum e convencional, como é o caso precisamente da garantia da segurança jurídica, do juiz natural e do devido processo legal. Além disso, importa recordar – especialmente em homenagem aos defensores da internacionalização dos direitos humanos e fundamentais – que os princípios da proporcionalidade e a garantia do núcleo essencial de há muito integram a base argumentativa da jurisprudência dos tribunais internacionais no que concerne à proteção dos direitos humanos assegurados nos tratados e no controle da efetividade dos direitos fundamentais constitucionais.

5. Síntese conclusiva: resgatando a legimitidade constitucional e enfrentando a implantação gradativa e silenciosa de um "mal-estar constitucional"

Sem que se vá aqui retomar cada argumento colacionado ao longo do texto, importa, todavia, reafirmar as conclusões parciais já enunciadas, situando-as – ainda que sumariamente – no contexto político-institucional vivenciado não só, mas especialmente entre nós e em países periféricos,

---

[96] Cfr., por todos, LOPES JÚNIOR, Aury. *Sistemas de Investigações Preliminares no Processo Penal*. 3ª ed. Rio de Janeiro: Lúmen Júris, 2005, p. 10 e ss.

ainda que com certa expressão no âmbito da complexa arquitetura internacional de um mundo globalizado.

Assim, verificou-se, à luz de farta argumentação, que a própria criação do incidente de deslocamento de competência representa uma violação (porquanto constitui uma tendencial abolição de "cláusula pétrea", nos termos do artigo 60, § 4º, da CF 88) do princípio federativo, afetando o seu núcleo essencial e, portanto, já por isso (mas não apenas por isso) ofendendo as exigências do princípio da proporcionalidade.

Justamente no que diz com a tese de uma violação do pacto federativo, não restam dúvidas, tal como de certo modo já anunciado mesmo na introdução, que a centralização do poder no âmbito federal e a ruptura com a ordem federativa são cada vez mais evidentes. Na "Reforma do Poder Judiciário", consagrou-se o esvaziamento e a diminuição de competências da Justiça Estadual, com a ora questionada atribuição de competências à Justiça Federal para o processamento de crimes contra os direitos humanos, bem como para os conflitos agrários. Não satisfeito, o constituinte reformador, com a intenção política clara de centralizar o Poder Judiciário no âmbito federal e limitar o poder de decisão dos juízes das instâncias inferiores (*neste caso, de todas as esferas judiciais*) implantou também a súmula vinculante. Mesmo que não se trate aqui de promover a sua demonização maniqueísta e improdutiva, ao menos enquanto se puder assumir a independência de interpretar a própria súmula, considerando o seu cunho normativo,[97] a súmula vinculante, pelo menos nos termos divulgados por ocasião do processamento da reforma, deve ter (também) a função de vincular a atuação dos julgadores das instâncias inferiores, aos ditames da cúpula federal, engessando a consciência e a independência de pensar e interpretar o Direito por parte dos demais Juízes. Neste contexto, a lição de Zaffaroni ajusta-se como uma luva:

> A independência do juiz, ao revés, é a que importa a garantia de que o magistrado não estará submetido às pressões de poderes externos à própria magistratura, mas também implica a segurança de que o juiz não sofrerá as pressões dos órgãos colegiados da própria judicatura. Um juiz independente, ou melhor, um juiz, simplesmente, não pode ser concebido em uma democracia moderna como um empregado da corte ou do supremo tribunal. Um poder judiciário não é hoje concebível como mais um ramo da administração e, portanto, não se pode conceber sua estrutura na forma hierarquizada de um exército. Um judiciário verticalmente militarizado é tão aberrante e perigoso quanto um exército horizontalizado.[98]

---

[97] A respeito, v. as excelentes ponderações de STRECK, Lenio Luiz: "O Efeito Vinculante e a Busca da Efetividade da Prestação Jurisdicional – da revisão constitucional de 1993 à reforma do judiciário (EC 45/04)". In: AGRA, Walber de Moura (Coord), *op. cit.*, p. 148 e ss.

[98] ZAFFARONI, Eugenio Raúl. *Poder Judiciário: crise, acertos e desacertos.* Trad. de Juarez Tavares. São Paulo: Revista dos Tribunais, 1995, p. 88.

Que tais medidas recentemente incorporadas ao texto constitucional apenas reforçam uma tendência centralizadora recorrente ao longo de diversas das reformas já implementadas desde 1988 é tão evidente que, neste momento, dispensa maiores comentários, chegando a tal ponto que hoje existem diversos estados unitários mais descentralizados do que a nossa federação. Não é à toa que juristas do porte de um Paulo Bonavides, ao propor a constitucionalização política das Regiões, alerta para as ameaças à ordem federativa diante da prática de um presidencialismo absolutista e centralizador no âmbito federal. De acordo com o grande jurista e incansável defensor da ordem constitucional,

> No federalismo das autonomias regionais, o que se propõe não é a eliminação das autonomias do Estado-membro e dos municípios, mas precisamente o contrário, a saber, o seu fortalecimento com a adição da autonomia regional. Esta, sim, fadada a regenerar o sistema federativo e pôr termo à crise adveniente das forças centrípetas e das correntes mais centralizadoras geradas por um presidencialismo absoluto, cuja ação não pôde ser bastantemente embargada e debelada pelo código constitucional de 1988. O aspecto do centralismo continua, pois, presente, deitando sombras e ameaças à ordem federativa, enquanto não se resolver a questão regional.[99]

Nesta linha de raciocínio, não se hesita em afirmar que tal tendência centralizadora e concentradora – ainda mais quando demonstrada a inconveniência e desnecessidade da mudança implementada (como ocorre precisamente no caso do incidente de deslocamento de competência) –, coloca o nosso País na contramão dos desenvolvimentos mais recentes, inclusive na esfera internacional, onde, a despeito da criação de instâncias supranacionais, impera o respeito pela descentralização e o primado do princípio da subsidiariedade.

Para além da tendencial violação do pacto federativo (de há muito vítima de um processo deliberado de fragilização), também restou demonstrado – no que diz com a forma pela qual foi implementado o incidente de deslocamento de competência –, que este viola elementos nucleares dos princípios da segurança jurídica e da legalidade, bem como do princípio-garantia (além de direito humano e fundamental) do juiz natural, representando uma restrição absolutamente desproporcional e, portanto, sempre inconstitucional, deste princípio. Tal vício somente restaria sanado se a competência da Justiça Federal para os casos de grave violação de direitos humanos estivesse fixada desde logo, para todos os casos (e não via incidente de deslocamento) e se, além disso, as hipóteses estivessem determinadas de modo prévio e de maneira suficientemente determinada. Mas, consoante já frisado, para tanto também haveria de se superar a barreira do pacto federativo, por si só indicativa da ilegitimidade constitucional do

---
[99] BONAVIDES, Paulo. *op. cit.*, p. 360.

instituto, ainda que se possa admitir que neste ponto, notadamente em termos comparativos, se está certamente diante do menor dos males.

É justamente nesta quadra que se impõe a advertência de que a implantação do incidente de deslocamento de competência acaba por traduzir uma flagrante *contraditio in terminis*, visto que a despeito do intuito (em si mesmo nobre e incensurável) de proteger os direitos humanos, atropela pura e simplesmente alguns dos mais elementares princípios e direitos humanos e fundamentais reconhecidos na absoluta maioria das constituições de um Estado democrático de Direito e nos principais tratados internacionais sobre direitos civis e políticos. Também aqui não se deverá olvidar, de tal sorte, que mesmo a melhor missão, com a mais digna finalidade, não poderá perder de vista a dignidade dos meios para a sua realização, sob pena de ruptura não apenas do princípio jurídico da proporcionalidade, mas do postulado ético de que os fins não justificam os meios (no sentido de qualquer meio).

No campo dos direitos humanos e fundamentais, tal máxima exige que a restrição de um direito ou princípio fundamental, ainda que necessária para a salvaguarda de outros bens (caso efetivamente demonstrada esta necessidade!) não invada o núcleo essencial do âmbito de proteção de outros bens fundamentais, já que os princípios e direitos fundamentais se limitam reciprocamente, no âmbito de um processo dinâmico e dialético de convivência.[100]

Ainda que não se vislumbre (de modo geral, muito antes pelo contrário) qualquer indício de má-fé ou desvio de finalidade por parte dos defensores do incidente de deslocamento da competência, não se deve assumir a postura ingênua de imaginar que o mau uso do instituto não é possível mesmo entre nós. Mesmo que a comparação, dadas as suas dimensões, seja evidentemente exagerada, a experiência histórica sempre e de novo tem demonstrado o quanto a distorção da finalidade de um instituto, justamente pelo descaso com os meios, é uma constante na trajetória da humanidade.

---

[100] Destaca-se, a respeito, a dupla função do princípio da dignidade da pessoa humana, denominada como "limite dos direitos e limite dos limites" (SARLET, Ingo Wofgang *Dignidade da Pessoa Humana e Direitos Fundamentais na Constituição Federal de 1988*. 3ª ed. Porto Alegre: Livraria do Advogado, 2004, pp. 123-124). Assim ocorre, como ressalta Ingo Sarlet, em razão de que além da dignidade ser "parte – ainda que variável – integrante do conteúdo dos direitos fundamentais (ao menos, em regra), e para além da discussão em torno de sua identificação com o núcleo essencial, constata-se que o princípio da dignidade da pessoa humana serve como importante elemento de proteção dos direitos contra medidas restritivas", (...) "também serve como justificativa para imposição de restrições a direitos fundamentais, acabando, neste sentido, por atuar como elemento limitador destes". Ademais, sobre o tema, v., entre outros, CANOTILHO, J. J. Gomes. *op. cit.*, 2003, p. 451 e ss.; ALEXY, Robert, *op. cit.*, p. 292 e ss.; SARMENTO, Daniel (*A Ponderação de Interesses na Constituição Federal*. 1ª ed., 3ª tiragem. Rio de Janeiro: Lumen Júris, 2003, p. 111); MENDES, Gilmar Ferreira (*op. cit.*, 2000, p. 241 e ss.), o qual ressalta os limites imanentes ou "limites dos limites" como uma forma de balizar a *interpositio legislatoris*, sendo uma resposta a ampla discricionariedade legislativa do início do século passado.

Basta aqui referir o exemplo do uso pervertido da "intervenção humanitária" e das "guerras de defesa preventiva em território inimigo", ainda mais quando a bandeira deflagrada é a intenção de assegurar a democracia, a liberdade e os direitos humanos da população do Estado atacado (defensivamente?!), mesmo que mediante o pagamento de um preço altíssimo em termos de mortes no seio da população do País potencialmente agressor. Que o caso do Iraque, onde desde o início da ofensiva já restaram vitimadas mais de 100.000 pessoas, tendo o País sido reduzido à ruína, assume um papel emblemático neste contexto resulta evidente. Num âmbito mais reduzido, de ordem doméstica, as experiências ditatoriais já demonstraram o quanto tipos penais abertos ou instrumentos processuais imprevisíveis e dificilmente evitáveis serviram como instrumento de perseguição política e pessoal. Em existindo o instrumento e chancelada a sua legitimidade constitucional, o uso que dele se fizer passa a ser muitas vezes, dadas as circunstâncias, praticamente incontrolável. Que um regime autoritário, caso vier a ser reinstituído e seja qual for sua ideologia, não fará de qualquer modo qualquer caso dos direitos humanos, inclusive do juiz natural, se assim entender conveniente, não deve servir de argumento para chancelar instrumentos constitucionais que possam, como já ocorreu outras vezes, vir a "legitimar constitucionalmente" toda a sorte de arbitrariedades, ainda mais quando existentes outros modos de proteção mais efetiva dos direitos humanos, inclusive pelo menos pela adequação – sempre possível e isenta de maiores dificuldades – do incidente de deslocamento de competências ao princípio da legalidade, da proporcionalidade e do juiz natural.

Na esteira dessas considerações, resta a convicção de que para além dos argumentos em prol da inconstitucionalidade tanto da própria criação do incidente de deslocamento de competência, quanto do modo de seu funcionamento (em virtude da violação do princípio do Juiz natural, acima de tudo) a medida introduzida pela recente reforma do Poder Judiciário apenas contribui para reforçar um generalizado sentimento de mal-estar em relação às instituições e à própria ordem constitucional. Se tal mal-estar, como bem demonstrou Gomes Canotilho, já se deve em virtude da crescente sensação de fragilidade do direito constitucional (como, de resto, do direito como um todo) em face das mudanças profundas engendradas no contexto de uma sociedade de risco e globalizada,[101] a implementação de medidas claramente questionáveis em termos de legitimidade constitucional e significativamente ofensivas a uma possível e saudável função integrativa da Constituição, a partir dos princípios e direitos fundamentais, representa

---

[101] Cf. CANOTILHO. Sobre o Tom e o Dom dos Direitos Fundamentais. *Revista Consulex* 45: 38, setembro de 2000. Especificamente a respeito do conceito e compreensão da sociedade de risco, v. o clássico BECK, Ulrich. *La sociedad del riesgo: hacia una nueva modernidad.* Barcelona: Paidós, 1998.

mais um passo a reforçar este mal-estar e alimentar um ceticismo fatalista e perigoso para a própria manutenção do Estado democrático de Direito.

6. Referências bibliográficas

ALEXY, Robert. *Teoria de los derechos fundamentales*. Madrid: Centro de Estudios Constitucionales, 1993.

AMARAL, Cláudio do Prado. *Princípios Penais*: da legalidade à culpabilidade. São Paulo: IBCCRIM, 2003.

ÁVILA, Humberto. *Teoria dos Princípios*, 2ª ed., São Paulo: Malheiros, 2003.

BARCELLOS, Ana Paula. *A eficácia dos princípios constitucionais – o princípio da dignidade da pessoa humana*. Rio de Janeiro: Renovar, 2002.

BARROS, Suzana. *O Princípio da proporcionalidade e o controle de constitucionalidade das leis restritivas de direitos fundamentais*. 3.ed. Brasília: Brasília Jurídica, 2003.

BARROSO, Luis Roberto. *O direito constitucional e a efetividade de suas normas*. 5.ed. Rio de Janeiro: Renovar, 2001.

BECCARIA, Cesare. *Dos Delitos e das Penas*. Trad. Torrieri Gumarães. São Paulo: Editora Martin Claret, 2004.

BECK, Ulrich. *La sociedad del riesgo: hacia una nueva modernidad*. Barcelona: Paidós, 1998.

BOBBIO, Norberto. *A era dos direitos*. Tradução de Carlos Nelson Coutinho. 10.ed. Rio de Janeiro: Campus, 1992.

BONATO, Gilson. *Devido processo legal e garantias processuais penais*. Rio de Janeiro: Lúmen Júris, 2003.

BONAVIDES, Paulo. *Curso de Direito Constitucional*. 15ª ed. rev. e atual. São Paulo: Malheiros, 2004.

CANARIS, Claus-Wilhem. *Direitos Fundamentais e Direito Privado*. Coimbra: Almedina, 2003.

CANOTILHO, José Joaquim Gomes. *Constituição Dirigente e Vinculação do Legislador: cotributo para compreensão das normas constitucionais programáticas*. Coimbra: Almedina, 1994.

——. *Direito Constitucional e Teoria da Constituição*. 7ª ed. Coimbra: Almedina, 2003.

——. Estado de Direito. *Cadernos Democráticos* n. 7. Fundação Mário Soares. Lisboa: Gradiva, 1998.

CHOUKR, Fauzi Hassan. "Juiz Natural: para uma releitura constitucional do tema do desaforamento", in: *Processo Penal: Leituras constitucionais*. Gilson Bonato (Org.). Rio de Janeiro: Lúmen Juris, 2003.

COUTO E SILVA, Almiro do. "O Princípio da Segurança Jurídica (Proteção à Confiança) no Direito Público Brasileiro e o Direito da Administração Pública de Anular seus Próprios Atos Administrativos: o Prazo Decadencial do art. 54 da Lei do Processo Administrativo da União (Lei nº 9.784/99)". in: *Revista Brasileira de Direito Público* (RBDP), nº 6, jul/set. 2004.

COSTA, Flávio Dino de Castro; SCHREIBER, Simone. *Federalização da Competência para Julgamento de Crimes Contra os Direitos Humanos*. Disponívrl em http://www.ajufe.org.br/index.php?ID_MATERIA=389. Acesso em 27.09.2004.

COSTA, João Ricardo dos Santos. "Federalização dos denominados crimes contra os direitos humanos: equívoco baseado em casuísmo e falsos paradigmas". In. *Revista da AJURIS*, Porto Alegre: AJURIS, v. 30, n. 92, p. 33-49, dez. /2003.

DIAS, José Carlos; VIEIRA, Oscar Vilhena. *Monopólio da Impunidade*, Extraído do jornal Folha de São Paulo, Incluído no site em 20/04/2000. Disponível em http://www.neofito.com.br/artigos/art01/jurid297.htm. Acesso em 26.09.2004.

FERNANDES, Antonio Scarance. *Processo Penal Constitucional*. 3.ed. São Paulo: Revista dos Tribunais, 2002.

FERRAJOLI, Luigi. *Derecho y razón: Teoría del garantismo penal*. Valladolid: Editorial Trotta, 2002.

FERREIRA, Luiz Alexandre Cruz; TÁRREGA, Maria Cristina Vidotte. "Reforma do Poder Judiciário e Direitos Humanos", in: WAMBIER, Tereza Arruda Alvim (Coord), *Reforma do Judiciário: primeiros ensaios críticos sobre a EC n. 45/2004*, São Paulo: Revista dos Tribunais, 2005.

FREITAS, Juarez. *A Interpretação Sistemática do Direito*. 4.ed. São Paulo: Malheiros, 2004.

———. *O Controle dos Atos Administrativos e os Princípios Fundamentais*, 3ª ed., São Paulo: Malheiros, 2004.

GIACOMOLLI, Nereu José. "Função Garantista do Princípio da Legalidade". *Revista da AJURIS*, Porto Alegre, v. 26, N.º 78, Jun., 2000.

GONÇALVES, Fernando Moreira. *Justiça Federal e Direitos Humanos*, Extraído do site do jornal Correio Braziliense em 13/09/99. Incluído no site em 14/09/99.

GRANDINETTI, Luis Gustavo; CARVALHO, Castanho de. *Processo penal e (em face da) Constituição: princípios constitucionais do processo penal*. 3.ed. Rio de Janeiro: Lúmen Júris, 2004.

HESSE, Konrad. *A Força Normativa da Constituição*. Porto Alegre: Sergio Antonio Fabris, 1991.

KOKOTT, Juliane. "Grundrechtliche Schranken und Schrankenschranken", in: MERTEN, Detlev; PAPIER, Hans-Jürgen (Coord), *Handbuch der Grundrechte in Deutschland und Europa*, vol. I, Heidelberg: C.F. Müller, 2004.

KRELL, Andréas J. "A recepção das teorias alemãs sobre 'conceitos jurídicos indeterminados' e o controle da discricionariedade no Brasil". *Revista do Instituto de Hermenêutica Jurídica*. Vol. 2. Porto Alegre: Instituto de Hermenêutica Jurídica, 2004.

LASSALLE, Ferdinand. *A Essência da Constituição*. 4. ed. Rio de Janeiro: Lumen Juris, 1998.

LOPES JÚNIOR, Aury. *Sistemas de Investigações Preliminares no Processo Penal*. 3ª ed. Rio de Janeiro: Lúmen Júris, 2005.

———. *Introdução crítica ao processo penal: fundamentos da instrumentalidade garantista*. 2.ed. Rio de Janeiro: Lúmen Júris, 2005.

LONGO, Luís Antônio. "O Princípio do Juiz Natural e seu conteúdo substancial". In: *As garantias do cidadão no processo civil: relações entre constituição e processo*. Organizador: Sérgio Gilberto Porto. Porto Alegre: Livraria do Advogado, 2003.

MENDES, Gilmar Ferreira. *Jurisdição Constitucional: o controle abstrato de normas no Brasil e na Alemanha*. 4ª ed. São Paulo: Saraiva, 2004.

———. *Direitos fundamentais e controle de constitucionalidade: estudos de direito constitucional*. 3.ed. São Paulo: Celso Bastos, 2004.

———. *Hermenêutica constitucional e direitos fundamentais*. Brasília: Brasília Jurídica, 2000.

MENDONÇA, José Vicente dos Santos. Vedação do Retrocesso: o que é e como perder o medo. In: BINENBOJM, Gustavo (Org.). *Revista de Direito da Associação dos Procuradores do Novo Estado do Rio de Janeiro*, v. 12, Rio de Janeiro, Lúmen Júris, 2003, p. 205 e ss.

MIRANDA, Jorge. *Manual de Direito Constitucional*. Coimbra: Coimbra, 2000, v. 4.

MORAES, José Luiz Bolzan de. "Deslocamento de competência para a Justiça Federal de violações contra direitos humanos", in: AGRA, Walber de Moura (Coord), *Comentários à Reforma do Poder Judiciário*, Rio de Janeiro: Forense, 2005.

MORAIS, Fernando. *Olga*. 16ª ed., 9ª tiragem. São Paulo: Companhia das Letras, 1997.

MUZZUOLI, V. de Oliveira, *Direito Internacional: Tratados e Direitos Humanos Fundamentais na Ordem Jurídica Brasileira*, Rio de Janeiro: América Jurídica, 2001.

PAGLIARINI, Alexandre Coutinho. "Exceção Constitucional ao Regime Geral de Tratados no Brasil: Os Pactos Internacionais de Direitos Humanos". *Interesse Público*, São Paulo: Notadez, v. 5, n. 23, p. 50-60, 2004.

PIERTOTH, Bodo; SCHLINK, Bernhard; *Grundrechte – Staatsrecht II*, 20ª ed., Heidelberg: C.F. Muller.

PINHEIRO, Paulo Sérgio, MESQUITA NETO, Paulo de. "Direitos Humanos no Brasil: perspectivas no final do século". In: *Cinqüenta Anos da Declaração Universal dos Direitos Humanos*. São Paulo: Fundação Konrad Adenauer, 1999.

PIOVESAN, Flávia, "Reforma do Judiciário e Direitos Humanos", in: TAVARES, André Ramos; LENZA, Pedro; ALARCÓN, Pietro de Jesús (Coord), *Reforma do Judiciário Analisada e Comentada*, São Paulo: Editora Método, 2005.

PIOVESAN, Flávia. *Direitos humanos e direito constitucional internacional*. São Paulo: Max Limonad, 2000.

——. *Direitos Humanos Internacionais e Jurisdição Supra-Nacional: a exigência da federalização*. Disponível em http://www.dhnet.org.br/inedex.htm. Acesso em 13.09.2004.

SANTOS, Boaventura de Souza. *Reinventar a Democracia*. Direção de Mário Soares. Gradiva: Fundação Mário Soares, Coleção Cadernos Democráticos.

SANTOS, Weliton Militão dos. *Crimes contra os Direitos Humanos – julgamento – competência*, Disponível em http://www.cjf.gov.br/revista/numero10/artigo6.htm. Acesso em 17.09.2004.

SARLET, Ingo Wolfgang. *A Eficácia dos Direitos Fundamentais*, 5ª ed., Porto Alegre: Livraria do Advogado, 2005.

——. *Dignidade da Pessoa Humana e Direitos Fundamentais na Constituição Federal de 1988*. 3ª ed. Porto Alegre: Livraria do Advogado, 2004.

——. "Direito fundamentais sociais e proibição de retrocesso: algumas notas sobre o desafio da sobrevivência dos direitos sociais num contexto de crise". *Revista do Instituto de Hermenêutica Jurídica*. Vol. 2. Porto Alegre: Instituto de Hermenêutica Jurídica, 2004.

——. "O Direito Fundamental à moradia na Constituição: algumas anotações a respeito de seu contexto, conteúdo e possível eficácia". In. SAMPAIO, José Adércio Leite (coord.). *Crises e desafios da Constituição*. Belo Horizonte: Del Rey: 2004.

——. "Constituição e proporcionalidade: o direito penal e os direitos fundamentais entre proibição de excesso e de insuficiência". *Revista Brasileira de Ciências Criminais*, São Paulo: Revista dos Tribunais, v. 12, mar.- abr./2004.

SARMENTO, Daniel. *A Ponderação de Interesses na Constituição Federal*. 1ª ed., 3ª tiragem. Rio de Janeiro: Lumem Júris, 2003.

——. "Direito Adquirido, Emenda Constitucional, Democracia e Reforma da Previdência", in: TAVARES, Marcelo Leonardo (Coord.), *A Reforma da Previdência Social. Temas Polêmicos e Aspectos Controvertidos*, Rio de Janeiro: Lúmen Júris, 2004.

——. Os direitos fundamentais nos paradigmas liberal, social e pós-social (pós-modernidade constitucional?). In. SAMPAIO, José Adércio Leite (coord.). *Crises e desafios da Constituição*. Belo Horizonte: Del Rey: 2004.

SCHÄFER, Jairo. *Direitos fundamentais: proteção e restrições*. Porto Alegre: Livraria do Advogado, 2001.

SCHOLLER, Heinrich. "O Pirncípio da Proporcionalidade no Direito Constitucional e Administrativo da Alemanha". In *Revista Interesse Público*, ano 1, n. 2, Abr/Jun, 1999. São Paulo: Nota Dez, 1999.

SILVA, José Afonso da. *Aplicabilidade das Normas Constitucionais*, 6ª ed., 2ª tiragem, São Paulo: Malheiros, 2003.

SILVA, Luis Virgílio Afonso da. "O 'Proporcional e o Razoável' ", in: *Revista dos Tribunais*, vol. 798. São Paulo: Revista dos Tribunais, abril de 2002.

SMEND, Rudolf. *Constitución y Derecho Constitucional*, Trad. de José Mª. Beneyto Pérez, do texto em alemão de 1928, Madrid: Centro de Estudios Constitucionales, 1985.

STEINMETZ, Wilson. *Colisão de direitos fundamentais e princípio da proporcionalidade*. Porto Alegre: Livraria do Advogado, 2001.

STRECK, Lenio Luiz. *Hermenêutica jurídica e(m) crise*. Porto Alegre: Livraria do Advogado, 1999.

———. *Jurisdição Constitucional e Hermenêutica: uma nova crítica do direito*. Porto Alegre: Livraria do Advogado, 2002.

———. "O Efeito Vinculante e a Busca da Efetividade da Prestação Jurisdicional – da revisão constitucional de 1993 à reforma do judiciário (EC 45/04)". In: AGRA, Walber de Moura (Coord), *Comentários à Reforma do Poder Judiciário*, Rio de Janeiro: Forense, 2005.

———. "A Dupla Face do Princípio da Proporcionalidade: da proibição de excesso (*übermassverbot*) à proibição de proteção de deficiente (*untermassverbot*) ou de como não há blindagem contra normas penais inconstitucionais". In: *Revista da AJURIS*. Porto Alegre: Ajuris, v. 32, n. 97, mar./2005.

TOLEDO, Francisco de Assis. *Princípios Básicos de Direito Penal*, 5ª ed., São Paulo: Saraiva, 1994.

TOURINHO FILHO, Fernando da Costa. *Processo Penal*. 26ª ed. São Paulo: Saraiva, 2004.

TRINDADE, Antônio Augusto Cançado. *A proteção internacional dos direitos humanos e o Brasil*. Brasília: 2.ed. Editora Universidade de Brasília, 2000.

TUCCI, José Rogério Cruz e. "Garantia da prestação jurisdicional sem dilações indevidas como corolário do devido processo legal". *Revisa de Processo*, Ano 17, n. 66, Abr/Jun, 1992. São Paulo: Revista dos Tribunais, 1992.

VIEIRA DE ANDRADE, José Carlos. *Os Direitos Fundamentais na Constituição Portuguesa de 1976*, 3ª ed. Coimbra: Almedina, 2004.

ZAFFARONI, Eugenio Raúl. *Poder Judiciário: crise, acertos e desacertos*. Tradução de Juarez Tavares. São Paulo: Revista dos Tribunais, 1995.

———; BAPTISTA, Nilo; e outros. *Direito Penal Brasileiro: primeiro volume – Teoria Geral do Direito Penal*, 2ª ed. Rio de Janeiro: Revan, 2003.

— III —

Súmulas vinculantes: em busca de algumas projeções hermenêuticas

LENIO LUIZ STRECK

Pós-Doutorado em Direito (Lisboa). Coordenador Adjunto e Professor Titular do Programa de Pós-Graduação em Direito da UNISINOS (RS). Professor Colaborador da UNESA (RJ). Coordenador da parte brasileira do Acordo Internacional CAPES-GRICES entre a Unisinos e a Faculdade de Direito da Universidade de Coimbra. Professor Visitante da Universidade de Lisboa (Portugal). Procurador de Justiça (RS). Membro Fundador Conselheiro do Instituto de Hermenêutica Jurídica (IHJ).
Site: www.leniostreck.com.br.

Sumário: 1. As súmulas e o "conceitualismo" do direito ou de como o pensamento jurídico continua refratário ao *linguistic turn*; 2. As súmulas e a reificação do direito. Em busca de uma resposta hermenêutica da dicotomia "texto-norma"; 3. As súmulas e o longo caminho da busca da "pedra filosofal da efetividade do sistema jurídico": um mito a ser superado; 3.1. A institucionalização das súmulas vinculantes como remédio para "aliviar" a carga dos tribunais; 3.2. As súmulas e o equívoco da comparação com o *stare decisis* norte-americano; 3.3. Como a pretendida vinculação já existe e porque não resolveu o problema do desafogo da carga dos tribunais; 3.4. De como os instrumentos processuais-procedimentais já existentes não têm sido utilizados de forma adequada: da utilidade do correto manejo da jurisdição constitucional; 4. Aportes finais.

1. As súmulas e o "conceitualismo" do direito ou de como o pensamento jurídico continua refratário ao *linguistic turn*

A revolução copernicana proporcionada pela viragem lingüística no século XX implicou um novo olhar sobre o fenômeno da interpretação do direito. A invasão da filosofia pela linguagem (*linguistic turn*) fez com que a linguagem deixasse de ser uma terceira coisa interposta entre um sujeito cognoscente e um objeto a ser conhecido. Não há mais uma relação sujeito-objeto. Os sentidos, que na metafísica clássica estavam nas coisas (o sujeito estava assujeitado às essências das coisas), e na metafísica moderna ex-surgiam da consciência de si do pensamento pensante (filosofia da consciência, em que o sujeito "muda de lugar"), passaram a se dar, nesta era pós-metafísica e de neo-constitucionalismo, *na e pela linguagem*. E o direito não poderia (ao menos não deveria) ficar imune a essa mudança paradigmática.

De fato, as conseqüências dessa viragem lingüística na hermenêutica jurídica são incomensuráveis. A partir de Gadamer, ultrapassamos a hermenêutica clássica. Não mais interpretamos por partes, como se dizia nessa fase metafísica da hermenêutica: primeiro conhecemos (*subtilitas intelligendi*), depois interpretamos (*subtilitas explicandi*), para só depois aplicarmos (*subtilitas applicandi*). Essa separação do ato interpretativo tem como sustentáculo o modelo metodológico, no qual o método é o supremo momento da subjetividade. Gadamer, no seu revolucionário *Wahrheit und Methode – Grundzüge einber philosophischen Hermeneutik*,[1] vai dizer que todo ato de interpretação é uma *applicatio*. Na verdade, mais do que um giro lingüístico, Gadamer promove um giro ontológico (*ontologiche Wendung*).

Portanto, se o ato de interpretar não se faz por partes (ou por etapas), parece inevitável a ruptura com uma concepção reprodutora de sentidos. Assim, não podemos mais falar de uma *Auslegung*, pela qual a função do intérprete seria a de "extrair" do texto um sentido que este carrega. Definitivamente, é preciso ter claro que a lei (o texto) não carrega um sentido imanente ou uma espécie de essência (substância) que o intérprete possa revelar, a partir de um ato de conhecimento. Esse sentido é sempre atribuível. A palavra *Sinngebung* dá o sentido mais adequado a essa reviravolta interpretativa, na medida em que significa "dar/atribuir sentido".

Se as palavras não carregam o seu próprio sentido, se não existe um sentido em si mesmo ou um sentido imanente que possa ser "revelado" pelo intérprete, isto significa admitir que o ente como ente é inalcançável, e essa circunstância é incontornável, como sempre se denunciou a partir da hermenêutica. Desse modo, o texto depende de um sentido que o intérprete lhe atribuirá. Já de há muito, autores como Canotilho, Müller e Grau denunciam que texto e norma não são a mesma coisa.[2]

Entretanto, deve-se alertar para a relevante circunstância de que a afirmação "a norma é (sempre) produto da interpretação do texto", ou que o "intérprete sempre atribui sentido (*Sinngebung*) ao texto", nem de longe pode significar a possibilidade deste – o intérprete – poder dizer "*qualquer coisa sobre qualquer coisa*", atribuindo sentidos de forma arbitrária aos textos, como se texto e norma estivessem separados (e, portanto, tivessem

---

[1] Cf. GADAMER, Hans-Georg. *Wahrheit und Methode – Grundzüge einber philosophischen Hermeneutik*. 5. ed. Tübingen: J. C. B. Mohr (Paul Siebeck), 1990.
[2] Por todos, ver CANOTILHO, J. J. Gomes. *Direito Constitucional e Teoria da Constituição*. 7. ed. Coimbra: Almedida, 2004, p. 1218.

"existência" autônoma). Ou seja, a norma – assim entendida – não pode superar o texto; ela não é superior ao texto. Como bem diz Gadamer, quando o juiz pretende adequar a lei às necessidades do presente, tem claramente a intenção de resolver uma tarefa prática. Isto não quer dizer, de modo algum, que sua interpretação da lei seja uma tradução arbitrária.[3]

Daí a necessidade desse esclarecimento, uma vez que, freqüentemente, a hermenêutica – na matriz aqui trabalhada – tem sido acusada de relativismo. Com efeito, na medida em que a hermenêutica é incompatível com a existência de um *fundamento inconcussum absolutum veritatis* como quer a metafísica e em face da *impossibilidade de uma metodologia* apta a sustentar a verdade dos discursos (problemática ínsita às posturas procedimentais), a pergunta a ser feita é: fora dos cânones ou métodos, que, aliás, não garantem qualquer segurança ao intérprete pela ausência de um critério para definir a escolha do "melhor" método (meta-critério ou *Grundmethode*), *estaria a interpretação do Direito condenada a um "decisionismo irracionalista"*?

Definitivamente, *a resposta é não*, e essa convicção vem apoiada em Grondin, que, fundado em Gadamer, *rejeita peremptoriamente qualquer acusação de relativismo (ou irracionalidade) à hermenêutica filosófica!* Jamais existiu um relativismo para a hermenêutica; são antes os adversários da hermenêutica que conjuram o fantasma do relativismo, porque suspeitam existir na hermenêutica uma concepção de verdade, a qual não corresponde às suas expectativas fundamentalistas, tranqüiliza-nos Grondin.

Dito de outro modo, a "vontade" e o "conhecimento" do intérprete não podem dar azo a que este possa atribuir sentidos arbitrários. Afinal, como bem diz Gadamer, se queres dizer algo sobre um texto, deixe que o texto te diga algo! Ou seja, o intérprete não pode, por exemplo, atribuir sentidos despistadores da função social da propriedade, do direito dos trabalhadores à participação nos lucros da empresa etc. A força normativa da Constituição começa a partir da concepção que se tem acerca do seu texto (que ex-surgirá sempre como uma norma, mas que não será uma norma qualquer, ao "gosto" do intérprete!).

Assim, embora a hermenêutica surgida do giro lingüístico-ontológico rompa com a hermenêutica clássica e supere a objetificação do texto e a subjetividade assujeitadora própria do paradigma epistemológico da filosofia da consciência, nada disto pode significar o império da discriciona-

---

[3] *Der Richter, welcher das überlieferte Gesetz den Bedürrnissen der Gegenwart anpasst, wil gewiss eine praktische Aufgabe lösen. Aber seine Auslegung des Gesetzes ist deshalb noch lange nicht eine willkürliche Umdeutung.* Cf. GADAMER, *op. cit.*, p. 333. Portanto, todas as formas de decisionismo ou voluntarismo devem ser afastadas. O fato de não existir um método que possa dar garantia a "correção" do processo interpretativo – denúncia presente, aliás, já em Kelsen, no oitavo capítulo de sua *Teoria Pura do Direito* – não pode justificar, por exemplo, que seja facultado ao intérprete estimular as interpretações de acordo com sua vontade e o seu conhecimento.

riedade. A interpretação depende da compreensão, e esta de uma adequada pré-compreensão. Interpretar é aplicar. O texto só existirá "como texto" (*etwas als etwas*) a partir da atribuição de sentido que lhe dará o intérprete, inserido em uma intersubjetividade, a partir do círculo hermenêutico, que rompe com o esquema sujeito-objeto. O círculo hermenêutico descreve a compreensão como a interpenetração do movimento da tradição e do movimento do intérprete. A antecipação de sentido que guia a nossa compreensão acerca de um texto não é um ato de subjetividade, mas, sim, um ato que se determina desde a comunidade que nos une com a tradição. A tradição não é tão-somente um pressuposto sob o qual nos encontramos, senão que nós mesmos a instauramos ao mesmo tempo em que compreendemos e participamos do seu acontecer e continuamos determinando-a desde nós mesmos. O círculo hermenêutico não é metodológico. Ele descreve o momento ontológico da compreensão.[4]

Nessa linha, levando em conta as conseqüências do giro lingüísitico (ou do giro ontológico-hermenêutico), torna-se necessário ultrapassar as teses sobre hermenêutica jurídica ainda predominantes na doutrina e na jurisprudência brasileiras, pelas quais interpretar significaria revelar o unívoco sentido da norma, ou que interpretar seria extrair da norma tudo o que nela contém, concepções essas (ainda) caudatárias dos modelos metafísicos de compreensão do mundo. Mais do que tudo, trata-se de des-velar um paradoxo, representado pelo fato de que a segurança jurídica – pretensamente alcançável a partir da "busca da univocidade sígnica" ou da "objetificação do texto" –, intentada pelo positivismo-normativista de viés exegético-subsuntivo, *não passa de uma forma acabada de discricionariedade judicial, repristinando uma espécie de "realismo ou positivismo fático tardio"*. Explicando melhor: a partir de redefinições dos textos, a dogmática jurídica, no interior da qual predomina o pensamento positivista de cariz exegético-subsuntivo, tem conseguido – sem gerar maiores traumas ou perplexidades – *estabelecer não somente sentidos* contra legem *e/ou inconstitucionais, como também "novos textos"*.

Para tanto, basta manusear os principais manuais que tratam da interpretação do direito em *terrae brasilis*. Alguns autores sequer conseguiram se libertar dos pressupostos da metafísica clássica, estando ainda em busca de essências e da construção de significantes primordiais-fundantes. Outros assumem – consciente ou inconscientemente – o modelo (epistemológico) da filosofia da consciência. Daí o necessário alerta para o fato de que, mesmo algumas posturas consideradas – ou que se pretendem – críticas no direito, embora procurem romper com o formalismo normativista (para o qual a norma é uma mera entidade lingüística), *acabam por transferir o*

---

[4] Ver GADAMER, *op. cit.*

lugar da produção do sentido do objetivismo para o subjetivismo; da coisa para a mente/consciência (subjetividade assujeitadora e fundante); *da ontologia* (metafísica clássica) *para a filosofia da consciência* (metafísica moderna). De qualquer modo, não escapam do esquema sujeito-objeto. E isto é fatal para quem pretenda elaborar uma análise mais aprofundada do problema.

Em outras palavras, o que ocorre é que o pensamento jurídico dominante não consegue alcançar o patamar da viragem lingüístico/hermenêutica, no interior da qual a linguagem, de terceira coisa, de mero instrumento e veículo de conceitos, *passa à condição de possibilidade*. Inseridos neste contexto, os juristas permanecem prisioneiros da relação sujeito-objeto (problema transcendental), refratária à relação sujeito-sujeito (problema hermenêutico). Sua preocupação é de ordem metodológica, e não ontológica (no sentido hermenêutico do termo). Ou seja, importa referir – e a observação é de Stein[5] – que há uma impossibilidade de separação entre sujeito e objeto, porque, no fato histórico, desde sempre estamos de certo modo mergulhados; não podemos ter uma distância total, como na observação de um fenômeno físico.

Nesta altura, é preciso entender que a revolução copernicana provocada pela viragem lingüística-hermenêutica tem o principal mérito de deslocar o *locus* da problemática relacionada à "fundamentação" do processo compreensivo-interpretativo do "procedimento" para o "modo de ser". Muito embora a recepção da hermenêutica pelas diversas concepções da teoria do direito, é com a hermenêutica da faticidade de Gadamer que vai se dar o grande salto paradigmático, porque esta ataca o cerne da problemática que, de um modo ou de outro, deixava a hermenêutica ainda refém de uma metodologia,[6] *por vezes atrelada aos pressupostos da metafísica clássica e, por outras, aos parâmetros estabelecidos pela filosofia da consciência* (metafísica moderna).

Dito de outro modo, enquanto tentativa de elaboração de um discurso crítico ao normativismo, a metodologia limita-se a procurar traçar as "regras" para uma "melhor" compreensão dos juristas (v.g. autores como Coing, Canaris e Perelman), sem que se dê conta daquilo que é o *calcanhar de Aquiles* da própria metodologia (que tem um cunho normativo): a absoluta impossibilidade da existência de uma regra que estabeleça o uso dessas regras, portanto, a impossibilidade da existência de um *Grundmethode*. Daí

---

[5] Cf. STEIN, Ernildo. *Aproximações sobre hermenêutica*. Porto Alegre: Edipucrs, 2004, p. 45.

[6] Nesse sentido, calha a observação de Lamego, lembrando que a linha da fratura representada pela "viragem ontológica" da hermenêutica operada por Heidegger e Gadamer não é, em regra, perceptível para a generalidade das abordagens jusmetodológicas, assumindo apenas uma evidência clara em imposições de cariz genuinamente jusfilosófico, como, por exemplo, as de Arthur Kaufmann. Cf. LAMEGO, José. *Hermenêutica e jurisprudência*. Lisboa: Fragmentos, 1990, p. 56.

o contraponto hermenêutico: *o problema da interpretação é fenomenológico, e não epistemológico-procedimental.*

Mais ainda e nesta mesma linha, autores como Kaufmann alertam para o fato de que até mesmo a teoria da argumentação não acompanhou a hermenêutica na abolição do esquema sujeito-objeto, prevalecendo-se antes da objetividade.[7] Dito de outro modo, "apesar de também combater a perspectiva do positivismo normativista tradicional, a teoria da argumentação tem em comum com essa corrente a tentativa de deduzir subsuntivamente a decisão a partir de regras prévias",[8] problemática presente, aliás, em autores como Atienza, que ainda permanece nos quadros do paradigma epistemológico da filosofia da consciência, ao sustentar uma função instrumental para a interpretação, otimizada, para ele, a partir da teoria da argumentação jurídica. Para o autor, uma das funções da argumentação é oferecer uma orientação útil nas tarefas de produzir, interpretar e aplicar o direito (já neste ponto, é possível perceber a subdivisão do processo interpretativo em partes, questão tão bem denunciada por Gadamer!).[9]

Portanto, o cerne da problemática hermenêutica está na superação da relação sujeito-objeto e tudo o que isto representou – *e ainda representa* – no processo de interpretação do direito. Hermenêutica é um ato de *applicatio*, dirá Gadamer. E sempre será um ato produtivo; jamais reprodutivo. *É impossível saber o que o legislador quis dizer; do mesmo modo, é impossível saber o que a lei quis dizer; na verdade, "ela" já disse.* Não há como mergulhar, de forma historicista, no ato volitivo do legislador e investigar a sua vontade. A distância temporal, antes de ser um obstáculo, diz Gadamer, é um aliado. E isto ocorre graças à temporalidade. Os modelos metodológico-metafísicos que entendem o ato de interpretação como cindível em distintas partes, *rejeitam a atuação do tempo.* Pretender reproduzir um sentido de um texto é seqüestrar a ação do tempo e da história. Trata-se, pois, de uma cronofobia. E, como veremos, *as súmulas são típicas manifestações de uma cronofobia do direito.*

2. As súmulas e a reificação do direito. Em busca de uma resposta hermenêutica da dicotomia "texto-norma"

A partir do exposto, a pergunta torna-se inevitável: as súmulas, a par de constituírem "conceitos" que pretendem aprisionar os "fatos", não são também textos? Conseqüentemente, em sendo textos, não são, portanto, interpretáveis? A resposta é óbvia e já foi dada anteriormente. Portanto, no

---

[7] KAUFMANN, Arthur. *Introdução à filosofia do direito e à teoria do direito contemporâneas.* Lisboa: Fundação Calouste Gulbenkian, 2002, p. 154.
[8] ADEODATO, *op. cit.*, p. 176.
[9] ATIENZA, Manuel. *As razões do direito. Teorias da argumentação jurídica.* São Paulo, Landy, 2000.

plano de uma hermenêutica de cariz filosófico, antimetafísica, o "problema" da "univocidade" sígnica pretendida pela súmula seria perfeitamente superável, porque, *como qualquer texto jurídico, sofrerá uma inexorável ação hermenêutica-interpretativa, fruto do processo de atribuição de sentido (Sinngebung)*.

Mas, então, se isto é assim, por que as súmulas são tão "perigosas"? A razão principal pode estar na denúncia que Kaufmann faz acerca do modo como os juristas interpretam e aplicam as leis ainda nos dias atuais: *se examinarmos a prática judicial actual de um ponto de vista metodológico, ficamos com a impressão de que, neste campo, o tempo parou. Ainda é dominante o método subsuntivo igual ao utilizado no século XIX*.[10]

Assim, o perigo maior representado pelas súmulas vinculantes está no fato de que cada uma delas se transforma em uma "premissa maior" ou "categoria" (significante) própria para a elaboração de deduções/subsunções. Ora, sendo as súmulas também textos, volta-se à discussão do modo como o imaginário dos juristas compreende o ato interpretativo. Na verdade, do mesmo modo que o senso comum teórico (dogmática jurídica ainda predominante) equipara texto e norma, *no caso das súmulas o problema se agrava, na medida em que esta tem a função de representar uma espécie de "concepção universalizante" do direito*.

Explicando melhor: no âmbito da doutrina, da jurisprudência e do ensino jurídico, os juristas, porque ainda reféns do pensamento metafísico (que mistura a metafísica clássica com os pressupostos da filosofia da consciência), ainda acreditam na existência de um significante primordial-fundante, que serve para elaborar o processo de "subsunção dos fatos à norma" (norma que, no caso, é a súmula!). Para uma constatação acerca dessa afirmativa, basta observar a prática cotidiana dos operadores do direito, em que predominam citações padronizadas/estandardizadas, representadas pelo contínuo uso de verbetes jurisprudenciais, que funcionam desde logo como verbetes proto-sumulares, além das próprias súmulas e das citações de ementas descontextualizadas...!

Ora, subjacente a essa prática está o paradigma metafísico-objetificante, no interior do qual os verbetes, as súmulas e os assim denominados "entendimentos jurisprudenciais dominantes" *nada mais são do que tentativas metafísicas de universalização/generalização conceitual*, como se fosse possível alcançar essências, desconsiderando, assim, o aparecer da singularidade dos casos. Conseqüentemente, o ato de aplicação do jurista resumir-se-á à mera subsunção do caso àquele significante, produzindo uma "perfeita" simetria entre o dito "universal" e o fato singular a ser "subsumido".

---
[10] Ibid., p. 184.

Jurisdição e Direitos Fundamentais

Por isto, o perigo representado pela institucionalização das súmulas vinculantes. Trata-se, entre outras coisas, da introdução de um paradoxo em nosso sistema jurídico: os juízes podem contrariar leis; se o fizerem, caberá recurso. O que os juízes não podem fazer é ousar contrariar súmulas. Nesse caso, conforme a Emenda à Constituição aprovada, não caberá recurso, e sim reclamação... Ou seja, *em terrae brasilis a lei não vincula; a súmula, sim, mesmo que ela seja contrária à lei e a Constituição*. Assim, muito mais além da lei, a súmula assume no labor cotidiano da dogmática jurídica um *status* de repositório de uma universalização conceitual-essencialista (como se a súmula contivesse a substância da "coisa"). É como se do verbete sumular irradiasse uma "certeza-significativa-fundante", tornando a tarefa interpretativa do jurista um "simples" caso de *adequatio* do fato ao direito (que, no caso da súmula, estará pré-definido).

Ou seja, volta-se à velha separação entre fato e direito ou questão de fato e questão de direito, invenção política da revolução francesa que os juristas brasileiros continuam adotando em pleno século XXI. Repito: a tarefa do intérprete (enfim, do juiz) será a de acoplar a questão de fato à questão de direito previamente dada pelo verbete sumular. Para atingir esse desiderato, a dogmática jurídica procura critérios absolutos, cuja função é pré-normatizar o (sentido do) texto, suprimindo-lhe a história e o tempo. Com isto, *seqüestra-se a possibilidade ôntico-ontológica própria do ato hermenêutico-aplicativo* (visto que interpretação jurídica é sempre aplicação), isto porque o jurista – inserido no senso comum teórico – não se dá conta de que compreender é um acontecer, é um dar-se ôntico-ontológico, original da vida humana mesma.

Em resumo, aparentemente uma súmula não poderia representar maiores problemas para a funcionalidade do sistema jurídico, *na medida em que ela também é um texto jurídico*, que não fica imune da atribuição de sentido. A questão fundamental ex-surge do fato de que o pensamento jurídico brasileiro ainda guarda fortes vínculos com o pensamento metafísico (clássico e moderno), que tem no modelo dedutivo-subsuntivo o seu modo operativo.

Mas, *por que parcela significativa da comunidade jurídica continua a pensar desta forma?* Na verdade, isto ocorre porque, no plano do que se pode entender de "mundo da operacionalidade do direito", que reúne a doutrina, os fóruns, tribunais e o ensino jurídico, o jurista continua a atuar a partir de uma amálgama construída com os mais distintos métodos e "teorias", na sua maioria calcados em inconfessáveis procedimentos abstrato-classificatórios e lógico-subsuntivos, *em que o papel da doutrina se resume, no mais das vezes, à elaboração de um constructo de cunho conceitualizante, caudatário das decisões tribunalícias, que logo passam a rechear os manuais*, que, assim "explicam" o "significado" das palavras da lei. Tais decisões (isoladas ou não) são reproduzidas a partir de simples ementários

– transformados em "significantes que conteriam as universalidades", escondendo, com isto, a singularidade dos casos. Em síntese, o que a dogmática jurídica continua fazendo é guiar-se por um conjunto de procedimentos metodológicos que buscam "garantias de objetividade" no processo interpretativo, em que as súmulas assumem lugar de plenipotenciariedade significante e significativa.

Para ser mais claro: as súmulas vinculantes, nesse contexto, *nada mais são do que o produto do "uso reificante da linguagem jurídica"*. No imaginário proporcionado pela institucionalização das súmulas, os juristas criam (inventam) o "mundo jurídico", isto porque a crença nas palavras (portanto, dos verbetes sumulares) *mantém a ilusão de que estas são parte integrante (imanência) das coisas a conhecer* ou, pelo menos, com isto pode-se "postular" a "adequação" dos conceitos ao real.

Este parece ser o problema fundamental que deve estar no topo das preocupações dos juristas que – como eu, adversários ferrenhos das súmulas vinculantes – *vêem-nas não somente como um projeto de poder, mas, sim, como a institucionalização de um monolítico "bloco de reificação lingüística"*, que impede o acontecer das singularidades. A problemática do poder é decorrência dessa fundamentação filosófica. Daí a necessidade de uma resistência a partir da matriz hermenêutica que venho defendendo, buscando a desconstrução do discurso metafísico que inapelavelmente invadiu o direito, o qual, nesse sentido, continua refratário à viragem lingüística.

Não podemos olvidar – e isto reforça a necessidade da discussão no plano da superação do paradigma epistemológico da filosofia da consciência (sem falar nas raízes da metafísica clássica) – que a cultura manualesca que assola as faculdades de direito e os próprios fóruns e tribunais da República, mediante a proliferação de explicações conceptualizantes através dos verbetes (*prêts-à-pôrters*), já de há muito, sem maiores resistências acadêmicas, vem produzindo um "mundo jurídico" através do "uso reificante da linguagem", *para o qual cada verbete é uma espécie de quase-súmula*. E isto não é ficção; é realidade.

Tudo isto vai formando, sub-repticiamente, um imaginário reprodutivo, que, já de há muito, deixou de lado uma discussão hermenêutica mais aprofundada sobre o direito, que exigiria, como venho referindo, a superação do modelo dominante em *terrae brasilis*, representado por uma dogmática jurídica que, em pleno paradigma do *linguistic* (ou *ontological*) *turn*, *insiste na elaboração de conceitos jurídicos cujo objetivo é "amarrar" o intérprete a categorias e pautas gerais, que nada mais são do que "conceitos coletivos indiferenciados" utilizados pela linguagem corrente que acaba por recobrir/esconder as coisas nas suas singularidades*. E as súmulas, do modo como estão apresentadas, representam muito bem esse "universo reificante do direito".

3. As súmulas e o longo caminho da busca da "pedra filosofal da efetividade do sistema jurídico": um mito a ser superado

3.1. A institucionalização das súmulas vinculantes como remédio para "aliviar" a carga dos tribunais

Não é novidade a afirmação de que o Poder Judiciário tem tido sua legitimidade arranhada pela crônica demora e pelos custos elevados, entre outros problemas que têm gerado uma gama enorme de polêmicas tanto no âmbito da dogmática jurídica como também no que diz respeito aos setores identificados com a crítica do Direito. Isso leva ao assunto da moda, ou seja, ao questionamento acerca da efetividade da justiça brasileira. Registre-se que o sistema processual brasileiro não tem passado por reformulações suficientemente profundas nos últimos tempos, sendo fundamentalmente similar ao que tínhamos (tanto o processo penal como o processo civil) nos tempos do Estado-Novo, situação que, *grosso modo*, prevalece até os nossos dias, apesar – e à revelia – das mudanças políticas, econômicas e sociais pelas quais o país passou nas últimas décadas. Algumas "mini-reformas" nada mais fizeram do que agravar o problema. É o que se pode denominar de crise de paradigmas.

Pois bem. Ocorre que de forma simplista/simplificada, parcela expressiva do *establishment* político – ao qual se agregam os setores expressivos do *establishment* jurídico-dogmático – propõe, como solução para um "melhor funcionamento" da máquina judiciária, a vinculação (constitucional) das súmulas do Supremo Tribunal Federal e do Superior Tribunal de Justiça e Tribunal Superior do Trabalho. Com efeito, depois da fracassada revisão de 1993/94, as (velhas/antigas) teses dos governos Collor, Itamar, Fernando Henrique voltam à baila, agora repristinadas no projeto da Reforma do Judiciário encampada pelo governo Luiz Inácio Lula da Silva. Entre outras coisas, o parlamento recentemente aprovou emenda constitucional instituindo *efeito vinculante às súmulas do Supremo Tribunal Federal*. Ao mesmo tempo, ainda dependendo de um segundo momento de votação no parlamento, está prestes a ser aprovada a súmula impeditiva de recurso, que não deixa de ser a institucionalização da súmula vinculante também no âmbito do STJ e do TST.

Com o passar dos anos, transitou em julgado a tese de que a solução para os problemas da justiça brasileira passa, necessariamente, pela adoção do efeito vinculante das súmulas do Supremo Tribunal Federal (sem contar o problema da vinculação provocada pela súmula impeditiva de recurso). A solução é esta! É a panacéia nacional. Esquece-se, com isto, que o problema da efetividade das decisões judiciais e da assim denominada morosidade da justiça não serão resolvidos mediante um ataque à funcionalidade do ordenamento ou do sistema, mas, sim, a partir de uma profunda mudança na estrutura do Poder Judiciário e das demais instituições encarregadas de aplicar a justiça, além da superação do paradigma epistemológico da filosofia da consciência, que pré-domina o imaginário dos juristas.

Ora, não basta dizer que algo precisa ser feito para "desentulhar" o Judiciário. Ninguém ignora, e isso parece evidente, que essa questão de "desafogo" deve ser enfrentada. Aliás, a discussão não é nova. Ainda no ano de 1996, o conselheiro da OAB, Reginaldo Castro, admitia que "a súmula vinculante surge com uma boa intenção: aliviar a carga dos tribunais, fazendo com que se abstenham de julgar questões a respeito das quais já haja liberação do STF ou do STJ". Mas, ao mesmo tempo, chamou a atenção para a gravidade do efeito prático: "estabelece a perda de autonomia dos juízes, tornando-os meros aplicadores das súmulas dos tribunais superiores".[11]

3.2. As súmulas e o equívoco da comparação com o *stare decisis* norte-americano

Daí que a matéria merece um debate mais aprofundado, com a desmi(s)tificação de algumas teses tidas como indiscutíveis. Com efeito, embasar a atribuição de efeito vinculante às súmulas (e à jurisprudência) do Supremo Tribunal Federal no instituto do *stare decisis* vigorante no Direito norte-americano parece ser um equívoco, a começar pelo fato de que, *nos Estados Unidos, a força do precedente reside na tradição, não estando estabelecida em qualquer regra escrita, quer nas leis, quer na Constituição e tampouco em regra de ofício.*[12] Causa espécie, pois, o estabelecimento, no Brasil, da obrigatoriedade da obediência ao "precedente sumular" por intermédio de emenda constitucional *em um sistema jurídico filiado à família romano-germânica.*

Saliente-se, também, que no direito norte-americano as decisões não são proferidas para que possam servir de precedentes no futuro, mas antes, são emanadas para solver as disputas entre os litigantes de um determinado processo. Daí a necessidade de lembrar – e isso é extremamente relevante para a discussão da problemática brasileira – que *a autoridade do precedente vai depender e será limitada aos fatos e condições particulares do caso que o processo anterior pretendeu adjudicar.*[13] Parece, destarte, que

---
11 CASTRO, Reginaldo. Soberania do Judiciário. *Jornal do Brasil*, São Paulo, 14/03/96, p. 2.
12 FARNSWORTH, E. Allan. *Introdução ao sistema jurídico dos Estados Unidos*. Rio de Janeiro: Forense, 1963, p. 61-62. Ver, também: MACIEL, Adhemar F. *Apontamentos sobre o judiciário americano. O judiciário e a Constituição.* São Paulo: Saraiva, 1994; RODRIGUES, Leda B. *A natureza do processo e a evolução do direito.* 2. ed. Rio de Janeiro. Ed. Nacional de Direito, 1956, p. 199-200; DAVID, René e JAUFFRET-SPINOSO, Camile. *Les grands sistèmes de droit contemporais.* 9. ed. Paris: Dalloz, 1988.
13 BRUMBAUCH *apud* RÉ, Edward D. Stare Decisis. Trad. de Ellen Gracie Northfeld. *Revista Jurídica*, n. 168, Porto Alegre, Síntese, 1994, p. 28.

tal circunstância assume relevância para uma comparação com o que ocorre no direito brasileiro, onde a expressiva maioria das decisões judiciais baseia-se em "precedentes sumulares" e "verbetes jurisprudenciais" retirados de repertórios estandardizados, muitos de duvidosa cientificidade, que acabam sendo utilizados, no mais das vezes, de forma descontextualizada. Isso, porém, não ocorre no direito norte-americano, pela relevante circunstância de que lá o juiz necessita fundamentar e justificar detalhadamente a sua decisão.

Ou seja, na *common law* não basta dizer, como se faz aqui, que a solução da controvérsia é "x", com fundamento no precedente "y", isto porque o precedente deve vir acompanhado da necessária justificação (contextualização). Isto significa dizer que, *vingando a tese, surgirá no Brasil um perigoso ecletismo*: no sistema da *common law*, o juiz necessita fundamentar e justificar a decisão. Já no sistema da *civil law*, basta que a decisão esteja de acordo com a lei (ou com uma súmula). Assim, acaso vencedora a tese vinculatório-sumular, bastará que a decisão judicial esteja de acordo com um verbete sumular para ser válida!

Nessa perspectiva, haverá no sistema jurídico brasileiro o poder discricionário da *common law* sem a proporcional necessidade de justificação. *Enfim, o poder sendo exercido sem freios e contrapesos, tudo porque as súmulas vinculantes transformam-se, na prática, de normas individuais – válidas para cada caso – em normas gerais de validade* erga omnes.

Isto significa chamar a atenção da comunidade jurídica para o fato de que a instituição das súmulas vinculantes é (também e fundamentalmente) um problema filosófico (hermenêutico). As súmulas vinculantes representam um retrocesso em direção à metafísica clássica, em que o sentido estava nas "coisas". Na súmula estará "condensada a substância" (essência) de cada "coisa" jurídica. Ou seja, a "substância" contida no verbete sumular destemporaliza o sentido, pelo seqüestro da temporalidade.

3.3. Como a pretendida vinculação já existe e porque não resolveu o problema do desafogo da carga dos tribunais

Nada nos garante que a vinculação sumular terá o condão de desafogar a máquina judiciária. Há um equívoco dos que pensam que o emperramento dos processos será resolvido dessa maneira. Observe-se, como já dito anteriormente, que no direito norte-americano – tido e havido como modelo pelos que querem introduzir as modificações no nosso sistema – as decisões não *são proferidas para que possam servir de precedentes no futuro*, mas, sim, para solucionar os conflitos que chegam ao Judiciário. *Por decorrência, a utilização do precedente em casos posteriores é uma decorrência incidental*. Daí, transportando o problema para o nosso sistema jurídico, há que se perguntar: quem dirá (e como isso será feito?) que o caso em julgamento – suscetível da aplicação do precedente sumular ou jurisprudencial vinculativo – é similar ao outro, que originou o precedente? Os processos, para que tenham um rápido tramitar, principalmente em grau de recurso, acaso serão postos em uma pilha e despachados em série, algo do tipo, NPU (não provido por unanimidade) ou PPU (provido por unanimidade), prática, aliás, já corriqueira nos Tribunais?

É relevante que se discutam tais particulares, até porque, sabidamente no Brasil, *as súmulas já exercem, na prática, um poder vinculante, por intermédio do que se pode chamar de controlabilidade difusa que exercem no sistema e pelo fortíssimo poder de violência simbólica com que estão ungidas.* Ao lado disso, é necessário lembrar, que, desde 1990, existe a Lei n. 8.038, que, no seu art. 38, concede poderes ao relator do Recurso Especial e do Recurso Extraordinário, para negar seguimento a recurso *que contrariar, nas questões predominantemente de direito, súmula do respectivo Tribunal.*[14] O que é isso senão uma forma de vinculação sumular? Para completar, pela redação da Lei n. 9.139, de 30 de novembro de 1995, que alterou o art. 557 do Código de Processo Civil, *essa modalidade de vinculação sumular foi trazida para o âmbito dos tribunais inferiores, mediante a faculdade de o relator negar seguimento ao recurso que for contrário à súmula do respectivo tribunal ou tribunal superior.* Sem olvidar que, já de há muito, existe na Justiça do Trabalho o art. 896 da CLT, que tem a mesma *ratio* do art. 38 da Lei n. 8.038/90 e da nova redação do art. 557 do CPC. Ou seja, já existem vários mecanismos – formais e informais – de vinculação sumular no direito brasileiro, como a novel (e inconstitucional) ação declaratória de constitucionalidade (ADC), aliás, sem similar no mundo todo... E, queiramos ou não, nada disso tem servido para agilizar o Judiciário! E por quê? Porque o emperramento do aparelho judiciário não depende de soluções *ad hoc.*

De qualquer sorte, é impossível prever, no plano da operacionalidade do Direito, as conseqüências da implantação *stricto sensu* (e não meramente disfarçada como já ocorre – repita-se – a partir da Lei n. 9.756/98) das teses vinculativas no Brasil. Não é temerário, porém, afirmar que a centralização das decisões nos Tribunais Superiores, retirando das instâncias inferiores à possibilidade – *face to face* – de dizer o direito no caso concreto, é um dos mais sérios problemas. Esse problema, aliás, deve ser analisado a partir de dois âmbitos:

a) *no plano político*, tem-se a centralização das decisões, o que representa possibilidades amplas de sobreditamento de posições mais conserva-

---

[14] À evidência, esse dispositivo é inconstitucional, embora a dogmática jurídica – talvez pela crise de paradigma que enfrenta – não tenha se pronunciado a respeito. Por decorrência lógica, também é inconstitucional o art. 557 do Código de Processo Civil. A violação da Constituição por tais dispositivos e suas conseqüências é analisada em STRECK, *Súmulas...*, *op. cit.*

doras, conforme a tradição (no sentido gadameriano) tem demonstrado, bastando, para tanto, que olhemos ao nosso redor e nos indaguemos para que(m) tem servido o direito no Brasil, questão que, ao que tudo indica, não se constitui em razão suficiente para sensibilizar a comunidade jurídica;

b) *no plano hermenêutico* – como já visto no início destas reflexões – ocorre a petrificação dos sentidos jurídicos, a partir da criação de significantes-primordiais-fundantes (conceitos "universalizantes"), que impedem, inexoravelmente, o aparecer da singularidade dos casos particulares.

Explicando melhor: no plano do que chamamos de prática forense, grande parcela das querelas jurídicas tem sido decidida mediante a (singela) citação de ementas jurisprudenciais (ou súmulas) descontextualizadas, a ponto de o Supremo Tribunal Federal declarar a inconstitucionalidade (*sic*) de um dispositivo de medida provisória com fundamento na súmula n. 618, *de edição anterior à Constituição*. Ou seja, uma súmula serviu de parametricidade!

Calha lembrar, além disso, que as decisões, embora fundamentadas nos verbetes (nos seus mais variados tipos), não são suficientemente justificadas, isto é, não são agregados aos ementários jurisprudenciais *os imprescindíveis suportes fáticos*, decorrendo daí o que denomino de "um perigoso ecletismo", originário de um hibridismo (simplista/simplificado) representado pela fusão de institutos da *common law* e da *civil law*. Ocorre, assim, um processo de "dispositivação da *common law*".

Com o poder de editar súmulas, os Tribunais passam a ter um poder maior do que o Legislativo. Se se impedir que – das decisões exaradas em conformidade com as súmulas – sejam interpostos recursos, o Poder Judiciário estará acumulando as duas funções (legislativa e judiciária), petrificando o sentido do texto (e da norma exsurgente desse texto). Daí que, examinando o sistema jurídico brasileiro como um *paradoxo*, é possível dizer que, do ponto de vista autopoiético, a vinculação sumular reforça o poder de auto-reprodução do sistema. Com a vinculação, o STF (veja-se o problema de o STF elaborar súmulas, que, na prática, *são verdadeiras emendas à Constituição*) "fecha" o sistema.

A função de fechamento, ao transformar decisões provenientes de interpretações de determinados sentidos atribuídos à lei, sem retirá-la do sistema através de inconstitucionalidade, *não mais resolve problemas concretos*. Com isto, "abre-se" a possibilidade para outros casos. Isto é um paradoxo, uma vez que, pelos mecanismos vinculativos, o sistema torna-se mais fechado, mas, como a súmula vinculante (e a vinculação das decisões em sede de interpretação conforme, p.ex.) *também é um novo texto, tal circunstância torna ao mesmo tempo o sistema aberto para novas interpretações*. Ora, no plano da hermenêutica, em que se trabalha com uma perspectiva produtora de sentido, e não reprodutora, e que a cada interpretação faz-se uma nova atribuição de sentido, *é evidente que também as súmulas e as decisões que as aplicarem acriticamente deverão ser interpretadas.* Ou seja, do mesmo modo como as leis (textos) não são claras, as decisões que se pretendem universalizantes como as súmulas também não o são... *Desse paradoxo, entretanto, a dogmática jurídica não se dá conta!*

3.4. De como os instrumentos processuais-procedimentais já existentes não têm sido utilizados de forma adequada: da utilidade do correto manejo da jurisdição constitucional

Os argumentos utilizados para justificar essa verdadeira "cruzada" na busca de mecanismos engessadores das manifestações das instâncias inferiores da justiça são sempre os mesmos: desafogar as prateleiras dos tribunais superiores (*sic*), que estão assoberbadas de recursos os mais variados. Ou seja, busca-se uma "efetividade (meramente) quantitativa". Talvez os articuladores de tais teses estejam demasiadamente preocupados com a solução do problema da funcionalidade do sistema, *deixando de lado a discussão dos problemas da solução,* que certamente passam, também, por uma análise estrutural e por uma compreensão crítica do imaginário dos operadores jurídicos, ainda atrelados aos paradigmas objetificantes aristotélico-tomista e da filosofia da consciência, em um plano, e, em outro – embora tais planos não sejam separáveis –, ainda mergulhados na crise de paradigma liberal-individualista-normativista.

Do que até aqui foi possível compreender, é razoável afirmar que, antes de pensar na introdução de mecanismos anti-hermenêuticos e antidemocráticos no sistema (além dos que já foram implementados), o *establishment* jurídico brasileiro deveria refletir seriamente acerca da efetiva utilização dos instrumentos processuais-procedimentais existentes de há muito no ordenamento, os quais, a toda evidência, poderiam contribuir, em muito, para o assim chamado "desafogo da máquina judiciária". Assim, mecanismos de filtragem devidamente instrumentalizados no primeiro grau podem, por exemplo, impedir discussões inócuas e despiciendas nos demais graus de jurisdição.

Nesse sentido, tenho que alguns pontos podem e devem aqui ser trazidos para reflexão. O processo civil e o processo penal, por exemplo, são ricos em mecanismos de filtragem antecipada. Um exame criterioso das petições iniciais com base no artigo 282 do Código de Processo Civil evitaria a formação de inúmeros processos, fadados à acumulação de despachos e decisões burocráticas; acrescente-se, ainda, a importância de um adequado manejo do despacho saneador. No campo do direito penal, há uma quantidade significativa de tipos penais que sequer foram recepcionados pela Constituição (as contravenções penais, por exemplo, são incompatíveis com os princípios da secularização do Direito e da subsidiariedade). Como decorrência, quotidianamente, pequenos delitos e querelas sem lesividade social são desnecessariamente levados, aos milhares, através de recursos, aos tribunais de segundo grau e, por vezes, aos Tribunais Superiores. A aplicação do princípio da insignificância, por si só, eliminaria um percentual razoável de processos e recursos criminais. Do mesmo modo, a aplicação do princípio acusatório igualmente representaria avanço significativo na efetividade do processo penal. Além disso, uma análise criteriosa (e garantista) das condições da ação no ato do recebimento da denúncia, observando, por exemplo, a existência de justa causa, evitaria que um expressivo percentual de processos criminais iniciasse.

A criação de tribunais administrativos, com a competência para o julgamento das ações e recursos contenciosos que tenham por objeto litígios derivados das relações administrativas e fiscais, com a previsão de um Tribunal Administrativo Superior (sem prejuízo da competência própria do Supremo Tribunal Federal ou de Tribunal Constitucional que venha a ser criado), a exemplo do que ocorre em países como França, Portugal e Espanha, igualmente poderia representar significativo avanço no terreno da efetividade qualitativa dos processos e da jurisdição constitucional.

Por outro lado, todos os anos centenas de vagas são abertas em concursos públicos para magistrados nas diversas áreas da justiça. Novas comarcas são instaladas, para atender as demandas de uma sociedade cada vez mais litigiosa. Novas faculdades de Direito são criadas em cada canto do país, o que dá a entender que o mercado de trabalho para operadores jurídicos (ainda) está em franca expansão (muito embora se saiba que desde há muito o número de bacharéis já excedeu o número compatível com a realidade brasileira...). Desse modo, ao lado da expansão de Comarcas e de vagas para juízes (e promotores), *por que não indagar acerca da expansão do número de vagas dos ministros do Superior Tribunal de Justiça e do Supremo Tribunal Federal?*[15] Afinal, se um Tribunal Estadual pode ter 125 desembargadores (é o caso do Rio Grande do Sul), qual o argumento para negar o aumento do número de vagas para ministros do Superior Tribunal de Justiça, que, afinal de contas, julga os recursos especiais oriundos de toda a federação?

Há que se enfrentar essa problemática. Afinal, se em uma unidade da federação como o Rio Grande do Sul um recurso criminal é julgado em não

---

[15] É alvissareira a notícia publicada na Folha de São Paulo, de 17/02/03, p. A-4, dando conta de que o Ministro da Justiça, Márcio Thomaz Bastos, além de defender a instalação de um Tribunal Constitucional, concorda com a tese da duplicação do número de componentes do Superior Tribunal de Justiça, já exposta na primeira e na segunda edições de STRECK, Lenio Luiz. *Jurisdição constitucional e hermenêutica*. Rio de Janeiro: Forense, 2003.

mais do que três meses, é porque – e não somente por isso – provavelmente o número de julgadores é proporcional ao número de Comarcas e recursos deduzidos pelas partes. Ou seja, a busca de uma efetividade, enfim, do assim denominado "desafogo de processos", também implica discussões estruturais. O enfoque meramente funcional faz com que a discussão recaia em uma contradição secundária do problema. De qualquer sorte, este é apenas o início da discussão.

Na medida em que a preocupação da ciência jurídica deve fincar raízes na *efetividade qualitativa*, calcada em problematizações interdisciplinares que apontem para a construção das condições de possibilidade de uma aplicação do Direito naquilo que ele tem de possibilidades prospectivas dirigidas ao resgate das promessas da modernidade, circunstância que implica a denúncia de toda e qualquer tentativa de inibir o acesso à justiça e a realização dos direitos fundamentais previstos e instituídos pelo constituir da Constituição, *torna-se necessário apontar e denunciar todos os obstáculos que se contrapõem a esse desiderato*.

Além de tais sugestões, e conforme já deixei explicitado em textos anteriores, o problema da morosidade da justiça – *holding* do discurso dos defensores das súmulas vinculantes – também pode ser enfrentado *através da adequada utilização da jurisdição constitucional*.

Assim:

a) No âmbito do Supremo Tribunal Federal, "entulhado" por milhares de recursos que tratam de matérias repetidas (afinal, é essa a argumentação que tem sido utilizada para justificar a criação de mecanismos agilizadores do sistema, como as súmulas vinculantes), quando confrontado com recursos extraordinários decorrentes de decisões que *declarem a inconstitucionalidade de um determinado ato normativo*, bastaria que, na hipótese de entender que, de fato, o ato normativo é inconstitucional, remetesse, *já por ocasião da apreciação do primeiro recurso extraordinário*, a decisão ao Senado da República, que, em obediência ao art. 52, X, da CF, suspenderia a execução da lei. Simples, se, primeiro, o STF remetesse, de imediato, as decisões resultantes do controle difuso ao Senado, e se este, forte no art. 52, X, emitisse, também de imediato, a resolução suspensiva da lei (despiciendo relembrar que o Senado não tem cumprido com o seu *munus*).

b) Ao mesmo tempo, e na seqüência do exemplo em tela, em sendo o *quorum* para a declaração da inconstitucionalidade o mesmo para o controle difuso e para o controle concentrado, bastaria que o Procurador-Geral da República ingressasse com a respectiva ADIn, com o que também haveria o efeito *ex tunc* para o caso (afinal, que a lei é inconstitucional já ficou definido pelo mesmo STF quando da apreciação do primeiro recurso extraordinário, ocasião em que a matéria foi examinada em plenário). Vem bem a propósito o registro do acórdão relativo à ADIn n. 625-5-MA, no qual o Supremo Tribunal Federal deixou assentado que

> a declaração de inconstitucionalidade de uma lei alcança, inclusive, os atos pretéritos com base nela praticados, eis que o reconhecimento desse supremo vício jurídico, que inquinou de total nulidade os atos emanados do Poder Público, desampara as situações constituídas sob sua égide e inibe – ante a inaptidão para produzir efeitos jurídicos válidos – a possibilidade de invocação de qualquer direito.

De qualquer maneira, parece de todo modo inconcebível que, em sendo uma lei declarada inconstitucional pelo STF em sede de controle difuso, não se a declare também inconstitucional em sede de controle concentrado! Resumindo: *primeiro*, com a imediata remessa da decisão ao Senado e a pronta emissão da resolução suspensiva da lei, ter-se-ia o efeito *ex nunc* no que se refere à inconstitucionalidade da lei; *segundo*, com o aforamento da ADIn, ter-se-ia de imediato o efeito *ex tunc* da inconstitucionalidade. O efeito de tais providências no sistema? A resposta parece óbvia!

c) Por outro lado, se o Supremo Tribunal Federal, diante da discussão da inconstitucionalidade em tela, vier a entender que a referida lei (inquinada de inconstitucional em sede de recurso extraordinário) *não é inconstitucional*, bastaria que o Procurador-Geral da República (ou um dos demais legitimados) ingressasse com a respectiva ADC – ação declaratória de constitucionalidade (afinal, a prova da controvérsia estará mais do que presente, em face do número de recursos que estariam chegando ao STF).[16] Desnecessário lembrar que a ADC tem efeito vinculante (registre-se, de todo modo, minha posição relativamente à inconstitucionalidade desse efeito). Logo, também por esse lado evitar-se-ia uma enxurrada de recursos, em face do "efeito avocatório" ínsito à ADC. Não se olvide, por outro lado, que, consoante o disposto no art. 24 da Lei n. 9.868/99, a ADIn e a ADC passaram a ter efeitos "cruzados". A cada decisão de improvimento, ocorre o efeito reverso (e vice-versa).[17]

Dito de outro modo, o adequado manejo dos mecanismos da jurisdição constitucional – mormente nas hipóteses em que se discute a inconstitucionalidade de um texto normativo – tem o condão de "cercar" a problemática decorrente da repetição/proliferação de recursos "por todos os lados".

---

[16] O exemplo da Lei dos Crimes Hediondos ilustra bem esta situação. Com efeito, passados mais de dez anos da edição da citada Lei, ainda não restou pacificado – no plano dos tribunais da federação – o problema da possibilidade ou não da progressão de regime carcerário no caso de o crime ser hediondo. No caso, por exemplo, do TJRS, há uma clara divisão acerca do entendimento da matéria. Desse modo, sempre que uma das Câmaras entender que é inconstitucional a proibição de progressão de regime, o Ministério Público interpõe recurso extraordinário. Ora, na hipótese em tela, bastaria que o Procurador-Geral da República ingressasse com uma ADC, para que o STF dissesse, em sede dessa ação, aquilo que já disse em inúmeros julgados em sede de controle difuso! Simples, pois. É o que se denomina de adequado manejo da jurisdição constitucional.

[17] Sempre deixando clara a posição esposada neste artigo no sentido da inconstitucionalidade do efeito "duplo" resultante da "ambivalência" da ADIn e ADC. Ver, para tanto, STRECK, *Jurisdição...*, op. cit.

4. Aportes finais

De como o perigo *não está propriamente nas súmulas* (porque elas também são textos), mas no seu uso *metafísico* pelos juristas, em face da crença de que os verbetes são parte integrante (imanência) das coisas. A luta contra os usos reificantes da linguagem como tarefa crítica dos juristas.

De tudo o que foi dito, é possível afirmar que o Judiciário brasileiro não é lento porque as súmulas ou as jurisprudências não vinculam/obrigam, formal ou informalmente as instâncias inferiores, mas, sim, porque passa por um crise de paradigmas. Assim, é exatamente no contexto dessa crise paradigmática – (re)alimentada/impulsionada por políticas legislativas *ad hoc* – que podemos ter a certeza de que, logo depois disto, surgirão novas tentativas, talvez até mais "sofisticadas" do que estas, objetivando manipular e manietar, mais ainda, os operadores jurídicos e as instâncias inferiores do Judiciário. Nesse contexto, já que a crise paradigmática estará, então, agravada, o que menos se discutirá, provavelmente, será a qualidade das decisões e a legitimidade das instâncias superiores do Judiciário para tal...

Antes de criar mecanismos de vinculação de súmulas ou outros similares, há que se (re)discutir a dogmática jurídica e seus mecanismos de (re)produção e instrumentalização, consubstanciados no que se pode chamar de senso comum teórico dos juristas, que instaurou um olhar estandardizado sobre a operacionalidade do direito em nosso país.

Há que se ter claro, pois, que a partir de uma abordagem hermenêutica, as súmulas, a par de se constituírem em "conceitos" que pretendem aprisionar os fatos, *também são textos*. Conseqüentemente, tais textos são tão interpretáveis quanto qualquer outro texto legislativo! Desse modo, a pretensa "univocidade de sentido" buscada pela vinculação sumular não deveria apresentar-se como problemática, porque, *como qualquer texto jurídico, também à súmula será atribuído um sentido*.

Entretanto, as súmulas torna(ra)m-se problemáticas porque – e faço a denúncia fundado na doutrina de Kaufmann – *a prática judicial actual, examinada de um ponto de vista metodológico, ainda está sob o domínio do método subsuntivo igual ao utilizado no século XIX*.[18] Por isso, o problema mais grave em atribuir efeito vinculante às súmulas reside no fato de que, no plano da operacionalidade do direito, *cada súmula transforma-se em categoria ou conceito que serve de premissa de sustentação de raciocínios dedutivos ou subsuntivos*, próprios de um ultrapassado positivismo metafísico, que busca "aprisionar" nesses conceitos (significantes) uma espécie de "essencialidade fático-jurídica".

De todo modo, embora a profunda indignação que essa problemática da vinculação sumular vem causando em setores da comunidade jurídica,

---
[18] Ibid., p. 184.

Jurisdição e Direitos Fundamentais **125**

entendo ser possível, no plano de uma análise hermenêutica, "contornar" o problema dessa "vinculação institucionalizada". Destarte, a partir da hermenêutica filosófica e de uma crítica hermenêutica do direito, é perfeitamente possível alcançar uma resposta constitucionalmente adequada – espécie de resposta correta – a partir do exame de cada caso.[19] Ou seja, é o detalhado exame das circunstâncias que conformam o problema jurídico concreto que indicará se a súmula (ou a lei ou até mesmo o "verbete", que nada mais é do que uma "quase súmula") deve – ou não – ser aplicado (não esqueçamos que interpretar é explicitar o compreendido, como bem diz Gadamer). Para tanto, basta que as interpretações adjudicadas a cada caso venham acompanhadas da necessária justificação (motivação).

Repita-se: a súmula vinculante é também um texto jurídico e, por isso, não acarreta novos problemas no plano hermenêutico. O novo, aqui, é o que essa vinculação representa para a dogmática jurídica acostumada a trabalhar com conceitualizações que buscam aprisionar as "substâncias do direito" nos conceitos pré-elaborados. Ou seja, a operacionalidade do direito, inserida em um positivismo de cunho exegético preparado para elaborar subsunções, tem resolvido os problemas (casos) jurídicos a partir do uso de verbetes (que poderiam ser ou não súmulas, porque estas também não passam de meros verbetes) que funcionam como "categorias" fundantes, que nada mais são do que objetificações metafísicas, como se os sentidos estivessem contidos nesses verbetes (portanto, "nas coisas" que elas designam, como na metafísica clássica). O problema, pois, está no fato de que os próprios verbetes (sumulares ou não) têm a função de servirem, ao mesmo tempo, de fundamento e de justificação. Ora, a súmula, ao servir de fundamento, metafisicamente abarca a própria justificação, porque, afinal, ela foi feita para isto: para aprisionar "substâncias" e "seqüestrar o tempo". Tra-

---

[19] Antes de tudo, ao estar diante da aplicação de uma súmula, o intérprete deve examinar o contexto, isto é, a similitude do "caso" que a súmula quer abarcar, evitando, assim, a subsunção metafísica própria do modelo positivista-exegético. Interpretar é aplicar. As subsunções escondem a singularidade dos casos, e as súmulas, ao pretenderem construir conceitos universalizantes, poderão sacrificar a especificidade do caso sob análise, que é sempre único, irrepetível. Além disto, a súmula – como tem ocorrido inúmeras vezes – pode ser produto de uma atribuição de sentido arbitrária por parte do Supremo Tribunal Federal ou de outro tribunal. Em face disso, pode ser adotado o seguinte procedimento: como não se pode dizer qualquer coisa sobre qualquer coisa (cf. STRECK, *Hermenêutica...*, op. cit., item 12.10), cabe ao intérprete do Estado Democrático de Direito efetuar a devida correção em sede doutrinária ou de aplicação judiciária. Assim, se a súmula for inconstitucional, o intérprete deve apontar a irregularidade, deixando de aplicá-la (expungindo-a do sistema). Não esqueçamos as seguintes questões que envolvem a problemática em tela: primeiro, a súmula, ao ter efeito vinculante, adquiriu *status* de normatividade (ato jurídico suscetível de controle de constitucionalidade – veja-se, para tanto, ADIn n. 594), desnecessário dizer que o controle pode ser feito de forma difusa; segundo, se a súmula violar um dispositivo infraconstitucional, duas hipóteses se apresentam: ou será inconstitucional, por violação direta da Constituição ou poderá deixar de ser aplicada em face dos critérios de resolução de antinomias; terceiro, a ADPF é remédio para suscitar a inconstitucionalidade de súmula (já o era antes da emenda constitucional que tornou vinculantes as súmulas). Por fim, sempre se poderá lançar mão dos mecanismos da interpretação conforme (*verfassungskonforme Auslegung*) e da inconstitucionalidade parcial sem redução de texto (*Teilnichtigerklärung ohne Normtextreduzierung*) no ato de aplicação da súmula.

ta-se, enfim – e a crítica tomo de Alejandro Nieto[20] ao conceitualismo – , de um retorno à jurisprudência dos conceitos (*Begriffsjurisprudenz*), pela qual o jurista cria conceitos gerais (o que na metafísica clássica se chamava de "universais") mediante a eliminação dos dados singulares de cada problema concreto – descrito em uma norma ou socialmente praticado – *até chegar, por abstração, a uma norma suficientemente universalizante, apta a compreender a todas as situações individuais que lhe deram origem*. O maior risco do "método conceitual", alude o jusfilósofo espanhol, está em que, ao "descender" aos fenômenos individuais reais, fica desnaturado o "mínimo jurídico" do "abstrato" *e se aplica a fenômenos que por sua singularidade são incompatíveis com o regime geral atribuído ao conceito abstrato*.

É preciso estar atento, pois, ao perigoso ecletismo pelo qual passa o sistema jurídico brasileiro: busca a fórmula dos precedentes sem a correspondente obrigatoriedade da motivação/justificação. Destarte, as decisões devem estar justificadas, e tal justificação deve ser feita a partir da invocação de razões e oferecendo argumentos de caráter jurídico, assinala Ordónez Solís. O limite mais importante das decisões judiciais reside precisamente na necessidade da motivação/justificação do que foi dito. O juiz, por exemplo, deve expor as razões que lhe conduziram a eleger uma solução determinada em sua tarefa de dirimir conflitos. A motivação/justificação está vinculada ao direito à efetiva intervenção do juiz, ao direito dos cidadãos a obter uma tutela judicial, sendo que, por esta razão, o Tribunal Europeu de Direitos Humanos considera que a motivação se integra ao direito fundamental a um processo eqüitativo, de modo que "as decisões judiciais devem indicar de maneira suficiente os motivos em que se fundam. A extensão deste dever pode variar segundo a natureza da decisão e deve ser analisada à luz das circunstâncias de cada caso particular" (sentença de 09/12/94, TEDH 1994, 4, Ruiz Torija e Hiro Balani-ES, parágrafos 27 e 29; sentença de 19/02/98, TEDH 1998, 3, Higgins e outros-FR, parágrafo 42; e sentença de 21/01/99, TEDH 1999,1, Garcia Ruiz-ES).[21]

Ou seja, *o juiz não pode considerar que é a súmula que resolve um litígio* – até porque as palavras não refletem as essências das coisas, assim como as palavras não são as coisas –, *mas, sim, é ele mesmo, o juiz, o intérprete, que faz uma fusão de horizontes para dirimir o conflito*.[22] Não devemos esquecer – e a advertência vem de Gadamer – que existem sempre dois mundos de experiência nos quais ocorre o processo de compreensão:

---

20 Cf. NIETO, Alejandro. *Las limitaciones del conocimiento jurídico*. Madrid: Trotta, 1994, p. 22.
21 SOLÍS, David Ordoñez. *Jueces, derecho y política*. Navarra: Aranzadi, 2004, p. 98 e ss.
22 Em face das inúmeras críticas que o conceitualismo tem recebido, sua referência nos manuais jurídicos praticamente desapareceu. Mas, alerta Alejandro Nieto, não nos enganemos, porque na prática segue vivo e se usa cotidianamente, ainda que de forma não deliberada. Cf. NIETO, *op. cit.*, p. 26.

o mundo no qual o texto foi escrito, e o mundo no qual se encontra o intérprete. O objetivo da compreensão é fundir esses dois mundos, em um determinado contexto, que é a particularidade do caso, a partir da historicidade e da faticidade em que estão inseridos os atores jurídicos. Por isto, acrescento, *fusão de horizontes não é acoplagem de universais a particulares, da generalidade à particularidade.* Isto seria subsunção, e a justificação, nos moldes em que se desejam as decisões no Estado Democrático de Direito, não tem lugar nos raciocínios subsuntivos/dedutivos.

É nisto, pois, que reside o perigo da institucionalização das súmulas vinculantes. Trata-se, entre outras coisas, da introdução de um paradoxo em nosso sistema jurídico: os juízes podem contrariar leis; se o fizerem, caberá recurso. O que os juízes não podem fazer é ousar contrariar súmulas. Nesse caso, conforme a Emenda à Constituição, não caberá recurso, e sim reclamação... Ou seja, em *terrae brasilis a lei não vincula; a súmula, sim, mesmo que ela seja ilegal/inconstitucional*!

Trata-se, pois, fundamentalmente, de um problema filosófico: muito mais do que a lei, a súmula assume, no labor cotidiano da dogmática jurídica, um *status* de repositório de uma universalização conceitual-essencialista, *como se nela estivesse contida uma essência comum a todos os casos jurídicos, e desse verbete sumular irradiasse uma "certeza-significativa-fundante"*, tornando a tarefa interpretativa do jurista um "simples" caso de *adequatio* do fato ao direito (que, no caso da súmula, estará pré-definido). Volta-se, assim, à velha separação entre fato e direito ou questão de fato e questão de direito, invenção política da revolução francesa que os juristas brasileiros continuam adotando em pleno século XXI.

E é exatamente por isso que entendo que uma crítica consistente às súmulas vinculantes deve procurar superar *o paradigma filosófico que as sustentam*. A discussão periférica coloca em risco a contradição principal do problema. Já de há muito o pensamento jurídico-dogmático brasileiro deixou de lado uma discussão de cunho filosófico-hermenêutico mais aprofundada sobre o direito.

As súmulas serão problemáticas na medida em que a dogmática jurídica continuar mergulhada nas velhas práticas subsuntivas-dedutivas. Tudo está a indicar que a Reforma que introduziu as súmulas vinculantes conta com isto. Como foram "inventadas", as súmulas vinculantes objetivam a institucionalização de um pensamento único – pré-elaborado, impedindo novas leituras, novas interpretações (relembremos sempre a diferença ontológica entre texto e norma). E tudo está a indicar que esse intento será alcançado, em face do terreno fértil proporcionado por uma dogmática jurídica que empreende uma verdadeira "resistência positivista", negando as possibilidades advindas dos novos paradigmas jusfilosóficos emergentes com o (neo)constitucionalismo e a guinada lingüística (*linguistic turn*).

Não devemos, pois, sucumbir à sedução sistêmica de *um mecanismo que pretende ser um plus em relação à própria lei, espécie de* metacondição de sentido, produzindo um discurso monológico, impedindo, assim, a necessária alteridade hermenêutica. Um olhar hermenêutico aponta para o relevante fato de que a súmula (vinculante) é também um *texto jurídico* e, por isso, não acarreta novos problemas no plano hermenêutico. O novo, aqui, é o que essa vinculação representa para a dogmática jurídica acostumada a trabalhar com conceitualizações que buscam aprisionar as "substâncias do direito" nos conceitos pré-elaborados. Este é o problema principal. Os sentidos não são imanentes aos verbetes sumulares; os verbetes não podem ter, ao mesmo tempo, a função de fundamento e justificação. Mas, para isto, temos que dar um salto paradigmático. É este o desafio!

— IV —

A Constituição, os direitos sociais e a justificativa política liberal[1]

FRANK I. MICHELMAN[2]
é Robert Walmsley University Professor na Universidade de Harvard.

Tradução de **Fabiano Holz Beserra** e **Airton Nedel**[3]

Sumário: 1. Introdução: os termos do debate; 2. Direitos sociais e o controle judicial convencional; 3. Normas e "remédios"; 4. O caso constitucional-contratualista dos direitos sociais; 5. A objeção democrática; 6. A objeção contratualista; 7. O contratualismo constitucional vinculado: a razão pública; 8. Razão pública e democracia.

Propostas de inclusão de garantias sociais e econômicas positivas em uma constituição normalmente encontrariam uma objeção relacionada com o controle constitucional (a "objeção institucional"). Parece, entretanto, que tal objeção permaneceria mesmo que fosse descartado o "controle" judicial. Os direitos constitucionalizados, acima de tudo, não deveriam limitar as escolhas das correntes majoritárias (a "objeção majoritária"). A constitucionalização de direitos sociais poderia, ainda, levar a uma falta de transparência da constituição, incompatível com as exigências das posições liberais predominantes em termos de legitimidade política (a "objeção contratualista").

---

[1] O presente artigo foi publicado originariamente, em língua inglesa, no International Constitutional Law Journal, vol. 1, nº 1, 2003, p. 23-34, editado pela Oxford University Press and New York University School of Law.
[2] O autor agradece a Norman Dorsen e Patric Macklem pelos úteis comentários
[3] Fabio Holz Beserra é Procurador Federal e Mestrado em Direito pela PUCRS.
Airton Nedel é Engenheiro e Bacharelando em Direito pela PUCRS.
Agradece-se tanto ao autor quando aos editores pela autorização para a tradução e publicação do texto.

Estão colocadas, então, três possíveis objeções à constitucionalização dos direitos sociais – institucionais, contratualista e majoritária. A primeira, assim argumenta o autor, deveria ser a menor de nossas preocupações; a segunda é administrável, ou, de qualquer forma, os políticos liberais não podem negar que ela assegure em geral a prática do constitucionalismo; e a terceira é relevante apenas se nós escolhermos uma concepção ideal ou normativa de elaboração das decisões democráticas, que não é, entretanto, a única viável ou a melhor de todas.

1. Introdução: os termos do debate

Independentemente de outras funções que possa ter, o catálogo de direitos escrito em uma constituição é norma reguladora de maior hierarquia, um "estatuto" do qual se extraem conseqüências jurídicas diretas. Uma vez em vigor, porém, a constituição não pode ser "simplesmente" isto.[4] Não há dúvida de que ela deve significar algo além do direito positivo: "um espelho refletindo a alma nacional,"talvez; uma expressão dos ideais da nação, aspirações e valores esperados, como tal, para "presidir e permitir o processo de interpretação e discricionariedade judiciais" dimensionando a extensão do ordenamento jurídico nacional.[5] Mas, tendo os catálogos de direitos nem sempre e também sido declarados como legislação regulatória direta – leis a serem aplicadas como outras leis –, juristas e acadêmicos pelo mundo não poderiam conduzir seus debates sobre a constitucionalização dos direitos sociais nos termos em que estamos habituados a fazê-lo.

Constituições, para ser mais exato, são normas reguladoras de uns tipos especiais, que definem os termos e condições para a elaboração e a execução das outras leis. Normalmente, embora não de forma necessária, alguns destes termos e condições são positivados na forma de um catálogo de direitos: uma lista de certos interesses de indivíduos, que são considerados direitos jurídicos, e não apenas exigências morais de segundo plano,[6] para que esses interesses sejam respeitados pelo menos negativamente,[7] e talvez assegurados e garantidos positivamente pelo Poder Legislativo e outras ações em curso.

---

[4] S. v. Acheson 1991 (2) AS 805 (NM), 813A-B (1991 NR 1, 10 A-B) (Mahomed Aj) ("A constituição de uma nação não é simplesmente uma lei que mecanicamente define a estrutura de governo e as relações entre governantes e governados".)

[5] Idem. Sem dúvida, Justice Mahomed buscou inspiração na jurisprudência de Luth, da corte federal constitucional alemã. Ver caso Luth, 7 BVerfGE 198 (1958); Vicky C. Jacson & Mark Tushner; Direito Constitucional Comparado 1402-35 (Foundation Press, 1999). Cf Carmichele v Ministério da Segurança e da Proteção 2001 (4) SA 938 (CC) 54 (Ackermann & Goldstone JJ) (" Nossa constituição não é meramente um documento formal regulando o poder público. Ela também incorpora, como a constituição alemã, um sistema objetivo de valores normativos.")

[6] Veja Ronald Dworking, Taiking Rights Seriously 101-02 (Harvard Press University 1977) (distinção entre direitos "institucionais" e normas de "segundo plano").

[7] Veja abaixo Parte II.

Entre esses direitos jurídico-constitucionais podem constar direitos à satisfação de certas necessidades ou exigências materiais, ou o respectivo acesso aos meios de sua satisfação. Tomemos por exemplo o artigo 26 da Constituição da África do Sul:[8]

1. Todos têm o direito de ter acesso a uma moradia adequada.
2. O Estado deve adotar razoáveis medidas legislativas e outras, dentro de seus recursos disponíveis, para alcançar a realização progressiva desse direito.

Sem dúvida, a declaração de um direito que todos têm é bastante significativa. O texto constitucional, no seu conjunto, torna enfaticamente claro que o artigo 26 impõe um direito constitucional efetivo, um direito jurídico não menor do que outro declarado no catálogo de direitos, não menos obrigatório em relação aos quais é endereçado do que os direitos em geral, e além disso, não menos sujeito à implantação por alguns dos meios disponíveis para a efetivação desses direitos.[9]

As opiniões dividem-se a respeito de ser, ou não, uma boa idéia conferir *status* jurídico-constitucional a garantias sociais deste tipo.Tal divisão indubitavelmente decorre, em parte, de uma discordância substancial. Não se há de concordar com a constitucionalização de direitos sociais a menos que se esteja convencido, pelo menos provisoriamente, de que as exigências de assistência social de indivíduos e famílias para os quais tais garantias se destinam, são algo que nenhuma sociedade moralmente legitimada e bem-sucedida possa ignorar. Obviamente, nem todos compartilham desse ponto de vista. Alguns, todavia, o fazem, e o que tenho a dizer aqui é endereçado especialmente a eles. Quero me concentrar em possíveis objeções não substantivas à constitucionalização. Suponhamos, então, em caráter argumentativo, que alguém divise um caso moral e prático *prima facie* persuasivo para a constitucionalização.[10] Será o caso de se hesitar, quem sabe, considerando o adequado funcionamento da política constitucional-democrática e das instituições jurídicas?

Aqueles que dizem sim quase sempre mencionam dúvidas a respeito da demasiada extensão do Judicial. As cortes, assim o temem, vão se achar inaptas para fazer avaliações claras sobre a submissão, ou não, do governo aos direitos e garantias sociais ou ainda criar, ao seu modo de ver, remédios aptos e pontuais para os casos de não-submissão, sem estarem interferindo desastrosamente em questões fora de sua jurisdição e de seu papel de Juízes do Direito. Isto pode, desta forma, fazer com que pareça má a idéia de se convidar o Judiciário a concorrer com o governo em matéria de alocação e

---
[8] Constituição da Republica da África do Sul, Ato 108 de 1996, § 26
[9] Veja idem §§ 2, 8 (1), 38, 172 (1).
[10] Veja infra Parte IV.

distribuição de recursos materiais. É claro que existe um outro lado a considerar no debate. Juízes que conhecem seu trabalho, por exemplo, dominando as lições de direito administrativo, não só podem produzir adequados padrões de julgamento no exame de demandas por violação de direitos sociais, como encontrar remédios vantajosos e adequados para tais violações. Ainda assim, qualquer que seja o lado para o qual alguém se incline, fica claro que o debate tem sido centralizado na preocupação sobre qual o lugar que o Judiciário deve desempenhar na ordem política e democrática. Assim parece que pensamos que o problema da constitucionalização de direitos sociais se torna principalmente, se não exclusivamente, uma questão da separação dos Poderes.

Estes termos do debate são, contudo, inadequados. Com vistas à sua modificação, mas não à sua completa transformação, sugiro que se dê mais ênfase ao problema da constitucionalização dos direitos sociais em si mesma, do que às questões que envolvem as funções do Judiciário, bem como a sua competência.

Menos por duas razões, que receberam atenção no passado. Primeiro, as cortes, exercendo o controle constitucional de modo completamente convencional, certamente podem desempenhar um papel relevante na distribuição de direitos e garantias sociais.[11] [12] Segundo, ainda que isso não seja verdadeiro, e a escolha, por conseguinte, devesse ser feita para impedir completamente os tribunais de rever atos de governo que assegurem direitos e garantias fundamentais, este não seria um bom argumento contra a constitucionalização na visão daqueles que acreditam que um regime político moralmente legitimado deve incluir um visível e efetivo compromisso com certas formas de assistência social positiva para indivíduos e famílias.[13]

Ainda que estes dois pontos de vista sejam aceitos, a questão da constitucionalização dos direitos sociais ainda não estará completamente resolvida. Dois possíveis terrenos de dúvida permanecem, mesmo para aqueles moralmente persuadidos a seguir adiante sem temer qualquer conseqüência nociva na supervalorização do Judiciário. Estas são, primeiro, a *objeção democrática* (como posso chamá-la) no sentido de que incluir direitos sociais em uma constituição iria constranger indevidamente a democracia, sem considerar o envolvimento judicial na aplicação de tais direitos; segun-

---

[11] Veja Cass R. Sunstein, Social and Economic Rights? Lessons from South Africa, 11 Constitutional Forum 123 (2001). Como recente prova de apoio (recebida na forma que está indo para impressão) ver Minister of Health v. Treatment Action Campaign (Unreported, South África Constitucional Court, July, 5, 2002), disponível em http://concourt.gov.za/cases/2002/tacsun.shtml. Veja também o intercâmbio na África do Sul entre Etienne Mureinik e Dennis Davis. Etienne Mureinik, Beyond a Charter of Luxuries: Economic Rigths in the Constitution (1992) 8 SAJHR 464; Dennis M. Davis, The case against the inclusion of socioeconomic demands in the Bill of Rights Except as Directive Principles (1992) 8 SAJHR 475.
[12] Veja abaixo parte 2.
[13] Veja abaixo, parte 2.

do, há que considerar a *objeção contratualista,* no sentido de inserir direitos sociais em uma constituição limita sua função crucial como norma jurídica, que é a de prover legitimidade para ordens coercitivas, de naturezas política e jurídica. Tendo adicionado estas duas possíveis objeções, eu gostaria de sugerir que (1) suas forças possam variar em virtude de como de um modo geral – ou específico – os direitos e garantias sociais constitucionais são expressos; (2) a objeção contratualista é administrável mesmo com uma garantia constitucional abrangente ou, pelo menos, os políticos liberais não podem negar que ela represente em geral a prática do constitucionalismo; e (3) a objeção democrática é importante apenas se escolhermos uma concepção normativa de democracia, que não é a única possível ou a melhor.

2. Direitos sociais e o controle judicial convencional

Conforme já frisamos, propostas de inclusão de garantias sociais e econômicas positivas no direito constitucional normalmente se deparam com uma objeção relacionada com a expectativa de controle constitucional. Na constitucionalização de direitos sociais usualmente o Judiciário é forçado a uma infeliz escolha entre a usurpação e a abdicação, opção da qual não se consegue fugir sem embaraço ou descrédito. De um lado, é dito, está a escolha judicial em emitir ordens positivas, numa pretensiosa, inexperiente e provavelmente vã, mas apesar disso, ressentida tentativa de re-arranjo do gerenciamento das mais básicas prioridades em termos de recursos públicos contra a vontade política predominante. De outro lado, encontra-se a escolha judicial que pode depreciar perigosamente toda a eficácia dos direitos e dos princípios do Estado do Direito cedendo aos Poderes Executivo e Legislativo um incontrolável privilégio no que diz com a negação do direito constitucionalmente declarado.

A objeção é completamente exagerada. A constitucionalização dos direitos e garantias sociais permite uma crítica a ambas as formas de ação judicial na promoção das metas que estes direitos representam. O fato de os direitos sociais criarem exigências orçamentárias e exigirem uma ação governamental e não apenas permitirem sua abstenção, não os torna radicalmente diferentes, do ponto de vista jurídico, de outros direitos constitucionalmente protegidos, como o direito à propriedade, a igualdade perante a lei, em suma, as assim chamadas liberdades negativas.[14] Num padrão

---

[14] Veja "Ex Parte Chairperson of the Constitutional Assembly": em "re Certification of the Constitution", 1996 (4) SA 744 (CC), p. 78; Stephen Holmes & Cass R. Sunstein, "The cost of rights: Why liberty depends on taxes" (W. W. Norton & Company, 1999); Frank I. Michelman, "Welfare Rights in a Constitutional Democracy", 1979 Wash. U. L. Q. 659 (here in after welfare rights); Frank I. Michelman, "Foreword: On Protecting the Poor through the Fourteenth Amendment, 83 Harv. L. Rev. 7, pp. 17-18 e 25-26 (1969)."

minimalista, os direitos sociais devem ser "protegidos negativamente" nas formas usuais e adequadas da intervenção judicial.[15] Por exemplo, as leis sobre a utilização de terrenos, contidas nos planos diretores municipais, quando restringem a oferta de moradias ou aumentam o seu preço, de uma forma muito plausível, violam a garantia prevista na constituição da África do Sul (artigo 26, 1), no sentido de um direito de todos de acesso à moradia.[16] Parece que um Tribunal poderia examinar tal lei segundo o padrão determinado pelo artigo 36 desta Constituição, que permite limitações legislativas a direitos previstos em seu catálogo de direitos, desde que seja uma iniciativa legislativa "razoável" e devidamente "justificada em uma sociedade aberta e democrática fundada na dignidade humana, na igualdade e na liberdade". "Razoabilidade" não é, em qualquer discurso jurídico por mim conhecido, um padrão não justificável (ou leis negligentes e cláusulas gerais inaceitáveis encontram-se acima da lei?) e o remédio para a violação, se disponível, é uma ordem de execução proibitiva.

Um recente caso sul-africano sugere como uma Corte pode agir proveitosamente na promoção de uma garantia de direito social mediante a mais convencional forma de atuação judicial, isto é, recusando uma demanda onde sua aceitação poderia ter ocorrido, não fosse a garantia constitucional. No caso *Minister of Public Works* v. Kyalami Ridge Association,[17] o governo propôs o assentamento de sem-tetos e vítimas de enchente providenciando habitações a serem construídas em terreno de propriedade pública. Vizinhos proprietários ajuizaram uma ação contra este plano de assentamento, apontando, entre outros fundamentos, a não-existência de ato parlamentar autorizando o governo a construir as moradias propostas em questão. A Corte Constitucional acolheu e concordou com o argumento dos vizinhos no sentido de que a concepção constitucional da regra de direito

---

[15] Veja em "re Certification of the Constitution", 1996 (4) SA em. 801. Veja "Generally Welfare Rights", acima, nota 14, p. 660-64 e 686-93".

[16] Veja nota 7 supra; Government of Republic of South África v. Grootboom, 2001 (1) SA 46 (CC), p. 34 ("Apesar de expressamente não dizer exatamente isso, há, no fim das contas, uma obrigação imposta ao estado e a todas as outras entidades e pessoas de abster-se de impedir ou prejudicar o acesso à adequada moradia"). Em Ministério da Saúde, nota 10 acima, o governo havia se recusado, a fornecer um remédio anti-retroviral, navirapine, para todos os hospitais públicos do país e clínicas onde o atendimento médico pudesse dispensá-lo em condições apropriadas para as mulheres darem a luz a seus recém-nascidos, não obstante (1) o remédio tivesse sido autorizado como seguro pelo setor governamental competente da África do Sul, (2) sua eficácia na redução da transmissão do vírus HIV da mãe para o filho, ainda que administrado sem as precauções auxiliares, por um simples meio não intrusivo, e (3) o fornecedor suportaria a oferta de um ilimitado suprimento para o governo, livre de despesas. Com base nessa recusa não razoável, conseqüentemente inconstitucional, a corte em certos pontos pareceu considerar como a mesma coisa do que uma proibição imposta pelo Estado – uma interferência ativa do Estado na liberdade dos médicos e de seus pacientes de fazer uso de navirapine – enquanto em certos pontos pareceu considerá-la como uma falha do governo em tomar "medidas" positivas razoáveis "de acordo com os recursos disponíveis", como exigido pela Constituição da República da África do Sul, nota 7 acima, § 27 (1) (a). Ver, v.g., Ministério da Saúde, acima, p. 46 e 135.

[17] 2001 (3) SA 1151 (CC).

exige autorização legal expressa para qualquer tipo de atividade governamental que interfira nos interesses alheios, e que nenhum ato parlamentar havia atendido, na ocasião, a tal exigência. A Corte, entretanto, denegou aos reclamantes a demanda pleiteada no que tange ao objetivo propriamente almejado. Com efeito, ela encontrou a autorização para a ação governamental no art. 26 da Constituição, tal como a interpretação dada ao caso *Government of Republic of South Africa v. Grootboom*,[18] no sentido de reconhecer o dever do governo de adotar providências razoáveis, como medidas de ajuda de curto prazo para pessoas que se encontram involuntariamente em condições de crise quanto às suas moradias. "O governo," escreveu a corte em *Kyalami*, "argumentando que tal obrigação exige a assistência às vítimas das enchentes ocorridas em todo o país... e fazendo assim não está praticando ato contrário ao 'Direito'".

A Corte aparentemente concordou. Como outros proprietários, assim argumentou a Corte, o governo tem o direito de edificar moradias nos imóveis de sua propriedade. O direito daqueles proprietários não pode, em termos isolados, ser satisfeito com a exigência de autorização legal (legislativa) para a ação governamental que interfira em interesses particulares, mas a corte decidiu por tal possibilidade com base no artigo 26 da Constituição, tal como interpretado no caso Grootboom. Se o governo afirma seu direito de construir moradias "com base naquilo que dispõe a Constituição e mediante restrição de qualquer legislação relevante,"assim concluiu a Corte, "ele está agindo de acordo com o Direito".[19]

3. Normas e "remédios"

Suponhamos a existência de uma norma constitucional "N". Talvez, por alguma razão, não esperamos que o Judiciário se confunda forçando demais um cumprimento daquilo que está previsto em "N". Mesmo assim, afirmamos que "N" deve ser completamente vinculatória, sendo obrigatória para os agentes estatais, aos quais é endereçada. De fato, queremos afirmar que "N" é obrigatória nas formas pelas quais – quaisquer que sejam – as leis em geral são compreendidas como sendo obrigatórias, mesmo quando elas não são impostas externamente.[20] Queremos afirmar não apenas que o destinatário não tenha de ter livre escolha sobre a observância de "N", mas, ainda, que aquele que conscientemente desprezar "N", sem uma justifica-

---

[18] 2002 (3) SA 46 (CC).
[19] Idem, p. 40.
[20] Lawrance Sager, o mais proeminente entre os professores de direito constitucional americanos, tem explicado detalhadamente as razões para se falar nessas combinações de posições. Ver Lawrance Sager, *The Domain of Constitutional Justice,* in "Constitutionalism: Philosophical Foundations", 235 (Larry Alexander eds., Cambridge Univ. Press, 1998). Lawrance Sager, *Justice in Plain Clothers: Reflections on the Thinness of Constitutional Law*, 88 NW. U. L. Rev., 410 (1993).

tiva especial, é responsável pela desobediência de regra jurídica, tanto quanto é responsável qualquer um que viole uma lei. Como podemos fazer tal afirmação se não podemos chamar "N" de uma norma jurídica?

E de fato não podemos fazer tal afirmação se a objeção ao envolvimento judicial relativamente à constitucionalização dos direitos sociais for sólida. A premissa não explícita da objeção é que para classificar uma obrigação como uma obrigação de direito constitucional é necessário *ipso facto* que ela contenha uma determinação para que o Judiciário seja responsável pela sua aplicação contra um governo que não a cumpra. Denominando algo de um direito constitucional, também o estamos chamando de um direito legal, tornando o Judiciário responsável pela sua efetivação. A objeção estritamente condiciona a dignidade de uma norma como Direito à sua possível aplicação judicial. É nisso que nós acreditamos?[21]

Um recente caso em Massachusetts[22] coloca nossa crença em teste. A Constituição de Massachusetts, no artigo 48 de suas emendas, prevê a elaboração de leis por meio de iniciativa popular. O legislativo estadual, entretanto, pode rechaçar uma lei "aprovada pelo povo" por meio dos votos de eleitores de todo o Estado. Se o legislativo não o fizer, a lei seguirá em vigor, e o comando expresso contido no artigo 48 garantirá "aumentar por taxação ou de modo semelhante" e "arrecadar" quaisquer fundos que sejam necessários para fazer a lei produzir efeitos.[23]

Em 1998, agindo de acordo com o artigo 48, um grande número de eleitores de Massachusetts aprovou uma lei para "eleições limpas", que determinava consideráveis pagamentos oriundos de fundos estatais para os candidatos a cargos eletivos estaduais exigindo, além do preenchimento de determinadas qualidades, a restrição da captação de fundos junto a fontes privadas.[24] A lei determinava a efetivação desses pagamentos por meio de um agente estatal designado para isso, o Diretor do Departamento de Campanha e Financiamento Político, enfatizando, no entanto, que a obrigação do pagamento estava "sujeita a respectiva provisão" de fundos.[25] Tal "provisão" (como reserva de fundos) refere-se evidentemente a um ato do Legislativo, baseado numa recomendação do Governador, no sentido que liberasse fundos estatais para serem gastos por departamentos ou funcioná-

---

[21] Obviamente não é o que nós sempre temos acreditado. Ver Christine A. Desan, *Contesting the Character of the Political Economy in the early Republic: rights and remedies*, in Chissolm v. Georgia, in "The House and Senate in the 1790s: Petitioning, Lobbing, an Institutional Development", 178 (Kenneth R. Bowling & Donald R. Kennon eds. Ohio Univ. Press, 2002) (descrevendo as ações estritamente legislativas para reclamações contratuais contra o estado na recém-fundada república).

[22] Bates v. Dir. of Campaign & Political Fin. 763 N.E. 2d 6 (Mass 2002).

[23] MASS. CONST. Amend. art. XLVIII, § 2.

[24] The Massachusetts Clean Elections Law, Mass. Gen. Laws Ann. Ch.55A (West Supp. 2001).

[25] Ídem, §§ 1,7.

rios públicos, com objetivos específicos, durante um período fiscal também especifico.[26]

A despeito de um óbvio e forte desgosto em relação à lei de eleições limpas por parte da maioria de seus membros e líderes, o Legislativo teve problemas para reunir a maioria qualificada necessária para a revogação de um prometido veto do Governador. A lei então permaneceu apenas no papel, e os políticos de Massachusetts dedicaram-se profundamente à campanha das eleições estaduais de 2001/2002. O Legislativo também se recusou (ou, de qualquer modo, falhou em) a apropriar os fundos correspondentes às obrigações dos pagamentos de acordo com os termos da lei.

Vários reclamantes ingressaram com uma ação mandamental (*mandatory injuction*) contra o respectivo diretor buscando fazer valer a distribuição de fundos prevista na lei, deixando em aberto, no entanto, a questão de como o diretor poderia cumprir a decisão diante da falta de cobertura orçamentária.[27] Dentre os reclamantes encontrava-se Warren Tolman, um dos candidatos ao cargo de Governador, que havia requerido e obtido do Diretor o certificado de concordância de atendimento aos pré-requisitos da lei para uma arrecadação inicial de dinheiro. O caso rapidamente chegou à Corte Judicial Suprema de Massachusetts.

Manifestando-se por meio da Presidente do Tribunal, Margaret Marshall, a maioria da corte não teve grande dificuldade em concluir que o Legislativo, não tendo repelido a lei das eleições limpas, quebrou uma clara ordem constitucional e jurídica ao não editar leis de provisões de fundos suficientes por parte do tesouro estadual para financiar os pagamentos que o diretor tem a responsabilidade jurídica de fazer aos candidatos classificados.[28] Entretanto, não houve qualquer provisão de fundos, e esta lacuna tornou impossível qualquer ordem de execução que obrigasse o diretor a efetuar o pagamento: "porque à época o diretor não possuía fundos a distribuir para as eleições limpas, não tinha também qualquer autoridade para provisionar ou dispor daqueles fundos, de tal sorte que não poderia ser obrigado a distribuí-los".[29] A Corte se absteve de conceder qualquer ordem

---

[26] Ver MASS. CONST. Amend. XLVIII (estabelecendo procedimentos para o orçamento anual e apropriações). A constituição de Massachusetts expressamente proíbe qualquer liberação de dinheiro fora do tesouro estadual exceto sob garantia de uma agência executiva definida "de acordo com os atos e resoluções da corte (por exemplo, o legislativo estadual)" MASS. CONST. PT. 2, C.II, § 1, ART. XI. A resolução final do caso Bates, que ainda não ocorreu, estando por ocorrer durante a publicação desse artigo, provavelmente apresentará algumas lições a respeito dessa proibição. Veja Memorandum Of Decision and Order on Plaintiffs' Motion for Further Relief (March 12, 2002); Memorandum Of Decision and Order on Plaintiffs' Emergency Motion for a levy on Propriety of de Commonwealth (April 5, 2002) ambos disponíveis em http://www.nvri.org/library/index.shtml#Massclean. Veja também a nota 34 abaixo e compare os textos.

[27] Se você fosse o oficial ministerial do Estado a quem o diretor emitiu a ordem de pagamento, você assinaria o cheque? Se o cheque fosse de uma conta do governo estadual em seu banco, você o honraria?

[28] 763 N.E. 2d, p. 23-24.

[29] Idem, p. 28.

judicial contra o Legislativo para suprir a provisão requisitada. Se a corte se absteve porque os demandantes não tiveram coragem de requisitar tal ação, ou porque leu a Constituição literalmente para inviabilizá-la,[30] ou, ainda, porque acreditou que tal ação estaria a violar uma regra não escrita de separação de Poderes, não podemos definir com certeza.

O caso poderia ter terminado ali mesmo, caso os demandantes tivessem se dado por vencidos, mas o Direito Público, no caso, os comandos diretos do artigo 48, davam suporte às reclamações em receber o pagamento por meio de recursos públicos. Tendo exercido seu "dever imperativo em interpretar o que a Constituição requer"[31] e afirmado a obrigação jurídico-constitucional do Legislativo no sentido de provisionar a arrecadação de fundos para eleições limpas,[32] parece que a Corte – por ter detectado uma petição legal particular fundada no direito privado, que em breve será relatada – possa ter deixado o resto por conta do Legislativo, agindo sob a fiscalização dos eleitores, de tal forma que a corte possa ter adicionado o seu próprio voto de confiança em favor da obrigação jurídica do Legislativo.[33] Uma Corte que relega aos políticos e eleitores a implementação, ou "aplicação", de uma obrigação jurídica pode parecer incomum em nosso tempo, porém este caso é incomum. De acordo com a própria recomendação da Corte Suprema Estadual, *ubi ius ibi remedium* não é uma máxima sem exceção; por outro lado, uma obrigação prevista no ordenamento positivo não deixa de ser jurídica apenas porque suas violações possam ser consideradas judicialmente irremediáveis.

Quando a questão finalmente terminou, um dos demandantes – Tolman – recebeu sentença favorável contra o diretor, a ser satisfeita por meio da execução de bens tangíveis pertencentes ao erário público, sem incluir entretanto dinheiro do tesouro.[34] Esta sentença não foi, no entanto, imposta em função de uma séria violação de uma obrigação de direito público imposta diretamente pelo artigo 48, ainda que a Corte tenha identificado uma tal violação. Ao contrário, ela foi fundada numa reclamação de direito privado, numa barganha unilateral, a partir de certas "ações afirmativas" tomadas pelo diretor e que provocaram mudanças de posição entre os candidatos, em seu próprio prejuízo e em benefício do erário.[35]

---

[30] Veja acima a nota 26.
[31] 763 N.E. 2d, p. 24.
[32] Idem, p. 29.
[33] Idem. Mas compare as muito diferentes visões da postura do Legislativo em Memorandum Of Decision and Order on Plaintiffs' Emergency Motion for a levy on Propriety of de Commonwealth, supra, nota 26.
[34] Veja Memorandum Of Decision and Order on Plaintiffs' Motion for Further Relief, supra, nota 26. Os demandantes apelaram à corte plena dessa decisão singular que negava acesso ao direito ao dinheiro do tesouro. Sua peça está disponível em http://www.nvri.org/library/index.shtml#Massclean.
[35] 763 N.E. 2d, p. 11, Veja idem, pp. 24-26 e 30-31. A teoria da Corte, de um direito privado dos candidatos, é um tanto controversa porque a oferta do Estado em pagar aos candidatos classificados

A controvérsia sobre as eleições limpas de Massachusetts pode de fato servir de exemplo de normas de legislação positiva, estabelecidas por um Tribunal e que originem obrigações jurídicas, que, no entanto, desafiam a implementação judicial. Foi exatamente desta forma que a Suprema Corte Judicial julgou as ações dos reclamantes em seu favor, em obediência direta ao Direito Público (artigo 48) – afirmando, primariamente, a obrigação do Legislativo no sentido de assegurar a arrecadação de fundos e, em segundo lugar, a obrigação do diretor, condicionado ao Legislativo, de pagar as respectivas somas de dinheiro aos candidatos habilitados, com os fundos apropriados para este propósito.

4. O caso constitucional-contratualista dos direitos sociais

Tenho assumido o que pode ser considerada uma posição extrema: uma proposição normativa possa ser jurídica apesar da total exclusão do Judiciário na sua aplicação. Faço-o em caráter argumentativo, pois assim quem romper a ligação conceitual que une a constitucionalização dos direitos e garantias sociais a uma aplicação judicial direta,[36] não poderá ter mais suas preocupações com a função do Judiciário dando suporte à oposição à constitucionalização. Meu objetivo é analisar se as objeções democrática e contratualista ainda lhe podem dar suporte. Mas para avaliar estas objeções em termos de uma proposta prática, devemos ter em mente primeiro descrições amplas de um caso que lhes seja favorável. Aqui a proposta é conferir o *status* de direito jurídico-constitucional às demandas de indivíduos pleiteando determinadas formas de apoio e provisão de fundos por parte do Estado. Delinearei um enfoque afirmativo geral para esta proposta. Um enfoque liberal do tipo rawlsoniano, de fato liberal-contratualista, sem dúvida não do único tipo que possa ser formulado, mas um que não nos pareça estranho, e que estabeleça mais claramente tanto as objeções majoritária e contratualista em relação à previsão de direitos sociais na constituição.

O caso genérico que pretendo apresentar para os direitos sociais constitucionais está praticamente limitado à questão aqui colocada. Não se trata de uma obrigação moral geral no sentido de que cada indivíduo que disponha dos meios de ajudar outros que se encontrem em situação de necessi-

---

tomando como pressuposto uma "oferta" a potenciais classificados é o que era. Ver e.g.,Restatement (Second of Contracts § 24 (1981), (caracterizando uma oferta como uma manifestação de vontade em participar de uma barganha de modo a justificar uma outra pessoa mediante a compreensão de que foi convidada a dar o seu consentimento àquela barganha e que vai concluí-la). – foi expressamente feita como sujeita à garantia dos recursos. Esta fato pareceria pesar sobre os dois, (i) se todas as precondições para a viabilidade da oferta tivessem sido cumpridas e (ii) a razoabilidade da confiança de cada candidato durante o tempo em que, notoriamente, não tenha havido a provisão de fundos. Veja 763 N.E. 2d, pp. 37-38 (voto dissidente de SPina).
[36] Sobre a possibilidade de modos indiretos de vindicação judicial, veja supra, Parte 2.

dade assim o faça.Cuida-se apenas de mostrar a necessidade de que sejam incluídos direitos sociais na constituição de um Estado. Sugiro a existência de pelo menos um argumento satisfatório que leve à conclusão de que uma *constituição* deve, por questão de ordem moral, determinar que o Estado satisfaça os anseios dos indivíduos no sentido de terem asseguradas certas necessidades materiais, caso necessário, mediante condições razoáveis de esforço e cooperação. Penso que o argumento se sustenta independentemente de acreditarmos na existência de qualquer dever moral de ajuda ao próximo. Sugiro, em outras palavras, que as constituições são moralmente defeituosas – falhas em seus propósitos morais – quando lhes faltam garantias de direitos sociais, mesmo que qualquer um de nós individualmente, fora do contexto de sociedade política, possa ou não se sentir obrigado moralmente em relação aos outros no que diz respeito a ajuda e assistência.[37]

O argumento que tenho em mente baseia-se num certo compromisso, fundante com uma determinada ordenação legal positiva, pressuposta pelo constitucionalismo e também pela constitucionalização dos direitos sociais. Em qualquer país onde o constitucionalismo prevaleça, as pessoas acordam todos os dias e encontram regras efetivamente compulsórias sobre seu convívio social – nós as chamamos de "leis" – mediante as quais as autoridades públicas constituídas certamente exigirão a obediência de cada um, e, ao assim fazê-lo, previsivelmente têm o apoio da maioria. Ninguém que seja sujeito às leis de um país, as escolheu por si mesmo. Num Estado democrático, as leis normalmente são votadas atendendo a procedimentos pelos quais as maiorias governam sobre a oposição. Qualquer que possa ser a história real de como as leis de um país governado democraticamente possam se ter tornado aquilo que são não será aquela segundo a qual cada lei foi escolhida individualmente por quem é compelido a obedecer.[38]

Nesse momento surge a questão da justificação política e da legitimidade. O desafio é encontrar uma garantia moral para a aplicação coletiva de leis produzidas por meios não-consensuais, a indivíduos membros de uma sociedade de pessoas presumivelmente livres e iguais. Em países democráticos, isso significa, como John Rawls expressou, explicar como "cidadãos podem, por meio de seu voto, exercer um poder político coercitivo uns sobre os outros" – explicar como o exercício de suas quotas de poder político pode ser considerado "justificável para os outros na condição de livres e iguais".[39] Rawls ofereceu como resposta o que ele chama de "princípio liberal de legitimidade":

---

[37] Cf Charles Fried, Right and Wrong Ch.5 (Harvard Univ. Press 1979)
[38] Veja Frank I. Michelman, Brennam and Democracy 14-16, 31-33 (Princeton Univ. Press 1999)
[39] John Rawls, *Political Liberalism* 217 (Columbia Univ. Press 1996) [hereinafter Political Liberalism].

Nosso... poder político é... justificável para outros na condição de livres e iguais ... quando ele é exercido de acordo com uma constituição de princípios que se espera sejam endossados por todos os cidadãos, à luz dos princípios e idéias que lhes parecem aceitáveis como razoáveis e racionais.[40]

Isso exemplifica perfeitamente o que podemos chamar de uma abordagem constitucional-contratualista da justificação política. Em seu cerne, situa-se uma preocupação moral descomprometida com a liberdade e igualdade de cada indivíduo. A partir dessa preocupação, surge a questão segundo a qual os atos políticos potencialmente coercitivos são aceitáveis do ponto de vista de cada um (não "todos", no sentido coletivo de "todos") dentre inúmeros indivíduos entre os quais abundam conflitos racionais de interesse e de visão. Aceitáveis, em princípio, do ponto de vista de quem vá aplicar o teste da aceitabilidade.

Nas formulações de Rawls, a coerção política é justificada quando exercida mediante amparo em leis decorrentes de um regime constitucional, sob a condição de que se espere que todos as endossem, considerando não apenas o interesse de cada um, mas também no que diz com a sua "razoabilidade". "Razoável" significa aqui três coisas. Primeiro: uma pessoa razoável aceita a inevitabilidade da ordem jurídica positiva. Não finge que podemos ficar sem legisladores que façam leis que obriguem cada um independentemente de que alguém em particular goste ou não delas. Segundo: uma pessoa razoável aceita o fato de existirem conflitos profundos e permanentes de interesses e de visões éticas dentro de sua sociedade, o que Rawls chama de fato do pluralismo razoável.[41] Terceiro: ela é imbuída de um espírito liberal de reconhecimento recíproco das individualidades de cada um, sua liberdade e igualdade. Como resultado, uma pessoa razoável está pronta a aceitar as leis desde que (a) ela veja todos os demais aceitando e obedecendo a estas leis, e (b) ela também veja que estas leis são as que merecem aceitação mútua por parte de um grupo de pessoas totalmente sensatas, as quais querem que cada um aceite e concorde com as leis que reflitam termos de cooperação social justa, mesmo em condições de profundas e permanentes, ainda que razoáveis, divergências sobre questões do bem comum.[42]

Mas esperemos um minuto. Não importa quão razoável queiramos que cada um seja, com certeza ninguém realmente pode esperar que cada ato do legislador passe no teste de aceitabilidade racional para cada membro supostamente razoável de uma sociedade moderna e plural. Em termos realistas, nossa esperança é mais modesta e procedimental. Referimo-nos ao

---
[40] Idem.
[41] Veja idem, p. 36-37.
[42] Veja também xliv, xlvi, 226-27; veja também John Rawls, *The Idea of Public Reason Revisited*, in *Collected Papers*, p. 573, 576-79, 581, 605-06 (Samuel Freeman ed., Harvard Univ. Press 1999).

fato de que um *sistema geral* adequadamente desenhado para a elaboração das leis – ou chamem-no de uma Constituição – possa ser capaz de passar em tal teste. Talvez possamos imaginar tal regime sendo considerado incompleto como um regime, por todo indivíduo racional que também seja razoável. Assim, poderíamos ainda sustentar que a aceitabilidade racional para alguém, como razoável, do regime constitucional, nos comprometeria a aceitar qualquer lei específica criada pelo regime.[43] Isso, apesar de tudo, é aparentemente o ponto que Rawls defende no seu "princípio liberal de legitimidade", no sentido de que o exercício de coerção política é justificável, contanto que seja decorrente de *"uma constituição,* que alberga os princípios em relação aos quais se pode esperar que todos os cidadãos possam aderir."

Com efeito, chegamos à idéia de um *acordo constitucional legítimo e suficiente.*[44] Os quatro termos seguintes compõem esta idéia:

a) Primeiro: o que se supõe "legítimo" (no sentido de moralmente justificado) com base neste acordo é uma prática específica do ordenamento jurídico positivo de exercício coercitivo do poder coletivo por meio do legislador sobre cidadãos considerados livres e iguais.

b) Segundo: o que se supõe ter o efeito legitimador desejado é *acordado* por cada pessoa afetada. Não um acordo de fato, mas um acordo hipotético (que alguns chamariam "contra factual"); a "aceitabilidade" da prática política pelos e entre os indivíduos afetados, considerando-os não apenas racionais, mas também razoáveis.

c) Terceiro: o acordo hipotético e legitimador é um acordo *constitucional.* Nós aplicamos o teste de aceitabilidade razoável e universal a cada lei específica que surge no âmbito da política de um país, e sim, o aplicamos ao sistema legislativo do país como um todo.

d) Por último, então, a "suficiência". Para passar no teste de aceitabilidade racional por parte de cada pessoa razoável, um sistema legislativo deve prover um princípio ou garantia segundo o qual uma pessoa racional, agindo razoavelmente, reclamaria uma garantia como condição para o sistema como um todo. (Para os presentes propósitos – e aqui eu me afasto um pouco do modo como Rawls usa o termo – nós poderíamos dizer que o conjunto de "princípios constitucionais" é equivalente ao conjunto de prin-

---

[43] Veja Samuel Freeman, Original meaning, *Democratic Interpretation, and the Constitution,* p. 21 Phil. And Pub. Aff. pp. 3, 26, 36, citado com consentimento em *Political* Liberalism, nota 39, p. 234 n. 20; cf. *John Rawls, A Theory of Justice,* pp. 195-201 (Harvard Univ. Press 1993) (na seqüência da "quarta cena") Isso significa que, se você acha uma lei particularmente injusta, isso não dá a você base para optar pela força, mas não que isso não lhe dê base para denúncia, desobediência civil, ou recusa consciente.

[44] Desenvolvo e examino essa idéia com mais abrangência in: Frank I. Michelman, *The Problem of Constitutional Interpretative Disagreement: Can "Discourses of Application" help?* in *Habermas and Pragmatism* 113 (Mitchel Aboulafia, Myra Bookman & Catherine Kemp eds., Routlege Press 2002).

cípios e garantias minimamente necessários).⁴⁵ O conjunto deve ser suficientemente extensivo para compor um sistema de tomada de decisões políticas sobre o qual cada pessoa afetada, supostamente razoável, possa racionalmente afirmar: "Um sistema conformado por estes princípios e termos – todos eles – é suficientemente respeitador do meu status e de meus interesses como o é de todos os outros indivíduos livres e iguais que eu devo racionalmente apoiar, bem como sua produção legislativa, desde que todos assim o façam."

Estamos agora frente a um caso genericamente contratualista de direitos sociais constitucionalizados. Como podemos, razoavelmente, exigir de cada um, que submeta seu destino a um sistema legislativo democrático-majoritário, sem também comprometer a sociedade, desde o início, a seguir caminhos traçados que constituam e admitam cada um como contribuinte competente e respeitado para o processo câmbio e contestação políticas e, além disso, à vida econômica e social em seu todo?⁴⁶ Se nós não pudermos fazer isso, então, nenhum "acordo constitucional" será "suficiente" se lhe faltarem todas as características essenciais de tal comprometimento. Parece, então, que algum tipo de direitos sociais teriam de aparecer em uma constituição democrática e liberal legítima.

5. A objeção democrática

Deixemos os argumentos favoráveis da constitucionalização dos direitos sociais de lado por um tempo enquanto tratamos da objeção democrática. Ela foi proposta de forma dramática por William Forbath.⁴⁷ Forbath sugere que concebamos direitos sociais constitucionalizados não como direitos à assistência social, mas como ele os denomina, direitos sociais de cidadania . Grosso modo, esta é sua idéia. Assumimos aqui como argumento geral afirmativo para direitos sociais constitucionais aquele que sugeri, no qual o ideal moral motivador é o de uma sociedade comprometida a se administrar de modo a constituir cada indivíduo (pelo menos cada indivíduo que assim escolha sob termos justos) como um contribuinte competente e respeitado em relação à vida política, econômica e social. Conseqüentemente, argumenta Forbath, o direito universal chave dos indivíduos – de qualquer modo ou para qualquer efeito *interesse* universal chave dos indivíduos –

---

[45] Para discussão de Rawls sobre "elementos constitucionais essenciais", veja Political Liberalism, nota 39 supra, p. 227-30.

[46] O argumento pode ser moldado também em termos paralelos de sociedade, comprometimento e identidade. Veja Willian E. Forbath, *Constitutional Welfare Rights: A History Critique and Reconstruction*, 69 Fordhan L. Rev. p. 1821, 1875-76 (2001) [herein after *Constitutional Welfare Rights*].

[47] Idem, p. 1821-91; William E. Forbath, Caste, Class, and Equal Citizenship, 98 Mich. L. Rev. 1 (1999)

seria a certeza de que se pode ter uma vida respeitável por meio das formas de participação social que são elas mesmas uma fonte de apoio, satisfação, energia, orgulho e respeito social.[48]

Esta seria, então, uma concepção na qual uma preocupação central seria com interesses relativos ao *trabalho*: a disponibilidade e condições de trabalho, a natureza do trabalho, a organização e administração do trabalho.[49] Correspondendo a uma tal concepção de interesse universal estaria o que Forbath chama uma concepção de "cidadania social" com direitos sociais constitucionalmente garantidos,[50] a ser contrastada com a concepção de direitos de bem-estar que está focalizada em garantias de renda ou de acesso a necessidades materiais básicas específicas, não incluindo o trabalho.[51] O artigo 26 da declaração de direitos e garantias da Constituição da África do Sul traz um exemplo de direito constitucional que Forbath provavelmente classificaria como sendo predominantemente um direito de bem-estar social, e não um direito de cidadania social.[52]

As duas formas imagináveis de garantias constitucionais diferem drasticamente quanto ao aparente alcance de seus respectivos potenciais, no que diz respeito às opções políticas do legislativo. Consideremos novamente a imposição contida na Constituição Sul-Africana (prevista no artigo 26(2)) para que o governo, mediante medidas razoáveis e por meio dos recursos disponíveis, realize progressivamente o direito de cada sul-africano (declarado pelo artigo 26(1) de ter acesso a uma moradia adequada. Em *Grootboom*, a Corte Constitucional julgou que estas medidas estatais não eram "razoáveis", de acordo com o exigido pelo artigo 26(2), especificamente por causa da sua virtualmente total desatenção no que diz com o auxílio emergencial às pessoas involuntariamente sujeitas a uma crise habitacional. A Corte afirmou a possibilidade da submissão dos planos revisados ao escrutínio judicial em termos de sua razoabilidade, enquanto deixou claro que nenhum tribunal tentaria ditar soluções. Este resultado pode colocar em discussão a habilidade e a sabedoria judicial em casos futuros, mas, assim como proferida, ela não parece afastar a escolha política do Legislativo e do

---

[48] Veja, e.g., *Constitutional Welfare Rights*, nota 46 acima, p. 1875-77.
[49] Idem, p. 1824, 1833-35.
[50] Idem em 1826, 1876.
[51] Idem em 1854, 1871-72.
[52] Seguindo minha pista, chamou-o de um direito de bem-estar puro e simples. *Veja* também p. 1880. No entanto, nós dois podemos ter falado cedo demais. Um direito "de ter acesso à moradia adequada" pode plausivelmente ser considerado alcançado para todos aos quais o trabalho está disponível em termos justos, incluindo suficiente pagamento para a aquisição de moradia adequada que esteja razoavelmente disponível. *Cf* Grootboom, 2001 (1) SA (CC) p. 36-37, ("Para aqueles que podem pagar por moradia adequada, a obrigação primordial do Estado está no desbloqueio do sistema, provendo acesso ao estoque de moradias e a uma estrutura legislativa que facilite a construção própria de casas através do planejamento de leis e acessos ao financiamento.")

Executivo.[53] Certamente não o é mais do que a garantia de liberdade de expressão na Constituição Americana, que tem sido construída para restringir uma considerável gama de escolhas políticas do Legislativo a respeito de matérias tão variadas e consideráveis como o fomento de ódios raciais,[54] a legislação de direitos civis que objetiva a igualdade civil pública,[55] o fluxo de dinheiro na política,[56] a proteção legal da reputação e da personalidade.[57]

Os problemas seriam diferentes em se tratando de uma garantia constitucional de cidadania social no estilo de Forbath. Para ver o porquê basta verificar o sumário de tópicos daquilo que um direito de cidadania social deveria suprir, tal qual foi pensado por Forbath nos Estados Unidos no final do Século XIX:

> [...] libertando [o trabalho] da "mão de ferro do poder Econômico" através de crédito público e de apoio para as empresas cooperativas;... nacionalizando as estradas de ferro; assegurando aos trabalhadores industriais o "direito ao trabalho remunerado" através de empregos públicos e gastos contra-cíclicos, e por meio do fim das amarras repressivas da *common law* sobre a ação coletiva dos trabalhadores..., incentivando sindicatos fortes e a cooperação industrial; e através dessas ações... capacitando os trabalhadores a exercer seus direitos e responsabilidades sobre o controle da propriedade coletiva.[58]

Hoje em dia é possível adicionar: leis de taxação e políticas públicas; garantia de educação pública e treinamento para todos com a qualidade adequada; planos assistenciais para a maternidade, infância e idosos; saúde e segurança nos locais de trabalho, emprego justo, regulamento da jornada de trabalho; regras de comércio global, uma organização mundial do comércio e por aí afora; controles e políticas macroeconômicas; supervisão pública da organização industrial, incluindo leis antitruste e outras restrições legais ao comércio; instituições políticas antiplutocráticas e práticas que incluam a regulamentação do financiamento de campanhas; mesmo assim, tenho a certeza de ter deixado muitos de fora.

Em suma, parece que um direito sócio-cidadão constitucional tem tentáculos, alcançando uma centena de direções nos mais profundos redutos da *common law* e nas mais básicas escolhas de economia política numa sociedade moderna. Deixando de lado o aborto – se é que podemos deixá-lo

---

[53] De acordo com o Ministério da Saúde. Veja Sunstein e Mureinick, nota 10 acima (Antecipando o foco da corte sobre o "motivo" como um padrão justiciável de revisão). Veja também Frank I. Michelman, The Constitution, Social Rights and Reason: A Tribute to Etienne Mureinik, (1998) 8 SAJHR 499, 500-1.

[54] Veja R.A.V. v. City of St. Paul, 505 U.S. 377 (1992); American Booksellers v. Hudnut, 771 F. 2d 233 (7th Cir. 1985) aff'd, 475 U.S. 1001 (1986)

[55] Veja Boy Scouts of America v. Dale, 530 U.S. 640 (2000).

[56] Veja, ge, Buckley v. Valeo, 424 U.S. 1 (1976).

[57] Veja, e.g., Hustler Magazine v. Falwell, 485 U.S. 46 (1988) Veja *geralmente* Paul D. Carrington, *Our Imperial First Amendment*, 34 U. Rich. L. Rev. 1167 (2001).

[58] Forbath, nota 47 acima, p. 49.

de fora, e provavelmente não estaria[59] – não consigo pensar em nenhuma outra questão importante no atual calendário político americano que um direito constitucional de cidadania social deixasse de alcançar.

Agora suponhamos que uma lista de direitos garantidos pela constituição representa também a demarcação das respectivas zonas de supremacia judicial e dos outros setores do governo. Em outras palavras, pensemos que os direitos constitucionais sejam para os tribunais aplicar ou colocar em ação. O Legislativo, pensemos, deve fazer suas opções políticas mais ou menos abstraídas do direito constitucional, para que assim os tribunais fiscalizem e determinem as ações para o respectivo cumprimento da constituição. Então cada proclamação de um direito constitucional convidaria o Judiciário a incluir uma esfera ou esferas de decisões públicas em relação às quais já se sentiria autorizado a agir por vezes com mão pesada. Se esse é o modo como visualizamos os problemas, provavelmente pensaremos que constitucionalizar um direito à cidadania social, como Forbath concebe, é um modo de conceder a um Judiciário não eleito uma parcela do controle na produção de políticas, o que é demasiadamente extenso para ser tolerado em uma democracia.

Não temos que aceitar a visão de que uma norma não possa ser Direito Constitucional, não possa ser aceita como Direito Constitucional, sem que seja transferida aos juízes sua execução imediata. Muitos de nós estariam dispostos a negar que o Direito Constitucional que existe e que é sancionado pelos juízes tenha que ser toda a lei que há ou que importa.[60] Sustentamos que o Direito Constitucional fora dos tribunais deva figurar de maneira significativa na conduta dos assuntos públicos. Insistimos que a disputa, o debate sobre os significados e obrigações jurídico-constitucionais, longe dos tribunais, pode ser uma atividade política cogente, um lugar para o exercício da democracia viva em ação.[61] Existe alguma razão pela qual devamos hesitar em defender a concepção de cidadania social para os direitos sociais constitucionais, preferencialmente em relação à concepção de um direito ao bem-estar social, admitindo o primeiro como sendo um conceito moralmente mais atrativo?[62] Se não pensarmos que o Direito Constitucional

---

[59] Veja, e.g., Planned Parenthhood v. Casey, 505 U.S. 833, 927-28 (1992) (Blackmun, J. Cuncurring, concordando em parte com o julgamento e discordando em parte) ("A decisão de terminar ou continuar uma gravidez não tem menos impacto na vida de uma mulher do que decisões sobre contracepção ou casamento. Porque maternidade tem um impacto tão dramático nos prospectos educacionais de uma mulher, oportunidades de emprego e autodeterminação, as leis restritivas ao aborto a privam do controle básico sobre sua vida. Por essas razões, 'a decisão segundo a qual ter ou não uma criança' situa-se 'no cerne do conjunto de escolhas constitucionalmente protegidas'") (citação omitida).

[60] Veja Parte 3 acima.

[61] Veja *geralmente* Mark Tushnet, *Taking the Constitution Away From the Courts* (Princeton Univ. Press 1999).

[62] *Constitutional Welfare Rights*, nota 46 acima, faz um estimulante e persuasivo enfoque sobre a superioridade moral da concepção de cidadania social.

aplicado pelos juízes é ou precise ser todo o Direito Constitucional existente ou relevante, por que deveriam os medos de ferir a democracia ditar a aceitação do que consideramos uma formulação constitucional moralmente inferior dos direitos sociais? Podemos tanto constitucionalizar um direito de cidadania social e dizer (ou esperar) que os tribunais sejam discretos nos seus esforços em aplicá-lo. Podemos seguir esse curso sem suprimir a democracia. Isso tudo não é assim?

Minha resposta no momento é: não obviamente. Um Direito Constitucional tão abrangente quanto um direito à cidadania social poderia dar lugar a uma objeção de proteção da democracia mesmo considerando a abstenção total dos tribunais na tentativa de sua aplicação.

Pois suponhamos que eles se abstenham. Existem então duas possibilidades. Com o passar do tempo, o Poder Legislativo se absteria, ou não, de forma conscienciosa, a obedecer a um direito constitucional, sentindo-se ou não constrangido a obedecer, cedo ou (não muito) tarde, mesmo na falta do controle judicial. Se ele não se sentir assim, qual seria o objetivo de inserir um direito à cidadania social na Constituição? Qual seria o objetivo de denominar um direito de constitucional se não esperarmos que ele seja levado a sério pelos agentes públicos presumivelmente conscienciosos? Por outro lado, se supormos que uma seção legislativa vinculada ao direito realmente se sinta obrigada a prestar atenção a um deferimento constitucional de direitos à cidadania social a todos, não estaríamos sujeitando nossos legislativos a sérios controles na sua descrição quanto à elaboração política? Como poderemos honestamente denominar de cidadania social um direito constitucional sem pretender limitar as extensas escolhas políticas pela regra majoritária, *mesmo se considerarmos que os tribunais não tentarão aplicar o direito assim denominado?*

Um exemplo diferente pode nos ajudar a elucidar o ponto. Imaginemos que algum país incluía em sua constituição o que poderíamos denominar de uma emenda libertária, dizendo:

> O Estado regulador está aqui abolido. O parlamento não poderá elaborar nenhuma lei que relacione responsabilidades, penalidades, ou ônus, ou qualquer tipo de conduta que não seja exigível pela *common law*.[63]

Imaginemos também que neste país não existe a prática de revisão constitucional pelo Judiciário. O Direito Constitucional se torna efetivo nos pronunciamentos oficiais e diretos através de disciplina própria pelo auxílio de pressões políticas. A emenda libertária seria vista, contudo, por todos,

---

[63] Veja Richard A. Epstein, *Talkings, Exclusivity and Speach? The Legacy of PruneYard* v. Robins, 64 U. Chi. L. Rev., p. 21, 21 – 28 (1997); *Cf.* Lucas vs. South Carolina Coastal Comm'n, 505 U.S. 1003, 1029-30 (1992) (Scalia J.) (Tornando a acionabilidade sob uma "lei fundamental" anterior, dos usos da propriedade proibidos por uma nova lei regulatória, o teste dos deveres do Estado de pagar compensação como se por uma "desapropriação" da propriedade).

Jurisdição e Direitos Fundamentais

partidários e opositores, como profundamente antidemocrática. Colocar entraves na democracia seria exatamente o objetivo da emenda.

Observamos que uma objeção democrática à constitucionalização de uma ou outra classe de direitos pode ser tremenda, mesmo se considerarmos que a "aplicação" de tais direitos se efetive longe dos tribunais através de pressão moral e política. E como fica a questão no caso específico de um direito à cidadania social? Ele dará margem a uma terrível objeção democrática? Gostaria de deixar essa questão suspensa por ora, enquanto os levo para o que chamei de objeção contratualista aos direitos sociais constitucionalizados.

6. A objeção contratualista

Contratualistas constitucionais, preocupados com a legitimidade política dentro de um determinado país, perguntar-se-ão se as leis básicas ou constitucionais de um país – aquelas que moldam, organizam, dirigem e limitam a prática jurídica e política – compõem *in toto* um acordo constitucional legitimado e suficiente. Para tanto, as leis deveriam incluir uma garantia para cada tópico para o qual uma pessoa racional, que respondesse de forma razoável, exigisse garantia enquanto condição de apoio para o sistema de produção do direito no sistema como um todo.[64]

Suponhamos que este conjunto constitucional consista de vinte e cinco cláusulas, de "A" a "Y", cujo ordenamento seja canônico e indiscutível. A declaração de direitos é composta pelas cláusulas "P" a "Y". "P" a "Y" que dizem coisas como "nenhuma busca ou apreensão poderá ser efetivada sem o respectivo mandado, e nenhum mandado poderá ser expedido sem a causa provável", "a pena de morte está doravante proibida como punição para qualquer crime", "a liberdade de imprensa está doravante garantida". Não existe porém a garantia de direitos sociais. Motivado pelo objetivo constitucional e contratualista de estabelecer um acordo constitucional completo e legítimo, o país apenas agora está debatendo a inclusão de uma vigésima sexta cláusula "Z". "Z" estabeleceria: "Todos tem o direito à cidadania social como descrito nas obras de Willian Forbath". Dentro dos recursos disponíveis, o Estado deverá estabelecer medidas legislativas, dentre outras, para a realização progressiva deste Direito.

Suponhamos que seja amplamente acordado o *objetivo* de "Z" – cidadania social efetiva em justos termos para todos que assim a procurem – é aquele onde as operações governamentais devem visivelmente estar comprometidas em práticas, tais que o sistema de governo possa ser um que encontre o padrão contratualista constitucional de aceitabilidade razoável

---

[64] Veja acima Parte 4.

universal. Tal fato moral assim chamado – parece colocar uma dificuldade fatal para a legitimidade política constitucional contratualista. A dificuldade aparente está no fato de que quase sempre será impossível que cada um diga precisamente se "Z" está ou não sendo seguido com seriedade. Digamos que o parlamento deste ano tenha feito todo o seguinte: trocado a assistência social por trabalho remunerado, aumentado em cinqüenta por cento a alocação de recursos para o trabalho, reduzido o salário mínimo em um terço, estendido as leis de negociação coletiva para empregadores com pelo menos dez trabalhadores, abolido o controle sobre aluguéis, orçado uma soma anual de 30 bilhões de coroas para habitação e treinamento profissional, aumentado as taxas do imposto de renda em cinco por cento, reduzido as taxas de empréstimo em dois por cento, duplicado a quantidade de grupos de combate à discriminação no trabalho, e aprovado uma nova tabela de tarifas menos protetoras do que as anteriores, em troca de concessões recíprocas de outros países. Todas estão em conformidade com a cláusula "Z"?

A incerteza de tais princípios parece desqualificar uma cláusula como "Z" para figurar como componente necessária em um acordo constitucional completo e legítimo. Lembremos de como o argumento contratualista constitucional foi formado. Podemos livremente aceitar os atos diários de coerção de um regime político constituído, incluindo aqueles que julgamos perniciosos e injustos, porque e simplesmente porque (1) consideramos este regime como um regime racionalmente aceitável por todos que estejam sendo razoáveis, e (2) *Vemos nossos companheiros cidadãos ligados ao governo através deste regime submetendo-se a este governo.* Para que o regime mereça nossa submissão, uma das condições é que possamos saber em todos os momentos que os comprometimentos que o tornam universalmente razoável e racionalmente aceitável sejam verdadeiros, e não falsos. Temos de ser capazes de observar nossos companheiros cidadãos e o governo realmente cumprindo com os princípios. Como poderemos fazê-lo, se "Z" é um dos princípios? Como não podemos, parece que "Z" não pode ser considerado como uma parte indispensável de qualquer constituição que pretenda justificar politicamente seus compromissos morais, em uma visão contratualista constitucional.

E aí, então, temos a objeção contratualista à idéia de que os direitos sociais devam pertencer a uma declaração de direitos e garantias constitucionais. Como os direitos sociais não possuem o atributo da clareza, como poderíamos chamá-lo – o atributo de poderem ser mais ou menos realizados (ou não) em qualquer momento específico – parecemos impedidos de os considerar como parte necessária dos princípios constitucionais, faltando aquilo que a constituição não conseguiria alcançar para chegar aos padrões da legitimidade; em outras palavras, a constituição falharia em não fornecer uma base aceitável para a regra política, aos olhos de cada pessoa racional que responda com razoabilidade.[65] (E então quais seriam os argumentos em favor de uma constitucionalização de *garantias dos direitos sociais*?)

7. O contratualismo constitucional vinculado: a razão pública

Neste momento, devemos questionar seriamente a cogência e a coerência da resposta constitucional contratualista – sua resposta profunda e normativamente individualista – à questão da legitimidade política. Pode ser verdade, apesar de tudo, que um sistema constitucional sem uma garantia à cidadania social – com o que quero imaginar uma garantia crível de uma meta constante e que seja assegurada com boa-fé pelos poderes no sentido de garantir os pré-requisitos de uma cidadania social para todos os que a almejam em termos justos – falhe em assegurar a cada pessoa razoável e racional, mediante razões suficientes que as façam aceitar, o que quer que as leis específicas possam promulgar fora do sistema de tempos em tempos. Acreditando nisso, os políticos liberais não estão livres apenas para acreditar que se isto acontecer se tornará teoricamente inconveniente.[66] Como pode, então, um regime político ser legítimo a seus olhos ?

Eles crêem que um regime não é legítimo se a sua lei fundamental não incluir uma garantia de direitos sociais, mas ele também não é legítimo se qualquer uma de suas garantias de direito básico, necessárias para sua legitimidade, for tal que os cidadãos não possam julgar se estas garantias estão de fato sendo mantidas, ou pelo menos sendoalmejadas e buscadas com boa-fé todo o tempo. Se uma garantia à cidadania social falha neste último teste, então, segundo as perspectivas dos contratualistas, ela não pode ser parte indispensável de um acordo constitucional suficiente e legitimador – embora seja parte. Parece uma contradição. Se for assim, o acordo constitucional contratualista legitimo deve ser uma teoria equivocada de justificação política. Se ela estiver equivocada, e se não estiver à vista nenhuma outra teoria de justificação política liberal aceitável para as sociedades modernas, plurais e governadas pelo Direito, então, para os liberais preocupados com tais sociedades, a justiça política aparentemente se localiza além

---

[65] Uma consideração desse tipo pode ser incluída nas próprias conclusões de John Rawls, segundo as quais garantias a direitos sociais não estão entre os "princípios constitucionais" Veja *Liberalismo Político*, acima, nota 39, p. 227-30; Frank I. Michelman, *Rawls on Constitucionalism and Constitucional Law*, in *The Cambridge Companion to John Rawls* (Samuel Freeman ed. (forthcoming 2002).

[66] John Rawls classificaria uma tal garantia como um "problema de justiça básica" coberta por um "constrangimento da obrigação pública", mas não como uma "essência constitucional". Veja Liberalismo Político, nota 39 supra, pp. 216-20, 223-27; Michelman supra nota 65.

da possibilidade de uma definição coerente, e além da efetiva implementação.[67]

O pensamento de John Rawls nos oferece um modo de escapar deste vínculo. Percebemos este modo nas propostas de dar aos direitos sociais um *status* constitucional de "princípios diretivos", em vez de "direitos", bem como em suas idéias sobre o que ele chama "obrigação pública e assuntos de justiça básica". A questão para Rawls é esta: um acordo constitucional suficiente e legitimador deve fornecer uma garantia firme, restrita, confiável e substantiva de obediência ao que ele denomina o núcleo das liberdades básicas negativas – liberdade de consciência e de expressão, por exemplo. Considerando o restante da cidadania social, os requisitos são mais leves. O que necessitamos, e todos necessitamos, é a certeza de que, sempre que escolhas políticas e legislativas se fundamentarem nas condições estruturais básicas da cidadania social, sejam escolhas consideradas por todos que delas participem, como Rawls denomina, um comprometimento com a obrigação pública. Os participantes de tais decisões devem estar aptos a explicar a consonância de suas posições com uma concepção de um acordo constitucional amplo e legitimador que – eles sinceramente mantenham – mereça a aceitação de todo indivíduo racional e razoável que tenha sido afetado.[68]

A mudança para a obrigação pública torna mais leve o fardo que pesa sobre os contratualistas constitucionais que honestamente acreditam que um comprometimento político com boa-fé, a constante busca do Estado por uma cidadania social para todos, deva ser o objetivo final de qualquer constituição aceitável e universalmente razoável. A situação em que cada parlamentar e cada eleitor deva estar pronto, com toda sinceridade, para explicar e defender todos os seus votos sobre problemas que afetem as condições estruturais da cidadania social, como expressões de seus melhores e honestos julgamentos sobre que escolhas são as mais realizáveis para assegurar a cidadania social a todos, será a hipótese que Rawls chamaria de preenchimento do ideal da razão pública. Se os cidadãos pudessem ter suficiente confiança de que a razão pública prevalecesse nas tomadas de decisão públicas sobre os problemas que afetam as condições estruturais da cidadania social, então essa confiança (combinada com garantias formais e jurídicas da satisfação de todos a todo o momento das nucleares e básicas liberdades negativas) poderia dar a cada pessoa razoável uma base suficien-

---

[67] O problema pode ainda ser mais grave do que meu texto apresenta. O comprometimento que descrevi não está claramente restrito às garantias aos direitos sociais, mas pode ainda ser estendido a todas as "liberdades básicas", a todos os membros da lista padrão de liberdades negativas constitucionais. Veja Frank I. Michelman, Posmodernism, *Proceduralism and Constitutional Justice: a Comment on Van der Walt & Botha*, Vol. 9, Issue 2, 246, 256-59 (2002); Frank I. Michelman, Relative Constraint and Public Reason: What Is "the Work We Expected of Law" Brook L. Rev. (forthcoming).
[68] Veja acima o texto que acompanha as notas 42-45.

te para a aceitação dos resultados legislativos, quaisquer que eles fossem, em um regime constitucional democrático. Observe-se, então, o oposto: se os fatos forem tais que os cidadãos não possam razoavelmente manter a confiança na efetiva coação da obrigação pública sobre as escolhas políticas que afetem as condições estruturais da cidadania social, então o sistema jurídico existente é injusto. Ele falha em não alcançar a exigência moral de justiça na política, como o pensamento político liberal e o constitucional contratualista concebem tal exigência.

8. Razão pública e democracia

Retornemos à objeção majoritária ao direito constitucional à cidadania social. Quando a deixamos, a objeção era esta: denominar a cidadania social como um direito constitucional é impor demasiadas restrições à democracia, mesmo supondo que os tribunais sejam mantidos fora de atuação. Podemos agora verificar como esta objeção negocia com uma concepção pobre, particular e contestável de democracia.

Se um chamado direito à cidadania social fosse tão amplo – tão indeterminado – como temos mencionado, se a ele faltasse aplicabilidade imediata em qualquer questão de política pública difícil e polêmica, então como, precisamente, poderia alguém pensar em impedir a democracia? O caso, como agora poderemos ver, é bastante diferente daquele da cláusula libertária. Para lembrar, a cláusula libertária prevê que:

> O parlamento não deverá elaborar qualquer lei impondo responsabilidades, penalidades, ou ônus, de qualquer tipo, em relação a condutas que não sejam exigíveis com base na *common law*.

Esta cláusula, enquanto puder deixar algum espaço para uma disputa com boa-fé sobre situações-limite, precisamente sobre quais condutas são ou não "previstas na *common law*", deixa – e com certeza pretende deixar – o parlamentar com muito pouco a decidir sobre o direito regulatório. Em contraste, o direito constitucional de cada um à satisfação da cidadania social deixaria praticamente todas as questões importantes em termos de políticas públicas por serem ainda decididas. Seu maior (mas talvez não trivial) efeito sobre a tomada de decisões democráticas (com os tribunais sendo mantidos de fora) seria de uma certa pressão psicológica a partir do qual os cidadãos e seus representantes eleitos abordariam as muitas questões envolvendo políticas públicas, sempre esperando por serem decididas. Em linguagem rawlsoniana, a questão de denominar a cidadania social como um direito constitucional seria conceder uma certa inflexão à razão pública política. Ao final de tão ampla gama de questões públicas, tal denominação se somaria à demanda de que estas questões sejam abordadas como ocasiões para exercícios de julgamento – qual escolha guiará à cidadania social de cada um, em termos justos? – ao invés de convites para publicar e votar os interesses e preferências particulares de cada um.

É claro que levantar estas questões de julgamento é verificar que são questões sobre as quais opiniões poderão e irão diferir marcantemente, razoavelmente e sinceramente e, muito provavelmente, sem serem independentes das situações sociais particulares dos indivíduos e interesses relacionados. (Nos Estados Unidos de hoje, trabalhadores de fábricas sem dúvida tenderão, em média, a ver as questões de forma diferenciada em relação aos corretores de ações, jovens mães as verão diferentemente de experientes diretores de pessoal de corporações, negros de brancos etc.). Mas com certeza não existirá mal algum para a democracia neste ponto. Por que não deveriam as discordâncias sobre julgamentos interpretativo-constitucionais criar um terreno tão profícuo para a democracia quanto os conflitos de interesses e preferências? "Democracia" denominaria então a prática segundo a qual cidadãos formam, testam, trocam, revisam e associam seus julgamentos interpretativo-constitucionais, somente o fazendo para obter, de tempos em tempos, os "acordos institucionais" que um país precisa de modo a seguir em frente em uma conduta de vida toleravelmente ordenada.[69]

Seguramente esta é uma visão bastante idealista do que é a democracia e de como ela funciona. Tenho certeza de que é também a visão de uma minoria, em comparação com o ponto de vista de que a democracia significa, estritamente, que as pessoas de um país são livres para tratar suas aspirações políticas como uma série de preferências não reguladas normativamente. Desta visão, no entanto, parece depender a idéia de justiça liberal ou de legitimidade liberal dentro de qualquer possível sistema de ordenamento jurídico positivo.

---

[69] Veja Amy Gutmann & Dennis Thompson, *Deliberative Democracy Beyond Process*, 10 J. Pol. Phil. Pp. 153, 165-69 (2002); Frank I. Michelman, *Why Voting?* 34 Loy. L. A. Rev. 985, pp. 1001-04 (2001). *On "Principle of institutional settlement,"* veja Henrry M. Hart, Jr. & Albert M. Saks, The Legal Process: Basic Problems in the Making and Application of Law , pp.1-9 (William N. Eskridge, Jr. & Philip P. Frickey eds., The Foundation Press, Inc. 1994).

— V —

O controle jurisdicional de políticas públicas no Brasil: possibilidades materiais

ROGÉRIO GESTA LEAL

Desembargador do TJRS, Professor Titular da Universidade de Santa Cruz do Sul, Professor Convidado da Universidade Estácio de Sá-RJ, e Professor Associado da Scuola Dottorale Internazionale di Diritto ed Economia Tullio Ascarelli, Roma, Itália. Professor Associado do Instituto Ambrosio Cioja, da Universidad Nacional de Buenos Aires. Professor do Curso de Mestrado em Poder Judiciário, da Fundação Getúlio Vargas-RJ. Especialista em Direito Constitucional, Mestre em Desenvolvimento Regional, Doutor em Direito do Estado, pela UFSC, Doutor em Direitos Humanos pela Universidad Nacional de Buenos Aires. Autor, dentre outros, dos seguintes livros: Teoria do Estado: cidadania e poder político na modernidade; Direitos Humanos no Brasil: desafios à democracia; Hermenêutica e Direito: considerações sobre a teoria do direito e os operadores jurídicos.

Sumário: I. Notas Introdutórias; II. O caso concreto; III. Um escorço constitutivo das políticas públicas no Brasil e seus fundamentos políticos e jurídicos; IV. As Políticas Públicas Constitucionais Vinculantes (PPCV) e a Administração Pública: a necessária fusão de horizontes; V. Limites objetivos do controle jurisdicional das políticas públicas constitucionais vinculantes; VI. Considerações Finais; VII. Bibliografia.

I. Notas Introdutórias

O presente texto pretende avaliar as possibilidades materiais e processuais do controle jurisdicional de políticas públicas no Brasil, a partir de metodologia de abordagem hipotético-dedutiva, valendo-se dos pressupostos materiais da referência casuística veiculada pela Argüição de Descumprimento de Preceito Fundamental n° 45, procedente do Distrito Federal, tendo como relator o Ministro Celso de Mello, julgada em 29 de abril de 2004.

Em termos metodológico-procedimentais, vou apreciar o tema da seguinte forma: (a) identificarei o caso concreto que dá ensejo à problematização proposta; (b) estabelecerei alguns marcos definidores da natureza política e jurídica das políticas públicas no Brasil, a fim de compreender os limites e possibilidades de seu controle; (c) farei uma análise do surgimento de um novo instituto (jurídico e político) com natureza multifacetada, que estarei nominando de Políticas Públicas Constitucionais Vinculantes

(PPCV), e a relação que elas mantêm com a Administração Pública, bem como as possibilidades de seu Controle Jurisdicional; (d) proporei algumas considerações finais ao debate proposto.

II. O caso concreto

O *hard case* que enseja este debate é a Ação de Descumprimento de Preceito Fundamental nº 45, procedente do Distrito Federal, tendo como argüente o Partido da Social Democracia Brasileira – PSDB, e como argüido o sr. Presidente da República, decidida em 29/04/2004, pelo Supremo Tribunal Federal – STF.

A *questio* central da ação teve como escopo matricial o veto que o Presidente da República fez incidir sobre o § 2º do art. 55 da proposição legislativa que se converteu na Lei Federal nº 10.707/2003, que versava sobre a Lei de Diretrizes Orçamentárias da União, destinada a fixar as diretrizes à elaboração da lei orçamentária para 2004. De forma mais específica, este dispositivo vetado determinava o que se entendia por ações e serviços públicos de saúde, a saber, a totalidade das dotações do Ministério da Saúde, deduzidos os encargos previdenciários da União, os serviços da dívida e a parcela das despesas do Ministério financiada com recursos do Fundo de Combate a Erradicação da Pobreza.

Refere o autor da ação que tal veto implicou desrespeito ao preceito fundamental decorrente da EC 29/2000, promulgada para garantir recursos financeiros mínimos a serem aplicados nas ações e serviços públicos de saúde.

Tal questão debatida, ao fim e ao cabo, restou prejudicada em face do envio, pelo Presidente da República ao Congresso Nacional, e aprovada posteriormente, da Lei Federal nº 10.777/2003, versando sobre o mesmo tema, agora com a inclusão do dispositivo vetado, suprimindo a omissão motivadora do ajuizamento da ação constitucional sob comento.

Independente do resultado da ação – julgada prejudicada pelos fatos arrolados –, o que importa destacar aqui são os juízos de valor suscitados no feito, vinculantes em termos de posição pessoal ao menos de seu relator sobre o problema proposto neste trabalho, a saber, as possibilidades de controle jurisdicional das políticas públicas no Brasil, pela via da ação constitucional vergastada, ou por outro instrumento idôneo para tanto.

Sustentou o relator que o presente remédio constitucional "apresenta-se como instrumento idôneo e apto a viabilizar a concretização de políticas públicas, quando, previstas no texto da Carta Política, venham a ser descumpridas, total ou parcialmente, pelas instâncias governamentais destinatárias do comando inscrito na própria Constituição da República".[1]

---

[1] Ação de Descumprimento de Preceito Fundamental nº 45, de 29/04/2004, rel. Min. Celso de Mello. Distrito Federal. Arguinte: PSDB; Argüido: Presidente da República, p. 2. Disponível em www.stf.gov.br/dj/, acesso em 20/11/2004.

Pela via desta ação constitucional, entendeu o relator que o país destacou ainda mais a dimensão política da jurisdição constitucional conferida ao STF, "que não pode demitir-se do gravíssimo encargo de tornar efetivos os direitos econômicos, sociais e culturais que se identificam, enquanto direitos de segunda geração, com as liberdades positivas, reais ou concretas, sob pena do poder público, por violação positiva ou negativa da Constituição, comprometer, de modo inaceitável, a integridade da própria ordem constitucional".[2]

Neste passo, reconhece o Ministro-Relator que não é da tradição do Estado Moderno e Contemporâneo ter o Poder Judiciário a incumbência de formular e implementar políticas públicas de outras esferas de Poder (como as legislativas e executivas), todavia, "tal incumbência, embora em bases excepcionais, poderá atribuir-se ao Poder Judiciário, se e quando os órgãos estatais competentes, por descumprirem os encargos político-jurídicos que sobre eles incidem, vierem a comprometer, com tal comportamento, a eficácia e a integridade de direitos individuais e/ou coletivos impregnados de estatura constitucional, ainda que derivados de cláusulas revestidas de conteúdo programático".[3]

Dentre aqueles direitos referidos, mostra-se cônscio o eminente Relator de que, no particular, os direitos econômicos, sociais e culturais, pela natureza notadamente positiva que possuem, vinculada fundamentalmente a um dever Estatal, têm um limite institucional e material conectado com o que a doutrina especializada tem nominado de reserva do possível.[4] Esta reserva diz respeito, mais particularmente, à prévia existência de "um inescapável vínculo financeiro subordinado às possibilidades orçamentárias do Estado, de tal modo que, comprovada, objetivamente, a incapacidade econômico-financeira da pessoa estatal, desta não se poderá razoavelmente exigir, considerada a limitação material referida, a imediata efetivação do comando fundado no texto da Carta Política".[5]

Adverte ainda o Relator que:

> Não se mostrará lícito, no entanto, ao Poder Público, em tal hipótese, mediante indevida manipulação de sua atividade financeira e/ou político-administrativa, criar obstáculo artificial que revele o ilegítimo, arbitrário e censurável propósito de fraudar, de frustar e de inviabilizar o estabelecimento e a preservação, em favor da pessoa e dos cidadãos, de condições materiais mínimas de existência. Cumpre advertir, deste modo, que a cláusula da reserva do possível, ressalvada a ocorrência de justo

---

[2] Op. cit., p. 2. Lembra o eminente relator, nesta passagem, que o Estado pode violar a dicção constitucional tanto quando age contrário a ela, como quando não age, pecando pela inércia, na concretização dos direitos assegurados à sociedade.

[3] Op. cit., p. 2.

[4] Especialmente se referindo aqui ao texto de HOLMES, Stephen & SUNSTEIN, Cass. *The Cost of Rihgts*. New York: Norton, 1999.

[5] Ação de Descumprimento de Preceito Fundamental nº45, de 29/04/2004. Op. cit., p. 4.

motivo objetivamente aferível, não pode ser invocada, pelo Estado, com a finalidade de exonerar-se do cumprimento de suas obrigações constitucionais, notadamente quando, dessa conduta governamental negativa, puder resultar nulificação ou, até mesmo, aniquilação de direitos constitucionais impregnados de um sentido essencial fundamentalidade.[6]

Lastreado em doutrina nacional, o Min. Celso de Mello aduz que não podemos esquecer, quando tratamos de temas como estes, que a finalidade do Estado, ao obter recursos, para em seguida gastá-los sob a forma de obras, prestação de serviços, ou qualquer outra política pública, é exatamente realizar os objetivos fundamentais da Constituição. Dentre estes objetivos, por certo se encontra em seu núcleo fundacional o da dignidade da pessoa humana, cujo limite de partida será sempre o mínimo existencial, e que ao mesmo tempo vem delimitado em linhas gerais pelos princípios constitucionais e pelos direitos e garantias individuais e coletivos, bem como, no particular, deverá ser aferido no caso concreto e tomando como parâmetro a não-violação e a concretização de tais prerrogativas em face do bem juridicamente tutelado na espécie, utilizando para tanto de critérios de ponderação devidamente fundamentados (problema que vamos enfrentar mais tarde).

Mas afinal, quando se estará diante de uma situação que autorize o controle jurisdicional das políticas públicas no Brasil? Para o ilustre Relator, isto vai ocorrer quando Legislativo ou Executivo agirem de modo irrazoável ou procederem com a clara intenção de neutralizar ou comprometer a eficácia dos direitos sociais, econômicos e culturais, afetando, "como decorrência causal de uma injustificável inércia estatal ou de um abusivo comportamento governamental, aquele núcleo intangível consubstanciador de um conjunto irredutível de condições mínimas necessárias a uma existência digna e essenciais a própria sobrevivência do indivíduo".[7]

A despeito de ter sido julgada prejudicada a ação constitucional, como já referimos dantes, importa reconhecer que os juízos de valor lançados pelo insigne Relator abrem um debate dos mais importantes no país, qual seja, o das condições de possibilidade de controle jurisdicional das políticas públicas no país, ingressando inclusive na ceara das formas objetivas de se fazê-lo.

Para dar início a estes enfrentamentos, todavia, tenho que se afigura necessário, antes, delimitar, ao menos genericamente, um certo pacto semântico sobre o que se pode entender por políticas públicas no país, identificando suas particularidades mais jurídicas do que políticas, ambas – por certo – imbricadas.

---

[6] Op. cit., p. 5.
[7] Op. cit., p. 5.

III. Um escorço constitutivo das políticas públicas no Brasil e seus fundamentos políticos e jurídicos

Em termos conceituais mais gerais e absolutamente modernos, tenho que se possa definir uma política pública como ação estratégica (de instituições ou pessoas de direito público) que visa a atingir fins previamente determinados por finalidades, objetivos e princípios de natureza pública. Tal ação, inexoravelmente, vem marcada por altos níveis de racionalidade programática, caracterizada por medidas organizacionais e de planejamento.[8]

É possível a partir daqui entender como se foi construindo novos conceitos de gestão (pública e privada) ao longo da história ocidental envolvendo a Administração Pública, centrados nesta diretiva organizacional de meios e fins, maximizando resultados em face da qualificação das infra-estruturas físicas, logística, de pessoal e patrimonial. De forma mais particular e recente, tivemos as experiências inglesa e americana da Administração Gerencial, ou das *Public Choices* do modelo Japonês.[9]

O problema aqui é, todavia, de outra ordem, pois pode muito bem a Administração Pública no Ocidente ter desenvolvido novas técnicas de gestão e se aparelhado em todos os níveis para dar conta quantitativa e qualitativa das demandas que atendem, sem abandonar (pelo contrário, ratificando) o paradigma institucionalista que marca a relação que mantém com o interesse público em termos de sua definição e tratamento,[10] insulando-se cada vez mais da Sociedade Civil que não se identifica e sequer encontra espaço nas estruturas estatais tecno-burocráticas e complexas que foram criadas, questão que retomaremos mais tarde.

De qualquer sorte, o tema das políticas públicas no Brasil tem se afigurado, ao menos em termos de imaginário social, como um ilustre desconhecido, a uma, porque o próprio Estado nacional não teve, ao longo de sua história, uma preocupação muito real com estas questões; a duas, porque a sociedade civil sempre ficou à margem destes assuntos, tidos como de competência única das instituições estatais.[11]

Na verdade, o Estado Administrador brasileiro tem gerido os interesses públicos como se sobre eles detivesse um domínio absoluto e exclusivo,

---

[8] Neste sentido, o trabalho de BOHMAN, James. *Public Deliberation: Pluralism, Complexity and Democracy*. Boston: Madinson, 2002, p. 61 e ss.

[9] Ver o trabalho de PEREIRA, Luiz Carlos Bresser; SPINK, Peter Kevin.*Reforma. do Estado e Administração Pública Gerencial*. Rio de Janeiro: Editora FGV, 1999. Nesta perspectiva, o grande mote de discussão são as possibilidades de inter-relação entre iniciativa pública e privada.

[10] Mesmo quando o Estado age como mediador de interesses corporativos e privados em tal tarefa, transformando-os pela via formal das ações públicas em questões federativas de alcance artificialmente nacional – como foi o programa federal de subsídios a instituições financeiras criado pelo governo federal, em nome da saúde mercadológica, principalmente dos correntistas.

[11] Ver neste sentido o excelente texto de BUCCI, Maria Paula Dallari. *Direito Administrativo e Políticas Públicas*. São Paulo: Saraiva, 2002.

efetivamente institucionalizando todas as ações voltadas para atendê-los, e mesmo defini-los, em meio a tantas tensões e conflitos sociais complexos e progressivos que se formaram nos últimos 50 anos no país.[12]

Com tais comportamentos, as possibilidades de participação da sociedade civil restaram significativamente suplantadas, reduzidas ainda mais em face do perfil de passividade e relacionamento servil que vem mantendo com os poderes instituídos, aceitando o que lhe é ofertado como sendo um favor.

Assim, dificultou-se a formatação de ações administrativas do Estado que se preocupassem em imprimir níveis de racionalidade à administração pública dos interesses sociais, com planejamento, programação, projetos e mecanismos de constituição, execução e avaliação de atendimento das demandas sociais emergentes. Ao revés, tem funcionado a Administração Pública como se estivesse apagando incêndios e criando soluções absolutamente curativas, e não preventivas, aos problemas detectados (quando detectados, haja vista, regra geral, o amadorismo de seus quadros técnicos) de forma endógena e isolada da participação social ou de suas representações oficiosas, agudizando tal quadro o fato de não ter conseguido sequer modernizar suas estruturas e formas operacionais de comportamentos oficiosos.

Na base conceitual deste cenário, podemos encontrar um tipo de concepção de Estado e de Administração Pública assaz conservadora e ultrapassada, a saber, concebendo o Poder Público como um agente oficial da vontade popular, detentor de mandato ou titulação que lhe autoriza a exercer o poder independentemente de sua matriz criadora e fundante: a própria soberania popular. O costume de exercício do sufrágio como ato isolado de participação política tem se confundido com a delegação incondicionada de mandatos (poder) a agentes públicos por tempo certo e determinado, comodamente transferindo a estes todas as responsabilidades e liberdades à solução das mazelas societais.

Em verdade, a sociedade civil tem tido no voto, no evolver dos tempos democráticos, um dos únicos momentos espacial e temporal de vinculação e relação com a Administração Pública, após o que se ausenta do espaço público para que os donos do poder[13] possam desempenhar seus papéis.

Tenho que é somente a partir do regime militar da década de 1960 que vamos visualizar, com a Escola Superior de Guerra e outros espaços institucionais controlados militarmente, um explícito início de projeto nacional

---

[12] Conforme o texto de LIMA JR., Olavo Brasil de; SANTOS, Wanderley Guilhermo, "Esquema geral para a análise de políticas públicas: uma proposta preliminar". In: *Revista de Administração Pública*, Rio de Janeiro, Fundação Getúlio Vargas, *10*(2):241-56, abr/jun. 1976.

[13] Retiramos esta idéia um pouco da reflexão que pode ser encontrada em FAORO, Raymundo. *Os Donos do Poder*. Rio de Janeiro: O Globo, 1979.

de políticas públicas de desenvolvimento; autoritário sim, mas ordenado em termos de ações a serem desenvolvidas e objetivos a serem alcançados, dogmatizando ainda mais as competências federativas oficiais.[14]

É neste período – a começar pela edição do Decreto-Lei nº 200/64 – que surgiu uma preocupação (ainda institucional) de imprimir certo profissionalismo à Administração, voltado aos desafios de crescimento econômico e desenvolvimento social, gerando uma série de medidas de racionalização de serviços e ações estatais, bem como criando espaços monitorados e seletivos de participação e oitiva de determinados setores organizados da sociedade civil – notadamente industrial e comercial.[15]

Com a abertura democrática e o restabelecimento das instituições civis e políticas, a partir da década de 1980, do que decorreu a edição da Carta Constitucional de 1988, teve-se um certo fenômeno de articulação política da sociedade civil (já existente em forma preambular na década de sessenta, antes do golpe militar), o qual se pode nominar como indicador de uma *politização do social*, implicando que a demarcação da linha imaginária entre Estado e Sociedade restou cada vez mais tênue como resultado de movimentos perigosos de privatização da esfera do público e da politização da esfera do privado.[16]

Esta politização do social criou outra lógica de ação coletiva no país, produzindo novas formas de inserção sociopolítica do empresariado, do campesinato, das classes médias e pobres, que passaram a operar mais segundo uma dimensão maior de autonomia e mobilização política, e menos segundo o tradicional hábito do clientelismo e do corporativismo estatais. Assim, se até o final da década de 1980 a mobilização e a participação políticas se davam preponderantemente *a partir do Estado*, com mecanismos e processos de cooptação política, agora elas se inserem significativamente também *a partir da Sociedade*, com mecanismos e processos de representação política, cada vez mais espontâneos e menos institucionais.[17]

---

[14] Digo isto porque não tenho a Era Vargas como iniciadora de uma formação de políticas públicas nacionais, mas tão-somente a criação de estruturas burocráticas importantes de descentralização do Estado e da carreira burocrática de seus agentes. Dito isto, vou a sentido contrário à posição de PEREIRA, Luiz Carlos Bresser; SPINK, Peter Kevin. *Reforma. do Estado e Administração Pública Gerencial*, op. cit., p. 48, quando afirma que: "a reforma administrativa embutida no Decreto-Lei nº 200 ficou pela metade e fracassou. A crise política do regime militar, que se iniciou já em meados dos anos 70, agravou ainda mais a situação da administração pública, na medida em que a burocracia estatal foi identificada com o sistema autoritário em pleno processo de degeneração".

[15] Ver o excelente trabalho de COSTA Frederico Lustosa da. "Estado, reforma do Estado e democracia no Brasil da nova república". In *Revista de Administração Pública*, FGV, vol.32(4):71/82. Rio de Janeiro: FGV, 1998.

[16] Ver o trabalho de KLIKSBERG, Bernardo. *Social Management: some strategic issues*. New York: United Nations, 1998.

[17] Quem faz uma análise excelente a este respeito é KLIKSBERG, Bernardo. *Como reformar o Estado para enfrentar os desafios sociais do terceiro milênio*. In Revista de Administração Pública, vol.35, março/abril de 2001. Rio de Janeiro: Fundação Getúlio Vargas, 2001, p.119/152. Na mesma linha de

Assim, a análise de políticas públicas não necessariamente se refere apenas às políticas geradas nas instituições propriamente estatais, mas passam a ser o resultado de políticas geradas nas instituições não propriamente estatais, estas veiculadas através de grupos de pressão e *loby*, de reivindicações de setores mais mobilizados e pertencentes às elites dominantes, e mesmo de alguns grupos populares emergentes, como o MST, ambientalistas, movimentos de consumidores, gerando reflexos diretos e indiretos na reorganização ampliativa das esferas de poder e dos campos de interlocução política – situação que se dá até os dias de hoje.

De outro lado, os modelos gerencial e organizacional do mercado vão se apresentando como um paradigma de racionalidade e eficácia a ser adotado pelas próprias instituições públicas, em face dos êxitos e sucessos atingidos com o controle calculado do processo de produção, circulação e concentração de riquezas alcançadas, ao mesmo tempo que induzindo à crença da inoperabilidade do Estado e suas agências.[18]

De qualquer sorte, para os fins que pretendemos neste estudo, o certo é que a ciência política, a economia e a sociologia vão começar a tratar o tema das políticas públicas como uma questão multidisciplinar que diz respeito à organização, planejamento, execução e avaliação constante de ações voltadas ao atendimento das demandas sociais, sejam realizadas pelo Estado, sejam por particulares ou pelo próprio mercado. Tais ações estão marcadas, a uma, pelos marcos normativos, constitucionais e infraconstitucionais (de conteúdos e de competências) que lhe dão existência; a duas, pelo processo de constituição e desenvolvimento de ações de abertura institucional a partir de uma lógica de descentralização estatal – como as ações realizadas em parcerias com os Conselhos Municipais, Organizações não-governamentais, associações etc.[19]

Mesmo com esta abertura de abordagem das políticas públicas, ela não foi suficiente, ao menos em caráter mais massivo, para atrair a reflexão dos juristas brasileiros, eis que a maior parte dos cursos e textos didáticos de

---

raciocínio vai o trabalho de CLARKE, Jonh. *The Managerial State*. London: Sage, 2000. Sustenta este autor que: "As trilhas abertas pela reinterpretação gramsciana de Marx, com a introdução do importante conceito do Estado Integral (Sociedade Civil + Sociedade Política), e pela leitura que Bendix faz de Weber, com a redescoberta da idéia weberiana da imbricação dialética entre estruturas de autoridade e estruturas de solidariedade, vão permitir a crítica à visão dicotômica do Estado e a conseqüente construção de uma visão relacional envolvendo diretamente a Sociedade Civil". (Tradução nossa, p. 189).

[18] O que de uma certa forma vem ratificado pela Emenda Constitucional nº 19/2001, de 4 de junho d 1998.

[19] Para uma perspectiva mais ampliada da discussão, ver o trabalho de MORAND, Charles-Albert. *Le Droit neo-moderne dês politiques publiques*. Paris: LGDJ, 2001. No Brasil são os cientistas políticos, os sociólogos que vão se ocupar muito destas questões, tais como: MARTINS, Ana Luiza. *República: um outro olhar*. São Paulo: Contexto, 1992; MOISÉS, José Alvaro. *Cidade, povo e poder*. Rio de Janeiro: Centro de Estudos de Cultura Contemporânea/Paz e Terra, 1982; MOURÃO, Cezar Roberto. *A República e as repúblicas*. São Paulo: Civilização Brasileira, 1972.

Direito Administrativo e mesmo de Direito Constitucional não têm abordado este problema, talvez em razão da falsa compreensão de que ele pertença a outros campos do saber que não ao do Direito, ou quiçá porque efetivamente inexista uma formação de base sobre estes assuntos para estes profissionais.

Enquanto isto, em face da dicção constitucional ora vigente, desde o final da década de 1980 temos uma Carta Política que explicita de forma inconfundível finalidades, objetivos e princípios da República Federativa brasileira, vinculando tanto o Estado como a Sociedade Civil aos seus comandos, ao menos em termos delimitadores do que podemos chamar de mínimo existencial, desde uma perspectiva dos fundamentos da República, a saber: a soberania, a cidadania e a dignidade da pessoa humana.[20]

Este mínimo existencial pode-se afirmar que toma configurações conceituais constitucionais em face daqueles indicadores parametrizantes mencionados, notadamente os atinentes à dignidade da pessoa humana, plasmados e espargidos ao longo dos princípios constitucionais, explícitos e implícitos, dos direitos e garantias individuais e coletivas, dos direitos sociais etc.[21]

Cumpre verificar, agora, qual a relação que se estabelece entre aquele plexo de direitos e garantias sob comento – densificadores das possibilidades de mínimo existencial normativamente fixados para o país –, e as políticas públicas em nível de Administração Pública, bem como as condições de seu controle jurisdicional.

IV. As Políticas Públicas Constitucionais Vinculantes (PPCV) e a Administração Pública: a necessária fusão de horizontes

Por mais que se queira reconhecer à República Federativa do Brasil um Estado Democrático de Direito, isto não altera o perfil e a garantia da liberdade de mercado capitalista que tão bem caracteriza a história de ex-

---

[20] Abordei esta perspectiva no trabalho LEAL, Rogério Gesta. *Perspectivas Hermenêuticas dos Direitos Humanos e Fundamentais no Brasil.* Porto Alegre: Livraria do Advogado, 2001, bem como no texto também de minha autoria nominado de *Teoria do Estado: cidadania e poder político na modernidade.* Porto Alegre: Livraria do Advogado, 2003.

[21] Ver, neste sentido, o excelente texto de SARLET, Ingo. *O princípio constitucional da dignidade da pessoa humana.* Porto Alegre: Livraria do Advogado, 2002. Na verdade, é a própria compreensão de Constituição que se vê alterada aqui, ao menos em termos da historicidade brasileira, haja vista que passa a se outorgar a ela muito mais que um significado meramente dogmático-formal de norma posta, reconhecendo-a como pacto político-social instituidor da civilidade e das condições de sociabilidade e desenvolvimento das relações sociais, a partir de determinados postulados/premissas necessariamente vinculantes. Ver também o trabalho de XESTA, Fernando y VAZQUEZ, Ernesto. *La Orden Civil de la Republica. Ciudadania y distincion en el Estado Igualitario.* Madrid: Civitas, 2001, p. 92; bem como o texto de ENTERRÍA, Eduardo García de. *Democracia, Jueces y Control de la Administración.* Madrid: Civitas, 2001.

clusão social deste país, e suas mazelas conseqüentes.[22] Significa dizer que, mesmo tendo-se uma Constituição Democrática e Social, vige no território nacional e nas relações objetivas de produção e circulação da riqueza uma lógica de concentração altamente perversa e marginalizante, gerando exércitos de pobreza e violência social, dificultando o cumprimento das promessas constitucionais.

Neste ambiente de conflitos cotidianos, os Poderes Estatais são tensionados a estabelecer mediações à mantença de níveis de civilidade suportáveis junto à barbárie, evitando/minimizando a guerra ou a desobediência civis já instalada em diversos microterritórios urbanos e rurais, seja com projetos de leis que tentam retificar os erros cometidos ao longo de nossa história, ampliando a responsabilidade comunitária/solidária para com os mais necessitados;[23] seja com medidas judiciais compensatórias – e quase nunca satisfativas – à pacificação parcial daqueles conflitos;[24] seja com ações administrativas mais curativas que preventivas para gestar o caos em que a cidadania se encontra.[25]

Em meio a tantas incertezas e problemas, algumas diretrizes, as quais passo a chamar de indicadores constitucionais parametrizantes do mínimo existencial, estão postos e não podem ser desconsiderados em quaisquer ações – públicas ou privadas – que se destinem ao atendimento das situações anteriormente desenhadas. Tais indicadores, em síntese, dizem respeito à construção de uma Sociedade livre, justa e solidária; à garantia o desenvolvimento nacional; à erradicação da pobreza e da marginalização, bem como à redução das desigualdades sociais e regionais; à promoção do bem de todos, sem preconceitos de origem, raça, sexo, cor, idade e quaisquer outras formas de discriminação.

A densificação mais objetiva e precisa destes indicadores pode ser encontrada ao longo de todo o Texto Político, consubstanciando-se nos direitos e garantias fundamentais, individuais e coletivos, nos direitos sociais, nos direitos à educação, à saúde, à previdência, etc. Por sua vez, os Poderes Estatais e a própria Sociedade Civil (através da cidadania ou mesmo de representações institucionais dela) estão vinculados a estes indicadores norteadores da República, eis que eles vinculam todos os atos praticados pelos agentes públicos e pela comunidade, no sentido de vê-los comprometidos efetivamente com a implementação daquelas garantias.

---

[22] Situação inclusive reconhecida pelo próprio Texto Constitucional brasileiro vigente, em seu art. 170, II e IV.

[23] Lei do Voluntariado, das Organizações não Governamentais, das Parcerias Público-Privadas, etc.

[24] Medidas judiciais garantidoras de fornecimento de medicamentos, de mantença do fornecimento de água e luz, etc.

[25] Projeto Fome Zero do Governo Federal, Projeto Merenda Escolar, Projeto de seguros às atividades agrícolas, etc. Todas estas iniciativas, a despeito de cumprirem com uma função social importantíssima, opera no âmbito do problema consumado e não de sua prevenção.

Se isto é verdade, quero sustentar que qualquer política pública no Brasil tem como função nuclear a de servir como esfera de intermediação entre o sistema jurídico constitucional (e infraconstitucional) e o mundo da vida Republicano, Democrático e Social que se pretende instituir no país. Em outras palavras, é através de ações estatais absolutamente vinculadas/comprometidas com os indicadores parametrizantes de mínimo existencial previamente delimitados, que vai se tentar diminuir a tensão entre validade e faticidade que envolve o Estado e a Sociedade Constitucional e o Estado e a Sociedade Real no Brasil.[26]

Isto me leva a crer na existência daquilo que vou chamar de políticas públicas constitucionais vinculantes, aqui entendidas como aquelas ações que o Texto Político atribui aos Poderes Estatais como efetivadoras de direitos e garantias fundamentais, e todas as decorrentes delas, haja vista os níveis compartidos de responsabilidades entre as entidades federativas brasileiras e a cidadania envolvendo a matéria. Considerando ainda crer, no particular, não existirem normas constitucionais despossuídas de concreção no sistema jurídico pátrio,[27] resulta claro que a responsabilidade de que estamos falando aqui é, diferenciadamente, pró-ativa dos poderes instituídos, merecendo imediata implementação, tais como:

1) o disposto no art.5º, inciso XXXIV, a exigir política pública que viabilize a obtenção de certidões em repartições públicas, para defesa de direitos e esclarecimento de situações de interesse pessoal.[28]

2) o disposto no art.5º, incisos XLVIII, XLIX e L, a exigir políticas públicas prisionais, a fim de garantir que a restrição da liberdade se dê de maneira a dar guarida às prerrogativas de que a pena seja cumprida em estabelecimentos distintos, de acordo com a natureza do delito, a idade e o sexo do apenado; que seja assegurado aos presos o respeito à integridade física e moral, e que às presidiárias sejam asseguradas condições para que possam permanecer com seus filhos durante o período de amamentação.[29]

3) o disposto no art. 5º, inciso LV, a exigir políticas públicas jurisdicionais, por exemplo, a fim de dar efetividade ao comando constitucional

---

[26] Há uma reflexão bastante interessante sobre as incoerências da operacionalidade do sistema capitalista, notadamente em economias demasiadamente dependentes, em UNGER, Roberto Mangabeira. *Democracy Realized*. New York: Verso. 1998.

[27] Direção em que caminha a melhor doutrina constitucional do país, *ex vi* o percuciente trabalho de STRECK, Lenio Luis. *Jurisdição Constitucional*. Rio de Janeiro: Forense, 2004.

[28] Matéria que recentemente no país envolveu as informações sigilosas do regime militar sobre determinadas pessoas perseguidas e torturadas na ditadura das décadas de 1960 a 1980. Já que o Poder Executivo ou Legislativo não conseguiram regulamentar a exposição destas informações, o Poder Judiciário o fez para quem demonstrasse interesse legítimo em obter estas informações.

[29] Toda vez que os estabelecimentos prisionais não conseguem fazer cumprir tais garantias constitucionais, o Poder Judiciário é chamado a encontrar algumas formas de atendimento parcial delas. Neste sentido, ver o texto de SKOLNICK, Jerome H. & BARLEY, David. *Nova Polícia*. Trad. Geraldo Gerson de Souza. São Paulo: Edusp, 2002.

que determina aos litigantes, em processo judicial ou administrativo, e aos acusados em geral, que sejam assegurados o contraditório e a ampla defesa, com os meios e recursos a ela inerentes.[30]

4) o disposto no art.23 e incisos, quando determina que é da competência comum da União, dos Estados, do Distrito Federal e dos Municípios: I – zelar pela guarda da Constituição, das leis e das instituições democráticas e conservar o patrimônio público; II – cuidar da saúde e da assistência públicas, da proteção e da garantia das pessoas portadoras de deficiência; III – proteger os documentos, as obras e outros bens de valor histórico, artístico e cultural, os monumentos, as paisagens naturais notáveis e os sítios arqueológicos; IV – impedir a evasão, a destruição e a descaracterização de obras de arte e de outros bens de valor histórico, artístico ou cultural; V – proporcionar os meios de acesso à cultura, à educação e à ciência; VI – proteger o meio ambiente e combater a poluição em qualquer de suas formas; VII – preservar as florestas, a fauna e a flora; VIII – fomentar a produção agropecuária e organizar o abastecimento alimentar; IX – promover programas de construção de moradias e a melhoria das condições habitacionais e de saneamento básico; X – combater as causas da pobreza e os fatores de marginalização, promovendo a integração social dos setores desfavorecidos; XI – registrar, acompanhar e fiscalizar as concessões de direitos de pesquisa e exploração de recursos hídricos e minerais em seus territórios; XII – estabelecer e implantar política de educação para a segurança do trânsito.[31]

Tais exemplos poderiam se prolongar por outros temas constitucionais, passando pela ordem social e econômica dos arts.170, 194, 196 e 197, 201, e tantos outros, haja vista o alcance que possuem em face das demandas sociais e interesses da cidadania.

Para cada plexo de garantias outorgadas à responsabilidade estatal vistas, necessitam advir políticas públicas concretizadoras, que se operam em diversos níveis de efetivação, tais como os da elaboração, constituição formal, execução e avaliação das ações necessárias, contando para tanto com a máxima participação da comunidade alcançada por elas. Tais ações é que denomino de políticas públicas constitucionais vinculantes, inde-

---

[30] Uma forma tradicional de veiculação de políticas públicas jurisdicionais são as jurisprudenciais, notadamente no âmbito de criar condições materiais efetivas de proteção de direitos constitucionais e infraconstitucionais, tais como, no particular, as que criaram figuras como as do furto famérico, do peculato de uso, do crime de bagatela, da fungibilidade recursal etc. Todas estas situações, na verdade, vieram ampliar favoravelmente aos litigantes mais hipossuficientes (material e processualmente), as possibilidades de defesa.

[31] Todas estas competências demandam, obrigatoriamente, ações estratégicas de todas as entidades federativas, abrangendo um leque enorme de responsabilidades e campos de demandas republicanas. Quando inexistentes tais políticas de atendimento, há interesse legítimo constitucional a ser acionado às suas defesas. Veja-se que todos estes itens arrolados dizem respeito – direta ou indiretamente – à dignidade da pessoa humana e ao mínimo existencial referido (saúde, educação, moradia, pobreza).

pendentes da vontade ou discricionariedade estatal para que venham a acontecer, eis que condizentes a direitos indisponíveis e da mais alta importância e emergência comunitárias, perquirindo imediata materialização, sob pena de comprometer a dignidade humana e o mínimo existencial dos seus carecedores.

De uma certa forma, quando estas políticas públicas ou ações estratégicas dos Poderes competentes não ocorrem, o Poder Judiciário no Brasil é chamado à colação (como no caso do fornecimento de remédios à população carente em todo o país, só para ficar com um exemplo nacional e anteriormente mencionado).

É este nível de discussão que chega ao Supremo Tribunal Federal do país, ora tensionado neste texto à apreciação da ADPF-45 epigrafada; por certo que ainda de forma preambular, eis que tema delicado e afeto a alguns dogmas, tais como os da independência dos Poderes e o das competências institucionais específicas. Contudo, como referiu o Ministro Celso de Mello, não há como se sustentar, em face da ordem constitucional vigente, uma leitura absurdamente restritiva e de insulamento dos Poderes Estatais em relação à Sociedade Civil, sob pena de se negar o fundamento da República que é a soberania popular.

É neste ponto que estou a defender uma necessária ampliação da leitura do Texto Constitucional, compreendendo o princípio da separação dos Poderes numa perspectiva funcional originária, atinente às especificidades das atribuições que lhes são destinadas pela República, as quais, cumpridas ou não cumpridas, afiguram-se merecedoras de controles e correições permanentes (políticas, administrativas e judiciais). Aqui faço a proposição – em simetria com a perspectiva gadameriana[32] – de se efetivar uma fusão espacial de horizontes republicano-constitucionais, conciliando o conceito-tipo de Estado e Sociedade Democráticos de Direito (cuja fonte matricial é a popular), com os instrumentos e mecanismos inexoravelmente servientes à sua efetivação (Poderes Estatais, instituições públicas e privadas, organizações e associações civis etc.).

Os objetivos, finalidades e princípios a serem seguidos pela federação, já delimitados pela Carta Política, necessitados que estão de políticas públicas constitucionais vinculantes, proporcionando uma clara visualização das ações de elaboração, constituição formal, execução e avaliação destas políticas, na verdade, apresentam-se como condições de possibilidade da-

---

[32] GADAMER, Hans Georg. *Verdade e Método*. Rio de Janeiro: Vozes, 2000. A idéia de fusão de horizontes em Gadamer significa um novo conceito de compreensão do conhecimento e das ações humanas, enquanto oriundos da história e em constante movimento. Tal movimento não é determinado por alguma situação definida, mas por múltiplas variáveis e fontes, nas quais estamos todos inseridos, envolvendo passado e presente numa permanente inter-relação indutora de comportamentos singulares e coletivos, a serem devidamente consciencializados, sob pena de gerar uma alienação redutora das possibilidades de emancipação racional do homem como sujeito histórico.

quele conceito-tipo (formas de sua densificação societal), devendo levar em conta a história efetual que marca nossa tradição (os condicionantes históricos e de múltiplas matizes que conformam o evolver da sociedade brasileira em todas as suas manifestações). Para tanto, todos os membros da República são co-responsáveis, alguns com obrigações prestacionais e positivas mais incisivas – como o Estado.

No espaço da República, pois, tomando em conta as competências constitucionais estabelecidas às entidades federativas, notadamente em suas dimensões pró-ativas em face do plexo de direitos e garantias sociais delimitadas, as funções institucionais específicas do Estado (legislativas, administrativas e judiciais) se condicionam ao cumprimento não-facultativo do que lhes foi estabelecido, sob pena de coativamente fazê-lo.

Em face disto, penso que inclusive se pode avançar no sentido de conceber as responsabilidades ora elencadas como as que se refere o art. 37, § 6º, da Constituição Federal de 1988, exigindo que as pessoas jurídicas de direito público e as de direito privado prestadoras de serviços públicos respondam pelos danos que seus agentes, nessa qualidade, causarem a terceiros, assegurado o direito de regresso contra o responsável nos casos de dolo ou culpa.

A reflexão apurada do Eminente Ministro Celso de Mello, na ADPF-45 sob comento, lembra inclusive que não é da tradição do Estado Moderno e Contemporâneo ter o Poder Judiciário a incumbência de formular e implementar políticas públicas de outras esferas de Poder (como as legislativas e executivas), todavia, "tal incumbência, embora em bases excepcionais, poderá atribuir-se ao Poder Judiciário, se e quando os órgãos estatais competentes, por descumprirem os encargos político-jurídicos que sobre eles incidem, vierem a comprometer, com tal comportamento, a eficácia e a integridade de direitos individuais e/ou coletivos impregnados de estatura constitucional, ainda que derivados de cláusulas revestidas de conteúdo programático".[33]

O problema que identifico nos termos desta pretensão constitucional, próprio da natureza complexa dos direitos e problemas envolvidos nela, é o que diz respeito aos limites objetivos do controle jurisdicional das políticas públicas constitucionais vinculantes, isto é, qual a medida e a intensidade da intervenção judicial neste âmbito? Tema que passo a tecer algumas considerações.

V. Limites objetivos do controle jurisdicional das políticas públicas constitucionais vinculantes

Toda a tentativa de dimensionar as possibilidades de controle político, administrativo e jurisdicional dos atos estatais é sempre complicada, tanto

---

[33] ADPF-45, op. cit., p. 2.

em face da natureza multidisciplinar que possuem (política, econômica, cultural, partidária, etc.), como em razão do âmbito da competência da decisão ou falta dela. Na espécie, vou me centrar em enfrentar algumas particularidades que dizem respeito à decisão judicial sobre a matéria.

Na tradição da Democracia Liberal brasileira, desde os seus primórdios, sempre se designou como único e verdadeiro padrão de organização institucional da sociedade brasileira o baseado na liberdade tutelada formalmente pela lei, na igualdade formal, na certeza jurídica, no equilíbrio entre os Poderes do Estado, forjando uma unanimidade sobre a pertinência de atitudes, hábitos e procedimentos, os quais, geralmente, refletiam a reprodução do *status quo* imposto pelo modelo de desenvolvimento econômico excludente que até agora se teve. Em tal quadro, competiu ao Estado de Direito tão-somente regular as formas de convivência social e garantir sua conservação; a economia se converteu numa questão eminentemente privada, e o direito, por sua vez, tornou-se predominantemente direito civil, consagrando os princípios jurídicos fundamentais ao desenvolvimento capitalista, como os da autonomia da vontade, da livre disposição contratual e o *da pacta sunt servanda*.

Neste ponto, José Eduardo Faria é preciso:

> Ao regular as relações e os conflitos sociais num plano de elevada abstração conceitual, sob a forma de um sistema normativo coerentemente articulado do ponto de vista lógico-formal, a lei nada mais é do que uma ficção a cumprir uma função pragmática precisa: fixar os limites das reações sociais, programando comportamentos, calibrando expectativas e induzindo à obediência no sentido de uma vigorosa prontidão generalizada de todos os cidadãos, para a aceitação passiva das normas gerais e impessoais, ou seja, das prescrições ainda indeterminadas quanto ao seu conteúdo concreto.[34]

Lembrando José Maria Gomez,[35] contrariamente ao que defende a doutrina liberal do Estado de Direito, o jurídico é antes de mais nada político; o direito positivo não é uma dimensão autônoma do político e um fundamento do Estado, mas uma forma constitutiva do mesmo e submetido a suas determinações gerais. Neste particular, o culto da lei e a separação dos Poderes se interpõem como véus ideológicos que dissimulam e invertem a natureza eminentemente política do direito.

---

[34] Na obra FARIA, José Eduardo. *Justiça e Conflito*. São Paulo: Revista dos Tribunais, 1991, p. 134. No mesmo texto, o autor adverte para o fato de que este recurso usado pelo sistema estatal vigente, valendo-se de normas crescentemente indeterminadas e conceitualmente abstratas termina por representar, sob a fachada de um formalismo jurídico dotado de funcionalidade legitimadora, a concentração dos processos decisórios no interior da ordem burocrática institucionalizada pelas esferas de poder oficiais, voltada à articulação, negociação e ajuste dos interesses dos grupos sociais e frações de classe mais mobilizadas.

[35] GOMEZ, José Maria. "Surpresas de uma Crítica: a propósito de juristas repensando as relações entre o Direito e o Estado". In *Crítica do Direito e do Estado*. Rio de Janeiro: Graal, 1984, p. 107.

Aliás, no Brasil, alguns constitucionalistas como Manoel Gonçalves Ferreira Filho,[36] resistindo à própria idéia de politização do chamado Estado de Direito, vêem, de forma negativa, a Lei como um instrumento político, um meio para a realização de uma política governamental, motivo por que não se legitima por um conteúdo de justiça, e sim por ser expressão da vontade política do povo ou do governo. Assim, *a politização das leis fere, não raro, a racionalidade do Direito, gera leis irracionais*.[37]

Com tal perspectiva eminentemente formalista e neutral, há uma tendência ainda majoritária entre os juristas pátrios de se reduzir o modelo de Estado de Direito a uma vinculação e controle do ordenamento jurídico vigente, sem, portanto, dar-se atenção ao processo legislativo como um foro de enfrentamento ideológico e político, mas tão-somente técnico; ou perceber-se que, do mesmo modo que o Estado denominado de Direito, ou o próprio Direito e a Lei representam uma forma condensada das relações de força entre os grupos sociais que determinam a sua origem, seu conteúdo e a lógica de seu funcionamento.

Ocorre que as novas condições de desenvolvimento do capitalismo internacional neste início de milênio e a inevitável inclusão do Estado brasileiro neste processo explicitou ainda mais a insuficiência de um governo e Estado que se quer neutro politicamente e afastado da organização dos mercados e das mazelas que ele cria, isto porque os resultados desta internacionalização do capital vem fazendo vítimas nos mais variados quadrantes e setores da sociedade nacional e internacional, agravando as diferenças de classe e submetendo significativa parcela da população a condições aviltantes de trabalho e vida.

Tal conjuntura impõe a adoção daquelas políticas públicas constitucionais vinculantes de que tenho falado, voltadas à implementação das garantias constitucionais sob comento, o que traz à tona a necessidade de um Estado mais intervencionista e provedor da sua comunidade, este o nominado Estado Democrático de Direito que referi anteriormente.[38]

Estou querendo dizer, enfim, que a idéia de Estado Democrático de Direito, como o próprio tema da Democracia, passa pela avaliação da eficácia e legitimidade dos procedimentos utilizados no exercício de gestão

---

[36] FERREIRA FILHO, Manoel Gonçalves. *Estado de Direito e Constituição*, São Paulo: Saraiva, 1988. Na mesma linha de reflexão vai FERREIRA, Pinto, na obra *Comentários à Constituição Brasileira*, São Paulo:Saraiva, 1990; RUSSOMANO, Rosah na obra *Curso de Direito Constitucional*, Rio de Janeiro: Freitas Bastos,1978; FRANCO, Afonso Arinos de Melo, na obra *Curso de Direito Constitucional Brasileiro*, Rio de Janeiro: Forense, 1968; BASTOS, Celso Ribeiro, na obra *Curso de Direito Constitucional*, São Paulo: Saraiva,1990; CRETELLA JR., José, na obra *Comentários à Constituição de 1988*, Rio de Janeiro: Forense Universitária, 1988.
[37] Op. cit., p.47.
[38] Neste sentido LUÑO, Antonio E. Perez. *Derechos Humanos, Estado de Derecho y Constitucion*. Madrid: Tecnos, 1996, p. 226.

dos interesses públicos e sua própria demarcação, a partir de novos comportamentos institucionais e novos instrumentos políticos de participação que expandam, como prática histórica, a dimensão democrática da construção social de uma cidadania contemporânea. Como lembra Warat:

> No existe nada de antemano establecido como sentido del Estado de Derecho, la enunciación de sus sentidos sera permanentemente inventada para permitir una gobernabilidad no disociada de las condiciones democraticas de existencia.[39]

Dentre estas possibilidades abertas de permanente redefinição do que seja o Estado Democrático de Direito – e a Sociedade Democrática de Direito que se encontra em sua base substancial –, o que se exige do Estado enquanto gestor público é exatamente provimentos concretizadores dos objetivos, finalidades e princípios da República. Que provimentos são estes, a resposta está dada preambularmente pela própria ordem constitucional (como se viu); quais os limites destes comportamentos, este é um tema constantemente tencionado no cotidiano de todas as entidades federativas e poderes constituídos.

Tanto é verdade que tem se formado em determinados países mais desenvolvidos economicamente que o Brasil concepções reducionistas daqueles limites, cujos fundamentos têm razões de justificação bastante fundamentadas, dentre as quais destaco a norte-americana, quando assevera (por uma parte de seus juristas, politólogos e sociólogos) que a intervenção do Poder Judiciário na vida cotidiana da cidadania e dos Poderes Executivo e Legislativo não pode descurar da legitimidade matricial que identifica as ações destas instituições, oriundas de processos normativos e eletivos democráticos, bem como de competências constitucionalmente outorgadas pelos *constitutional father- foundations*.[40]

Tal preocupação tem sentido de ser, eis que nossa democracia representativa efetivamente está baseada na idéia de participação política social por veículos institucionais e não-institucionais, devendo eles demarcar o que se pretende em termos de sociedade e país. Daqui resulta que o Poder Judiciário (ou qualquer outro Poder Estatal) não tem o condão de *make public choices*, mas pode e deve assegurar aquelas escolhas públicas já tomadas por estes veículos, notadamente as insertas no Texto Político, demarcadoras dos objetivos e finalidades desta República Federativa. São tais

---

[39] WARAT, Luis Alberto. *Fobia al Estado de Derecho*, in Anais do Curso de Pós-graduação em Direito, Universidade Integrada do Alto Uruguais e Missões – URI, 994, p. 18.
[40] Como quer, por exemplo ELY, John. *Democracy and Distrust*. Massachusetts: Harvard University Press, 1990. Para este autor – e vários seguidores – *Judicial review is necessary to safeguard minority rights, but democracy is the principle around which this nation's government was formed* (p. 16). Mais tarde, alerta o autor que "we can reason about moral issues, but reasoning about ethical issues is not the same as discovering absolute ethical truth. So we're where we where: our society does not, rightly does not, accept the notion of a discoverable and objectively valid set of moral principles, at least not a set that could plausibly serve to overturn the decision of our elected representatives". (p. 54).

indicadores que estão a reivindicar políticas públicas constitucionais vinculantes para serem concretizados. Quando não efetivadas, dão ensejo à legítima persecução republicana para atendê-las, administrativa, legislativa e jurisdicionalmente. E quais os limites para tal intento?[41]

A verdade é que a simples alegação de que tais limites se darão pela *reserva do possível* em termos de verificação das condições materiais do Estado de cumprir com suas obrigações não é suficiente, mesmo tomando esta reserva aqui como a prévia existência de "um inescapável vínculo financeiro subordinado às possibilidades orçamentárias do Estado, de tal modo que, comprovada, objetivamente, a incapacidade econômico-financeira da pessoa estatal, desta não se poderá razoavelmente exigir, considerada a limitação material referida, a imediata efetivação do comando fundado no texto da Carta Política".[42] Isto porque, salvo melhor juízo, não se pode transferir ao próprio agente estatal responsável pela obrigação descumprida a exclusiva e unilateral competência de definir o que é possível ou não em termos de efetivação dos direitos fundamentais, em face de sua não-disponibilidade.

Por tais razões é que, sensível a esta situação, o Eminente Relator da ADPF-45 aduziu em seu voto que a cláusula da reserva do possível precisa ser aferida em face da ocorrência de justo motivo desculpante da autoridade federativa. Tal motivo justo, por sua vez, tenho que precisa ser compreendido no âmbito da mesma perspectiva integral e reflexiva do sistema jurídico pátrio (constitucional e infraconstitucional). Significa dizer, em detalhamento, que, considerando a urgência e importância dos direitos e interesses em jogo, mister é que o responsável pró-ativo por eles, de forma fundamentada e ampla, em procedimento (ou processo) próprio, com transparência e contraditório, faça a prova da impossibilidade de cumprir com o estabelecido, pena de, não fazendo, incorrer em ilicitude a ser sanada pelo Poder Judiciário.

Assim, em relação às políticas públicas constitucionais vinculantes, a parte (legitimamente) interessada contraposta ao Estado promovedor é toda a sociedade civil e, no particular, o seu segmento (singular ou coletivo) sofrendo iminente ameaça ou lesão a direito/interesse atinente àquelas po-

---

[41] Neste ponto, a cultura jurídica americana tem pontos de alta proteção em determinadas matérias, como as ações afirmativas envolvendo problemas raciais, fundando suas decisões efetivamente nas decisões legislativas tomadas a respeito. No caso Adarand Constructors, Incorporation v. Pena, *the Court held that all racial classifications, imposed by whatever federal, state, or local governmental actor, must be analysed by a reviewing court under strict scrutiny.* In KLUGER'S, Richard. *The history of Brown v. Board of Education and Black America's Struggle for Equality.* New York: Vaden, 1996, p. 29. Alerta o autor ainda que *The Court's decision to apply strict scrutiny to all racial classifications was partly based on a belief that such distinctions are almost always irrelevant to any legitimate government motive. The Court also indicated that strict scrutiny was necessary for all racial classifications because such classifications have a stigmatizing effect.* (p. 53).

[42] Conforme manifestação do Ministro relator da ADPF-45, op. cit., p. 4, Celso de Mello.

líticas públicas. Tal segmento, constituído que está de sujeitos de direitos, detém direito subjetivo público de se ver protegido contra a ameaça ou lesão consumada contra si, utilizando para tanto todos os possíveis remédios jurisdicionais pertinentes (mandado de segurança individual ou coletivo, *habeas corpus*, ação de descumprimento de direito fundamental, controle difuso e concentrado de constitucionalidade etc.).

Vale lembrar aqui a lição de Rosemiro Leal, quando assevera que a Constituição de 1988 no Brasil outorgou aos objetivos, finalidades e direitos e garantias fundamentais eleitas à verdadeira condição de título executivo extrajudicial de obrigação infungível de fazer do Estado em prol da comunidade, devendo este Estado, como espaço jurídico da processualidade, acolher em seu âmago a efetividade destes direitos líquidos, certos e exigíveis, e, se for preciso, pelo princípio da substituibilidade judicial, o Judiciário fazê-lo, mediante a aplicação de tutelas legais em modalidades decisórias mandamentais, executivas (inibitórias) e supletivas (de adimplemento).[43]

Sem sombra de dúvidas que será o caso concreto – como o consectário à ADPF-45 –, que irá possibilitar a densificação material do controle jurisdicional de incumprimento daquelas políticas públicas, isto porque deverá o Judiciário valer-se do devido processo legal para delimitar no que consistiu a ação violadora (negativa ou positiva) do Estado. Para isto, por certo valer-se-á não só dos critérios e métodos tradicionais de dossimetria da culpa e do dano, aplicando regras dogmáticas especiais (como as atinentes aos cálculos e perícias para definir o *quantum* dos gravames impingidos, em termos patrimoniais e extrapatrimoniais), como deverá contar com a utilização de princípios informativos desta responsabilidade, e estou falando da ponderação (adequação, necessidade e proporcionalidade em sentido estrito dos interesses envolvidos),[44] da subsidiariedade etc.

VI. Considerações Finais

Em linhas gerais, pretendo neste ensaio – a partir do caso concreto avaliado –, concluir pela mais que possibilidade, mas necessidade, de contar com instrumentos e mecanismos jurisdicionais capazes de controlar (as-

---

[43] LEAL, Rosemiro Pereira. *Teoria Processual da Decisão Jurídica*. São Paulo: Landy, 2002, p. 138.

[44] É preciso esclarecer que não estou a vincular estas *interpretative measures* para ratificar de forma incondicional a proposta alexiana de utilização de princípios dentro do sistema jurídico, pois nela há uma certa compreensão de mínimo existencial condicionada à reserva do possível, que por sua vez vem marcada por alguns elementos inibidores, tais como a relação entre dignidade da pessoa humana e igualdade real, a noção ainda dogmatizante de separação de Poderes (sem destacar as funções vinculantes que possuem), as competências legislativas da democracia representativa e mesmo os direitos de terceiros, tudo isto demandando uma equação mais econômica do que axiológica para o seu resultado. Ver ALEXY, Robert. *Teoria de los Derechos Fundamentales*. Madrid: Centros de Estudios Constitucionales, 1997, p. 490 e ss.

sim como os demais Poderes entre si) as políticas públicas constitucionais vinculantes determinadas pela ordem constitucional e infraconstitucional vigente no país, que valem tanto para o Estado (Legislativo, Executivo e Judiciário), como para a própria Sociedade Civil (hoje cada vez mais chamada para participar do processo de gestão do interesse público).

Isto se revela importante porque há um profundo esvaziamento do Estado e da Sociedade Democráticos de Direito na *terra brasilis* na medida em que, mesmo havendo já um significativo esclarecimento sobre os objetivos, finalidades e princípios a serem perseguidos e que informam a República Federativa, em termos de direitos, deveres e garantias, paradoxalmente, inexistem ações públicas e privadas suficientemente capazes de concretizá-los, haja vista que o plano desafiante destes compromissos não reside tão-somente na dimensão sintática ou semântica de suas possibilidades,[45] mas também na pragmática, profundamente exposta às manipulações de atores sociais (fundamentalmente de mercado) que não partilham do mesmo projeto constitucional de civilidade formalmente instaurado.

Quantos daqueles compromissos já foram violados – por ação e por omissão – do Estado e de setores organizados da Sociedade Civil, que voltaram as costas para as demandas sociais de massas existentes no país, exatamente através de armadilhas e artimanhas legislativas ou executivas, manipulando orçamentos, leis, planos de governos etc., sem nenhum tipo de ação restauradora ou responsabilizante.

Frente a isto, é crível que se reconheça a todos os Poderes instituídos, inclusive ao Judiciário, a competência e o dever institucional de se comprometerem com o que tenho exposto, protegendo quem efetivamente detém, em última instância, a soberania do poder (o povo), não por desvio ou excesso ideológico de crença política, mas pautado pela obrigação de garantir a ordem republicana e democrática de desenvolvimento do Brasil, sob pena de agudizar ainda mais suas crises de identidade, eficácia e legitimidade social.

VII. Bibliografia

AÇÃO DE DESCUMPRIMENTO DE PRECEITO FUNDAMENTAL n° 45, de 29/04/2004, Rel. Min. Celso de Mello. Distrito Federal. Argüinte: PSDB; Argüido: Presidente da República, p. 2. Disponível em www.stf.gov.br/dj/, acesso em 20/11/2004.

ALEXY, Robert. *Teoria de los Derechos Fundamentales*. Madrid: Centros de Estudios Constitucionales, 1997.

BASTOS, Celso Ribeiro. *Curso de Direito Constitucional*, São Paulo: Saraiva,1990.

---

[45] Cenário que já vem sendo explorado pela doutrina mais crítica dos juristas brasileiros, tais como STRECK, Lenio Luis; MORAIS, José Luis Bolzan de. *Ciência Política e Teoria do Estado*. Porto Alegre: Livraria do Advogado, 2003. SARLET, Ingo. *A Eficácia dos Direitos Fundamentais*. Porto Alegre: Livraria do Advogado, 2004.

BOHMAN, James. *Public Deliberation: Pluralism, Complexity and Democracy*. Boston: Madinson, 2002.
BUCCI, Maria Paula Dallari. *Direito Administrativo e Políticas Públicas*. São Paulo: Saraiva, 2002.
CLARKE, John. *The Managerial State*. London: Sage, 2000.
COSTA Frederico Lustosa da. "Estado, reforma do Estado e democracia no Brasil da nova república". In *Revista de Administração Pública*, FGV, vol.32(4):71/82. Rio de Janeiro: FGV, 1998.
CRETELLA JR., José. *Comentários à Constituição de 1988*, Rio de Janeiro: Forense Universitária, 1988.
ELY, John. *Democracy and Distrust*. Massachusetts: Harvard University Press, 1990.
ENTERRÍA, Eduardo García de. *Democracia, Jueces y Control de la Administración*. Madrid: Civitas, 2001.
FAORO, Raymundo. *Os Donos do Poder*. Rio de Janeiro: O Globo, 1979.
FARIA, José Eduardo. *Justiça e Conflito*. São Paulo: Revista dos Tribunais, 1991.
FERREIRA, Pinto. *Comentários à Constituição Brasileira*, São Paulo: Saraiva, 1990.
FERREIRA FILHO, Manoel Gonçalves. *Estado de Direito e Constituição*, São Paulo: Saraiva, 1988.
FRANCO, Afonso Arinos de Melo. *Curso de Direito Constitucional Brasileiro*, Rio de Janeiro: Forense, 1968.
GADAMER, Hans Georg. *Verdade e Método*. Rio de Janeiro: Vozes, 2000.
GOMEZ, José Maria. "Surpresas de uma Crítica: a propósito de juristas repensando as relações entre o Direito e o Estado". In *Crítica do Direito e do Estado*. Rio de Janeiro: Graal, 1984.
HOLMES, Stephen; SUNSTEIN, Cass. *The Cost of Rihgts*. New York: Norton, 1999.
KLIKSBERG, Bernardo. Como reformar o Estado para enfrentar os desafios sociais do terceiro milênio. *In Revista de Administração Pública*, vol.35, março/abril de 2001. Rio de Janeiro: Fundação Getúlio Vargas, 2001.
———. *Social Management: some strategic issues*. New York: United Nations, 1998.
KLUGER'S, Richard. *The history of Brown v. Board of Education and Black America's Struggle for Equality*. New York: Vaden, 1996.
LEAL, Rogério Gesta. *Perspectivas Hermenêuticas dos Direitos Humanos e Fundamentais no Brasil*. Porto Alegre: Livraria do Advogado, 2001.
———. *Teoria do Estado: cidadania e poder político na modernidade*. Porto Alegre: Livraria do Advogado, 2003.
LEAL, Rosemiro Pereira. *Teoria Processual da Decisão Jurídica*. São Paulo: Landy, 2002.
LIMA JR., Olavo Brasil de & SANTOS, Wanderley Guilhermo, "Esquema geral para a análise de políticas públicas: uma proposta preliminar". In: *Revista de Administração Pública*, Rio de Janeiro, Fundação Getúlio Vargas, *10*(2):241-56, abr/jun. 1976.
LUÑO, Antonio E. Perez. *Derechos Humanos, Estado de Derecho y Constitucion*. Madrid: Tecnos, 1996.
MARTINS, Ana Luiza. *República: um outro olhar*. São Paulo: Contexto, 1992.
MOISÉS, José Alvaro. *Cidade, povo e poder*. Rio de Janeiro: Centro de Estudos de Cultura Contemporânea/Paz e Terra, 1982.
MORAND, Charles-Albert. *Le Droit neo-moderne dês politiques publiques*. Paris: LGDJ, 2001.
MOURÃO, Cezar Roberto. *A República e as repúblicas*. São Paulo: Civilização Brasileira, 1972.
PEREIRA, Luiz Carlos Bresser; SPINK, Peter Kevin. *Reforma. do Estado e Administração Pública Gerencial*. Rio de Janeiro: Editora FGV,1999.

RUSSOMANO, Rosah. *Curso de Direito Constitucional*, Rio de Janeiro:Freitas Bastos,1978.
SARLET, Ingo. *A Eficácia dos Direitos Fundamentais.* 4ª ed. Porto Alegre: Livraria do Advogado, 2004.
——. *O princípio constitucional da dignidade da pessoa humana.* Porto Alegre: Livraria do Advogado, 2002.
SKOLNICK, Jerome H.; BARLEY, David. *Nova Polícia.* Trad. Geraldo Gerson de Souza. São Paulo:Edusp, 2002.
STRECK, Lenio Luiz. *Jurisdição Constitucional.* Rio de Janeiro: Forense, 2004.
——; MORAIS, José Luis Bolzan de. *Ciência Política e Teoria do Estado.* Porto Alegre: Livraria do Advogado, 2003.
UNGER, Roberto Mangabeira. *Democracy Realized.* New York: Verso. 1998.
WARAT, Luis Alberto. *Fobia al Estado de Derecho*, in Anais do Curso de Pós-Graduação em Direito, Universidade Integrada do Alto Uruguais e Missões – URI,1994.
XESTA, Fernando; VAZQUEZ, Ernesto. *La Orden Civil de la Republica. Ciudadania y distincion en el Estado Igualitario.* Madrid: Civitas, 2001.

— VI —

O Estado, a responsabilidade extracontratual e o princípio da proporcionalidade

JUAREZ FREITAS

Professor Titular e Coordenador do Mestrado e do Doutorado em Direito da PUCRS, Professor de Direito Administrativo da UFRGS e da Escola Superior da Magistratura-AJURIS, Presidente do Instituto Brasileiro de Direito Administrativo, Coordenador do Grupo de Pesquisa sobre Interpretação Constitucional no Pós-Graduação em Direito da PUCRS, Pesquisador Associado na Universidade de Oxford, Advogado, Consultor e Parecerista

Sumário: 1. Introdução; 2. O Princípio da Proporcionalidade: Vedação de Excessos e de Omissões; 3. Responsabilidade Extracontratual do Estado e o Princípio da Proporcionalidade. Não se admite o Estado Segurador Universal, tampouco o Estado Omisso; 4. Conclusões

1. Introdução

A doutrina da responsabilidade extracontratual do Estado precisa ser reequacionada para, a um só tempo, incentivar o cumprimento das tarefas estatais defensivas e positivas e reparar os danos juridicamente injustos. Trata-se de duplo movimento, que consiste em assimilar a proporcionalidade como proibição de excessos e vedação de inoperância ou injustificável fuga dos deveres objetivamente estabelecidos.

É, portanto, em sintonia com o princípio constitucional da proporcionalidade, para além das movediças disputas semânticas, que o Estado, doravante, precisa responder objetivamente pelos danos causados a terceiros por seus agentes, nessa qualidade, claro que admitidas as excludentes, a saber, a culpa exclusiva da vítima, a culpa concorrente (excludente parcial), o ato ou fato exclusivo de terceiro (excludente, em regra), a força maior irresistível, o caso fortuito (desde que não atribuível a razões internas) e a impossibilidade motivada do cumprimento do dever (hipótese nova, proposta no presente estudo). Noutras palavras, a responsabilidade extracontratual do Estado pode ser traduzida como a obrigação de reparar ou compensar os danos materiais e imateriais causados a terceiros por ação ou omissão desproporcional e antijurídica, fazendo-se obrigatória, nos casos de culpa ou dolo, a regressiva contra o agente.

Eis o argumento-chave: o Estado brasileiro precisa ser responsável pela eficácia direta e imediata dos direitos fundamentais, já em suas obrigações negativas, já em suas dimensões prestacionais. Será, nessa perspectiva, proporcionalmente responsabilizável, tanto por ações como por omissões, admitida a inversão do ônus da prova da inexistência do nexo causal a favor da suposta vítima.

Em confluência com a assertiva anterior, convém, desde logo, frisar que a quebra nuclear da proporcionalidade faz antijurídica – com todos os efeitos daí decorrentes – a ação ou a omissão estatal causadora de dano juridicamente injusto. Seguindo tal raciocínio, as condutas comissivas, uma vez presente o nexo de causalidade com o evento danoso, serão sempre antijurídicas, se e quando reprováveis à luz da proporcionalidade.

Ainda que não seja errôneo asseverar que a responsabilidade extracontratual das pessoas jurídicas de direito público e de direito privado prestadoras de serviços públicos independe de licitude em sentido estrito, bem mais adequado, nessa altura, é reconhecer o pressuposto imprescindível da violação à proporcionalidade para a configuração do dano indenizável. Bem observadas as coisas, unicamente de tal violação nasce o dever reparatório ou compensatório.

Sem diferença de fundo, assertiva idêntica pode ser efetuada em relação às condutas omissivas. A omissão causa o dano injusto que se consuma pelo não-cumprimento do dever estatal incontornável. Não há, com a devida vênia, nada substancial que justifique o tratamento radicalmente distinto entre ações e omissões, no modelo constitucional brasileiro: *a responsabilidade é proporcional,* seja por ações, seja por omissões danosas causadas por agentes das pessoas jurídicas de direito público e de direito privado prestadoras dos serviços de titularidade do Poder Público.

Nesse quadro, a tendência européia de tecer críticas e restrições à teoria da responsabilidade objetiva da Administração Pública (v.g., na Espanha[1]), repousa na pré-compreensão de que o Estado não deve ser conduzido às raias do papel de segurador ilimitado. Trata-se de preocupação mais do que salutar, dotada de alta dose de razão.

---

[1] Vide, a propósito, o artigo "Novas orientações doutrinárias sobre a Responsabilidade Patrimonial da Administração Pública" de Jaime Rodríguez-Araña in *Revista Interesse Público*, n.29, 2005.

No entanto, a responsabilidade extracontratual do Estado pode ser considerada objetiva, sem que, para tanto, tenha-se de acolher qualquer hipótese de dano indenizável que não se revelar antijurídico e injusto. O vantajoso, nesse prisma teórico, é que atende à salutar preocupação com a abusiva e inaceitável responsabilização integral, sem resvalar para o abandono da responsabilidade objetiva, louvando-se numa noção de nexo proporcional, que impele o Estado a cumprir suas indeclináveis tarefas positivas[2] e negativas. Tudo no intuito de melhor proteger a intersubjetiva dignidade, bem como respeitar e fazer respeitar a intangibilidade nuclear dos direitos fundamentais.

Formado o liame em tais moldes, não há, a rigor, motivo para perquirir sobre culpa ou dolo do agente, nas condutas comissivas ou omissivas (não apenas as "voluntárias", para utilizar a expressão contida no Código Civil), examinada tão-só a presença da antijuridicidade e a sua extensão, mais ou menos grave, no tocante à violação da proporcionalidade, ora pelo cometimento de excessos, ora pela perpetração – não menos nociva – de omissões.

Numa hipótese e noutra, desde que ocorrida a violação, cristaliza-se o dano injusto e indenizável,[3] nada importando que a conduta do agente seja catalogada como lícita em sentido estrito, sem prejuízo da responsabilização do agente, que será invariavelmente subjetiva, aferida em ação regressiva ou pela antecipação dela, via denunciação da lide.[4]

Lógico que a abordagem proposta não representa, nem remotamente, adesão à teoria do risco integral, pois admite a invocação das referidas causas excludentes, inclusive a impossibilidade justificada do cumprimento de dever. Conseqüentemente, uma vez admitidas causas de exclusão, o Estado não se converte em pródigo e autofágico "segurador universal", tampouco em garantidor bizarro dos riscos exclusivamente imputáveis a particulares.

Reorientada pela diretriz da proporcionalidade, a teoria do risco administrativo enseja concepção moderada de responsabilidade extracontra-

---

[2] Vide *Michael Sachs in Verfassungsrecht II – Grundrechte*, 2ª ed., Berlin/Heidelberg, Springer, 2003.
[3] Sobre as características do dano indenizável, vide Jean Rivero in *Direito Administrativo*. Coimbra: Almedina, 1981, p. 314-315. A respeito da natureza pecuniária do ressarcimento, vide Renato Alessi in *Sistema Istituzionale di Diritto Amministrativo*, Milano: Dott. A. Giuffrè Editore, 1960. A respeito, ainda, do dano indenizável, convém meditar sobre os enunciados formulados por Yussef Cahali in *Responsabilidade Civil do Estado*. 2ª ed., São Paulo: Malheiros, 1996 (p. 49-69). Note-se que, em seu primeiro enunciado, embora aluda à noção de falha de serviço, enfatiza a deficiência como causa e, no último, já explicita aspecto relevante do princípio da proporcionalidade.
[4] Inafastável o dever de promover (presente culpa ou dolo) a regressiva. Na órbita federal, vide a Lei 4.619/65. De outra parte, mostra-se inconstitucional qualquer tentativa de responsabilização objetiva do agente público, em sentido amplo.

tual do Estado,[5] avessa a atalhos heurísticos perigosos,[6] bem como superadora da visão naturalística do liame causal e das falácias que confundem meras correlações com a causalidade.

Assentadas tais idéias, urge desdobrá-las na releitura da responsabilidade extracontratual do Estado sob o influxo forte do princípio da proporcionalidade, que veda, concomitantemente, os excessos e as omissões ("aliud agere" ou "nihil facere").

2. O Princípio da Proporcionalidade: Vedação de Excessos e de Omissões

O princípio da proporcionalidade determina que o Estado não deve agir com demasia, tampouco de modo insuficiente, na consecução dos seus objetivos. Desproporções – para mais ou para menos – caracterizam violações ao princípio e, portanto, antijuridicidade. Para ilustrar, se a Administração Pública, à guisa de retirar de circulação alimentos deteriorados, destrói produtos sadios, incorre em violação por reprovável descomedimento. No extremo oposto, quando não respeita, quiçá por acrasia, a duração razoável do processo administrativo[7] de licenciamento ambiental, quebra a proporção, agora por restar aquém do cumprimento do dever positivamente estabelecido.

A grave violação sucede em ambos os casos. No primeiro, ocorre excesso vedado e arbitrário; no segundo, tem-se a repulsiva inobservância do Estado no cumprimento de obrigação dele exigível. Do nexo causal[8] direto e "imediato" (primeiro requisito) e do dano juridicamente injusto (segundo requisito), dimanam o dever reparatório ou compensatório, incumbindo o ônus da prova da não-formação do nexo causal ao Poder Público.[9]

---

[5] Útil enfatizar que há significativas dintinções na disciplina da responsabilidade extracontratual e da contratual, no campo do Direito Administrativo. O presente estudo versa apenas sobre a responsabilidade extracontratual.

[6] Vide Daniel Kahneman, Paul Slovic e Amos Tversky (editores) in *Judgment under Uncertainty: Heuristics and Biases*. Cambridge: Cambridge University Press, 1982.

[7] Em colisão frontal com dispositivo trazido pela Emenda Constitucional 45, que nada mais faz do que explicitar o direito fundamental a processos administrativos e jurisdicionais efetivos.

[8] Sobre o tema, vide a observação de Rubén H. Compagnucci de Caso in *Responsabilidad civil y relación de causalidad*, Buenos Aires: Astrea, 1984, p. 23; "En el plano jurídico la relación causal es el nexo entre la acción humana y el resultado acaecido." E adiante, observa, com pertinência, na p. 28: "El análisis de la relación causal debe ser siempre anterior al de la culpabilidad", excercitando juízo de probabilidade in abstracto, num prognóstico objetivo (p.30).

[9] Por essa razão de fundo é que entendo acertada, com pequena diferença a ser explicitada adiante, a abordagem de Marçal Justen Filho, in *Curso de Direito Administrativo*. São Paulo: Saraiva, 2005, p. 796-799, ao afirmar a antijuridicidade como indispensável à responsabilização do Estado, bem como ao pretender o tratamento unitário para ações e omissões. Por sua vez, Celso Antônio Bandeira de Mello, a despeito de adotar posição diversa sobre responsabilidade do Estado por omissões (sustenta que é subjetiva, ainda que introduza distinção com as situações propiciatórias), aproxima-se um pouco mais dessa minha abordagem, ao efetuar mudança realizada na edição de 2005, quando admite, para todos os casos de "falta do serviço", a presunção de culpa com inversão do ônus da prova (in *Curso de Direito Administrativo*, São Paulo: Malheiros, 2005, p. 945-946).

Cumpre notar que o princípio da proporcionalidade não estatui simples adequação meio-fim. Para ser preciso, *a violação à proporcionalidade ocorre, não raro, quando, na presença de valores legítimos a sopesar, o agente público dá prioridade a um em detrimento exagerado ou abusivo de outro.*

Comum, entretanto, que haja sacrifícios aceitáveis na aplicação do Direito Público. O vício acontece na instauração do sacrifício iníquo. Não por mera coincidência, o princípio da proporcionalidade avulta justamente no cotejo de direitos fundamentais. Nesse passo, útil retomar um dos exemplos citados – a colisão entre o exercício do direito à propriedade e do direito à saúde:[10] se, além da preservação da saúde, erradicar-se nuclearmente o direito à propriedade, em lugar da restrição adequada, consubstanciar-se-á o ato abusivo e indenizável. Outra ilustração: se, no processo administrativo disciplinar, aplicar-se a penalidade demissória, em situação na qual a punição menos severa revelar-se mais consentânea, verifica-se outra violação ao princípio da proporcionalidade, de molde a macular a aplicação da penalidade, sem que o Poder Judiciário, para coibir tal prática, tenha de invadir, de modo usurpatório, o impropriamente denominado mérito administrativo.[11]

Em nenhuma circunstância, um direito fundamental deve suprimir inteiramente outro na eventual colisão de exercícios. Apenas *deve preponderar topicamente*. A razão está em que *os princípios nunca se eliminam*, diferentemente do que sucede com as regras antinômicas e, ainda assim, por preponderância principiológica. O agente público, dito de outro modo, *está obrigado a sacrificar o mínimo para preservar o máximo de direitos fundamentais.*

Nesse prisma,[12] tal princípio, em suas duas facetas (vale recordar, a vedação de excessos e a proibição de inoperâncias ou omissões), revela-se deveras significativo em matéria de responsabilidade. *A fortiori*, se se quiser que o Estado assegure a proteção efetiva do núcleo indisponível[13] dos direitos fundamentais de todas as dimensões.[14] Importa destacar, portanto, a positividade do princípio em tela. Positividade que também determina a

---

[10] A rigor, a colisão não se dá entre os direitos fundamentais em si, desde que exercidos sem abusividade. Para uma abordagem mais aprofundada do tema, vide, por obséquio, o meu livro *A Interpretação Sistemática do Direito*. 4ª ed., São Paulo: Malheiros, 2004.
[11] Vide o MS 7983, julgado pelo STJ, numa aplicação bem-sucedida do princípio da proporcionalidade.
[12] Convido o leitor para conhecer minha abordagem do tema na obra *O Controle dos Atos Administrativos e os Princípios Fundamentais*. 3ª ed. São Paulo: Malheiros, 2004.
[13] Vide, em confluência, sobre a indisponibilidade dos direitos fundamentais, Marçal Justen Filho in ob. cit., p. 45.
[14] Vide Ingo Wolfgang Sarlet, in *A Eficácia dos Direitos Fundamentais*. Porto Alegre: Livraria do Advogado, 2003, p. 287-342, em notável abordagem da problemática dos direitos sociais na qualidade de direitos subjetivos a prestações.

sua vinculação a outros princípios de mesma estatura (ou "fundamentalidade"), tais como o da economicidade e o da igualdade. Adequadamente assimilado, o princípio da proporcionalidade não deixa de ser uma versão jurídica do *"justo meio"* de Aristóteles.

Em determinadas situações, faz a diferença entre a vida e a morte. Com efeito, tome-se, por sua atualidade, o caso emblemático do direito ao medicamento de uso contínuo. Afigura-se irretorquível que o carente, em nosso sistema, possui o direito de recebê-lo do Estado, que, ressalvada a impossibilidade motivada do cumprimento desse dever, precisa prestá-lo. E o tem feito, não raro, por pressão legítima de decisões judiciais, em razoável papel concretizador da eficácia direta e imediata de direito fundamental à vida.[15]

Convém sublinhar que a influência do princípio da proporcionalidade, no Direito Administrativo, deita raízes longínquas. Foi no contexto do "poder de polícia" que a proporcionalidade fez a sua primeira aparição no mundo jurídico moderno.[16] Na virada do século XIX para o século XX, Otto Mayer destacava que *"a condição da proporcionalidade, inerente a todas as manifestações do poder de polícia, deve produzir seu efeito"* também quando se tratar de zelo pela boa ordem da coisa pública (*"guter Stand des Gemeinwesens"*).[17]

Na prática dos atos de "polícia administrativa", já então, a conduta do Estado deveria ser a mais suave e branda possível, guardadas, como medida de intensidade, as exigências ditadas pelo interesse público. Ao disciplinar o exercício dos direitos à liberdade e à propriedade, o Estado só deveria lançar mão das medidas mais enérgicas como derradeira *ratio*, pois ninguém poderia ser constrangido a suportar restrições acima do grau necessário à satisfação dos interesses superiores da comunidade. Exprimindo de modo sugestivo o âmago do princípio, Fritz Fleiner, fazendo coro a Walter

---

[15] Sobre o direito ao fornecimento de remédio, vide, para ilustrar, REsp 686.208-RJ, Rel. Min. Luiz Fux. Vide, ainda, o julgamento do REsp 699550.

[16] Peter Badura, in *Staatsrechts*. München: C. H. Beck'sche Verlagbuchhandlung, 1986, p. 84, assinala que o princípio da proporcionalidade, no início, estava ligado ao exercício do poder de polícia (*"Der Grundsatz ist zuerst im Polizeirecht entstanden"*), tendo, algum tempo depois, se transformado em limite geral à intervenção do Poder Executivo (*"allgemeine Grenze des Einschreitens der Executive"*). Ainda de acordo com Badura, as intervenções do Poder Público somente seriam consideradas legítimas (*"rechtsmässig"*) quando atendessem aos requisitos da necessidade (*"Erforderlichkeit"*) e da proporcionalidade (*"Proportionalität"*), requisitos que se encontrariam fundidos debaixo da idéia de vedação de excessos (*"übermassverbots"*). J. J. Gomes Canotilho corrobora essa avaliação histórica, ao escrever que *"o princípio da proporcionalidade dizia primitivamente respeito ao problema da limitação do poder executivo, sendo considerado como medida para as limitações administrativas da liberdade individual. É com este sentido que a teoria do Estado o considera, já no séc. XVIII, como máxima suprapositiva, e que ele foi introduzido, no séc. XIX, no direito administrativo, como princípio geral do direito de polícia"*, in *Direito Constitucional*. Coimbra: Livraria Almedina, 1991, p. 386.

[17] In *Le Droit Administratif Allemand*. Paris: V. Giard & E. Brière, 1904, vol. II, p. 60: *"..., la condition de la proporcionalitè, inhérente à toutes les manifestations du pouvoir de police, doit produire son effet"*.

Jellinek, proclamava: "*a polícia não deve utilizar canhões para abater pardais*".[18]

Como se nota, nos albores da sistematização do Direito Administrativo, a doutrina operava com o clássico trinômio "lei-finalidade-proporcionalidade". Com a mesma energia que realçou a estrutura teleológica dos preceitos normativos (toda lei pressupõe uma finalidade), boa parte da doutrina aceitou, sem muito hesitar, que os fins inerentes às normas deveriam ser perseguidos dentro e nas fronteiras da proporcionalidade.

Mas suas virtudes benfazejas, a passo e passo, iluminaram outros segmentos do Direito, notadamente na seara constitucional.[19] Uma das novas fronteiras desbravadas pela máxima do equilíbrio entre meios e fins foi a da produção legislativa. Em meados do século passado, Ernst Forsthoff noticiava que o princípio da proporcionalidade ganhara *status* constitucional, aplicável também ao Poder Legislativo.[20] De lá para cá, a força vinculante da proporcionalidade não cessa de se mostrar prestimosa à vigilância, por assim dizer, no tocante à qualidade da conduta do Poder Público, em sentido amplo.

Os avanços doutrinários[21] e o trabalho jurisprudencial contribuíram, em uníssono, para aperfeiçoar e, acima de tudo, tornar correntes os instrumentos conceituais concretizadores da idéia de que o Poder Público está obrigado a *sacrificar o mínimo para preservar o máximo da eficácia direta e imediata dos direitos fundamentais*. Claro, a evolução do princípio da proporcionalidade não está terminada. Ao contrário: falta sobretudo efetivar e introjetar a vedação de insuficiência ou omissão. Sob a pressão e a insegurança derivadas do déficit prestacional em matéria de direitos fundamentais, a aplicação do princípio, nesse ângulo, demanda, sem mais tardar, o foco prioritário de todos, notadamente administradores e juízes.

Desde logo, porém, sem prejuízo do potencial promissor, mister extrair da trajetória do princípio o conjunto de critérios que permitem, de maneira segura, aferir, no atinente à responsabilidade extracontratual, a proporcionalidade das condutas estatais. Nesse sentido, há, pelo menos, três

---

[18] In *Institutionen des deutschen Verwaltungsrechts*. Tübingen: Scientia Verlag Aalen, 1963, p. 404: "*Die Polizei soll nicht mit Kanonen auf Spatzen schiessen*".

[19] Entre nós, vide, por todos, o capítulo sobre o princípio da proporcionalidade, de Paulo Bonavides, in *Curso de Direito Constitucional*. São Paulo: Malheiros Editores, 2004.

[20] In ob. cit., p. 130: "*Sous le régime de la loi fondamentale, le principe de la proportionnalité des moyes au but est également devenu un principe ayant valeur constitutionnelle et qui s'impose ainsi au respect du legislateur...*".

[21] Maurer, Hartmut, in *Droit Administratif Allemand*. Tradução de Michel Fromont, Paris: L.G.D.J., 1994, p. 248-249: "*Les principe de proportionnalité au sens large découle du principe de l'État de droit e doit toujours être respecté. Il ne s'applique du reste pas seulement à l'administration, mais aussi au législateur*".

subprincípios de cuja confluência depende a aprovação, ou não, no teste da proporcionalidade:[22]

a) O *subprincípio da adequação entre meios e fins (Geeignetheit)*: tal diretriz exige relação de pertinência entre os meios escolhidos pelo legislador ou pelo administrador e o fins colimados pela lei ou pelo ato administrativo. Guardando parcial simetria com o princípio da proibição de excesso (*Übermassverbotes*), a medida implementada pelo Poder Público precisa se evidenciar não apenas conforme os fins almejados (*Zielkonformität*), mas, também, apta a realizá-los (*Zwecktauglichkeit*).[23] Igualmente se mostra inadequada a insuficiência ou a omissão antijurídica causadora de danos.

b) O *subprincípio da necessidade (Erforderlichkeit)*: o que esse subprincípio impõe não é tanto a necessidade dos fins, porém a justificável inafastabilidade dos meios mobilizados pelo Poder Público. Quando há muitas alternativas, o Estado deve optar em favor daquela que afetar o menos possível os interesses e as liberdades em jogo.[24] É que *"o cidadão tem direito à menor desvantagem possível"*[25] (*Gebot des geringstmöglichen Eingriffs*),[26] seja por ação, seja por omissão.

c) O *subprincípio da proporcionalidade em sentido estrito*: a cláusula da proporcionalidade *stricto sensu* decorre do reconhecimento de que os meios podem ser idôneos para atingir o fim, contudo desproporcionais em relação ao custo-benefício. Sem incorrer em simplificador e ingênuo cálculo utilitário ou mera análise econômica do Direito, a proporcionalidade em sentido estrito indaga pelo "preço a pagar". Vale dizer, faz a conta do lucro e da perda, ao apurar se os ônus não são desmesurados.

Releva destacar que tal tríplice teste deve ser aplicado, indistintamente, para o exame crítico da proporcionalidade das ações e das omissões das pessoas jurídicas de direito público e de direito privado prestadoras de serviço público.

---

[22] A reprovação no teste tríplice da proporcionalidade acarreta o dever de indenizar. Sobre outro teste (NESS test), recomendável conferir, entre outras, a contribuição de Richard Wright e a abordagem clássica de Herbert Hart e Tony Honoré. Vide, mais recentemente, *Relating to Responsibility*. Editado por Peter Cane e John Gardner. Oxford: Hart Publishing, 2001.

[23] Em outras palavras, *"la mesure en cause n'est appropriée que si elle est de nature à atteindre à coup sûr le résultat recherché"* (Hartmut Maurer, in ob. cit., p. 248).

[24] Como sublinha Maurer, *"la mesure appropriée n'est nécessaire que si d'autres moyens appropriés affectant de façon moins préjudiciable la personne concernée et la collectivité ne sont pas à la disposition de l'autorité en cause"* (in ob. cit., p. 248).

[25] In J. J. Gomes Canotilho, in ob. cit., p. 387.

[26] Vide Hartmut Maurer, in ob. cit., p. 248.

3. Responsabilidade Extracontratual do Estado e o Princípio da Proporcionalidade. Não se admite o Estado Segurador Universal, tampouco o Estado Omisso

3.1. O princípio da responsabilidade extracontratual objetiva do Estado pelas condutas omissivas ou comisivas causadoras de lesão antijurídica apresenta-se como um dos pilares do Estado Democrático, sobremodo pelos riscos inerentes à atuação estatal.[27] Trata-se de proteção que se impõe independentemente de culpa ou dolo do agente causador do dano. Nasce da superação da idéia do Estado como etérea encarnação da vontade geral infalível. A par disso, a consagração, entre nós, da aplicabilidade direta e imediata dos direitos fundamentais (CF, art. 5º, § 1º) é um dos argumentos mais robustos contra a teoria segundo a qual não poderia o Estado ser objetivamente responsabilizado por omissões. Com efeito, os requisitos da responsabilidade estatal objetiva compõem, em grandes traços, uma tríade: a existência de dano material ou imaterial, juridicamente injusto e desproporcional; o nexo causal direto e, finalmente, a conduta omissiva ou comissiva do agente da pessoa jurídica de direito público ou de direito privado prestadora de serviço público, nessa qualidade.[28]

O nexo causal há de ser direto, pois não se perfectibiliza o dano juridicamente injusto se a vítima der causa a ele, ou em caso de força maior, irresistível por definição (diversamente, nesse ponto, do caso fortuito, que pode resultar de causa interna da Administração), nem por fato de terceiro alheio à prestação do serviço público.[29] Tampouco haverá nexo causal se inviável o cumprimento do dever (princípio da "reserva do possível"). Convém reiterar: não se forma o liame de causalidade – eis traço importante da

---

[27] Vide Romeu Bacellar Filho in *Direito Administrativo*. São Paulo: Saraiva, 2005, p. 192-195. Vide, ainda, Paulo Modesto, in "Responsabilidade civil do estado". *Revista de Direito Administrativo*, n. 227, p.291-308, jan./mar. 2002.

[28] Merece registro: embora, por exemplo, normalmente o assalto de ônibus não forme o liame causal (dada a excludente do "caso fortuito"), se houver participação do agente, gerar-se-á, sim, o dever de indenizar. Vide, a propósito, o REsp 402227/RJ (DJ de 11.04.2005): "I. A 2ª Seção do STJ, no julgamento do REsp n. 435.865/RJ (...) uniformizou entendimento no sentido de que constitui caso fortuito, excludente de responsabilidade da empresa transportadora, assalto a mão armada ocorrido dentro de veículo coletivo. II. Caso, entretanto, em que a prova dos autos revelou que o motorista do ônibus era indiretamente vinculado a dois dos assaltantes e que se houve com omissão quando deixou de imediatamente buscar o auxílio de autoridade policial, agravando as lesões de ordem física, material e moral acontecidas com a passageira, pelo que, em tais circunstâncias, agiu com culpa a ré, agravando a situação da autora, e por tal respondendo civilmente, na proporção desta omissão. III. Recurso especial conhecido e parcialmente provido."

[29] Importante exceção encontra-se na Lei 10.744/2003, consoante a qual fica a União autorizada, na forma e critérios estabelecidos pelo Poder Executivo, a assumir despesas de responsabilidade civil perante terceiros na hipótese da ocorrência de danos a bens e pessoas, passageiros ou não, provocados por atentados terroristas, atos de guerra ou eventos correlatos, ocorridos no Brasil ou no exterior, contra aeronaves de matrícula brasileira operadas por empresas brasileiras de transporte aéreo público, excluídas as empresas de táxi aéreo. Mais: no art. 4º, consta que pode ser cancelada a assunção. De fato, à evidência, trata-se mais de assunção do que propriamente de dano injusto causado pelo Estado.

presente abordagem – no caso de impossibilidade motivada – consoante o art. 50 da Lei 9.784/99 – do cumprimento de dever, afastada a erronia dos que enveredam para a teoria do risco integral. De mais a mais, se houver culpa parcial da vítima ou, mais tecnicamente, a concausa, então parcial será o dever indenizatório. Em poucas palavras, o dano juridicamente injusto, que prejudica direito ou interesse legítimo (individual ou transindividual), caracteriza-se por ser: (i) certo, (ii) especial (não-eventual), ainda que reflexo e (iii) discrepante dos parâmetros do social e normalmente aceitável. Numa palavra: desproporcional.

Nesse enfoque, os atos *prima facie* lícitos somente formam o liame causal com os eventos danosos se desproporcionais, logo antijurídicos. Em conseqüência, força constatar a superação do vetusto e rígido corte dicotômico entre atos lícitos e ilícitos. No próprio Código Civil, não é certo, aliás, afirmar que haja apenas a responsabilidade por atos ilícitos. Trata-se de regra que comporta exceção.[30] De qualquer sorte, para os fins da responsabilização estatal, mister evoluir para a apuração das condutas públicas (comissivas ou omissivas) sob o crivo do tríplice critério da proporcionalidade.[31]

---

[30] Vide, a propósito, a hipótese prevista no art. 188 do Código Civil.
[31] De acordo com Ernst Forsthoff, in *Lehrbuch des Verwaltungsrechts*. München: C. H. Beck'sche Verlag, 1973, p. 359 e ss., as grandes transformações conhecidas pela teoria da responsabilidade civil do Estado se processaram "no silêncio da lei" ("unter dem Schweigen des Gesetzes"). O alargamento das funções do Estado provocou mudanças nas relações entre Poder Público e indivíduo, as quais, por sua vez, promoveram marcantes alterações na tradicional concepção acerca de responsabilidade civil do Estado. Condições sociais e políticas inéditas reclamaram, primeiro da jurisprudência, depois na legislação, soluções ajustadas às novas circunstâncias. O marco inicial dessa troca de paradigma ocorreu com o chamado "arrêt Blanco", ao qual se liga o surgimento da teoria da "faute du service public", cuja superação, passado algum tempo, resultou na célebre concepção do "risco administrativo". Adotando linha de pensamento semelhante, Paul Duez e Guy Debeyre sustentam: "La responsabilité de la puissance publique est oeuvre du Conseil d'État qui là édifiée en toute liberté, en dehors des textes législatifs. Sans doute il y a bien des lois qui consacrent formellement la responsabilité de la puissance publique, certaines mêmes sont anciennes, mais elles ne visent que des cas particuliers. La théorie général de la responsabilité n'est pas incluse dans ces textes. Elle se trouve dans les arrêts du Conseil d'État" (*Traité de Droit Administratif*. Paris: Librairie Dalloz, 1952, p. 417-418). Sobre o princípio da responsabilidade do Poder Público, vide, ainda, André de Laubadère, in *Manual de Droit Administratif*. Paris: L.G.D. J., 1976, p. 125 e Marcel Waline, in *Précis de Droit Administratif*. Paris: Éditions Montchrestien, 1969, p. 519-594. A propósito especificamente da natureza juspublicista do instituto, já advertia Santi Romano, in *Corso di Diritto Amministrativo*. Padova: CEDAM, 1932, p. 306: "E, in verità, è da riconoscersi che, nel campo del Diritto Amministrativo, acquistano un particolare rilievo, in modo da divenire fondamentali, alcuni principii che sono o ignoti al Diritto Privato, o vi ricorrono raramente o in esso hanno una importanza soltanto secondaria". Vide, sobre a adoção do critério objetivo, o clássico José de Aguiar Dias, in *Da Responsabilidade Civil*, vol. 2, Rio de Janeiro: Forense, 1944, p. 33. No que diz com a evolução da idéia da responsabilidade do Estado, bem descreve as fases (ob. cit., p. 154) da irresponsabilidade ("noção de fundo essencialmente absolutista"), civilística ("de fundo individualista") para e publicista ("onde se afirma a predominância do Direito Social"). Já elucidava o igualmente clássico Amaro Cavalcanti, acerca da soberania estatal, que esta "significa sem dúvida poder supremo, isto é, a função mais elevada e compreensiva de todas as mais, que se manifestam na ordem jurídica; mas não que ela seja absoluta, ou menos sujeita ao Direito, do que qualquer outra forma de função social", in *Responsabilidade Civil do Estado*, tomo I, Rio de Janeiro: Borsoi, 1956, p. XII. Ainda com extrema atualidade, convém lembrar que, para Léon Duguit, a difusão da responsabilidade civil do Estado, por assim dizer, caracteriza o desaparecimento da noção de "puissance publique": "On parle, à l'heure actuelle, de la transformation du Droit Public; on a raison. Cette transformation est rapide e

Pelo exposto, inadiável a incorporação do entrelaçamento fecundo entre os princípios da proporcionalidade e da responsabilidade objetiva do Estado, este último consagrado na Lei Fundamental, no art. 37, § 6°. Dessa conexão, brotam as seguintes principais assertivas:

a) Nítida a obrigação objetivamente imposta ao Estado e aos prestadores de serviços públicos de reparar ou compensar os prejuízos anômalos, determináveis e especiais. Noutro dizer, tais entes devem arcar com os riscos inerentes à conduta comissiva ou omissiva. Daí segue que a vítima, em razão de sua presumida vulnerabilidade (por força da Constituição), não tem o ônus de provar a culpa ou o dolo do agente. Mostra-se bastante que nada exclua, no curso do processo, a formação do nexo causal direto e "imediato" entre a conduta omissiva ou comissiva e o dano. Conseguintemente, sem adotar a teoria do risco integral, o nosso sistema acolheu, no citado dispositivo da Constituição, a responsabilidade extracontratual objetiva das pessoas jurídicas prestadoras de serviço público, integrantes ou não da estrutura da Administração, conforme a causalidade proporcional, que jamais deve ser entendida como a imputação do dever de indenizar todo e qualquer dano. Tal intelecção mostrar-se-ia conducente ao destempero do risco absoluto. Ao revés, a teoria do risco administrativo aqui adotada significa que as aludidas pessoas jurídicas arcam com o dever de reparar ou compensar os danos juridicamente injustos e a vítima, em razão de sua presumida vulnerabilidade, sem o ônus de provar a culpa ou o dolo dos agentes públicos em sentido amplo. Contudo, trata-se de presunção *juris tantum* da existência do nexo de causalidade, resguardadas as excludentes em contrário.

b) Na sistemática brasileira, não se vai ao ponto de preconizar a indenização por danos alheios à Administração, exceto quiçá no caso de danos nucleares (CF, art. 21, XXIII, "c"), a despeito de a disciplina infraconstitucional admitir excludentes. O certo, no entanto, inclusive ao se tratar de eventos da natureza, é que não cabe à vítima a tarefa de provar a individualização subjetiva da culpa do agente estatal.

c) Impende ressaltar a opção do constituinte originário quanto à responsabilidade proporcional e objetiva das pessoas jurídicas de direito privado prestadoras de serviço público, reforçada pela legislação infraconstitucional (sobretudo pela Lei 8.987/95), sem que a indeclinável fiscalização da prestação do serviço exclua ou diminua tal responsabilidade, nem se embaralhem as atividades delegadas com as propriamente privadas. De resto, em

profonde; il faudrait être aveugle pour na pas l'apercevoir; et cette transformation, elle apparaît d'une manière particulièrement caractéristique (...) surtout dans la responsabilité de plus en plus grande de l'État, reconnue par une jurisprudence constante à propos du fonctionnement de tous les services publics", in *Traité de Droit Costitutionnel*, vol. II, Paris: Ancienne Librairie Fontemoing & Cie. Éditeurs, 1928, p. 40). Sobre a evolução, vide Louis Josserand in "Evolução da Responsabilidade Civil", *Revista Forense*, vol. 86, p. 52 e ss.

face da titularidade do Poder Público no tocante a serviços universais delegados, mostra-se inescapável a responsabilidade subsidiária (não solidária, em regra) do Estado.

d) Mostra-se crítico efetuar o contraste do comando constitucional com os arts. 43 (menos abrangente), 186 e 927 do Código Civil, em face da teoria do risco administrativo, bem distinta de outras teorias, tais como a do risco-criado ou do risco-proveito.[32] Além disso, segundo a intelecção temperada pelo princípio da proporcionalidade, toda vez que se formar, sem interrupção, o nexo causal (direto e "imediato") entre os agentes públicos, nessa qualidade, e o dano injusto causado a terceiros (dano desproporcional), haverá o dever de indenizar, distribuído o ônus da prova no que concerne à excludente (parcial ou total) ao Poder Público ou, se for o caso, aos delegados da execução indireta dos serviços públicos.[33]

e) Mister aduzir que, sem lançar mão do problemático conceito *de* "culpa anônima" (não-individualizável) em sede de responsabilidade pelas condutas omissivas do Poder Público *lato sensu*, a falta do cumprimento dos deveres estatais gera o dever de indenizar, salvo se presentes as excludentes do nexo causal direto, de modo que se faz presumida a existência do liame causal, salvo prova excludente em contrário. Em outras palavras, a omissão também pode ser causa de dano anômalo e injusto, sem enquadrá-la, com a devida vênia de eminentes pares, como simples condição para o evento danoso, nem vê-la como mera situação propiciatória. A omissão, em termos mediatos, sempre traz, por assim dizer, o frustrado "princípio ativo" do dever estatal não-cumprido. Assim, se se cuidar de omissão determinada ou determinável, produtora de nexo causal direto – em razão do descumprimento de dever positivo –, o ônus da prova das excludentes incumbe às pessoas jurídicas de direito público e de direito privado prestadoras de serviço público, inexistindo diferença apreciável no cotejo com os atos comissivos, ainda que evidentes as peculiaridades. Dito de modo frontal, deve-se admitir a inversão do ônus da prova, em benefício da suposta vítima, tanto por ações como por omissões. Ao Estado incumbe a prova da exclusão do nexo de causalidade, independentemente da indagação de culpa ou dolo, individual ou "anonimamente", sem que se converta em "segurador universal", porque não se acolhe, nem de longe, a teoria do risco integral. Bem por isso, admite-se o afastamento do nexo causal direto e "imediato",

---

[32] Sobre o tema, vide lição valiosa de Eugênio Facchini, in "Da Responsabilidade Civil no novo Código" in, Sarlet, Ingo Wolfgang (org.) *O novo Código Civil e a Constituição*, Porto Alegre: Livraria do Advogado, 2003, p. 151-198.

[33] Bem observa René Chapus, in *Droit Administratif Général*, tome 1, 13ª ed., Paris: Monthchrestien, 1999, 1193: "La responsabilité de la personne à qui réparation est demandée ne peut être engagée que si le fait qu'on lui impute a été cause (*diretcte*, insistent les arrêts) du préjudice". Em nosso sistema, adota-se a teoria do dano direto e "imediato", sem endossar a teoria da equivalência das causas. Vide, a respeito, Mário Júlio de Almeida Costa, in *Direito das Obrigações*. Coimbra: Coimbra ed., 1984, p. 516.

a título de preservação da proporcionalidade, nos casos de impossibilidade do cumprimento de dever. Mais: a rigor, na leitura sustentada, mostra-se despicienda a indagação adstrita à noção de omissão voluntária, negligência ou imprudência, nos termos do Código Civil, art. 927, *caput*. De fato, à semelhança do que sucede com as condutas comissivas, a responsabilidade extracontratual do Estado por omissões haverá de ser proporcional e objetiva, com a inversão do ônus da prova que não se confunde com a mera presunção de culpa do Poder Público.[34] Enfatize-se, pois, que não há necessidade de subjetivação da culpa, e que o relevante é constatar o nexo causal direto (causalidade proporcional).

3.2. Posto isso, eis a consolidação dos argumentos aptos a corroborar tais assertivas favoráveis à responsabilidade proporcional e objetiva do Estado, tanto por ações como por omissões.

Em primeiro lugar, ao que tudo indica, não dimana do art. 37, § 6º, da CF, nenhuma rigidez dicotômica, no atinente ao regime da responsabilidade do Estado no tocante às condutas omissivas ou comissivas dos agentes públicos *lato sensu*, mormente ao se acolher a noção de causalidade que não reduz a omissão à mera *conditio* para o dano, por assimilá-la como possível elemento integrante e juridicamente decisivo na série causal de eventos injustos.

Segundo: não se cogita de defender a culpa presumida, mas a inversão do ônus da prova do nexo de causalidade, toda vez que se discutir o dano injusto causado por uma conduta omissiva ou comissiva, sem prejuízo das excludentes trazidas pelo Estado, dada a inversão defendida. A propósito, de acordo com a teoria do risco administrativo, revista à luz da proporcionalidade, melhor se assimila a noção de causalidade idônea para produzir o resultado danoso. Cumpre ao Poder Público, dada a vulnerabilidade da vítima, constitucionalmente consagrada, o encargo de mostrar a falta de seqüência da cadeia causal, oportunidade que não simplesmente põe entre parênteses, mas afasta, por inteiro, a equivocada responsabilização integral.

Em terceiro lugar, a Constituição Federal, no art. 5º, § 1º, exige a aplicabilidade direta e imediata dos direitos fundamentais (inclusive os sociais, relacionados a serviços públicos), motivo pelo qual deve-se escolher

---

[34] Para Marçal Justen Filho, in ob. cit., o tratamento jurídico dos atos omissivos e comissivos é único e equivalente: a responsabilização civil dependerá da infração a um dever jurídico de diligência, que importa a objetivação do elemento subjetivo da conduta (p. 802). Defende a presunção de culpabilidade derivada da existência de um dever de diligência especial. (p. 803) Aqui, no entanto, defendo mais propriamente a presunção da existência do nexo causal, tanto nas ações como nas omissões, subordinada às excludentes, com inversão do ônus da prova. O resultado é idêntico, com a diferença de que mantenho, na minha abordagem, intacto o caráter subjetivo da responsabilidade do agente, isto é, sem objetivação da culpa, à diferença do que faz o ilustre e estimado colega (p. 812), em seu valioso tratamento do tema.

a interpretação apropriada ao combate à maciça e insofismável omissão do Estado brasileiro no atendimento às necessidades existenciais mínimas dos cidadãos. Nessa linha, induvidoso que a técnica da responsabilização objetiva desponta como a mais aconselhável, perante a constatação de que temos um Estado que oscila entre dois pólos: excessivo e omissivo, com freqüência inaudita. Desproporcional em ambas as situações.

Quarto argumento: o princípio da proporcionalidade veda excessos e, simultaneamente, inoperâncias (omissões), de sorte que a omissão se apresenta, em si, violadora do dever de agir proporcional. Cumpre assimilar que, uma vez consubstanciada a violação, não há que perquirir subjetiva ou psiquicamente sobre a responsabilidade, inclusive no caso das condutas omissivas, impondo-se a mais pronta e plena justiça retificadora.

Em quinto lugar, não precisa ser utilizada a distinção entre omissão e falha de vigilância em contexto de guarda de pessoas ou de coisas perigosas, como se apenas em relação a essas houvesse responsabilidade estatal objetiva, pois não se vislumbra uma distinção de fundo entre tais espécies de omissão. Logo, melhor é aplicar a responsabilidade objetivamente mitigada pelo princípio da proporcionalidade para toda e qualquer omissão efetivamente causadora de dano injusto, evitados, é claro, os excessos que transformariam o Estado em segurador de riscos exclusivamente privados.

Em sexto lugar, a técnica da responsabilização proporcional é a que mais se coaduna com o imperativo enfrentamento parcimonioso e prudente, em tempo hábil e plausível, dos danos causados pela ausência tempestiva de medidas de prevenção ou de precaução, na iminência da formação do liame causal direto. Aliás, mais do que a prevenção, força que o princípio da precaução progrida para se transformar em diretriz cogente e aplicável às relações administrativas em geral.[35] Eis poderosa razão para esposar a responsabilidade objetiva e proporcional do Estado no tocante às condutas omissivas, vale dizer, para estimular as providências destinadas a prevenir ou precaver no devido tempo. De passagem, observe-se que, na seara ambiental, a responsabilidade do Estado não é meramente subsidiária, mas solidária – como poluidor indireto[36] –, mas não se deve adotar a teoria do risco integral, sequer nesta província. Aqui, nos termos do princípio da prevenção, quando o mal for conhecido, devem-se tomar as medidas aptas

---

[35] Sobre o princípio da precaução, na área ambiental, vide Paulo Affonso Leme Machado, in *Direito Ambiental Brasileiro*, São Paulo: Malheiros, 2004, p. 57: "a precaução caracteriza-se pela ação antecipada diante do risco ou do perigo". E mais: não se trata de simples prevenção (também necessária, é claro), mas de dever, nos moldes do Princípio 15 da Declaração do Rio de Janeiro de 1992. Para não incorrer em demasias, vide o alerta de Cass Sunstein, in *Beyond the Precautionary Principle*. University of Pennsylvania Law Review 1003 (2003). Ainda sobre prevenção, em matéria ambiental, vide o art. 54 , § 3º, da Lei 9.605/98 e, sobre precaução, vide o art. 29 da Lei 6.938/81. Vide, também, a Carta do Ambiente, aprovada pelo Parlamento francês em fevereiro de 2005.
[36] Vide arts. 3º e 14 da Lei 6.938/81. Vide, nessa linha, REsp 604725/PR e REsp 28222/SP.

a evitá-lo, sob pena de omissão objetivamente causadora (não mera condição) de dano injusto, à vista da inoperância estatal (insuficiência do agir exigível), porém admitidas as excludentes. Já nos termos do princípio da precaução, quando se tratar de mal altamente provável, conquanto não definido, a efetivação do dano deverá acontecer e, só então, haverá o nexo direto gerador da obrigação de reparar. O Estado tem o dever, desde logo, de tomar as medidas cabíveis, sob pena de responder objetivamente pelos danos injustos, uma vez concretizados e, novamente, admitidas as excludentes. Outra vez, resulta cristalino que se o prejuízo ocorrer, a omissão integrará a série causal do dano injusto.

Em sétimo lugar, sem pretender argumentação *ad baculum*,[37] inquestionável que, na vida real, a subjetivista perquirição da culpa, nos casos de omissão, pode infelizmente representar a persistência de dano injusto sem a devida e tempestiva reparação, à vista das crônicas omissões do Estado brasileiro, que ainda não respeita, de maneira satisfatória, a aplicabilidade direta e imediata, no núcleo essencial, dos direitos fundamentais.

Por último, sem querer efetuar argumentação com base em casos paradigmáticos,[38] útil referir o julgamento do Supremo Tribunal Federal, que consagra, de modo confluente, com pequenas diferenças de justificação, o enfoque aqui defendido: "Os elementos que compõem a estrutura e delineiam o perfil da responsabilidade civil objetiva do Poder Público compreendem (...) a causalidade material entre o *eventus damni* e o comportamento positivo (ação) ou negativo (omissão) do agente público (...) O Poder Público, ao receber o estudante em qualquer dos estabelecimentos da rede oficial de ensino, assume o grave compromisso de velar pela preservação de sua integridade física, devendo empregar todos os meios necessários ao integral desempenho desse encargo jurídico, sob pena de incidir em responsabilidade civil pelos eventos lesivos ocasionados ao aluno. A obrigação governamental de preservar a intangibilidade física dos alunos, enquanto estes se encontrarem no recinto do estabelecimento escolar, constitui encargo indissociável do dever que incumbe ao Estado de dispensar proteção efetiva a todos os estudantes que se acharem sob a guarda imediata do Poder Público nos estabelecimentos oficiais de ensino".[39] Merece realce que tal julgamento, embora não isolado, sugere um novo horizonte, no campo da responsabilidade estatal por omissão, na linha da advogada proteção mais efetiva dos direitos fundamentais.[40]

---

[37] Argumento *ad baculum*: "defender uma conclusão destacando as terríveis conseqüências de não acreditar nela" in *Dicionário Oxford de Filsofia*, de Simon Blackburn. Rio de Janeiro: Jorge Zahar, 1997, 24.
[38] Até porque seria possível uma coleção de contra-exemplos na matéria.
[39] RExt 109.615-RJ, Relator Min. Celso de Mello.
[40] Claro que há casos em que a omissão não forma o liame causal. Vide, para exemplificar, o RExt 220999/PE, Rel. para o Acórdão, Min. Nelson Jobim: "Não há como se extrair da Constituição a obrigação da União em oferecer transporte fluvial às empresas situadas à margem dos rios. A suspensão

Para evidenciar que não se trata de *creatio ex nihilo*, cite-se outro caso elucidativo do próprio Supremo Tribunal:[41] "Responde o Município pelos danos causados a terceiro em virtude da insuficiência de serviço de fiscalização (...)". Ora, bem de ver, desnecessário provar, em situações desse jaez, culpa ou dolo dos agentes e cumpre ao Poder Público desfazer o nexo causal, tudo de acordo com a teoria do risco administrativo, redimensionada dialeticamente, pelo prisma da proporcionalidade. Ainda: para evidenciar que a jurisprudência, a pouco e pouco, emite sinais de rejeitar omissões injustificáveis, convém ter presente o julgamento do Mandado de Injunção,[42] no qual o Supremo Tribunal entendeu presente a mora do Congresso Nacional e "desnecessária a renovação de notificação ao órgão legislativo que, no caso, (....) incidiu objetivamente na omissão do dever de legislar, passados quase quatorze anos da promulgação da regra que lhe criava tal obrigação." Ao mesmo tempo, assegurou "aos impetrantes o imediato exercício do direito a esta indenização, nos termos do direito comum." Outro tanto se pode dizer quanto ao descumprimento danoso de ordem judicial, hipótese em que a Suprema Corte acolheu – nominalismos à parte – a responsabilidade, nos moldes aqui preconizados.[43] Nesse diapasão, não por acaso, caem como folhas de outono as dúvidas quanto à responsabilidade objetiva no caso de guarda de pessoas ou bens, hipótese em que o descumprimento do dever (inoperância) faz presumido o nexo causal, até prova em contrário. Portanto, os sinais de mudança de atitude interpretativa, apesar de nuançados, felizmente se acumulam.[44]

À base, pois, dessa família de argumentos, emerge, límpida e consistente, a responsabilidade proporcional e objetiva por ação ou omissão do agente estatal, em sentido largo, de sorte que, mantida a atitude cautelosa e avessa a automatismos,[45] a responsabilidade do Estado, nos casos de omissão, não mais deve fugir da responsabilização objetiva. Tal não significa que a sociedade deva arcar com os danos oriundos de riscos exclusivamente atribuíveis às vítimas ou inerentes a seus negócios. Numa fórmula, o Estado não deve ser segurador universal, tampouco omisso ou descumpridor dos deveres defensivos e prestacionais ou positivos.

---

da atividade não se constitui em ofensa a dever ou direito." Ora, nesse caso, não houve dano juridicamente injusto e merecedor da indenização. Força convir, seria abertamente desproporcional admiti-lo.

[41] RExt 180602, Rel. Min. Marco Aurélio.

[42] MI 562/RS, Relatora Min. Ellen Gracie Northfleet.

[43] Para exemplificar, vide RExt 283989/PR.

[44] Bem a respeito: "Caracteriza-se a responsabilidade civil objetiva do Poder Público em decorrência de danos causados, por invasores, em propriedade particular, quando o Estado se omite no cumprimento de ordem judicial para envio de força policial ao imóvel invadido." (RExt 283.989)

[45] Contra automatismos interpretativos, vide, por obséquio, meu *A Intepretação Sistemática do Direito*, ob.cit.

No prisma proporcional (entendido como "norma sobre norma"), o Poder Público terá sempre o ensejo de evidenciar a não-configuração do liame de causalidade, mas de nada valerá a simples alegação da inocorrência de culpa ou dolo, pois, inclusive nos casos de omissão, impõe-se a prova estatal da exclusão do nexo.

O Estado brasileiro, em última análise, tem o dever de zelar pela eficácia direta e imediata dos direitos fundamentais, punível a omissão despida de motivos plausíveis e, sobretudo, aquela derivada da macunaímica preguiça. Portanto, o descumprimento de deveres estatais objetivos mostra-se injustamente danoso e ofensivo à Constituição. Afinal, os direitos fundamentais vinculam de modo cogente e, vez por todas, possuem o primado nas relações administrativas. Em suma, independe de culpa ou dolo a configuração do nexo causal, na leitura proposta do art. 37, § 6º, da CF, toda vez que a ação ou a inoperância do Estado prejudicar o âmago dos direitos fundamentais, sem que resultem provadas, pelo Poder Público, as excludentes.[46]

4. Conclusões

Tudo considerado, a teoria do risco administrativo desponta profundamente enriquecida na preconizada conexão com o princípio da proporcionalidade. Conclui-se, nessa perspectiva, que:

I) O Estado brasileiro deve ser proporcionalmente responsabilizado, pois toda e qualquer quebra nuclear da proporcionalidade faz com que a ação ou omissão deixe de ser tida como normal e aceitável. Assim, as condutas comissivas ou omissivas, presente o nexo causal com o evento danoso e certo, serão sempre antijurídicas, no mínimo por violarem o princípio da proporcionalidade.

II) Ao enunciar tais idéias, longe de considerá-las peremptórias, pretende-se contribuir para uma solução sistemática que atenda equilibradamente a princípios que se devem conciliar. Necessário é, de conseguinte, ao tratar da responsabilidade extracontratual do Estado, apagar os derradei-

---

[46] Vide RESP 246.758/AC, Rel. Min. Barros Monteiro. Trata-se de caso emblemático da vítima fatal em razão de desabamento de poste, resultando comprovado o estado de má conservação. Ademais, a responsabilidade da empresa da energia elétrica, diz o relator, é objetiva. Merece parcial transcrição o voto: "No caso, além de comprovada a culpa cabal da empresa acerca do acidente fatal, há a considerar-se que a sua responsabilidade é objetiva, consoante deflui do disposto no art. 37, par. 6º da Constituição da República. Bastava, pois, ao autor demonstrar a existência do fato para haver a indenização pleiteada, ficando a cargo da ré o ônus de provar a causa excludente alegada, o que, segundo as instâncias ordinárias, não logrou ministrar. Do quanto foi exposto, não conheço do recurso." Vide mais: "Caso em que resultaram configurados não apenas a culpa dos agentes públicos na custódia do preso – posto que, além de o terem recolhido à cela com excesso de lotação, não evitaram a introdução de arma no recinto – mas também o nexo de causalidade entre a omissão culposa e o dano. (...) Recurso não conhecido. (STF. Primeira Turma. RExt 170014/SP. DJ 31/10/1997, Relator Min. Ilmar Galvão)

ros vestígios do regalismo, de modo a cuidar dos interesses existenciais legítimos dos cidadãos, na marcha para a perfomance do Estado apto a honrar os seus poderes-deveres, máxime o de salvaguarda da Constituição, evitando ou reparando prontamente os danos juridicamente injustos.

III) Nesse prisma, uma vez cristalizada a antijuridicidade (ação ou omissão anômala e desproporcional), haverá o nexo causal e o dever de indenizar: não há motivo para indagar sobre a culpa ou o dolo do agente, mas somente acerca da antijuridicidade e de sua extensão, na violação ao princípio da proporcionalidade, em sua dupla face: vedação de excessos e proibição de inoperâncias ou omissões. Configurada a violação, existirá o dano anômalo, ainda que a conduta do agente possa ser catalogada como "lícita". Eis a saída proporcional para as legítimas preocupações com relação ao objetivismo extremado. Dito em outros termos, com a devida prudência, a teoria do risco administrativo, reexaminada em harmonia com o princípio da proporcionalidade, conduz à responsabilidade adequada, necessária e proporcional em sentido estrito, propensa a viabilizar a eficaz reparação, bem como a tempestiva prevenção e, se for o caso, a precaução. Tudo para que cessem os famigerados danos provocados por ações e omissões antijurídicas. Em última instância, não se quer nem o Estado arbitrário e excessivo, nem o Estado brasileiro descumpridor dos seus deveres e gravemente omisso. Quer-se, com o firme anelo, ver, no século em curso, os princípios da proporcionalidade e da responsabilidade compreendidos e aplicados, de maneira sistemática, fundamentada e consistente, a favor da eficácia direta e imediata dos direitos fundamentais.

— VII —

Direito Constitucional, Direito Ordinário, Direito Judiciário

CEZAR SALDANHA SOUZA JUNIOR

Doutor e Mestre em Direito pela USP, Especialização em *Diploma Course On Development Administration* pela Universidade Manchester da Inglaterra, Coordenador do Curso de Pós-graduação em Direito na UFRGS Professor de Direito na graduação e pós-graduação na PUC/RS.

Sumário: 1. O ordenamento jurídico; 2. A intuição de Georg Jellinek; 3. Hans Kelsen e a estrutura piramidal do ordenamento jurídico; 4. O ordenamento jurídico sob um olhar teleológico; 5. Entre a lógica e a teleologia; 6. O debate atual: o avanço de um eqüívoco e sua crítica; 7. Fator institucional do eqüívoco; 8. Estado de direito, valores e ideologias; 9. Estado de Direito e a instância de sobredireito; 10. Estado de Direito e a subsidiariedade de níveis do ordenamento; 11. Conclusão; Bibliografia.

O trabalho mostra como a distribuição dos níveis do ordenamento jurídico em nível fundamental, nível ordinário e nível judiciário, com campos próprios e irredutíveis de funções e de autonomias, responde a exigências lógicas, teleológicas e sociológicas inafastáveis. Sem o respeito devido a essas instâncias e a harmonização equilibrada entre elas simplesmente não pode haver Estado Democrático de Direito.

1. O ordenamento jurídico

O direito posto em um Estado assume a forma de *ordenamento jurídico*. Como escreveu Bobbio, "as normas jurídicas não existem isoladamente, mas em um contexto de normas, com relações peculiares entre si".[1] Esse caráter do direito positivo é tão marcante que entre os sentidos comunicados pelo *termo direito* está, em primeiro lugar, o de ordenamento jurídico, como

---
[1] BOBBIO, Norberto, *A Teoria do Ordenamento Jurídico*, 6ª ed., Brasília, UnB, p. 19.

nas expressões *direito brasileiro* ou *direito argentino*.² Sob esse ângulo, *direito* e *ordenamento jurídico* são sinônimos.

Ainda segundo Bobbio, o conceito de ordenamento jurídico denota algumas notas características. O ordenamento jurídico é: (a) *unitário* (forma *um* conjunto, uma *unidade*); (b) *escalonado* (as normas que o formam vêm dispostas em uma *hierarquia*, em planos de poderes e de deveres); (c) *coerente* (as normas jurídicas requerem *harmonia*, daí os critérios imaginados para resolver aparentes antinomias); e (d) *completo* (por dispor de meios para suprir eventuais lacunas).³ Em razão desse feixe de atributos, a doutrina construiu, de longa data, a noção de *sistema jurídico*.

2. A intuição de Georg Jellinek

Foi no seio da cultura alemã que a ciência do direito elaborou a mais consistente teoria do ordenamento jurídico.

A intuição básica vem de Georg Jellinek, quando distinguiu duas funções jurídicas do Estado. Ou o Estado estabelece regras abstratas que, como tais, não regulam de modo imediato a realidade (mas exige uma atividade própria, motivada por essas regras abstratas, para realizar os fatos objetivos correspondentes). Ou o Estado atua de um modo imediato e direto quanto aos problemas que a ele competem (claro está, em conformidade com as normas abstratas e dentro dos limites que elas lhe impõem). Daí segue que, segundo Jellinek (*Teoria Geral do Estado*, Capítulo 18), o ordenamento jurídico apresenta dois degraus: (a) o das *normas abstratas*; e (b) o das *normas individualizadas*.⁴

Entretanto, no Capítulo 8º, Jellinek deixara entrever a existência de uma terceira instância, "reguladora da atividade política do Estado", superior àquelas duas, e por ele adjetivada de "última", ou dos "fins supremos", envolvendo um "juízo de valor teleológico". Tais "fins supremos" (...) "não afirmam o que haverá de suceder, mas aquilo que não há de ser feito". Cumprem uma "força reguladora negativa". Acrescenta que "essa influência *negativa* tem sido historicamente de um grande valor e continuará sendo politicamente no futuro". E remata: "toda nossa cultura moderna descansa sobre a afirmação de que os poderes do Estado têm um limite e de que nós não estamos submetidos, como escravos, ao poder ilimitado do Estado".⁵

---

² Id., ib.
³ Conferir op. cit., *passim*.
⁴ JELLINEK, Georg. *Teoria General del Estado*. Buenos Aires, Albatroz, 1971, Cap. XVIII, p. 462.
⁵ Id., ib., Cap. VIII, p. 177 e 178.

3. Hans Kelsen e a estrutura piramidal do ordenamento jurídico

Coube, porém, a Kelsen – como universalmente reconhecido – dar contornos rigorosos à teoria do escalonamento piramidal do ordenamento jurídico.[6]

Kelsen, porém, afastou completamente o *caminho teleológico* (que Jellinek tentara abrir com sua visão dos fins do Estado). Voltou-se, exclusivamente, a um *caminho lógico*. Ou seja: o ordenamento jurídico em Kelsen é uma estrutura estritamente lógica, composta de três níveis hierárquicos:[7]

a) um *grau* superior ou *fundamental* do ordenamento jurídico, correspondendo às normas do topo da pirâmide, criadas pelo poder constituinte e que formam a Constituição do Estado;

b) um *grau primário* ou legislativo, das normas gerais, criadas pelos órgãos autorizados pela Constituição a elaborar as leis, e que na Constituição têm seu fundamento de validade, condicionando, por sua vez, nesse nível intermediário, as normas da base do ordenamento; e

c) o *grau secundário*, composto das normas individuais criadas em nível concreto, via processo judicial (decisões judiciais) e via procedimentos administrativos (resoluções administrativas), com seu fundamento nas normas de nível primário.

A classificação tradicional das funções jurídicas do Estado, desenvolvida desde o século XVIII, centra-se na contraposição dos conceitos de *legislação* (função de criação de direito ou função legislativa) e de *execução* (função executiva e função judiciária), como se essas pudessem ser separadas entre si e sobre um plano horizontal de paridade. Kelsen revolucionou os termos de tal equação, minimizando a importância da separação entre *legislação* (criação de normas) e *execução* (em sentido lato). Essa distinção apenas indicaria a *posição* que as normas "gerais" (leis) e as normas "individuais" (sentenças e atos administrativos) ocupam na *dinâmica* do ordenamento.

Assim, para Kelsen, todas as normas de um ordenamento são, ao mesmo tempo, normas de *criação* e normas de *execução* do direito. Um ato criador de direito novo (uma lei, por exemplo) está, ao mesmo tempo, sempre e necessariamente, executando a norma hierarquicamente superior, na qual se fundamenta seu poder de criação. Excluem-se dessa conjugação entre *criação* e *execução* somente dois casos limites: (a) *no topo* mais elevado da pirâmide, a norma *criadora* da primeira Constituição, que é apenas norma de criação de direito, pois ela não se fundamenta em nenhuma norma

---

[6] KELSEN, Hans. *Teoria General del Derecho y del Estado*. México, UNAM, 1969, p. 147-161. Ver o depoimento de BOBBIO, op. cit., p. 49.

[7] KELSEN, Hans. *Teoria Pura do Direito*. Coimbra, Armênio Amado, 5ª ed., 1979, p. 309-327.

jurídica anterior (mas apenas no pressuposto racional hipotético e fundamental de que *a ordem deve ser obedecida*); e (b) *na base*, a execução de uma norma-sanção, em um caso concreto, é apenas um ato de execução, pois se traduz em simples obediência ao direito, sem criar nenhuma norma jurídica que lhe seja inferior.[8]

Essa visão de Kelsen veio a se tornar clássica no mundo cultural romano-germânico. Essa doutrina fundou, nas primeiras décadas do século XX (com a constituição de Weimar), o direito constitucional efetivamente *jurídico*, ou seja, um verdadeiro direito – na verdade o direito fundamental – hierarquicamente superior ao restante das normas jurídicas do ordenamento. Não esqueçamos que até o primeiro pós-guerra, com a exceção dos Estados Unidos e dos países seguidores, o direito da Constituição era um direito político, ou seja, sem natureza ou eficácia jurídica próprias.

O próprio Kelsen completaria essa revolução, erigindo uma teoria e uma técnica de controle de constitucionalidade adequadas à cultura romano-germânica.

4. O ordenamento jurídico sob um olhar teleológico

Nunca será demais realçar a importância do pensamento e das construções institucionais de Kelsen para o direito constitucional contemporâneo. Ele está para o Estado Social contemporâneo como Montesquieu para o Estado Liberal Clássico. Isso, porém, não nos impede de apontar os limites de sua concepção. O principal deles foi o de reduzir o ordenamento jurídico a uma estrutura exclusivamente lógica, vedando qualquer abertura ao plano teleológico ou finalístico.

Ensinavam os clássicos que o direito está, como a ética e a política, no domínio da razão prática. Os seres humanos, vivendo em sociedade, são capazes de contemplar os fins últimos da convivência (o *telos*), a partir do ponto de inserção social em que cada um se encontra. Dessa contemplação, cada qual vê o *telos* de sua perspectiva, como lhe parece (o bem aparente). Essas visões diferenciadas articulam-se em formas diferentes de interpretação (*arché*), a serem confrontadas umas com as outras no denominado *processo deliberativo*, que deve ser o mais aberto e plural possível, via instituições adequadas. O pano de fundo das interpretações e do processo deliberativo há de ser a realidade concreta. A deliberação emerge do diálogo entre o *telos*, suas diversas interpretações, bem assim a realidade dos fatos. Da deliberação resultam as decisões, traduzidas, afinal, em ações concretas.[9]

---

[8] KELSEN, Hans, *Teoria General del Derecho y del Estado*, p. 146-155.
[9] Uma boa descrição de como opera a razão prática em ARISTÓTELES está em Alasdair MACINTYRE, *Justiça de quem? Qual Racionalidade?* São Paulo, Loyola, 1991, Cap. VII, p. 139-160.

A razão prática opera, assim, por um silogismo prático em que a premissa "maior" é o bem ou o fim contemplado, sujeito às interpretações do bem aparente; a premissa "menor" está nas situações de fato; a conclusão vem a ser a decisão e a ação.[10]

O ordenamento jurídico pode e deve ser olhado teleologicamente. Em *nível mais elevado* e abstrato estão os valores jurídicos, o verdadeiro *telos* do direito, o direito enquanto valores fundamentais do convívio sociopolítico. Em *nível intermediário* dá-se o processo deliberativo: a sociedade, mediante instituições políticas, inspirada nos valores jurídicos fundamentais, interpretados segundo linhas ideológicas historicamente situadas, extrai, dialogalmente, frente às situações concretas da vida, decisões que fixam normas gerais que haverão de regular o convívio na *polis*. Em *nível concreto*, os operadores do direito, mormente a administração e o Judiciário, agem concretamente na sociedade, prestando serviços e resolvendo conflitos.

A evolução político-jurídica do Ocidente chega ao século XXI reconhecendo uma estrutura funcional de ordenamento jurídico em que podemos divisar três níveis de direito positivo: *1º) o nível fundamental* que, além de estabelecer o quadro da organização política básica do Estado, contempla os valores jurídicos superiores, boa parte deles formulados como direitos ditos fundamentais, o nível do *direito constitucional*; *2º) o nível intermediário*, onde está o *direito ordinário*, seja ele público ou privado, vale dizer, o conjunto de todas as normas gerais que, frente à realidade, procuram operacionalizar os valores e os direitos fundamentais essenciais ao convívio interpessoal; e *3º) o nível concreto*, o direito realizado, nos fatos da vida, pelos administradores e pelos juízes, cujo segmento mais importante poderíamos denominar de *direito judiciário*.

5. Entre a lógica e a teleologia

O olhar lógico e o olhar teleológico do ordenamento jurídico não se contrapõem; antes, complementam-se. Ambos confluem naqueles três planos sucessivos, que, em correntes ascendente e descendente, sobem e descem do geral e mais abstrato ao particular e mais concreto.

Diferenciam-se em que, na *perspectiva lógica*, o ordenamento sugere a rigidez e o peso do método dedutivo. Ou seja, o ordenamento seria uma cadeia de comando, dotada de força imperativa, a descer de cima para baixo, enquadrando e conformando os níveis que somos tentados a considerar "inferiores" do ordenamento. A tentação aí estaria numa certa "idolatria" ao direito constitucional. Já na *perspectiva teleológica* prevalece a idéia de

---
[10] MACINTYRE, op. cit., p. 155.

plasticidade do ordenamento. É da realidade, da essência mais profunda da vida social, que brotam os grandes valores jurídicos. A mediação entre a realidade e os valores – feita no plano das ideologias, da deliberação, do diálogo – revela então toda a sua importância. A tentação passa, então, a ser a "idolatria" do empírico, do ideológico, do direito judiciário.

Uma visão equilibrada e realista do ordenamento jurídico há de procurar conciliar, numa unidade, as duas perspectivas, atenta ao contínuo evolver do espírito, empurrado pelo incessante fluir da realidade. Dessa confluência de perspectivas, muitas questões difíceis com as quais hoje se confrontam os juristas podem vir a ser resolvidas, especialmente aquela das relações entre o direito constitucional, o direito ordinário e o direito judiciário.

6. O debate atual: o avanço de um eqüívoco e sua crítica

As relações entre direito constitucional, direito ordinário e direito judiciário vêm ganhando, assim, importância capital. A questão começou a ser ventilada, no estádio atual da teoria do direito, na Alemanha, com muito equilíbrio. Em 1984, veio à luz ensaio pioneiro de C.-W. Canaris, focado sobre os direitos fundamentais.[11] O tema, com um escopo mais geral, foi enfrentado por K. Hesse em 1988.[12]

No Brasil, dois fatores vão acender e alimentar a discussão: 1º) A Constituição de 1988 estendeu sua matéria normativa, inclusive sobre o direito privado, como o atesta o capítulo sobre a família, a criança, o adolescente e o idoso; e 2º) O novo Código Civil abriu ainda mais o sistema jurídico brasileiro a cláusulas gerais e a conceitos indeterminados.[13] Essas preocupações não têm escapado dos juristas argentinos.[14]

Nesse debate, do pluralismo saudável dos posicionamentos, vem se articulando uma corrente a nosso ver equivocada e – como veremos a seguir – desbordante do Estado democrático de Direito. Referimo-nos à opinião que propaga, sem devidas cautelas e necessárias ressalvas, a "constitucionalização (direta e imediata) do direito ordinário", inclusive, do direito privado. Nessa visão, entre direito constitucional e direito ordinário não haveria distinções de funções, nem, pois, de âmbitos de legítima autonomia. Para esse "novo constitucionalismo" *não* caberiam limites à inter-

---

[11] O ensaio tem o título de *Direitos Fundamentais e Direito Privado* (publicado em *Archiv für civilistische Práxis*, n. 184, 1984, p. 202 e ss.). O tema, atualizado e ampliado por CANARIS, está traduzido para o português, em obra do mesmo título, editado em Coimbra, pela Almedina, em 2003.

[12] HESSE, Konrad. *Derecho Constitucional y Derecho Privado*. Madrid, Ed. Civitas, 1995, 88 p.

[13] Destacamos, exemplificativamente, Ingo W. SARLET (Org.), *A Constituição Concretizada*, P. Alegre, Livraria do Advogado, 2002; Gustavo TEPEDINO (Org.), *Problemas de Direito Civil Constitucional*, RJ, Renovar, 2000, 577 p.; Judith MARTINS-COSTA, *A Reconstrução do Direito Privado – Reflexo dos princípios, diretrizes e direitos fundamentais constitucionais no Direito Privado*, SP, RT, 2000.

[14] Cf. Carlos A. MAYÓN, *Bases Constitucionales del Derecho Civil*, La Plata, Ed. Lex, 2001, 352 p.

venção das normas constantes do texto constitucional (máxime as que contemplam princípios) relativamente aos demais subsistemas de normas existentes no ordenamento.

Essa corrente parte da distinção *topográfica* entre as normas inseridas no texto constitucional e as demais normas esparramadas nos textos legislativos ordinários. E, firmada essa distinção, determina uma submissão completa, *direta e imediata*, do direito ordinário àquilo que os seus propagadores entendem dever ser considerado *direito constitucional*. Essa corrente bem poderia ser denominada de *totalitarismo jurídico*, ou de *colonialismo do direito constitucional* sobre os demais ramos do direito.

Falta totalmente a essa corrente uma visão integrada do ordenamento jurídico, capaz de contemplar a unidade superior que conjuga pelo menos três instâncias (direito constitucional, direito ordinário e direito judiciário), com funções lógicas e teleológicas distintas e complementares, dignas do devido respeito, num tecido de relações recíprocas ascendentes e descendentes. *Falta totalmente* a essa corrente a compreensão de que o fundamento do direito (a dignidade da pessoa humana, com todos os seus valores) *não foi* pendurado por uma vontade política constituinte no ápice da pirâmide jurídica, para de lá ditar seus comandos. O fundamento do direito está, isso sim, nos alicerces do ordenamento, ou seja, na realidade ontológica da pessoa, da família e da vida social ordinária. Daí vai subindo, em instâncias críticas e de diálogo, pela via do direito legislado, até a cúpula do ordenamento, de onde, enriquecida e descortinando o todo, pode realimentar o diálogo circular hermenêutico, que recomeça nas bases do ordenamento.

7. Fator institucional do eqüívoco

Dentro de um quadro causal plural e complexo, há, a nosso ver, um fator institucional que muito favorece, no Brasil, o avanço do totalitarismo constitucional. No nível político, a fusão dos três níveis das funções políticas (Estado, Governo e Administração), no órgão unipessoal do denominado *poder executivo*. E, no âmbito do direito – o objeto deste estudo – a fusão, no mesmo órgão (o poder judiciário), da jurisdição ordinária e da jurisdição constitucional (monismo jurisdicional).[15]

---

[15] Como mostramos em outro lugar (*A Supremacia do direito*, P. Alegre, 2002), somente no *common law* podem ser fundidas sem problemas as duas jurisdições (a ordinária e a constitucional), pois naquela cultura há uma separação histórico-sociológica entre direito ou *jurisdictio* (a cargo dos juízes) e política ou *gubernaculum* (a cargo do Congresso e do Parlamento). (Sobre a distinção entre *jurisdictio* e *gubernaculum* Charles MCILWAIN, *Constitutionalism Ancient and Moderns*, London, Cornell UP, 1940). Em cultura romano-germânica, a primeira fonte do direito é a lei (cabe ao Poder Legislativo a competência jurídica de nível primário), de modo que a atribuição ao Judiciário, além da jurisdição legislativa ordinária, a da jurisdição constitucional, imbrica no sistema jurídico uma contradição, um conflito invencível.

O monismo jurisdicional, combinado com a mentalidade constitucional totalitária, tende a produzir uma concentração de poderes no poder judiciário ordinário, já bastante estudada em direito comparado.[16]

Passaremos a aprofundar três pontos que mostram a essencialidade, para o Estado democrático de direito, de uma adequada relação entre os três planos do ordenamento jurídico.

8. Estado de direito, valores e ideologias

O Estado de Direito emerge do segundo pós-guerra sobre um quadro mínimo e básico de valores, decorrentes todos da dignidade única e preeminente da natureza humana. Ei-los: a *liberdade* (primeiro deles), que se ajusta à *igualdade* pela *justiça*, perdura no tempo com a *segurança* e implica um equilíbrio entre *ordem* e *progresso*.

Lembremos, desde logo, que os valores nascem da realidade fática profunda da dignidade humana e, descobertos e trabalhados pela razão, assumem uma dimensão metafísica (geral, abstrata e universal). Para serem re-concretizados nos fatos, pelo direito, têm de passar, necessariamente, por um processo de mediação. Ao cruzarem a fronteira entre os planos, os valores deixam de ser *valores* (gerais, abstratos e universais) e inevitavelmente contaminam-se dos interesses e das ideologias que envolvem a vida humana concreta. Ou seja: os valores enquanto valores só existem no plano fundamental do ordenamento jurídico. Toda concretização, seja no plano intermediário da lei, ou no plano concreto dos fatos, envolve, ainda que em grau mínimo, uma ideologização.[17] Por isso Jellinek[18] ensinava que os valores da Constituição não nos servem para dizer o que fazer: essa tarefa direta e imediata é ideologizante e, pois, requer necessariamente órgãos políticos de legiferação; a função dos valores é de *controle* (ou seja, indireta e mediata), supondo a preexistência de uma legislação a ser examinada, a ser corrigida, a ser "julgada".

Essa, a primeira e grande razão para a preservação da autonomia (legítima, equilibrada e moderada) entre as funções de direito constitucional e as de direito ordinário. Sem o respeito àquelas exigências da razão prática e da realidade, o direito constitucional deixaria de ser um direito de valores para ser um direito de ideologias e de ideologias da pior espécie: daquelas que se disfarçam sob a pele de valores.

Para garantir a transcendência do plano constitucional dos valores, todos os países de tradição romano-germânica na Europa, sem exceção, instituíram uma jurisdição constitucional distinta da jurisdição ordinária.

---

[16] Ver Karl LOEWENSTEIN, *Teoria de la Constitución,* Barcelona, Ariel, 1970. p. 310 e ss.
[17] É o que nos ensinam os clássicos da razão prática (v. Alasdair MACINTYRE citado).
[18] Op. cit., p. cit.

Não foi, pois, por acaso que o constitucionalismo de valores do segundo pós-guerra trouxe com ele o denominado Tribunal Constitucional como poder autônomo do Estado.[19] A separação das duas Justiças passou a ser um dos arranjos essenciais do Estado democrático de Direito.

9. Estado de Direito e a instância de sobredireito

A descoberta do direito em concreto e o aprimoramento constante das instituições requerem um permanente diálogo entre realidade, direito legislado e direito enquanto expressão dos valores humanos mais elevados. No Ocidente, da baixa Idade Média até o surgimento do constitucionalismo contemporâneo, o cultivo do direito justinianeu pelos professores da Universidade operava como esse verdadeiro *sobredireito*. Tal função crítica dialógica do direito codificado era cumprida formalmente dentro do próprio direito civil. A autonomia dos comentadores e dos professores foi sempre apreciada e estimulada como essencial ao progresso do direito na direção da realização de uma justiça melhor, mais próxima do ideal.

O direito constitucional, surgindo no Séc. XVIII, passou a atrair, para sua esfera, progressivamente, a função de sobredireito, num primeiro momento sob color de "irradiação" da liberdade no plano do direito ordinário (inclusive no direito privado). Depois, no segundo pós-guerra, a Constituição, ao abraçar, além da liberdade, uma constelação de valores, franqueou um campo riquíssimo ao sobredireito, o qual só é *sobredireito* na medida em que respeita e preserva o direito legislado. É nele que o sobredireito encontra o interlocutor válido para cumprir sua função e para realizar, de forma mais elaborada, a Justiça. A absorção do direito ordinário pelo direito constitucional, com efeito, suprimiria o sobredireito, afetando a própria essência do Estado democrático de Direito.

10. Estado de Direito e a subsidiariedade de níveis do ordenamento

Nas sociedades políticas mais antigas, de extensão territorial reduzida, o chefe único, que acumulava poderes "jurídicos" e cuidava da ordem social, exercia, antes de tudo, a composição e o julgamento dos conflitos. Esforçava-se por progressivamente substituir as práticas desagregadoras da vingança privada. Assim, a primeira função juspolítica dominante a se organizar em torno do poder parece ter sido a *judicial*.[20]

---

[19] Cf. do Autor *O Tribunal Constitucional como Poder* (S.Paulo, Memória Jurídica, 2002).
[20] As fontes bíblicas nos falam que o governo primitivo dos hebreus foi dos *juízes*. No Ocidente Medieval, o *common law* é anterior à recepção da codificação de Justiniano, e sua primeira característica é a de ser um *judge made law*.

Com a evolução e a complexificação crescentes da vida social, os juízes sozinhos não podiam mais atender adequadamente a necessidade generalizada de orientação das condutas na comunidade. Só então aparece a aspiração social e política por pautas objetivas para dirigir o comportamento social, na direção do bem comum. Surgia assim o *legislador*, atuando sobre o direito em um nível de abstração e de generalidade mais elevados, com as primeiras leis escritas. O progresso trouxe não somente a sofisticação dos juizados individuais e coletivos (os tribunais), mas principalmente a modernização das tarefas e dos instrumentos legiferantes.

Prosseguindo a trilha evolutiva, as necessidades de limitar os poderes juspolíticos e de garantir a liberdade dos membros da comunidade conduziram a sociedade – no início pela via revolucionária – à descoberta do poder constituinte e à adoção de Constituições escritas. A consciência jurídica, então, avançou ainda mais, passando a demandar a fiscalização da obra do legislador. Criaram-se, então, técnicas de controle de constitucionalidade das leis, culminando, na segunda metade do século XX, na Europa Continental, com a instituição de um novo poder político, o Tribunal Constitucional, formado de *juízes constitucionais*.

Dessa linha evolucionária da história institucional das funções jurídicas do Estado podemos extrair dois princípios: (a) o da especialização crescente dos órgãos sociais e políticos; e (b) o da subsidiariedade das funções sociais e políticas. Não é aqui o lugar de aprofundar o princípio de letra (a). Já o princípio de letra (b) nos sugere alguns pontos muito importantes para os objetivos do presente trabalho.

Primeiro: a mais importante das funções jurídicas é a de *juiz*. É, existencialmente, o ponto de partida de toda a atividade jurídica, sem a qual nenhuma das demais poderia operar. É a que está mais próxima do fundamento ontológico do direito, ou seja, a pessoa humana, real e viva, com sua preeminente dignidade ao mesmo tempo individual e social, livre e solidária, corporal e espiritual, dotada de direitos e deveres fundamentais e vocacionada a um mundo de valores superiores que ao direito cabe garantir e promover. É a que vai servir diretamente à pessoa humana necessitada da tutela jurídica, o sujeito primeiro e a finalidade última de todo o ordenamento jurídico. O ordenamento assegura à função judicial um espaço próprio de autonomia, inclusive para colmatar lacunas, pela via da *equidade* e dos *princípios gerais do direito*. Em seguida, e na ordem, seguem-lhe, em relevância – pelas mesmas razões – a função legislativa e a função de controle constitucional, respectivamente.

Segundo: cada nível funcional, enquanto as condições socioculturais não cobravam especialização, realizava subsidiariamente as tarefas de nível mais abstrato. Assim, no período primevo, o juiz que judicava cumpria, embrionariamente, também, a tarefa de legislador (pelos precedentes gerava normatividade) e, ainda mais, implicitamente, era o controlador dos valores superiores daquele direito rudimentar.

Terceiro: mesmo nos Estados mais evoluídos, a precedência ontológica (primeiro ponto) e a preferência subsidiária (segundo ponto) subsistem e continuam a valer em prol dos níveis mais concretos do ordenamento. Assim, não é tanto o juiz, enquanto juiz, que existe para servir os legisladores; antes, as legislações é que existem para ajudar o juiz a fazer Justiça no caso concreto. Também não é tanto a legislação que existe para fazer a grandeza ou preservar eficácia das constituições; antes, as constituições é que foram inventadas para defender, proteger e amparar as boas legislações, aprimorando, corrigindo e suprindo as defeituosas.

Enfim, as constituições não devem, nem podem, pretender substituir, jugular ou mesmo abafar as legislações, nem estas a juízes realmente juízes. Práticas e doutrinas com tal pretensão seriam verdadeiras monstruosidades totalitárias, a subverter a dignidade humana (o fundamento de todo o direito), e a distorcer os valores fundamentais do ordenamento jurídico (as autênticas aspirações da dignidade humana, finalidades de todo o direito).

11. Conclusão

Observados os princípios da precedência ontológica e da preferência subsidiária, as relações entre os níveis ou planos do ordenamento jurídico pedem obediência às legítimas autonomias de cada qual e à complementaridade entre eles. É neste quadro de relações que devem ser examinadas as numerosas questões tópicas envolvidas na matéria, como, por exemplo, a tormentosa questão dos efeitos dos direitos fundamentais sobre o direito ordinário em geral e o direito privado em particular.

O presente texto procurou expor, em consonância com as últimas pesquisas do autor, a doutrina universal, a qual tem procurado guardar fidelidade aos postulados da tradição ocidental do Estado democrático de direito. Essa doutrina, amplamente majoritária na Alemanha, está deduzida no ensinamento abalizado de seus maiores juristas, como E. Forsthoff, K. Hesse e C. W. Canaris.

A Constituição, escrevia o primeiro, não é um supermercado onde se possam satisfazer todos os desejos, nem deve ser transformada em uma massa de argila nas mãos dos ideólogos.[21] Por sua vez, anotou Hesse, "a Constituição é a ordem jurídica fundamental da Comunidade. Entretanto, de forma alguma regula tudo, mas somente aspectos singulares – geralmen-

---

[21] FORSTHOFF deixa bem claro que "a subordinação do legislador à Constituição é bem diferente da vinculação completa, como se a Constituição fosse a origem do mundo, uma célula jurídica germinal da qual tudo deve proceder, desde o Código Penal a uma lei sobre termômetros." (*El Estado de la Sociedad Industrial*, Madrid, IEP, 1975, p. 241-242).

te os particularmente importantes – da vida estatal e social, abandonando o resto da configuração aos poderes estatais por ela constituídos, em particular ao legislador democrático. Por isso, o significado do Direito Constitucional para o direito privado consiste em singulares funções de garantia, orientação e impulso."[22] Mostra Hesse, não só a importância do direito constitucional para o direito ordinário (e o privado em especial), mas o inverso, a importância do direito privado para o direito constitucional. Suas palavras são tão apropriadas, que as escolhemos para encerrar este trabalho:

> Antes de tudo, um Direito Civil que descanse sobre a proteção da personalidade e sobre a autonomia privada forma parte das condições fundamentais da ordem constitucional da Lei Fundamental. A liberdade privada da Pessoa, que o Direito Civil pressupõe e para cuja preservação e desenvolvimento põe normas e processos jurídicos, é requisito indispensável para as decisões responsáveis e, mesmo, para a possibilidade dos atos de decisão. Isto tudo fundamenta a enorme transcendência do Direito Privado para o Direito Constitucional. Na autodeterminação e na própria responsabilidade da Pessoa se manifesta, em parte essencial, a natureza da Pessoa na qual se funda a própria Lei Fundamental e da qual depende a ordem constitucional.[23]

Bibliografia

BOBBIO, Norberto. *A Teoria do Ordenamento Jurídico*. Brasília: UnB, 1995.
CANARIS, Claus-Wilhelm. *Direitos Fundamentais e Direito Privado*. Coimbra: Almedina, 2003, 167.
FORSTHOFF, Ernst. *Estado de la Sociedad Industrial*, Madrid: IEP, 1975, 289.
JELLINEK, Georg. *Teoria General del Estado*. Buenos Aires: Albatroz, 1971, 602.
——. *Teoria General del Derecho y del Estado*. México: UNAM, 1969, 478.
——. *Teoria Pura do Direito*. Coimbra, Armênio Amado, 1979, 484.
HESSE, Konrad. *Derecho Constitucional y Derecho Privado*. Madrid: Civitas, 1995.
LOEWENSTEIN, Karl. *Teoria de la Constitución*, Barcelona: Ariel, 1970.
MACINTYRE, Alasdair. *Justiça de quem? Qual Racionalidade?* São Paulo: Loyola, 1991, 440 pp..
MARTINS-COSTA, Judith. *A Reconstrução do Direito Privado – Reflexo dos princípios, diretrizes e direitos fundamentais constitucionais no Direito Privado*. São Paulo: RT, 2000.

---

[22] HESSE, Konrad. *Derecho Constitucional y Derecho Privado*. Madrid, Civitas, 1995, p. 82 e ss.
[23] Op. cit., p. 86.

2ª Parte

Temas de Direito Constitucional e Direitos Fundamentais

— VIII —

Presente de los derechos humanos y algunos desafíos – con motivo de la reforma de la Constitución Nacional de 1994

RODOLFO VIGO

Professor de introdução ao Direito e de Filosofia do Direito da Universidade Nacional do Litoral e Ministro da Corte Suprema de Justiça de Província de Santa Fé - Argentina

Sumário: 1. Introducción; 2. Tendencias en el panorama de los derechos humanos; 2.1. El tránsito del derecho interno al derecho internacional; 2.2. La derrota del iuspositivismo; 2.3. De la mera promoción a la operatividad jurídica; 2.4 De los deberes de abstención a los deberes de actuación; 2.5. Dinámica expansiva; 2.6. Del Estado como sujeto pasivo a los particulares; 2.7. De la titularidad individual de los derechos humanos a la colectiva; 3. Algunos desafíos o prevenciones; 3.1. Un tratamiento doctrinario completo; 3.2. Los riesgos de una expansión descontrolada; 3.3. Los limites y los consiguientes deberes de los derechos humanos; 3.4. Tensiones entre derechos humanos; 3.5. Derechos humanos programáticos u operativos; 3.6. Directivas interpretativas; 3.7. La globalización del derecho (incluida la jurisdicción); 3.8. Protagonismo judicial; 4. Un renovado clima axiológico en la Constitución argentina: personalismo solidario y democrático.

1. Introducción

Desde el campo de la teoría jurídica, algunos autores, por ejemplo Perelman,[1] comprueban que con la Segunda Guerra Mundial entra en crisis un modo de entender y operar con el derecho, que había predominado en Europa continental desde que se iniciara el proceso codificador. Si queremos resumir al máximo el sentido de ese cambio, diríamos que se fractura la sinonimia entre derecho y ley, y, consecuentemente, se van perfilando con creciente fuerza nuevas fuentes del derecho, en particular, los principios generales del derecho, lo que a su vez genera un protagonismo cada

---
[1] Cfr. Perelman, *La lógica jurídica y la nueva retórica*, Civitas, Madrid, 1988.

vez más acentuado por parte de los jueces. Esos vientos renovadores[2] asumen, entre otros nombres, el de derechos humanos, especialmente a partir de los finales de la década del 60 y decididamente durante la década siguiente. Así la temática de los derechos humanos o la más anglosajona de los derechos morales (*moral rights*) se ha constituido en la actualidad en un tópico de interés teórico, no sólo importante sino hasta decisivo a la hora de interrogarnos sobre las posibilidades de la razón en el campo de la moral y la relación de ésta con el derecho. Autores como Rawls, Dworkin, Nozick, Finnis, Posner, Peces-Barba, Pérez Luño, Hervada, Nino, Massini, entre tantos otros, afrontaron una tarea de esclarecimiento y debate teórico extraordinario, donde la clave de bóveda de sus respectivas teorías lo representan, precisamente, los derechos humanos.

Si dejamos de lado el terreno teórico y prestamos atención al proceso de juridización, positivización o reconocimiento en textos jurídicos de los derechos humanos, tenemos que remontarnos, como es bien sabido, a los orígenes del constitucionalismo moderno, más allá de los antecedentes que se pueden detectar durante la Edad Media.[3]

En efecto, las declaraciones americanas (del Buen Pueblo de Virginia de 1776, de la Independencia del mismo año y la Constitución Federal de 1787 con sus primeras enmiendas) y francesa (Declaración de los Derechos del Hombre y del Ciudadano de 1789) inauguran esa idea de que la razón de ser de los gobiernos es el respeto y protección de ciertos derechos inalienables que poseen todos los hombres. Ese proceso positivizador alcanzará un impulso definitivo en el período posterior a la segunda guerra, básicamente con la Declaración Universal de los Derechos Humanos que la Asamblea General de las Naciones Unidas, reunida en Paris, aprobara por 48 votos y 8 abstenciones el 10 de diciembre de 1948. Esta Declaración, al decir de Mac Bride: representa hoy la expresión escrita de las bases en que se fundamenta el Derecho de las naciones, las leyes de la humanidad y los dictados de la conciencia pública adaptados al espíritu del siglo XX.[4]

Con la reforma de 1994 nuestra Constitución Nacional da un paso jurídicamente revolucionario asimilando la actual conciencia jurídica de la humanidad[5] o el derecho natural de la humanidad,[6] y profundiza la elección en favor de aquellas reservas y exigencias imprescriptibles, inalienables e inviolables con las que el hombre cuenta frente al Estado y los otros hom-

---

[2] Cfr. el artículo, *Nuevos vientos de la filosofía del derecho*, en mi libro Filosofía del Derecho, Secretaría de Posgrado y Servicios a Terceros – Facultad de Ciencias Jurídicas y Sociales – Universidad Nacional del Litoral, Santa Fe, 1993.

[3] Antonio E. Pérez Luño, *Derechos Humanos, Estado de Derecho y Constitución*, Tecnos, Madrid, 1986, pág. 52 y ss.

[4] Cit. por J. Castán Tobeñas, *Los derechos del hombre*, Reus, Madrid, 1992, pág. 145.

[5] A. Truyol y Serra, *Los derechos humanos*, Tecnos, Madrid, 1994, pág. 31.

[6] A. Casses, *Los derechos humanos en el mundo contemporáneo*, Ariel, Barcelona, 1991, pág. 227.

bres, por el único y suficiente título de pertenecer al género humano. Tenía el constituyente ante sí diversas alternativas respecto a los tratados de derechos humanos: podía haber guardado silencio; o establecido el valor supraconstitucional; o haber ratificado la vieja tesis de que tenían valor de ley; o consagrado la tesis de la Corte Suprema en Ekmekdjián c. Sofovich (Fallos 315:1492) del valor supralegal e infraconstitucional; sin embargo, descartó todos esos caminos y optó por brindar a aquellos tratados *status* constitucional. Pero además, en lugar de una mención genérica, prefirió ser preciso enumerando los diez Tratados, Convenciones y Declaraciones más importantes y relevantes que sobre derechos humanos tenía suscriptos la Argentina. Ello a su vez produjo un impacto renovador en la dimensión axiológica del texto Constitucional de 1853.

2. Tendencias en el panorama de los derechos humanos

En los dos últimos siglos de positivización de los derechos humanos, éstos, lejos de permanecer como un ámbito definitivo, estático y ahistórico, fueron sujetos a grandes transformaciones o modalizaciones que justifican recordar algunas de las características más salientes que ofrece el actual panorama:

2.1. El tránsito del derecho interno al derecho internacional

Los antecedentes medievales que se citan como hitos del proceso de positivización de los derechos humanos, como por ejemplo, la Carta Magna de 1215, tenían las características de ser especies de contratos celebrados entre el monarca y un estamento social con fuerte tono circunstancial y concreto. El advenimiento del constitucionalismo moderno a fines del siglo XVIII y su consagración durante el siglo XIX, implicó destinar una parte del texto constitucional al solemne reconocimiento de una nómina variada y extensa de derechos o libertades individuales en favor de todos los ciudadanos de un estado o de todos los hombres. Las primeras constituciones europeas pretenden acompañar a la declaración de derechos con ciertas garantías; esto se comprueba en las constituciones francesas inmediatamente posteriores a 1791 y claramente en la belga de 1831. Las Declaraciones dejan de estar en un plano exclusivamente formal y abstracto para comenzar una firme preocupación por la operatividad jurídica de los derechos humanos.

Las guerras mundiales pusieron al desnudo que era peligroso y hasta ingenuo, dejar sólo en manos de las jurisdicciones nacionales el respeto efectivo de los derechos humanos, por eso, ya al finalizar la primera guerra se inicia un proceso de internacionalización de los mismos. Junto al esfuerzo que suponía cada derecho constitucional nacional, aparece el derecho internacional público bregando en la misma orientación protectora de aquellos derechos. Esta etapa internacional adquirirá un desarrollo crucial con la Declaración Universal de la ONU, y así desde la mera promoción de los derechos humanos se pasa, con creciente audacia, al establecimiento de mecanismos idóneos para la protección de los mismos. Mauro Cappelletti ha llegado a hablar de la existencia de un derecho constitucional comunitario europeo no escrito que debe aplicar el Tribunal de Justicia de la Comunidad.[7] Un paso que merece ser subrayado en este proceso de judicialización internacional de los derechos humanos, es el reconocimiento por el derecho internacional de la subjetividad jurídica del individuo para reclamar por violación a los derechos en cuestión, y en este punto es pionera la Corte de las Comunidades Europeas con sede en Luxemburgo.

Desde la perspectiva histórica, algunos autores hablan de que además del aludido proceso de internacionalización, se comprueba un fenómeno de univerzalización o de generalización. En efecto, Bidart Campos distingue internacionalización de universalización definiendo a esta última como un cierto fenómeno de mimetismo o imitación cultural que se produce con el advenimiento del constitucionalismo moderno en tanto se pone de moda que las constituciones formales incluyan un catálogo o una declaración de derechos.[8] Y Peces-Barba cuando habla del proceso de generalización, apunta al movimiento para convertir en reales los principios liberales de 1789 de igualdad natural en la titularidad de los derechos por todos los hombres.[9]

2.2. La derrota del iuspositivismo

Al iuspositivismo de estricta observancia[10] en tanto reduce el derecho al derecho puesto por los hombres como tal, siempre le resultó el mundo de los derechos humanos un hueso duro de roer. Desde las diatribas tremendas de Bentham contra los mismos, hasta Kelsen negándole relevancia jurídica a la declaración de la ONU, son ejemplos elocuentes de los temores que provoca ese terreno jurídico preexistente o superior al derecho positivo en aquellos que privilegian el orden y la seguridad en el derecho o que se

---

[7] Cfr. Mauro Cappelletti, *Necesidad y legitimidad de la justicia constitucional*, en Tribunales Constitucionales Europeos y Derechos Fundamentales, Centro de Estudios Constitucionales, Madrid, 1984.

[8] G. J. Bidart Campos, *Constitución y Derechos humanos*, Ediar, Buenos Aires, 1991, pág. 75.

[9] Peces-Barba, *Sobre el puesto de la historia en el concepto de los derechos fundamentales*, en Anuario de Derechos Humanos, Universidad Complutense, Madrid, nº 4, 1986-87, pág. 245.

[10] Según E. Bulygin los elementos de un programa iuspositivista serían tres: 1) la tesis de la positividad del derecho, todo derecho es creado y aniquilado por medio de actos humanos; 2) la concepción no cognoscitiva de normas y valores, o sea escepticismo ético; y 3) tajante separación entre descripción y valorización, entre creación y conocimiento del derecho, entre ciencia del derecho y política jurídica (Validez y Positivismo, en Comunicaciones-Segundo Congreso Internacional de Filosofía del Derecho, vol I, La Plata, 1987, pág. 224).

obsesionan por elaborar un saber jurídico objetivo y puro con rigor científico.

Como lo ha demostrado Hervada, cuando se habla de derechos humanos se pone en crisis al iuspositivismo en tanto se alude a un tipo de derechos preexistentes o anteriores al derecho positivo, por lo menos a esa conclusión lleva el sentido obvio del lenguaje utilizado, tanto por las declaraciones antiguas y modernas y los pactos internacionales, como por los distintos movimientos en favor de esos derechos o en general por quienes sobre ellos hablan o escriben.[11] Un testimonio insospechado, como el de Gregorio Robles, confirma no sólo aquel origen iusnaturalista de la teoría de los derechos humanos, sino la resignada confesión de que sólo desde posiciones iusnaturalistas es posible seguir manteniendo la teoría de los derechos humanos.[12] A lo sumo, la respuesta coherente iuspositiva en torno a los derechos humanos se mantuvo anclada al ámbito de la capacidad soberana del Estado de crear derecho y, en consecuencia, la posibilidad de autolimitarse en favor de sus ciudadanos, como lo fue la teoría de Jellinek. El profesor Bulygin se hace cargo de los riesgos que conlleva el iuspositivismo: se me podría reprochar que esta concepción de los derechos humanos los priva de cimientos sólidos y los deja al capricho del legislador positivo. Por lo tanto, la concepción positivista de los derechos humanos sería políticamente peligrosa. Sin embargo, no veo ventajas en cerrar los ojos a la realidad y postular un terreno firme donde no lo hay. Y para defenderme del ataque podría retrucar que es políticamente peligroso crear la ilusión de seguridad, cuando la realidad es muy otra. Si no existe un derecho natural o una moral absoluta, entonces los derechos humanos son efectivamente muy frágiles...[13]

Los tratados sobre derechos humanos se apoyan en una evidente fundamentación iusnaturalista o anti-iuspositivista,[14] pues en ellos los derechos son inherentes al hombre y no dependen de la concesión del Estado o de algún consenso social. La Declaración Universal menciona así la dignidad intrínseca y los derechos iguales e inalienables de todos los miembros de la familia humana. La Declaración Americana avanza contra los juridi-

---

[11] J. Hervada, *Problemas que una nota esencial de los derechos humanos plantea a la Filosofía del Derecho*, en Persona y Derecho, n° 9, Pamplona, EUNSA, 1982, pág. 243.

[12] G. Robles, *Los Derechos humanos ante la Teoría del derecho*, en El fundamento de los derechos humanos, Debate, Madrid, 1989, pág. 312.

[13] E. Bulygin, *Sobre el status ontológico de los derechos humanos*, Doxa, Universidad de Alicante, n° 4, pág. 84.

[14] En un sentido amplio sería iusnaturalista toda concepción que admita la existencia de algo jurídico – derecho, deber, principalmente relación – que tiene tal carácter no obstante no provenir de una decisión humana; el iuspositivismo sólo reconoce como jurídico aquello que los hombres así lo han decidido o constituido como tal. Iusnaturalismos en aquel sentido amplio encontramos muy diversas corrientes: 1)realista clásico (Finnis); 2)racionalista (Grocio); 3) empirista (Hobbes); 4) Marxista (Bloch); 5) Kantiano (Stammler); 6) analítico (Hart); etc.

cismos afirmando que los deberes de orden jurídico presuponen otros, de orden moral, que los apoyan conceptualmente y los fundamentan. En el Pacto de San José se define que los derechos esenciales del hombre no nacen del hecho de ser nacional de un determinado Estado, sino que tienen como fundamento los atributos de la persona humana. La ligazón entre derechos humanos y derecho natural la sintetiza Fernández Galiano expresando que el nuevo nombre del derecho natural son los derechos humanos.

2.3. De la mera promoción a la operatividad jurídica

El modelo dogmático positivista de teoría jurídica que entró en crisis en Europa con la segunda guerra no le reconocía explícita e integralmente carácter jurídico a la Constitución. Más bien, predominaba la idea de que ella era un documento de naturaleza política y que se le encomendaba al poder legislativo establecer la oportunidad y el modo de ingresarla al mundo jurídico a través de leyes. Una de las pruebas más claras de ese modelo lo revela la ausencia de un sistema de control de constitucionalidad, el que no obstante ponerse en vigencia en EE.UU. a comienzos del siglo XIX, tenemos que llegar al período entre guerras para comprobar la asimilación de aquel control en el mundo europeo, si bien será después de la segunda guerra cuando se generaliza el modelo de los tribunales constitucionales. En Francia recién en 1971 el Consejo Constitucional admite la operatividad del Preámbulo y las Declaraciones revolucionarias previstas en la Constitución. La obra de García de Enterría, *La Constitución como norma jurídica*, intenta, con dicho título poner de relieve con rasgos gruesos el descubrimiento de la doctrina española después de la Constitución de 1978. Un resabio elocuente de aquel modelo dogmático que pervive en el sistema jurídico argentino, lo constituye la sostenida negativa de los jueces para no declarar de oficio la inconstitucionalidad, lo que en buen romance significa que el juez está para poner el derecho al margen de lo que pidan las partes pero ello no incluye el derecho constitucional.

La Declaración Universal proclama el compromiso de los Estados a promover mediante la enseñanza y la educación el respeto a los derechos humanos y, además, a asegurar por medidas progresivas de carácter nacional e internacional la aplicación efectiva de los mismos. Si hacemos un balance parece evidente que la tarea de promoción, esclarecimiento y difusión de los derechos humanos ha rendido importantes frutos, mientras que en terreno de la operatividad el saldo, si bien favorable, es más matizado. Un balance similar fue el que arrojó la Conferencia Internacional de Derechos Humanos celebrada en Teherán en 1968: Se han logrado sustanciales progresos en la definición de normas para el goce y protección de los derechos humanos, pero aún queda mucho por hacer en la esfera de la aplicación de estos derechos y libertades. Desde el punto de vista teórico, ha sido

Bobbio uno de los autores que con mayor insistencia ha reclamado eludir las discusiones conceptuales sobre los derechos humanos, para abocarse al establecimiento de mecanismos procesales que posibiliten su ejercicio.

Es cierto que la tarea promocional y dilucidadora es menos complicada o comprometedora que el esfuerzo por la operatividad o eficacia de los derechos, pero no es menos cierto que esta última etapa viene impulsada y consolidada por la anterior. En ese proceso no podemos dejar de mencionar el servicio que han prestado los Tribunales comunitarios con competencia en materia de los humanos. Por el lado de la Constitución argentina reformada cabe poner de relieve el artículo 43 que consagra la acción de amparo en favor de los derechos humanos.

2.4. De los deberes de abstención a los deberes de actuación

Los que se reconocen como primera generación de los derechos humanos, es decir, los llamados derechos liberales, individuales o civiles y políticos tuvieron como objetivo central definir un ámbito de reserva para el hombre o una restricción del Estado para entrometerse en el ámbito de la libertad individual. Lo que se procuraba era proteger la capacidad de elección de cada hombre y que las autoridades asumieran un deber negativo, o sea de no hacer, dejando que la libertad individual se desplegara sin perturbaciones de nadie.

Como es sabido las injusticias que provocó aquel modelo liberal-individualista a ultranza, justificó la aparición en nuestro siglo de nuevos derechos humanos que imponían al Estado como contrapartida la necesidad de asumir ciertos deberes positivos, o sea de intervenir para que los derechos no se quedaran simplemente en declaraciones formales o no operativas. Mientras que la generación de derechos decimonónica se traducía en Derechos de abstención que tenía el individuo titular frente al Estado, en la segunda generación de los llamados económicos, sociales y culturales se definen como Derechos de créditos frente al Estado en tanto permiten exigirle ciertas prestaciones positivas. En la terminología de Herrendorf-Bidart Campos, en esas sucesivas generaciones de derechos humanos se asiste al tránsito de la libertad de a la libertad para que requiere no ya exención de impedimentos sino prestaciones concretas de dar o de hacer en favor de esos algunos que por sí solos y por sí mismos no consigan dicho acceso por carencia de medios personales a su alcance (prestaciones de salud, de educación, de seguridad social, etc.).[15]

Atienza, en una clasificación más detallada, distingue entre: derechos individuales que operan como derechos-autonomía en tanto señalan esferas

---
[15] G.Herrendorf-G.J. Bidart Campos, *Principios, Derechos y Garantías*, Ediar, Buenos Aires, 1991, pág. 176.

de actuación de los individuos que quedan fuera de la acción del poder; los derechos civiles y políticos que serían derechos-participación en tanto aseguran el control de los gobernados sobre gobernantes; y los derechos económicos, sociales y culturales que los define como derechos-prestación puesto que exigen prestaciones del Estado para asegurar libertades reales.[16]

Al margen de generaciones de derechos y distinciones teóricas, lo que se comprueba es que si ellos descansan en la naturaleza humana y comprometen, por ende, la actualización o plenificación o felicidad del hombre, no cabe adoptar una actitud meramente contemplativa o distante por parte de las autoridades o de los otros hombres. En el destino de cada hombre está de algún modo comprometida toda la humanidad y ello funda cierta responsabilidad, si bien en algunos de manera más directa, como por ejemplo la de los conciudadanos y a los que se les ha conferido el poder político para procurar el bien común o bienestar general. Esta co-responsabilidad se invoca en la vigencia de los derechos humanos llamados derechos de solidaridad, en tanto se fundan en una concepción de la sociedad y de sus frutos que reconoce en cada hombre un hacedor y un usufructurio de esos bienes comunes, como por ejemplo el medio ambiente, la paz, etc.

2.5. Dinámica expansiva

Una de las características más fáciles de comprobar a la hora de realizar una mirada retrospectiva de los derechos humanos es su sorprendente capacidad para crecer en su número y tipos. Seguramente nos resultan exageradamente escuetas y pobres las primeras declaraciones de derechos humanos, que básicamente rondaban alrededor de la libertad, la propiedad, la seguridad o la resistencia a la opresión. Mucha agua ha corrido debajo del puente en estos dos últimos siglos. No sólo contamos con las tres generaciones de derechos humanos aceptados genéricamente por la doctrina, sino que algunos hablan de una cuarta generación de derechos humanos que tendrían por objeto el erotismo o el sexo,[17] y, también, particularmente desde el mundo anglosajón, se ha levantado la bandera de los derechos de lo infrahumano: las plantas, los animales, los ríos, los bosques, las montañas, etc.

Bobbio ha llamado la atención que se observa en la evolución de los derechos humanos una tendencia que denomina de especificación dado que se fueron determinando con mayor concreción tanto con respecto al abstracto hombre (por ejemplo al focalizarse la protección de la mujer o del niño) como también a la abstracta libertad (especificadas en libertades más

---

[16] M. Atienza, *Una clasificación de los derechos humanos*, en Anuario de Derechos Humanos, Universidad Complutense, Madrid, 1986-87, nº 4, pág. 30.

[17] Cfr. C. Massini, *Los Derechos Humanos*, Santiago de Chile, 1980, pág. 103.

concretas: libertad de conciencia, de opinión, de reunión, etc.).[18] Jacques Maritain en su pequeña obra escrita durante la segunda guerra que lleva por título *Los derechos del hombre y la ley natural,* confirma el progreso de la conciencia moral de la humanidad: el movimiento progresivo de la humanidad, no como un movimiento automático y necesario, sino como un movimiento contrariado, logrado al precio de una tensión heroica de las energías espirituales y de las energías físicas...[19]

No se trata de auspiciar imágenes utópicas o falsas de la historia, sino de comprobar que la conciencia moral de la humanidad ha tenido la posibilidad de ir creciendo en la profundidad y precisión de los derechos que corresponden a todo hombre por el solo hecho de serlo, del mismo modo que a nivel individual la experiencia auxilia en la dilucidación del bien concreto. La historia de la humanidad y fundamentalmente sus errores, permiten orientar el esfuerzo de la razón práctica para delinear el mejor modo o el modo más provechoso que tiene el hombre para relacionarse con los otros hombres y con la naturaleza. Los mismos Pactos Internacionales de los Derechos Civiles y Políticos y Económicos, Sociales y Culturales de 1966 han sido entendidos como las aplicaciones particulares más importantes de los principios de la Declaración Universal[20] o una continuación sin sobresaltos de la Declaración Universal.[21]

2.6. Del Estado como sujeto pasivo a los particulares

Las primeras formulaciones acerca de los derechos humanos se plantearon como exigencias hacia el Estado, en buena medida frente al Poder Ejecutivo, de modo que los derechos humanos eran especies de conquistas obtenidas contra el poder político imponiéndole un deber de respeto. La teoría de los derechos públicos subjetivos abonaba aquella concepción que señalaba al Estado como único sujeto pasivo posible de la relación jurídica emergente de los derechos humanos, pues éstos se inscribían en las relaciones de subordinación que se daban entre los particulares y el Estado, pero cuando estábamos en relaciones de coordinación o entre particulares resultaba inapelable la noción de derechos humanos en tanto derechos públicos subjetivos.

La doctrina y jurisprudencia alemana en la década del 50 afirmaron la eficiencia de los derechos fundamentales en las relaciones entre particulares, especialemtne en relación con los grandes grupos y organizaciones socioeconómicas. También en Italia se fue generalizando, como lo destaca

---

[18] N. Bobbio, *Derechos del Hombre y Filosofía de la historia,* en Anuario de Derechos Humanos, Universidad Complutense, Madrid, nº 5, 1988-89, pág. 27 y ss.
[19] J. Maritain, *Los derechos del hombre y la ley natural,* Leviatan, Buenos Aires, 1982, pág. 44.
[20] J. Castán Tobeñas, *Los derechos del hombre,* ob. cit., pág. 149.
[21] J. C. Hitters, *Derecho Internacional de los Derechos Humanos,* Ediar, Buenos Aires, 1991, T.I, pág. 145.

Pace,[22] la idea de que los derechos consagrados en la Constitución tienen eficacia erga omnes de modo que protegen a sus titulares tanto frente a la agresión de los poderes públicos como de otros particulares; y esta orientación recibió consagración jurisprudencial por parte de la Corte Constituzionale en 1970. En España desde los primeros momentos que siguieron a la promulgación de la Constitución, una doctrina cada vez más consolidada entendió que en nuestro ordenamiento constitucional existían argumentos y posibilidades para una eficacia de los derechos fundamentales en las relaciones privadas.[23] En la Argentina, la Corte Suprema en Kot, del 5.9.58, inauguraba la doctrina que admitía el amparo entre particulares afirmando que nada hay ni en la letra ni en el espíritu de la Constitución que permita afirmar que la protección de los llamados derechos humanos – porque son los derechos esenciales del hombre – está circunscripta a los ataques que provengan sólo de la autoridad.

La Declaración Americana es de Derechos y Deberes del Hombre y en su Preámbulo se afirma: El cumplimiento del deber de cada uno es exigencia del derecho de todos. Derechos y deberes se integran correlativamente en toda actividad social y política del hombre. En el Pacto Internacional de Derechos Civiles y Políticos (P.I.D.C. y P.) se consagra el derecho de todo niño a que se le brinde protección por su familia, como de la sociedad y del Estado (art. 24). En el Pacto de Derechos Económicos, Sociales y Culturales (P.I.D.E.S. y C.) en su considerando leemos: Comprendiendo que el individuo, por tener deberes respecto de otros individuos y de la comunidad a que pertenece, está obligado a procurar la vigencia y observancia de los derechos reconocidos en este Pacto. En la Convención contra la Tortura y otros tratos o penas crueles, inhumanas o degradantes se establece: Ano podrá invocarse una orden de un funcionario superior o de una autoridad pública como justificación de la tortura (art. 2.3.). La Corte Interamericana de Derechos Humanos en el caso Velázquez Rodríguez de 1988 (E.D., 130-646), interpretando el artículo 1 del Pacto de San José, sentenció que la responsabilidad de los Estados no se limita a la conducta de sus agentes sino que se extiende a la de los particulares cuando no se cumplen apropiadamente las obligaciones de prevenir, investigar y sancionar las infracciones a los derechos humanos.

En definitiva, los derechos humanos no sólo se ejercen frente a la autoridad y los particulares, sino que sobre cada hombre pesa el deber de respetarlos.[24]

---

[22] Cit. por F. Fernández Segado, *La dogmática de los derechos humanos*, Ediciones Jurídicas, Lima, 1994, pág. 75.
[23] Ibidem, pág. 78.
[24] Cfr. A. A. Cancado Trindade, *Derecho internacional de los derechos humanos, Derechos internacional de los refugiados y Derecho internacional humanitario: aproximaciones y convergencias*, en Estudios especializados de Derechos Humanos, Instituto Interamericano de Derechos Humanos, t.1, 1996.

2.7. De la titularidad individual de los derechos humanos a la colectiva

Los derechos humanos fueron acuñados en la modernidad con un sesgo nítidamente individualista, en tanto era el ciudadano o el hombre aisladamente considerado el titular del derecho oponible al Estado. Una de las características distintivas de los nuevos derechos es que se atribuyen al hombre pero en cuanto miembro de un sector de la sociedad o de una comunidad jurídica. Ello es particularmente contundente cuando pensamos en los Derechos económicos, sociales y culturales, los que según Burdeau[25] deberían definirse por referencia a la conciencia progresiva de que el hombre es sujeto de derechos, no tanto en cuanto individuo como en cuanto miembro de agrupaciones sociales. Benito de Castro Cid en similar orientación subraya: ese grupo de derechos aparece como resultado del triunfo de la creencia en que el aspecto más decisivo de la existencia humana es su incardinación en las colectividades sociales.[26]

Conforme a la perspectiva referida, no puede sorprender que entre los derechos de status constitucional incorporados por la reforma de 1994 aparezca el derecho de los pueblos a la libre determinación (art. 1 Pacto Derechos Civiles y Políticos); el derecho de los pueblos a no ser privados de los medios de subsistencia (art. 1 Pacto Derechos Económicos, Sociales y Culturales); el derecho de los sindicatos a la huelga y a funcionar sin obstáculos (art. 8 Pacto Derechos Económicos, S. y C.); el derecho de la familia a ser protegida (art. 10 Pacto Derechos Económicos, Ss. y C. y 23 Pacto Derechos Civ. y Pol.); el derecho de las minorías a tener su propia vida cultural, a profesar y practicar su propia religión y a emplear su propio idioma (art. 27 Pacto Derechos Civiles y Pol.); etc. Además la Constitución de manera directa estableció: derecho a un ambiente sano (art. 41), derecho de consumidores y usuarios (art. 42), derecho a resistir a los funcionarios de facto (art. 36), los derechos de los pueblos indígenas (art. 75, inc. 17); etc. Sin duda que todos estos derechos suponen una profunda transformación de la noción de legitimación procesal activa, lo que resulta plenamente procedente si está de por medio contribuir a la mayor efectividad de los derechos humanos.

Los derechos humanos han dejado de tener el sello individualista con el que nacieron y han terminado de abarcar aquellos derechos que tienen por objeto bienes que se obtienen y se usufructúan en tanto la persona humana se encuentre agrupando o integrando un sector social. Castán Tobeñas con elocuencia señala: Los derechos del hombre, que fueron derechos

---

[25] G. Burdeau, *Les libertés publiques*, L.G.D.J., Paris, 1972, pág. 7.
[26] G. de Castro Cid, *Los derechos económicos, sociales y culturales,* Universidad de León, 1993, pág. 26.

subjetivos de autodeterminación del individuo, son ahora también derechos de autodeterminación de los entes colectivos, e incluso...derechos de autodeterminación de los pueblos.[27]

3. Algunos desafíos o prevenciones

Los derechos humanos han llegado a constituirse en uno de los *topoi* – recurriendo a la terminología de Aristóteles – más característico de nuestra época. En efecto, son ellos un lugar común que se da por sentado o presupuesto su valor, y al que se recurre en los debates éticos, políticos o jurídicos como verdadera y eficaz prueba de los argumentos y conclusiones que se esgrimen. Dworkin[28] claramente marca la posibilidad de tres vías alternativas para elaborar una teoría política: la basada en objetivos a conseguir, por ejemplo el utilitarismo; la sustentada en deberes que exigen cumplimiento, por ejemlo Kant; y la que se apoya en derechos, que es el modelo de Paine, Rawls, y el mismo Dworkin. El profesor Mack extiende las alternativas dworkianas al campo de la ética llegando a la conclusión que no sólo puede haber una teoría moral basada en derechos, sino que no puede haber una teoría moral aceptable que no sea basada en derechos.[29]

Junto a ese interés doctrinario desbordante, la problemática de los derechos humanos está requiriendo hacerse cargo de algunas cuestiones implicadas en la misma, cuyas respuestas lejos de conspirar contra la importancia, proyección y vigencia de los derechos humanos aportarán a precisarla y a que se asuman a conciencia ciertas posiciones y consecuencias teóricas y prácticas que los mismos conllevan. En el caso de nuestro país ello es aún más urgente y necesario dado que hemos triplicado con exceso el texto constitucional a través de la constitucionalización de los tratados sobre derechos humanos (suman desde 1994 en su conjunto 409 artículos a los que deben sumarse 22 artículos de la Convención sobre desaparición forzada de personas). Los juristas tenemos así a nuestra disposición un amplio y rico material, pero un uso integral, apropiado y responsable exige estar advertidos de algunos puntos que no se pueden soslayar si efectivamente se pretende que el catálogo de derechos humanos tenga la mejor vigencia. En el punto que sigue aludimos a algunos de esos interrogantes o implicancias que acompañan a los derechos humanos no con el propósito de obtener respuestas o fijar posiciones definitivas, sino con el más modesto objetivo de llamar la atención de los juristas que invocarán, aplicarán o estudiarán los nuevos derechos humanos constitucionales.

---

[27] J. Castán Tobeñas, *Los derechos del hombre*, ob. cit., pág. 18.
[28] R. Dworkin, *Taking rights seriously*, Maas, Harvard U.P., 1982, págs. 171 y 172.
[29] J. L. Mackie, *Can There Be a right-based morality?*, en Theories of Rights, Oxford U.P., New York, 1984, pág. 176.

3.1. Un tratamiento doctrinario completo

Relataba J. Maritain[30] que cuando participaba de unas reuniones de la Unesco por el año 1947 en oportunidad de debatirse acerca de los derechos humanos, era muy fácil ponerse de acuerdo con la nómina de los mismos, sin embargo, surgía el debate inconciliable cuando se intentaba precisar qué era lo que cada uno entendía por esos derechos. Sin duda que ponerse de acuerdo en la nómina es muy poco, particularmente cuando se piensa en su operatividad concreta judicial. Advierte Julien Freund que un desarrollo teórico que aporte al esclarecimiento de los derechos humanos evitará que éstos queden reducidos a meros postulados gratuitos o afirmaciones dogmáticas.[31] Carlos I. Massini también reclama precisar con rigor todos los extremos de la problemática, sin ellas la temática de los derechos humanos quedará relegada al ámbito de las proclamas mitinescas o las exhortaciones piadosas y encerrada en una retórica grandilocuente y vacía; sin un mínimo de rigor en sus fundamentos y formulaciones, sólo despertará esperanzas infundadas, cuyo final será, necesariamente la frustación y el desengaño.[32]

Señala con acierto Pérez Luño que la expresión Derechos humanos tiene una significación equívoca y vaga lo cual provoca desorientación teórica y práctica.[33] Peces-Barba no sólo reclama la autonomía del derecho de los derechos humanos sino que le asigna un doble nivel: el filosófico y el científico.[34] Quizás resulte aleccionador lo que ocurrió en España después de la Constitución de 1978 en donde se dio un intensísimo desarrollo doctrinario y la creación de ámbitos académicos ad hoc que contribuyeron a iluminar el campo de los derechos humanos en aras de una visión racional, unitaria, fundada, ordenada y coherente. En nuestro país después de la reforma de 1994, la necesidad de ese trabajo esclarecedor sistemático se vislumbra imperioso no sólo por la extensión que alcanzaron los derechos humanos sino porque se exige la tarea de complementación entre los viejos y los nuevos derechos según el inc. 22 del artículo 75 de la Constitución Nacional.

Los temas que deberían ser objeto de aquel tratamiento doctrinario son muchos y variados, pero entre ellos se destacan: el concepto de derechos humanos; fundamento o título en virtud del cual pueden exigirse; contenido

---

[30] J. Maritain, Introducción, al vol. col. Los derechos del hombre. Estudios y comentarios en torno a la nueva Declaración Universal reunidos por la UNESCO. F.C.E., México-Buenos Aires, 1949, pág. 15.

[31] J. Freund, *Les droits de l'homme au regard de la science et de la politique,* en Politique et impolitique, Paris, Sirey, 1987, pág. 189.

[32] C.I. Massini, *Los derechos humanos*, ob. cit. pág. 98.

[33] A. Perez Luño, *Derechos Humanos, Estado de Derecho y Constitución*, ob. cit., pág. 22.

[34] G. Peces Barba, *Derechos fundamentales. Teoría General*, Biblioteca Universitaria Guadiana, Madrid, 1973, pag. 99 y ss.

esencial de cada uno de ellos; presupuestos filosóficos desde los que se elabora el concepto; método apropiado de aplicación concreta; jerarquía entre derechos humanos; titularidad; etc. No olvidemos que en este estudio, si pretende ser integral y exhaustivo, es imprescindible hacerse cargo de algunas nociones de gran peso filosófico, como por ejemplo la noción de dignidad humana o de igualdad intrínseca entre los hombres, de ahí que el mero análisis exegético de los textos resulte notoriamente insuficiente.

3.2. Los riesgos de una expansión descontrolada

Distintos autores han manifestado preocupación frente a esa tendencia que ya apuntamos de la expansión cuantitativa y cualitativa de los derechos humanos. Algunos lo han hecho para demostrar contra ellos, poniendo de relieve el carácter crecientemente utópico o contradictorio de los derechos humanos, así irónicamente recuerdan que en las Declaraciones se incluye el derecho a la felicidad y que junto al derecho a la vida se consagra el derecho al aborto. Michel Villey ha calificado a esas Declaraciones de derechos humanos como engañosas, ilusorias y generadoras de injusticias.[35]

Otros autores han llamado la atención acerca de ese crecimiento de los derechos humanos en razón de que el mismo – según L.W. Sumner – amenaza con devaluar la noción misma de derecho por lo que pretenden que si hemos de continuar tomando los derechos en serio, debemos imponer un cierto control a la proliferación y en consecuencia reclaman un criterio que pueda hacernos capaces de separar los derechos auténticos de los inauténticos.[36] En España, Francisco Laporta advierte los riesgos de un descontrol: me parece razonable suponer que cuanto más se multiplica la nómina de los derechos humanos, menos fuerza tendrán como exigencia; que cuanto más fuerza moral o jurídica se les suponga, más limitada ha de ser la lista de derechos que la justifiquen adecuadamente.[37] Perez Serrano también se queja del crecimiento desaforado de los derechos: Van siendo ahora muchos, aglomerados en tropel, sin seria discriminación de calidades, no pocas veces sin relieve sustancial y perdurable. Con ello se pierde la jerarquía que con razón de su intrínseco valor permitía una diferenciación justificada, y al mezclarse en un mismo conjunto los postulados cardinales y las salpicaduras de una apasionada reacción ocasional, sufre la institución en sí, al ser petrificados los caprichos momentáneos y las convicciones eternas.[38]

---

[35] M. Villey, *Le droit et les droits de lhomme,* Paris, P.U.F., 1983, pág. 13.

[36] L.W. Sumner, *Rights Denaturalized,* en Utility and Rights, ed. R.G. Gry Oxford, Basil Blackwell, 1985, pág. 20.

[37] F. Laporta, *Sobre el concepto de derechos humanos,* Doxa, Universidad de Alicante, nº 4, 1987, pág. 23.

[38] Cit. por J. Castán Tobeñas, *Los derechos del hombre,* ob. cit., pág. 170.

De lo que se trata es de controlar racionalmente la nómina y expansión de los derechos humanos para así preservar la importancia y valor del instituto, sin olvidar que el mero enunciado de un derecho no sólo que no lo encarna en la realidad, sino que conspira contra la seriedad de todos los demás derechos humanos. Si resulta procedente la preocupación por tornar operativos a los derechos como hemos destacado, es doblemente importante aquel control racional.

3.3. Los limites y los consiguientes deberes de los derechos humanos

En la actualidad es doctrina extendida que los derechos humanos no son absolutos o ilimitados, sino que por el contrario su ejercicio está indisolublemente unido a ciertos límites. La jurisprudencia constitucional no ha dudado en receptar reiteradamente dicha doctrina, así por ejemplo nuestra Corte Suprema y el Tribunal Constitucional español.

Cierta doctrina especializada[39] distingue entre límites intrínsecos y extrínsecos de los derechos humanos. Los primeros abarcan los objetivos, aquellos implícitos en la propia naturaleza del derecho, y los subjetivos, que serían los derivados de la actitud del sujeto titular del derecho y del modo en que opta por realizarlo; la infracción de los límites intrínsecos tipifica un fraude a la ley o un abuso del derecho. En los límites extrínsecos al ejercicio de los derechos humanos se incluye: el derecho ajeno, la moral vigente, el orden público y el bien común.[40]

Resulta comprensible que aquellos primeros documentos que positivizaron los derechos humanos se ocuparan de éstos con exclusividad, dejando de lado no sólo los consiguientes deberes sino también el problema de sus límites. Sin embargo, ya la Declaración Universal en su art. 29, inc. 1 incorpora la genérica afirmación que toda persona tiene deberes respecto a la comunidad, y en su inc. 2 precisa que la limitación será por ley y para satisfacer las justas exigencias de la moral, del orden público y del bienestar general de una sociedad democrática. La Convención Americana tiene la particularidad de ser un texto no sólo de Derechos sino también de deberes, en su Preámbulo hay diversas referencias a los deberes, llegando a declarar que el cumplimiento del deber de cada uno es exigencia del derecho de todos. Derechos y deberes se integran correlativamente en toda actividad social y política del hombre, y en su art. 28 se establece que los derechos de cada hombre están limitados por los derechos de los demás, por la seguridad de todos y por las justas exigencias del bienestar geneal y del desenvolvimiento democrático. El Pacto de los D. C. y P. menciona

---

[39] F. Fernández Segado, *La dogmática de los derechos humanos*, ob. cit. pág. 102.
[40] G. Peces-Barba, *Derechos Fundamentales-Teoría General*, ob. cit., pág. 140.

diversos límites que se pueden establecer por ley al ejercicio de los derechos, ellos se derivan de una sociedad democrática, de la seguridad pública, del orden público, la salud pública, la moral pública y los derechos de los demás.

Hablando de límites habría que agregar la posibilidad de suspender el ejercicio de ciertos derechos que el artículo 27 del Pacto de San José prevé frente a una situación real o inminente de extrema gravedad y que afecte la continuidad de la comunidad organizada; esa suspensión es a la plenitud de la vigencia efectiva de aquellos en la medida y por el tiempo estrictamente limitados a las exigencias de la situación y de acuerdo a las disposiciones que se hayan dictado, las que a su vez obligarán a las autoridades.

3.4. Tensiones entre derechos humanos

Sabido es que R. Dworkin[41] es un importante contradictor de la visón positivista de Hart que reduce el sistema jurídico a un sistema de normas (*system of rules*), y en su defecto, reivindica un espacio privilegiado para los principios jurídicos (principles), siendo el objeto de éstos los derechos preexistentes. Uno de los criterios que emplea quien fue profesor de Oxford para distinguir entre principios y normas es que cuando éstas se contradicen, hay que optar por una de ellas lo que a su vez implica que la otra queda expulsada del ordenamiento jurídico. En cambio cuando las tensiones se dan entre principios, la prefencia de uno no trae aparejada la muerte jurídica del otro, sino simplemente su desplazamiento circunstancial por lo que nada impide que en un nuevo caso futuro la preferencia sea distinta.

Poco avanzamos sosteniendo que cuando se privilegia un derecho sobre otro, ambos permanecen en el derecho vigente e igualmente disponibles para una futura elección. El problema en realidad es otro, y consiste básicamente en procurar algún criterio objetivo y previsible que indique cuál de los derechos en conflicto debe elegirse. El tema es resuelto en la jurisprudencia tradicional de la Corte nacional estableciendo que no cabe elección, dado que no hay preferencia constitucionalmente posible desde el momento que todos los derechos valen igual. En la doctrina constitucional argentina el gran pregonero de la jerarquía entre derechos es M. Ekmekdjian.[42] El profesor Bidart Campos, con cierto eclecticismo, postula que no hay jerarquía entre las normas constitucionales pero la admite en cuanto a los derechos.[43]

---

[41] Cfr. el artículo, *El antiuspositivismo de Ronald Dworkin*, en mi libro Perspectivas iusfilosóficas contemporáneas (Ross-Hart-Bobbio-Dworkin-Villey), Abeledo-Perrot, Buenos Aires, 1991.

[42] Cfr. M. A. Ekmekdjian, *Temas Constitucionales*, La Ley, Buenos Aires, 1987, cef.I; y En torno a la libertad de expresión, los programas humanísticos, las censuras previas, las injurias y otras yerbas, en E.D., 149-245 y ss.

[43] Cfr. D. Herrendorf-G.J. Bidart Campos, *Principios de Derechos Humanos y Garantías*, ob. cit., págs. 141, 142.

No dudamos en defender dicha jerarquía entre derechos humanos, es evidente que no valen o pesan igual el derecho a la vida que el derecho de propiedad. Desde el momento que reconstruimos sistemáticamente el texto constitucional, es posible perfilar un orden débil[44] de prioridades prima facie entre los derechos humanos previstas constitucionalmente. Por supuesto, que es inviable pretender un orden estricto que garantice de manera matemática cómo funciona en cada caso la preferencia entre derechos, pero de todas maneras a pesar de las dificultades insalvables que conlleva la razón práctica y la necesidad de pesar cada derecho en las circunstancias en que se reclama su respeto, nos parece insostenible la equiparación a priori de los diferentes derechos.

René Cassin, ex Presidente de la Corte Europea de Derechos Humanos reconoce esa diferenciación cuando afirma: sólo un pequeño núcleo debe siempre conservar su carácter absoluto; en este núcleo se incluye la libertad de conciencia y el derecho a una vida digna.[45] Finnis tampoco duda de que existen derechos-reclamos humanos absolutos o sin excepción; el más obvio, el que la propia vida no sea tomada como un medio para un fin ulterior.[46] Benito de Castro Cid simplifica el problema en tanto serían derechos absolutos los civiles y políticos, y derechos relativos los económicos, sociales y culturales.[47]

En los tratados sobre derechos humanos pareciera una distinción entre derechos desde el momento en que por un lado están los que se pueden suspender en los estados de excepción, y por otro, aquellos que están excluidos de esa hipótesis. Al respecto, el Pacto de San José crea en su art. 27 una nómina de aquellos derechos insuspendibles, nómina más extensa que la incluida en el Pacto de D.C. y P. en su art. 4.

3.5. Derechos humanos programáticos u operativos

En la teoría jurídica dogmática predominante en el mundo continental en el siglo anterior, la constitución más que naturaleza jurídica tiene el carácter de un programa político dirigido al poder legislativo que era quien debía ir reduciéndola o incorporándola a través de leyes al mundo jurídico según sus irrevisables criterios. La clasificación de fuentes del derecho más extendida menciona a la ley, la costumbre jurídica, la jurisprudencia y los

---

[44] La distinción entre orden estricto y orden débil puede consultarse en Robert Alexy Sistema Jurídico, principios jurídicos y razón práctica en Doxa 5, Universidad de Alicante, pág. 145 y ss. Sobre esta temática puede consultarse La garantía del contenido esencial de los derechos fundamentales de A. L. Martínez Peyelte, Centro de Estudios Constitucionales, Madrid, 1997.

[45] René Cassin, *Veinte años después de la Declaración Universal:* Libertad e igualdad, en Revista de la Comisión Internacional de Juristas, 1986, pág. 15.

[46] J. Finnis, *Natural Law and Natural Rights*, New York, Clarendon Press, 1984, pág. 225.

[47] B. de Castro Cid, *Los derechos económicos, sociales y culturales*, ob. cit., pág. 74.

actos jurídicos, pero curiosamente omite a la Constitución a pesar de ser ésta la fuente de las fuentes.

En la doctrina alemana autores como Carl Schmitt o Forsthoff han ratificado el carácter no accionable u operable de los derechos sociales, los que se dirigen con exclusividad al legislador. Específicamente respecto a las Declaraciones de derechos y Preámbulos constitucionales, en Francia tanto Carré de Malberg o Ripert han postulado una posición negativa en torno a su supuesta operatividad jurídica.[48]

Sin embargo, en los tiempos que corren no parece tener demasiada resistencia la doctrina americana de que la Constitución es el derecho más alto o superior (*higher law*) y, en consecuencia, no sólo derecho vigente sino el más importante o fundamental desde donde se controla el resto de las normas que integran el ordenamiento. Robert Alexy ha distinguido entre derechos-normas y derechos-principios,[49] mientras que en los primeros cuando se da un caso que concuerda con la hipótesis delineada en el texto respectivo corresponde aplicar exactamente la consecuencia propia de ese derecho, cuando se trata de derechos-principios ellos funcionan como mandatos de optimización en tanto no mandan una conducta determinada con la cual queda cubierta la exigencia de ese derecho, que sino mandan la mejor conducta posible a tenor de las posibilidades fácticas y jurídicas. La Corte de la Nación en Ekmekdjián resolvió que los Tratados sobre Derechos Humanos son directamente operativos en la medida que ellos especifiquen las circunstancias en las que procede su aplicación.

Frente a la alternativa de si los derechos humanos de status constitucional son operativos o pragmáticos, creemos que ellos operan jurídicamente aun cuando se advierta que esa operatividad tiene distinta medida o característica. Tal operatividad puede significar: a) que orienten la producción normativa infraconstitucional (legislativa, judicial, administrativa, etc.); b) que impide o descalifica jurídicamente las normas que las contradigan; c) que constituye una instancia crítica o interpretativa de las normas; d) que sirve para resolver las contradicciones normativas haciendo prevalecer aquella que mejor satisfaga las exigencias de los derechos humanos; e) que representa un núcleo de juridicidad desde donde se puede describir sistemáticamente al derecho vigente; o f) que faculta a una persona para reclamar ante los jueces a que ordenen el cumplimiento de una obligación de hacer, no hacer o dar algo.

La mayor dificultad para defender la plena operatividad de algún derecho es cuando la misma norma que lo contempla remite a la sanción de alguna norma del derecho nacional. Sin embargo, aún en esos supuestos

---

[48] Cfr. A. Pérez Luño, *Derechos humanos, Estado de Derecho y Constitución*, ob. cit., pág. 71 y ss.
[49] Cfr. Alexy, *El concepto y la Validez del derecho*, Gedisa, Barcelona, 1994, pág. 185.

habría una operatividad disminuida que compromete fuertemente la actuación del poder legislativo. Recordemos la teoría propuesta con insistencia en nuestro país por Bidart Campos de la omisión constitucional atento a que por esa vía se fortalece la aludida operatividad. La Corte Interamericana de Derechos Humanos en su Opinión Consultiva sostuvo que el sistema mismo de la Convención está dirigido a reconocer derechos y libertades a las personas y no a facultar a los Estados para hacerlo.

3.6. Directivas interpretativas

El mismo Pacto de San José introduce en su art. 29 lo que explícitamente denomina Normas de interpretación y que tienen por finalidad orientar y limitar el esfuerzo interpretativo que sobre dicha Convención realicen los juristas. Sin embargo, pensamos que los dos artículos siguientes, o sea el 30 y el 31, igualmente se dirigen a cubrir una similar preocupación de orientar al intérprete.

Los incs. a) y b) del art. 29 consagran lo que llamaríamos la directiva principal en materia de derechos humanos: no hay menos derechos humanos que los contemplados en los tratados respectivos, pero los Estados pueden ampliar la nómina o el contenido de los mismos, y cuando ello ocurre lo obligan con la misma fuerza. De acuerdo a esta pauta, los tratados en cuestión constituyen un piso de mínima, más abajo del cual se deja de pertenecer al mundo jurídico actual, sin embargo, nada impide que se supere ese mínimo. Esta directiva es particularmente importante en un país federal como el nuestro, en donde no es difícil encontrar una nómina de derechos humanos en las constituciones provinciales más generosa que la incluida a nivel nacional.

Otra directiva que se deriva del artículo 29 es que las dudas interpretativas deben ser resueltas no sólo en favor de la existencia del derecho humano, sino además de su mayor extensión. Este criterio interpretativo, que algunos llaman favor libertatis, lo vemos asimilado explícita y constantemente por el Tribunal constitucional español.[50]

Una tercera directiva es que el intérprete debe ser consciente de que la enumeración de los derechos humanos incluidos en la normativa respectiva, es meramente enunciativa y, en consecuencia, debe estar atento a los derechos implícitos que son inherentes al ser humano o que se derivan de la forma democrática representativa de gobierno (art. 29, inc. c).

La cuarta directiva que podemos inferir es que hay una progresividad o crecimiento histórico de los derechos humanos, de manera que una vez concedido o reconocido alguno de ellos, el mismo queda incorporado definitivamente a la nómina vigente y ya no es posible su eliminación. Esto queda

---

[50] Cfr. F. Fernández Segado, *La dogmática de los derechos humanos*, ob. cit., pág. 83.

indirectamente asumido por el Pacto de San José cuando impide el establecimiento de la pena de muerte cuando ya se ha abolido (art. 4, inc. 3).

La quinta directiva remite al alcance extensivo u omnicomprensivo que cabe brindar a los deberes que asume el Estado respecto a los derechos humanos, los que abarcan: 1. la obligación de respeto por parte de todos los órganos del Poder Público de un Estado; 2. la obligación del Estado de adoptar las medidas necesarias para hacer efectivos los derechos humanos reconocidos; 3. la obligación de garantizar el libre y pleno ejercicio de esos derechos a todas las personas sujetas a su jurisdicción.[51]

Una sexta directiva sería la interpretación sistemática, en tanto se requiere para operar racionalmente con los derechos humanos, contar con una visión sistemática de los mismos. Esto implica contar con un cierto trabajo doctrinario que ponga en claro algunos problemas claves, como por ejemplo concepto de derechos humanos, límites posibles, clasificación, contenido esencial, etc. El riesgo de la ausencia en el intérprete de esta preocupación doctrinaria, es favorecer un uso inadecuado o incoherente de los derechos humanos.

Hablando acerca de los principios jurídicos y de su contenido axiológico, Robert Alexy formula la que da en llamar ley de ponderación[52] de aquellos, que nos parece puede proyectarse explícitamente al campo de los derechos humanos. Según dicha ley, el intérprete tiene que tener en cuenta que cuanto más alto sea el grado de afectación de un derecho, tanto mayor debe ser la importancia del cumplimiento de otro.

3.7. La globalización del derecho (incluida la jurisdicción)

Sin duda que el paso del Estado de Derecho legislativo al Estado constitucional contemporáneo[53] y la consiguiente operatividad jurídica de los derechos humanos universales, impacta y fractura muchas nociones vinculadas a la ciencia jurídica.

Una de ellas es que el Poder Judicial nacional tenía competencia para juzgar los delitos cometidos dentro de su territorio y que la última instancia de ese Poder ponía fin al conflicto judicial de manera absolutamente definitiva a través de la cosa juzgada. Estas nociones tan arraigadas en el modelo de ciencia jurídica moderna, junto a otras como el principio de

---

[51] Cfr. C.M. Ayala Carao, *El derecho de los derechos humanos*, ED, 160-758 y ss. Cancado Trindade afirma: El binomio "respetar/hacer respetar" significa que las obligaciones de los Estados partes abarcan incondicionalmente el deber de asegurar el cumplimiento de las disposiciones de aquellos tratados por todos sus órganos y agentes, así como por todas las personas sujetas a su jurisdicción, y el deber de asegurar que sus disposiciones sea respetadas por todos, en particular por los demás Estados partes (art. cit., p. 90).
[52] R. Alexy, *Sistema jurídico, principios jurídicos y razón práctica,* art. cit. pág. 147.
[53] Cfr. L. Prieto Sanchís, *Constitucionalismo y Positivismo*, Fontamara, México, 1997.

irretroactividad de la ley, han entrado en crisis, y ello en buena medida a causa de la presencia operativa, retroactiva, universal y extraterritorial de los derechos esenciales a toda persona humana.

La vieja noción de soberanía elaborada por Bodino, como aquella tan típicamente Kelseniana identificación entre Derecho y Estado, las vemos quebrarse por diversos lados. Así la última instancia judicial deja de ser nacional para pasar a ser internacional o comunitaria; de ese modo, el sistema interamericano prevé el ámbito de la Comisión y de la Corte Interamericana en donde pueden llegar a discutirse incluso decisiones pasadas en autoridad de cosa juzgada según el derecho interno o decisiones de la Corte Suprema de Justicia de la Nación. Consiguientemente ya no resulta fácil seguir sosteniendo que la capacidad de creación normativa remite a los órganos estatales o que el último control o supremacía de la Constitución está en manos del Poder Judicial nacional. Las normas legales, jurisprudenciales y hasta constitucionales no parecen ser las respuestas jurídicas definitivas desde el momento que puede medirse la validez jurídica de aquéllas desde los derechos humanos fundamentales.

El viejo precedente de Nuremberg se ha acentuado y consolidado. Expresamente el Tratado sobre desaparición forzada de personas que el Congreso con el voto de los dos tercios transformara por ley 24556 (EDLA, 1995-B-1120) en norma constitucional, define a ese delito como crimen de lesa humanidad en tanto viola múltiples derechos esenciales de la persona humana de carácter inderogable, lo que constituye una grave ofensa de naturaleza odiosa a la definitividad intrínseca de la persona humana. Dicha convención interamericana constitucionalizada establece la imprescriptibilidad de la acción penal, e impone a cada Estado parte a que adopte los medios para establecer su jurisdicción sobre la causa no sólo cuando la desaparición forzada se haya cometido en su territorio, o cuando el imputado sea nacional de ese Estado, sino incluso cuando la víctima sea nacional de ese Estado y éste lo considere apropiado (una cláusula similar la encontramos en la Convención contra la tortura y otros tratos y penas crueles, inhumanos o degradantes).

Particularmente, esa extraterritorialidad de la jurisdicción encierra grandes interrogantes jurídicos que no resulta fácil responder con conceptos jurídicos tradicionales, y asimismo, suscita interrogantes políticos en torno a la igualdad de tratamiento que recibirán responsables de la desaparición forzada de Estados chicos y débiles y de Estados grandes y fuertes.

3.8. Protagonismo judicial

La consideración que efectúa Montesquieu respecto a los jueces, son el lugar común al que se recurre para describir cual era el irrelevante papel que el positivismo dogmático del siglo XIX le asignaba a aquéllos. La negativa a reconocer la creación judicial de derecho era más estricta cuando se trataba de derechos fundamentales solamente establecidos en la Constitución. Apunta con acierto Fernández Segado[54] que el concepto de Constitución clásica se quiebra en el período de entreguerras, y consecuentemente, se extienden por Europa después de la segunda guerra los Tribunales constitucionales a los que se les encomienda la función de ser supremos guardianes de la Constitución.

El control de constitucionalidad y la operatividad de los derechos humanos consagrados constitucionalmente, conlleva un inevitable protagonismo judicial, el que a su vez no siempre es digerido pacíficamente por los otros poderes del Estado. En Estados Unidos, a pesar de toda la rica experiencia y tradición en ese terreno que se remonta a 1803 cuando la Corte Federal decide Marbury vs. Madison, los cuestionamientos científicos y estrictamente políticos por el activismo judicial han sido permanentes, aunque con períodos de fuerte acentuación.

Frente a semejante poder que se le atribuye a los jueces de ser los intérpretes finales de la Constitución, se reclama como mínimo una clara e irrestricta conciencia de autocontrol (*self-restraint*), sin perjuicio de los demás mecanismos que existen y pueden implementarse a los fines de que no se produzca una alteración en el equilibrio entre los poderes del Estado. Advirtamos, frente al cuadro tradicional de fuentes del derecho, que la jurisprudencia constitucional, en tanto puede descalificar a una ley, termina consagrando una cierta prevalencia jurídica del poder judicial sobre el poder legislativo.

La presencia de los Tribunales comunitarios cuyo objeto son los derechos humanos, no sólo actualizan los cuestionamientos acerca del derecho judicial, sino que los profundiza en tanto por aquélla vía se ponen en crisis nociones o instituciones muy caras a los modelos continentales, así por ejemplo la misma noción de la supremacía de la Constitución.[55] De todas maneras es importante poner de relieve el papel fundamental que han cumplido los jueces del Tribunal Europeo de los derechos humanos con sede en Estrasburgo en orden a la vigencia de los mismos y a fortalecer el proceso de integración, particularmente cuando ellos pueden tomar decisiones que son jurídicamente obligatorias para los Estados que han ratificado el Convenio de Roma.

Si pensamos en la cantidad y variedad de derechos humanos con los que contamos los argentinos después de la reforma de 1994, inmediatamente tomaremos conciencia del trabajo exigente y prudente que seguramente tendrán que concretar nuestros tribunales.

---

[54] Cfr. F. Fernández Segado, *La dogmática de los derechos humanos*, ob. cit., pág. 41.
[55] Cfr. mi libro Interpretación Constitucional, Abeledo-Perrot, Buenos Aires, 1993, pág. 181, y ss.

4. Un renovado clima axiológico en la Constitución argentina: personalismo solidario y democrático

En nuestra obra *Interpretación Constitucional* sosteníamos que la Constitución está integrada no sólo por normas jurídicas en sentido técnico o estricto, sino también por principios jurídicos y valores.[56] Indudablemente que la distinción entre esos tres espacios constitucionales no es tarea fácil, sin embargo es posible el esfuerzo diferenciador. De un modo extremadamente sintético habría que decir, por lo menos, que los valores desbordan el plano jurídico y nos ubica en el campo de la ética; así por ejemplo, el valor de la libertad o la igualdad se proyecta a la totalidad de lo humano y no simplemente al mundo del derecho. Los principios son determinaciones aún genéricas o proyecciones jurídicas de los valores, de manera que por detrás y fundándolos a los principios están los valores, y así el principio o derecho de trabajar o contratar se respalda en el valor libertad, mientras que el principio o derecho de igualdad ante la ley en el valor de igualdad entre los hombres. Las normas jurídicas se identifican, sin perjuicio de otros criterios, por especificar tanto supuestos como consecuencias jurídicas, de manera que los márgenes de operatividad se disminuyen en las normas si las comparamos con los principios y con los valores; un ejemplo de esas normas constitucionales stricto senso sería en nuestra Constitución la que dispone la calificación por la ley de la expropiación y la previa indemnización (art. 17). Los principios, cuyo contenido son derechos, operan como una especie de puente entre los valores y las normas jurídicas. El Tribunal Constitucional español en temprana sentencia del 31.3.81 con elocuencia afirmó: La Constitución es una norma, pero una norma cualitativamente distinta a las demás, por cuanto incorpora el sistema de valores esenciales que ha de constituir el orden de convivencia política y de informar todo el ordenameinto jurídico. En similar orientación leemos en un valioso artículo de Parejo Alfonso: la Constitución no es una norma cualquiera, de cualquier contenido (en ello reside justamente la esencia del verdadero constitucionalismo) sino precisamente una norma portadora de unos determinados valores materiales (que, en tanto que parte de la misma Constitución), no son retóricos, ni programáticos; antes al contrario, están dotados de soporte en el orden material o sustantivo que conforman los expresados valores y no únicamente en un conjunto de reglas formales de producción de normas. La unidad que resulta de la Constitución para el entero ordenamiento es, así, una unidad material de sentido.[57]

La identificación más fundamental que podemos hacer de una Constitución es por los valores que auspicia. Ese *background* axiológico espe-

---
[56] Ibídem, pág. 61 y ss.
[57] L Parejo Alfonso, *Constitución y valores del ordenamiento*, en Estudios sobre la Constitución española-Homenaje al Profesor Eduardo García de Enterría, Civitas, Madrid, 1991, pág. 30.

cificará con un color determinado no sólo a la misma Constitución, sino a todo el ordenamiento jurídico y hasta la sociedad misma. Los derechos humanos expresan y se entienden desde los valores a los que adscribe la Constitución, porque desde ahí crearemos y aplicaremos a todo el derecho y, en especial, precisaremos el contenido de los derechos humanos a la hora de ser concretados en precisas circunstancias históricas.

Lo que intentamos poner de relieve a continuación es que a partir de la reforma de 1994 puede comprobarse en la Constitución Nacional un marco axiológico renovado. Adviértase que no hablamos de nuevo sino de renovado en tanto que creemos que no se constata una ruptura con la anterior sino, más bien, una actualización. Sería una ceguera defender que desde el punto de vista axiológico todo sigue igual. Especialmente el rico material de los derechos humanos insufla a la Constitución de un aire que podría haber estado implícito,[58] pero que de todas maneras queda consagrado, despejando dudas o polémicas. En definitiva, los valores que estarían apoyando y canalizando todo aquel diversificado y vasto campo de los derechos humanos que por vía de los tratados respectivos se incorporan a la Constitución son: la justicia, la libertad, la igualdad y la democracia. Pero este análisis axiológico quedaría incompleto y debilitado si no aludiríamos a la dignidad humana, pues en ella reside el fundamento de todo el derecho y, más aún, de todo el orden social.

Antes de volver sobre los valores, hurguemos un poco en torno a la dignidad humana dado que como hemos adelantado, ella más que un valor es lo que explica y da contenido a los valores y por ende funda a los derechos humanos. Autorizadas voces aluden a la dignidad como un valor, así en España el profesor Lucas Verdú manifiesta su disconformidad hacia la Constitución de 1978 por no incluir entre los valores superiores a la dignidad humana, lo que es rebatido, a nuestro criterio con acierto, por Peces-Barba cuando escribe: Creo que la dignidad humana es el fundamento y la razón de la necesidad de esos valores superiores, es la raíz última de todo, y creo que su inclusión entre los valores superiores no es metodológicamente correcto puesto que éstos son los caminos para hacer real y efectiva la dignidad humana.[59] Es que el hombre cuenta con una naturaleza o un modo de ser que lo constituye en persona, es decir, en dueño de su propio ser o sui iuris. La dignidad de todo hombre se impone a partir de esa peculiar e intransferible e irrenunciable naturaleza con la que cuenta, que le permite racional y libremente ir actualizando sus posibilidades y forjar toda una vida social y cultural a su medida y servicio.

---

[58] R. Barra, entiende que los derechos humanos incorporados a la Constitución nacional con la reforma de 1994 pueden considerarse como aquellos derechos implícitos del art. 33 que tan profunda y enriquecidamente supo desarrollar la notable jurisprudencia de nuestro Alto Tribunal (La reforma de la Constitución, Rubinzal-Culzoni Editores, Santa Fe, 1994, pág. 170).

[59] G. Peces-Barba, *Los valores superiores*, Tecnos, Madrid, 1986, pág. 65.

Decía Cicerón que el principio del derecho es la naturaleza humana, lo que equivale a sostener que al hombre le pertenecen ciertos suyos o bienes atribuidos no por los otros hombres o las autoridades sino que les son intrínsecos, y en tanto se les nieguen se está afectando su misma condición de hombre, o mejor, de personas. Correctamente señala Hervada que el derecho es un fenómeno en parte natural y en parte cultural,[60] en tanto el derecho que el hombre crea se apoya o funda en un cierto núcleo de juridicidad que es inherente a su misma naturaleza, precisamente, ese núcleo coincide con los derechos humanos o fundamentales. La dignidad humana se descubre cuando comprendemos la naturaleza humana y advertimos que el hombre tiene la capacidad de dominarse y de extender su dominio sobre aquellos seres que no poseen el dominio sobre su propio ser. La dignidad humana es la piedra fundamental o primera de todo el edificio social y cultural, no es un valor sino aquello que explica y justifica la existencia de los valores. Concluye al respecto J. Muguerza: en esa subjetividad de la que brotan indisolublemente unidas nuestra conciencia y nuestra autodeterminación; es donde, en fin, radica la dignidad humana...el primer derecho humano y hasta la quintaesencia de cualesquiera otros derechos humanos, a saber, el derecho a ser sujeto de derecho.[61]

Si al hombre se lo asimila a las plantas o a los animales, o si se pretende humanizar a las plantas o a los animales, ya no queda espacio para seguir hablando con fundamento y coherencia de Derechos humanos. La persona no es el resultado del derecho ni se constituye cuando se le atribuyen los derechos humanos, sino que en la noción de derecho está implícita la dignidad, por ello puede afirmar Welzel: sólo cuando la ordenación del poder obliga y reconoce al hombre como persona, son derecho sus mandatos.[62] La Ley Fundamental de Bonn de 1949 establece en su artículo 1 la medida legitimadora de todo el orden social: inc. 1: La dignidad del hombre es intangible. Respetarla y protegerla es obligación de todo poder público; inc. 2: El pueblo alemán se identifica, por lo tanto, con los inviolables e inalienables derechos del hombre como fundamento de toda comunidad humana, de la paz y de la justicia en el mundo...; y la Constitución española de 1978 en su art. 10.1 con técnica depurada prescribe: la dignidad de la persona humana, los derechos inviolables que le son inherentes, el libre desarrollo de la personalidad...son fundamento del orden político y de la paz social.

Los textos de los tratados bajo estudio, ratifican toda esa preocupación por reconocer que el fundamento de los derechos humanos está en la misma

---

[60] J. Hervada, *Problemas que una nota esencial de los derechos humanos plantea a la Filosofía del Derecho*, art. cit. pág. 249.
[61] J. Muguerza, *La alternativa del disenso (en torno a la fundamentación ética de los derecho humanos)*, en El fundamento de los derechos humanos, Debate, Madrid, 1989, pág. 19.
[62] H. Welzel, *Más allá del Derecho Natural y del Positivismo Jurídico*, Universidad Nacional de Córdoba, 1962, pág. 64.

dignidad que le es intrínseca a todo hombre, y que el poder político lo único que hace es constatarla y no conferirla.

En efecto, la Declaración Universal en su Preámbulo afirma: la libertad, la justicia y la paz en el mundo tienen por base el reconocimiento de la dignidad intrínseca de todos los seres humanos. Los Pactos reiteran esa idea: estos derechos emanan de la dignidad inherente de la persona humana. La Declaración Americana habla que los hombres nacen iguales en dignidad, y con precisión agrega: Los derechos exaltan la libertad individual y los deberes la dignidad de esa libertad. En síntesis, la dignidad humana da sentido y contenido a los valores, y éstos se traducen jurídicamente en términos de derechos humanos, por lo que puede concluirse que ellos si bien de manera inmediata tienen el apoyo de los valores constitucionales, de manera mediata se fundan sólidamente en la dignidad humana.

Todo el precedente desarrollo en torno a la dignidad tiende a poner de relieve que a consecuencia de la incorporación de los tratados sobre derechos humanos, el humanismo de la Constitución del 53 no sólo ha sido reforzado, explicitado y renovado, sino que además, se le ha impreso un sello raigal y fuertemente personalista. El orden jurídico y, más ampliamente, el orden social y político, queda fundado y al servicio del hombre en tanto titular de una dignidad que le es intrínseca, y que si violentamos afectamos a la totalidad de los valores constitucionales. Esa dignidad se revela en la capacidad de autodeterminación o libertad, permitiendo que el hombre vaya actualizando sus posibilidades y constituyendo inevitablemente su vida. Sin esa libertad, sólo queda lugar para la orden desprovista de todo fundamento y respaldada en la mera fuerza.

La dignidad humana en tanto ontológica, no puede ser negada a ningún hombre, pues la igualdad en tanto valor tiene apoyo inconmovible y permanente en el mismo modo de ser con el que cuenta todo hombre. Si exijo respeto a mi dignidad por el solo título que soy hombre, no puedo negarle ese igual respeto a todo aquél que inviste el mismo título. La igualdad esencial entre los hombres explica que ellos tengan ciertos derechos iguales, precisamente aquellos que inhieren a la naturaleza humana.

En última instancia toda preocupación por los derechos humanos es una preocupación en torno a la justicia, en tanto ello procura que todo hombre se le respete aquellos suyos o bienes intrínsecos a su naturaleza humana. Este afianzamiento de la justicia que nuestro sabio Preámbulo constitucional prescribe, aparece invisceradamente a lo largo de todos los documentos constitucionalizados. Esa justicia no sólo regula el interés de las partes (propio de la justicia particular, sea en la modalidad de la justicia conmutativa, sea en la modalidad de la justicia distributiva) sino también el interés de todo social (propio de la llamada clásicamente justicia general o legal). En definitiva, la justicia no sólo está presente en el reconocimiento de derechos humanos individuales, grupales o de toda la sociedad, sino también en los límites que refieren las definiciones concretas de esos mismos derechos.

La invocación de la democracia en los diferentes documentos es reiterada, ella es el ámbito en donde se discernirán, básicamente, las responsabilidades políticas. La opción por el marco democrático para la convivencia social es terminante e inequívoco como lo revela el art. 36 de la nueva Constitución. El tratamiento explícito de los partidos políticos como instituciones fundamentales del sistema democrático (art. 38), y las formas de participación más directa de la ciudadanía que posibilitan los art. 39 y 40, son reflejos del interés del constituyente por respaldar con firmeza la democracia y consiguientemente a los mismos derechos humanos que están inescindiblemente unidos a la misma.

Pero además de aquella nota personalista que comprobamos en el actualizado clima axiológico constitucional, también se confirma el carácter solidarista, en tanto junto a los derechos y al despliegue de la libertad, se prescriben los deberes y los límites que impone un ejercicio responsable de la misma. No se trata de una libertad que se justifique siempre por el solo hecho de ejercerla, sino que se inscribe en un contexto social en donde se intenta establecer los valores de la paz y la justicia. La solidaridad no es sólo un valor que tiñe a toda la Constitución sino que también llega a constituirse en fuente directa de deberes y derechos, pensamos por ejemplo en relación al medio ambiente (art. 41) o la preocupación del constituyente en favor de los más débiles que traduce el inc. 23 del art. 75. Pero además la solidaridad en un sentido estricto, desborda el plano jurídico para instalarse en el campo de la ética. En efecto, la solidaridad pide más que el mero cumplimiento de los deberes jurídicos para alcanzar también aquellos deberes cuyo cumplimiento no cabe exigir coercitivamente o cuya satisfacción deviene imposible.[63] Un pueblo solidario no se conforma con las deudas jurídicas desde el momento que se cubren exigencias meramente éticas.

La última convención constitucionalizada sobre desaparición forzada de personas puede resultar una buena síntesis de ese clima axiológico renovado en tanto remite en última instancia a la dignidad intrínseca de la persona humana, y explícitamente sostiene: Reafirmando que el sentido genuino de la solidaridad americana y de la buena vecindad no puede ser otro que el de consolidar en este hemisferio, dentro del marco de las instituciones democráticas un régimen de libertad individual y de justicia social, fundado en el respeto de los derechos esenciales.

---

[63] Cfr. mi libro Las causas del Derecho, Abeledo Perrot, 1983, pág. 93 a 96.

A modo de conclusión podemos decir que en la medida que rijan y se respeten los derechos humanos en la sociedad argentina, estaremos favoreciendo la vigencia de la libertad, la igualdad, la justicia y la democracia, y consiguientemente seremos fieles al clima axiológico personalista y solidario que impregna a la Constitución Nacional después de la reforma de 1994.

— IX —

Os Direitos Humanos como Direitos Subjetivos – da dogmática jurídica à ética

Luiz Fernando Barzotto
Doutor em Filosofia do Direito pela USP,
Professor de Filosofia do Direito em nível de graduação e
pós-graduação na PUC e na UFRGS,
Vice-Diretor da Faculdade de Direito da PUC/RS.

Sumário: Introdução; 1. A constatação: a inadequação da dogmática jurídica na tematização dos direitos humanos; 1.1. A tese: a adequação da ética tomista na tematização dos direitos humanos; 1.2. O método: a análise estrutural dos direitos humanos; 2. O titular do direito dos direitos humanos: a pessoa humana; 2.1. O idealismo e os direitos humanos; 2.2. O empirismo e os direitos humanos; 2.3. O realismo e os direitos humanos; 3. O titular do dever dos direitos humanos: o co-humano; 3.1. O vizinho como sujeito de dever na ética particularista da fraternidade; 3.2. O próximo como sujeito de dever na ética universalista da fraternidade do cristianismo; 3.3. O co-humano como sujeito de dever em Tomás de Aquino e os direitos humanos; 4. O objeto dos direitos humanos: o justo natural; 4.1. O direito subjetivo como poder subjetivo; 4.2. O direito subjetivo como justo subjetivo; 4.3. O justo natural e os direitos humanos; 5. O fundamento dos direitos humanos: a lei natural; 6. conclusão; Bibliografia.

Os direitos humanos não existem, e acreditar neles é como acreditar em bruxas e unicórnios.
Os direitos humanos são ficções.

Alasdair MacIntyre, *Depois da virtude*

Introdução
1. A constatação: a inadequação da dogmática jurídica na tematização dos direitos humanos

Os direitos humanos são uma espécie do gênero direito subjetivo: são os direitos subjetivos que cabem a todo ser humano em virtude de sua humanidade.

Embora essa tese soe trivial, ela transcende o horizonte da ciência do direito moderno, a chamada "dogmática jurídica", formada a partir da tradição do direito privado.[1]

Esta inadequação da dogmática jurídica deve-se, em primeiro lugar, ao fato de esta dedicar-se à sistematização de um ordenamento jurídico positivo. Ela, assim, esforça-se por determinar direitos subjetivos a partir de estatutos jurídicos (pai, eleitor, proprietário), de atos jurídicos (promessa), de negócios jurídicos (compra e venda), de fatos jurídicos (morte). Esses conceitos adquirem sua significação no interior de um ordenamento jurídico particular. Para a dogmática, não há direitos derivados da mera condição humana, mas apenas direitos derivados de estatutos jurídicos, atos jurídicos, negócios jurídicos e fatos jurídicos criados por um ordenamento jurídico positivo. A dogmática jurídica possui limites técnicos que não lhe permitem abarcar o conceito de direitos humanos. Para ela, direitos que estão além de ordenamentos jurídicos particulares são ficções.

Em segundo lugar, a deficiência da dogmática jurídica é de natureza filosófica. A estruturação da dogmática contemporânea, que possui sua gênese no jusracionalismo moderno do século XVII e tem sua configuração definitiva no positivismo jurídico do século XIX, é paralela a uma radicalização do individualismo no Ocidente. Tanto para a ciência do direito nascente como para a filosofia política liberal dos "direitos do homem", o *jus* (direito) passa a ser pensado como uma "qualidade inerente ao indivíduo",[2] rompendo com a ciência do direito romano, para a qual o *jus* era "uma relação com os outros".[3] Se o direito é uma *qualidade* do indivíduo, então a doutrina liberal dos "direitos do homem" está certa em afirmar que o ser humano, antes de qualquer relação social (estado de natureza), já possui direitos, isto é, Robinson Crusoé tem direitos na sua ilha. Do mesmo modo, a dogmática jurídica vai afirmar que o direito de propriedade (como qualquer direito) não tem significado social, devendo ser pensado somente como um atributo ou uma *qualidade* do indivíduo. Assim, "X é proprietário", "X é calvo", "X é depressivo" são expressões equivalentes na medida

---
[1] Para o conceito de dogmática jurídica, cf. Tércio Sampaio FERRAZ JR, *Introdução ao estudo do direito*. São Paulo: Atlas, 1994.
[2] Michel VILLEY, *Philosophie du droit*, p. 107.
[3] Ibidem.

em que são definidas por referência somente ao indivíduo (*qualidade*), excluindo a referência aos demais (*relação*).

Aqui, a dogmática jurídica, bem como a doutrina moderna dos "direitos do homem" (séculos XVII-XIX) contrastam com a doutrina contemporânea dos direitos humanos (séculos XX-XXI). Se assumirmos a *Declaração Universal dos Direitos Humanos*, de 10 de dezembro de 1948, como paradigma dessa última doutrina, veremos que a referência à comunidade é essencial para a compreensão dos direitos das pessoas: "Todo homem tem deveres para com a comunidade na qual o livre e pleno desenvolvimento de sua personalidade é possível" (art. XXIX, 1). O lugar da realização dos direitos é a comunidade, sendo os direitos humanos, portanto, uma *relação* que se tem com os demais membros da comunidade. Nesse sentido, a doutrina dos direitos humanos é antitética à doutrina liberal dos "direitos do homem". Para esta, a referência na determinação dos direitos é o estado de natureza, a situação pré-social. Os direitos servem para reproduzir, no estado de sociedade, o mesmo isolamento do estado de natureza. Ter direitos é ter a possibilidade de excluir-se do convívio dos demais, e coagi-los a não interferir com a própria autonomia: "Nenhum dos supostos direitos do homem vai além do homem egoísta (...), do indivíduo separado da comunidade, confinado a si próprio, ao seu interesse privado e ao seu capricho pessoal".[4] A dogmática jurídica é a viabilização técnica da necessidade ideológico-política do liberalismo de instituir a sociedade sobre os direitos do homem. Para ela, os direitos são *qualidades* dos indivíduos. Torna-se, portanto, incapaz de pensar os direitos humanos, *relações* dos seres humanos entre si.

A tentativa de reduzir os direitos humanos ao esquema dos direitos subjetivos dos direitos do homem e da dogmática jurídica apresenta um duplo resultado.

De um lado, alguns como MacIntyre e Norberto Bobbio, ao verificarem a inexistência de uma norma de um ordenamento jurídico positivo que confira esses direitos, opinam coerentemente pela sua inexistência. É esse o procedimento da dogmática jurídica: há uma norma, então há o direito; se não há uma norma, então o direito subjetivo não existe.[5] Estes autores negam, coerentemente, a existência de direitos humanos.

Outros pretendem que os direitos humanos sejam direito subjetivo no sentido da dogmática jurídica. É a opinião corrente em vastos setores do *staff* jurídico da América Latina. Se os direitos humanos são direitos subjetivos, então eles podem e devem ser pensados como direitos tradicionalmente tuteláveis por via judicial, como é o caso do direito subjetivo central, o direito de propriedade. Assim, o direito humano à saúde é pensado como

---

[4] Karl MARX, "A questão judaica", p. 58.
[5] Cf. Norberto BOBBIO, *A era dos direitos*, p. 15-24.

um direito de propriedade de cada indivíduo sobre uma parcela do orçamento público da saúde, direito garantido e efetivado judicialmente.

A tese deste artigo é a de que os direitos humanos não podem ser pensados como direitos subjetivos no sentido da dogmática jurídica. A dogmática jurídica mede o humano a partir do direito: quem é pessoa do ponto de vista da ordem jurídica positiva? O conceito de direitos humanos inverte essa lógica: o que vale como direito positivo à luz da dignidade da pessoa humana? Nos direitos humanos, a pessoa humana é a medida do direito. Na *Declaração Universal dos Direitos Humanos*, prescreve-se como a ordem jurídica positiva deve ser organizada para estar à altura das exigências derivadas da natureza humana, e não o contrário. Se o horizonte da ciência do direito é a ordem jurídica positiva, e os direitos humanos colocam o desafio de pensar a *praxis* e os fins da pessoa humana, faz-se necessário passar da dogmática jurídica à Ética.

1.1. A tese: a adequação da ética tomista na tematização dos direitos humanos

Das várias tendências em Ética, o texto assume a tradição que tem em Tomás de Aquino (1225-1274) o seu ponto de convergência, como matriz teórica que permite depurar o conceito de direito subjetivo dos limites da dogmática jurídica, para adequá-lo às necessidades dos direitos humanos.

Como alguns autores da tradição tomista rejeitam o conceito de direitos humanos, é importante ressaltar a utilidade desse conceito para a compreensão contemporânea de temas caros à tradição referida, como os conceitos de justiça, vida boa, bem comum e dignidade da pessoa humana.

a) Os direitos humanos e a sistematização das exigências da justiça.

O vocabulário dos direitos aguça a percepção das exigências da justiça: a "linguagem dos direitos (*rights*) proporciona um instrumento flexível e potencialmente preciso para classificar e expressar as exigências da justiça".[6] A justiça para o direito romano e Tomás de Aquino consiste em dar a cada um o que lhe é devido, ou o que é seu. O *jus* (direito) identifica-se com o *justum* (justo). Alguns autores como Michel Villey negam que o conceito citado de direito como justo tenha qualquer relação com o conceito de direito subjetivo. Contudo, não é difícil dar razão a John Finnis quando este afirma que o direito subjetivo "expressa e afirma as exigências (...) de uma relação de justiça desde o ponto de vista da pessoa que se beneficia dessa relação. Proporciona uma maneira de falar sobre 'o que é justo' desde um ângulo especial: o ponto de vista daquele a quem algo é devido".[7] O

---

[6] John FINNIS, *Ley natural y derechos naturales*, p. 239.
[7] Idem, p. 234.

devido/justo/seu/direito admite dois pontos de vista: o ponto de vista daquele que deve e o ponto de vista daquele a quem algo é devido. O conceito de direito subjetivo permite articular de um modo mais rigoroso esta última perspectiva. O direito subjetivo não substitui assim a justiça, apenas a esclarece.

b) Os direitos humanos como expressão dos aspectos da vida boa.

Ao contrário do que afirma o liberalismo, a noção de direitos humanos não é contraditória com a idéia de vida boa, ou vida humana plenamente realizada do pensamento clássico. Para o liberal, os direitos existem porque nenhum ideal de felicidade ou vida boa é objetivo, todos são arbitrários. Os direitos humanos protegeriam essa arbitrariedade. Ao contrário, pode-se pensar que os direitos humanos expressam os "aspectos básicos da plena realização humana"[8] de cada um dos membros da espécie humana. Por exemplo, vida, liberdade e saúde são elementos constitutivos da vida boa, da vida plenamente realizada para todo ser humano. Toda declaração de direitos humanos afirma um conjunto de bens que são considerados como elementos essenciais da vida plenamente realizada ou vida boa, como a chamavam os clássicos. Quanto maior for a lista de direitos, mais densa e mais estrita será a concepção de vida boa, afirmando-se, contra os liberais, a validade universal de uma concepção de vida boa, aquela explicitada nos direitos humanos. Toda concepção de vida boa que não incorporar os bens listados como direitos humanos é excluída como sendo indigna de qualquer ser humano, e portanto, a vida boa deixa de estar ao arbítrio do indivíduo, impondo-se politicamente a todos. Os liberais privatizaram a vida boa; os direitos humanos a tornam pública, objetiva, universal e obrigatória.

Ao mesmo tempo, e também contra os liberais, a afirmação de que os bens necessários à realização humana são direitos, isto é, algo que cada ser humano espera obter dos demais, explicita o fato ineludível da sociabilidade, de que a felicidade de cada um está na dependência da presença e da ação de outrem.

c) Os direitos humanos como garantia do caráter distributivo do bem comum.

Os liberais opõem a noção de direitos humanos ao conceito de bem comum. Os direitos humanos representariam um limite ao bem comum. Porém, se o bem comum é o bem de todos, como afirma a ética tomista, o conceito de direitos humanos apenas expressa "os contornos do bem comum, os distintos aspectos do bem-estar individual na comunidade".[9] A finalidade da vida em comunidade é a auto-realização, a vida boa. O bem

---
[8] John FINNIS, *Ley natural y derechos naturales*, p. 234.
[9] Idem, p. 242-243.

da comunidade, o bem comum é alcançado quando os membros da comunidade possuem as condições comunitárias de realização da vida boa. Os direitos humanos como aspectos da vida boa são a articulação do conteúdo do bem comum, eles revelam a "natureza distributiva"[10] do bem comum como bem de todos: o bem comum só existe na medida em que é partilhado por todos. Os direitos humanos são a parte que cabe a cada um no bem comum. Sem o conceito de direitos humanos, perde-se um instrumento conceitual valioso para determinar o conteúdo concreto da participação de cada membro da comunidade no bem comum, ou seja, daquilo que é devido a cada um na partilha do bem comum. Cada membro, ao afirmar seu direito, alcança especificar qual é a sua parte no bem comum. Sem o conceito de direitos humanos, corre-se o risco de que o bem comum seja identificado na prática com o bem de uma classe, do Estado, do partido ou de um grupo. Os direitos humanos trazem o bem comum do céu das abstrações coletivistas para o chão da vida concreta dos seres humanos.

d) Os direitos humanos como expressão das exigências da dignidade da pessoa humana.

Pensar a ordem jurídica a partir da consideração das pessoas humanas como fins em si mesmas significa identificar como juridicamente válido somente aquilo que favorece a sua realização como pessoas. A ordem jurídica preocupa-se em determinar assim o que é devido à pessoa humana como tal, sendo pensada como um conjunto de direitos, e não um sistema de normas. Cada membro da sociedade passa a referir-se a si mesmo e a um outro que é igual a si em dignidade, como titular de direitos idênticos, os direitos humanos. Na sociedade fundada na igual dignidade de todos, não há um "superior" acima dos membros do corpo social. O Estado, a nação, o povo, não podem impor deveres às pessoas. Se o século XX foi pródigo em colocar o direito positivo a serviço de ficções coletivistas como "interesse de classe", "segurança nacional", "soberania", os direitos humanos explicitam que só a dignidade da pessoa humana é fonte de deveres para a pessoa humana: todos os deveres são (direta ou indiretamente) correlatos dos direitos humanos, dos direitos derivados da dignidade da pessoa humana.

1.2. O método: a análise estrutural dos direitos humanos

Trata-se, portanto, após constatar a inadequação do direito subjetivo da dogmática jurídica para pensar o conceito de direitos humanos, demonstrar a adequação da ética tomista para propor um conceito de direito subjetivo capaz de apreender os direitos humanos.

O procedimento será o da análise estrutural, isto é, a análise dos elementos que compõem a estrutura do direito subjetivo. "Direito subjetivo" é

---
[10] Jacques MARITAIN, *Os direitos do homem e a lei natural*, p. 21.

uma expressão utilizada, tanto no discurso da dogmática jurídica, como na linguagem corrente e na gramática dos direitos humanos, para descrever uma situação que pode ser formulada nos seguintes termos: "X tem direito a Z face a Y". Podemos distinguir aqui quatro elementos:
a) o sujeito ou o titular do direito: X.
b) o sujeito ou o titular do dever: Y.
c) o objeto: z.
d) o fundamento da relação entre X, Y e z.

2. O titular do direito dos direitos humanos: a pessoa humana

Para ser titular de um direito subjetivo é necessário que se cumpram certos requisitos estabelecidos em um ordenamento jurídico particular. Mas para possuir direitos humanos basta pertencer à espécie humana, ter o *status* de "humano", ou seja, o titular dos direitos humanos é, pura e simplesmente, o ser humano. Aqui vê-se o limite da ciência do direito, que não lida com o ser humano como tal, mas com um papel jurídico: o credor, o proprietário, o cidadão, o segurado, etc. Não é Pedro como pessoa humana que é titular de direitos, mas Pedro no seu papel de proprietário, credor, etc.

A determinação, portanto, do sujeito dos direitos humanos exige uma antropologia, uma resposta articulada à questão: "Quem é o ser humano?" A própria antropologia, como a ética, repousa, contudo, em uma certa metafísica. Entretanto, pelo fato de o termo "metafísica" ter se tornado pouco mais do que uma injúria na filosofia contemporânea, alguns esclarecimentos são necessários.

A metafísica consiste na teoria do ser. Ela pretende determinar o fundamento último ou absoluto de tudo o que se apresenta à consideração do sujeito cognoscente. Como todos possuem uma certa concepção da estruturação do real, todos supõe uma metafísica, que permanece na maior parte das vezes inarticulada, e em alguns casos, é ingenuamente negada.

Esquematicamente, podemos dividir as grandes concepções metafísicas em três: idealismo, realismo e empirismo. A cada uma delas corresponde uma antropologia que procura determinar quem é o "humano" titular dos direitos humanos.[11]

2.1. O idealismo e os direitos humanos

Para o idealismo, a realidade é composta de idéias e essências. O que caracteriza o ser humano é a posse de uma natureza humana abstrata, ge-

---

[11] Os tipos propostos (idealismo, realismo, empirismo) encontram seu limite na argumentação aqui exposta, não pretendendo fornecer uma classificação exaustiva das várias escolas filosóficas do Ocidente.

ralmente identificada com a racionalidade. A identidade humana é assim reduzida a um mínimo, pois as determinações concretas (nacionalidade, renda, religião, ideologia, gênero) são abstraídas na tentativa de se obter a essência humana. Assim, a pergunta "Quem é X?" só poderá ser respondida após termos destacado de X todas as suas qualidades concretas: ser membro de um partido, de uma igreja ou de uma classe social; ter uma determinada nacionalidade e estar vinculado a uma família ou grupo social. O ser humano reduzido a este mínimo é o indivíduo racional, tão caro ao jusnaturalismo moderno. A obtenção desse indivíduo, uma vez que ele não é observável na história, é resultado de um procedimento hipotético chamado "estado de natureza". O estado de natureza funciona como um experimento, um laboratório no qual as impurezas históricas (renda, ideologia, religião, etc.) são extraídas do ser humano, o qual aparece apenas como um indivíduo racional.

A esse sujeito abstrato do idealismo moderno, cujo precursor é Descartes, atribuem-se direitos atinentes a uma única dimensão: vida (Hobbes), propriedade (Locke) ou liberdade (Kant). Como indivíduo, cada ser humano é idêntico a outro, e os direitos humanos passam a ter uma universalidade absoluta. A propriedade privada é um direito tão sagrado em Locke para um capitalista inglês como para um membro de uma aldeia indiana ou de um clã árabe.

O idealismo alimenta assim uma noção unívoca[12] de direitos humanos, baseado em uma noção unívoca de ser humano, reduzida a uma natureza despida de atributos históricos. Isso gera um universalismo abstrato presente hoje em alguns discursos sobre direitos humanos. Assim, por exemplo, no discurso feminista dos países desenvolvidos denuncia-se a obrigatoriedade de mulheres muçulmanas usarem o véu, mas não se denuncia a proibição de mulheres muçulmanas usarem o véu (França e Turquia). Como, considerada em abstrato, de um ponto de vista idealista e despida de concretude histórica, as mulheres não possuem religião, toda adesão a uma religião (que necessariamente implica restrições ao comportamento) passa a ser vista como um atentado à liberdade, e não como um modo de viver a liberdade. A liberdade para seres abstratos só pode ser abstrata, não se ligando a nenhum objeto ou valor concreto como a religião.

2.2. O empirismo e os direitos humanos

Uma outra metafísica pode ser chamada de empirista. O empirismo considera como real somente o fático, o dado. Sua teoria social prioriza as

---

[12] A aplicação das categorias de unívoco, equívoco e analógico aos direitos humanos na direção de uma superação do debate particularismo *x* universalismo, tem como base a argumentação de Maurício BEUCHOT, *Derechos Humanos*, p. 61-71.

relações de força e busca de interesses, considerados como os únicos dados relevantes da vida social, além da ideologia, que é uma racionalização da luta pelo poder e pela riqueza. A ênfase coloca-se, portanto, em relação às dimensões "duras" da vida social: a política (poder) e a economia (riqueza). Outras esferas da vida social, como a ética e o direito, são considerados parasitárias da política e da economia. Assim, fenômenos ético-valorativos como religiões e ideologias são pensados como "expressões da visão de mundo da classe dominante" e o direito vem definido como a vontade do mais forte. O empirismo professa uma antropologia historicista: o ser humano é apenas o produto de uma série de circunstâncias históricas, principalmente econômicas e políticas. Ele é determinado pelo meio em que vive, não se podendo jamais falar-se do "humano" como tal. Assim como para os conservadores do século XIX, também para o empirista não existe "o" ser humano, mas apenas franceses, indianos ou russos.

Essa visão empirista combina-se com uma visão positivista de direitos humanos. Se o ser humano é o produto determinado de circunstâncias históricas, os direitos que lhe correspondem só podem ser aqueles que lhe são atribuídos por essas circunstâncias. Para o empirista, portanto, não existem direitos humanos, direitos que cabem ao ser humano como tal, pois esse sujeito de direitos não existe, mas somente direitos fundamentais, garantidos por ordens jurídicas particulares aos seus cidadãos. Aqui, os direitos humanos assumem um caráter equívoco. Quando russos, árabes, chineses e suecos assinam uma declaração que garante a liberdade, esse termo será utilizado para designar realidades completamente diferentes, sendo portanto, equívoco. Cada povo, por um ato de poder, irá fixar o sentido deste termo que, portanto, somente em experiências históricas e locais pode adquirir algum significado. Os seres humanos não "nascem livres e iguais" como afirma a *Declaração Universal dos Direitos Humanos*. Cada povo, na sua particularidade histórica, irá determinar o que significa liberdade e igualdade para aqueles que estão submetidos à sua ordem jurídica. Não há uma essência humana partilhada por todos os seres humanos. Há apenas uma existência humana em situações particulares, e é essa que pode ser titular de direitos particulares.

2.3. O realismo e os direitos humanos

Um terceiro tipo de metafísica pode ser chamada de realista. No realismo, essência e existência, valores e fatos, forma e matéria, combinam-se para configurar o real tal como se apresenta ao ser humano. Qualquer explicação unilateral da realidade é descartada como reducionista. O que significa uma idéia fora do contexto fático de sua aplicação? E qual é a inteligibilidade de um fato se não for ligado a uma idéia, um esquema conceitual?

Antropologicamente, isso significa que o ser humano é pessoa humana. Na tradição realista, a pessoa humana é uma natureza humana (essência) concretamente determinada (existência): "substância individual de natureza racional", na definição de Boécio assumida por Tomás de Aquino.[13] A pessoa humana não é a natureza humana, mas é a substância individual, ou seja, o indivíduo singular de natureza humana. Para a pessoa humana, é constitutivo o ato de existir: "Aquilo que faz com que Sócrates seja homem (natureza) encontra-se nos outros homens, mas aquilo que faz com que esse homem seja Sócrates (personalidade) pertence a um só. A pessoa humana não é, portanto, a natureza humana em Sócrates ou Platão, é Sócrates ou Platão".[14] Natureza humana, humanidade, homem, indicam abstrações que só existem de um modo universal na mente humana, como conceito. Pessoa humana, por outro lado, indica sempre um ser concreto, existente, efetivo, real.

A natureza humana possui três traços constitutivos: animalidade, racionalidade, sociabilidade. A pessoa é esse animal racional e social concreto, com características físicas e psíquicas específicas, um desenvolvimento peculiar da própria racionalidade e situado em um contexto social particular. Para a plena realização da pessoa, é necessário uma pluralidade de direitos que tutelem as várias dimensões da natureza humana em circunstâncias concretas: animalidade (vida e saúde); racionalidade: (liberdade, educação, direitos políticos); sociabilidade (família, comunicação, associação). Estes direitos não pertencem à natureza humana, mas a pessoas humanas: João, Tiago e Pedro.

Como foi visto, uma determinada concepção do ser humano como titular de direitos implica uma determinada concepção dos direitos que cabem a ele.

Para o ser humano como pessoa, os direitos humanos assumem um caráter analógico. Assim como termos equívocos remetem a objetos diferentes (banco de praça e banco mercantil), conceitos unívocos sempre ao mesmo objeto (o branco da parede e o branco da camisa), conceitos analógicos indicam objetos relacionados entre si, semelhantes. Assim para o idealista, liberdade é um conceito unívoco, que se aplica de modo idêntico a todos os seres humanos, independente das circunstâncias. Para o empirista, liberdade é um termo vazio, que terá significados completamente distintos em circunstâncias distintas. Para o realista, liberdade é um termo analógico. Ele indica algo que é devido ao ser humano como tal, e portanto trata-se essencialmente da mesma realidade para todos os seres humanos. Mas essa essência será aplicada a realidades distintas, e nessa aplicação,

---
[13] Tomás de AQUINO, *Suma de Teologia*, I, q. 29, a1. Daqui em diante, será usada a sigla ST.
[14] Joseph RASSAM, *Tomás de Aquino*, p. 52.

ela ganhará determinações. Isso dará origem a fenômenos semelhantes, nem absolutamente distintos (empirista), nem idênticos (idealista). Desse modo, a liberdade em uma aldeia rural será vivida de um modo distinto do que a liberdade em uma grande cidade. Há um mínimo (essência) compartilhado, pelo que podemos falar de uma liberdade presente em um ou outro contexto. Mas ela sofrerá modulações pela sua aplicação em um contexto diferente (existência), o que dá espaço para variações legítimas, uma vez que a racionalidade, animalidade e sociabilidade de todo ser humano se manifestam de modos distintos em pessoas distintas.

Essa concepção analógica dos direitos humanos permite superar o atual debate entre particularismo e universalismo nos direitos humanos.

O particularismo, reflexo de uma visão empirista, enfatiza de tal modo a história que aniquila a humanidade como categoria com sentido, com o que abole a própria noção de direitos humanos. O universalismo atual, de corte iluminista e liberal, abstrai de tal modo as particularides históricas que destrói toda possibilidade de efetivar os direitos humanos em escala global, uma vez que o ser humano só existe como pessoa, isto é, como ser concreto, e portanto, condicionado pelo contexto histórico. Na prática, fica-se sem saber a quem atribuir os direitos humanos, uma vez que todo aquele que invoca os direitos humanos é sempre uma pessoa humana, e portanto, está sempre contaminado por particularidades políticas, religiosas, econômicas etc.

O realismo propugna um universalismo analógico. A pertença à espécie humana garante a posse de direitos, os direitos humanos. Mas esses se manifestam de modos distintos, do mesmo modo que a mesma humanidade se manifesta em cada pessoa humana de um modo distinto. Os mesmos direitos, na sua essência, para todos aqueles que possuem a essência humana. Mas direitos que existem com conteúdos concretos diferentes para pessoas que existem de modo diferente. Na sua efetividade, os direitos não serão absolutamente idênticos (idealismo) nem absolutamente distintos (empirismo), mas semelhantes.

O conceito de pessoa não traz consigo somente um suporte antropológico para a titularidade dos direitos humanos, mas fornece uma razão para atribuir direitos ao ser humano: a afirmação de sua dignidade. Segundo Tomás, no teatro, o termo *persona* (pessoa) designava aqueles que pela sua dignidade eram merecedores de representação: líderes, heróis, reis. Agora, que o termo "pessoa" deixou de indicar o personagem do teatro e passou a designar todo ser humano na sua concretude, é correto continuar afirmando a dignidade da pessoa: "subsistir na natureza racional é de máxima dignidade, por isso todo indivíduo de natureza racional é chamado pessoa".[15] A

---

[15] ST I, q. 29, a.4.

racionalidade implica o livre arbítrio: "é necessário que o homem possua livre arbítrio, pois é racional", e o livre arbítrio leva o ser humano a ser "causa de seu próprio movimento" ou "causa de si mesmo".[16] Como afirma John Finnis, o conceito de causa traz consigo, além das causas formal, material e eficiente, a idéia de causa final. Afirmar que a pessoa humana é causa final de si mesmo tem a sua tradução moderna na expressão kantiana "fim em si": a pessoa humana é fim para si mesmo e para os demais.[17] Como fim em si, a pessoa humana move-se em direção à sua auto-realização. Para essa auto-realização, são necessários certos bens. A pessoa humana é digna, merecedora desses bens. Com efeito, o termo dignidade está vinculado com as idéias de "respeito, de ser merecedor, ou credor de certas prestações".[18] A dignidade de pessoa determina que lhe é devido algo para que ela possa se realizar como pessoa, que lhe sejam proporcionados os meios necessários para que possa assumir a si mesma como fim. Entre esses meios, os de maior relevância ética, jurídica e política são os direitos humanos.[19]

A *Declaração Universal* pode ser interpretada a partir dessas categorias. Em primeiro lugar, há uma concepção de pessoa humana. Afirma-se uma essência humana: "Todos os homens (...) são dotados de razão e consciência"(art I). Do mesmo modo, a existência humana decorre em comunidades políticas concretas, que por sua autodeterminação, estabelecem "livremente seu estatuto político e asseguram livremente seu desenvolvimento econômico, social e cultural" (art. I *Pacto de Direitos Civis e Políticos* de 1966). Comunidades diferentes vão assegurar os *mesmos* direitos de um *modo diferente*, pois todas as pessoas são dotadas de razão e consciência, mas todas livremente decidiram organizar sua vida política, econômica, social e cultural de um *modo distinto* para efetivar os *mesmos direitos* em *circunstâncias distintas*. É a concepção analógica dos direitos humanos que está aqui presente.

A referência à dignidade também é explícita: "(...) o reconhecimento da dignidade inerente a todos os membros da família humana" (Preâmbulo); "Todos os homens nascem livres e iguais em dignidade e direitos" (art. I); "Reconhecendo que esses direitos decorrem da dignidade inerente à pessoa humana." (Preâmbulo dos *Pactos Internacionais* de 1966)

---

[16] ST I, q. 83, a.2. Tomás no mesmo artigo esclarece que o ser humano, ainda que seja causa de si mesmo, não é a causa primeira (Deus).

[17] John FINNIS, *Aquinas,* p. 170, nota 167. Na visão teocêntrica de Tomás, o homem é fim imediato para si e para os demais. O fim último é Deus.

[18] Carlos-Ignacio MASSINI, *Filosofia del derecho,* p. 107.

[19] Para a relação entre dignidade da pessoa humana e direitos, cf. Ingo Wolfgang SARLET, *Dignidade da pessoa humana e direitos fundamentais.*

3. O titular do dever dos direitos humanos: o co-humano

Em todo direito subjetivo, alguém é responsabilizado pelo dever correspondente ao direito. A dogmática jurídica não possui maiores problemas no que diz respeito à identificação do titular ou sujeito do dever: o devedor, a seguradora, a previdência social, o contribuinte etc., são categorias forjadas para a determinação do titular do dever. O que a ciência do direito não tem condições de proporcionar é como determinar quem é o devedor face a qualquer ser humano. Se os direitos humanos cabem a todo ser humano em virtude de sua condição humana, a responsabilidade pelo dever é universalizada. Como o ser humano que se apresenta em qualquer relação social é titular de direitos, ele transforma todo aquele com quem se defronta em titular de deveres. Na tradição do pensamento ocidental, coube à Ética, e não à dogmática jurídica, tematizar o que um ser humano deve a outro ser humano.

Entre as várias concepções éticas, destacaremos a adequação da "ética da fraternidade" (a expressão é de Max Weber[20]) do pensamento tomista, na elaboração de um sujeito de dever vinculado potencialmente a toda a humanidade, que será denominado "co-humano".[21] Na elaboração desse conceito, reconstruiremos a tradição tomista, analisando as experiências sociais e crenças religiosas particulares que receberam em Tomás de Aquino uma articulação racional e uma justificação filosófica, isto é, uma significação universal.

O conceito de co-humano em Tomás de Aquino é uma explicitação filosófica da noção de próximo da ética cristã. Embora o termo "próximo" evoque um contexto religioso, a noção, como exposta na sociologia de Max Weber, é típica de pequenas associações como aldeias e comunidades rurais. O próximo é, originariamente, o vizinho. Em si, é uma noção ética secular, apropriada e redefinida pelo cristianismo, e que constitui, após a formulação filosófica dada por Tomás de Aquino, um conceito apropriado para interpretar um sujeito de dever universal, o sujeito ou titular do dever dos direitos humanos.

3.1. O vizinho como sujeito de dever na ética particularista da fraternidade

Nas sociedades hierárquicas, pré-modernas, é implausível falar-se de deveres recíprocos de um ser humano em relação a outro. Isso se deve ao fato de que as sociedades pré-modernas têm no conceito de honra o critério pelo qual assinalam a seus membros os direitos e deveres em uma determi-

---
[20] Max WEBER, "Excurso: teoria de los estadios y direcciones del rechazo religioso del mundo".
[21] Cf. Johan KONINGS, *Raízes bíblicas do humanismo social cristão*.

nada posição no interior de uma estrutura social escalonada: "a honra (...) está intrinsecamente ligada a desigualdades. Para que alguns tenham honra nesse sentido, é essencial que nem todos a tenham".[22] Cada grupo tem seu próprio código de honra, gerado a partir das necessidades e aspirações particulares, que determinam os deveres no interior do grupo. Assim, na Idade Média, entre a aristocracia, a atividade militar era honrada, uma vez que esta era a fonte do seu domínio (Tocqueville). Deste modo, a honra se apresenta como não suscetível de universalização, vinculando-se a grupos particulares na sociedade. A conseqüência mais direta deste tipo de estruturação social é a dificuldade de reconhecer no outro a humanidade comum: "Num povo aristocrático, cada casta tem as opiniões, os seus sentimentos, os seus costumes, a sua existência à parte. Assim, os homens que a compõem nunca se parecem a todos os outros; nunca têm a mesma maneira de pensar ou sentir, e *mal chegam a crer que fazem parte da mesma humanidade* (não há grifo no original)".[23] Não há idéia de uma moral universal, direitos universais, deveres universais, pois não há o reconhecimento de uma humanidade comum partilhada pelos membros dos vários grupos sociais. As sociedades hierárquicas tendem a pensar que os seres humanos são, por natureza, desiguais. No caso do Ocidente, essa naturalização da desigualdade viu-se como uma negação da humanidade do estrangeiro, tese que na prática justificava a desigualdade extrema, a escravidão: "Os gênios mais profundos e mais vastos da Grécia e de Roma jamais puderam chegar à idéia (...) da semelhança dos homens e do direito igual que cada um deles tem ao nascer, à liberdade; e esforçaram-se para mostrar que a escravidão era da natureza, e existiria sempre." A explicação de Tocqueville para essa limitação filosófica dos antigos é sociológica: "todos os grandes escritores da Antigüidade faziam parte da aristocracia dos senhores, ou pelo menos, viam essa aristocracia como estabelecida sem contestação diante dos seus olhos".[24]

Tome-se o exemplo de um desses grandes escritores, Aristóteles. Para ele, há três pares hierárquicos naturais: grego/bárbaro, homem/mulher, livre/escravo: "os gregos olham-se entre si como de nascimento nobre não apenas na sua terra mas em toda parte; aos bárbaros consideram-nos nobres apenas nas suas terras, julgando que há dois tipos de nobreza e liberdade; um absoluto e outro relativo",[25] "a relação entre homem e mulher consiste no fato de que, por natureza, um é superior e a outra, inferior, um, governante, outra, governada"[26] e "uns são livres e outros escravos, por

---
[22] Charles TAYLOR, "A política do reconhecimento", p. 242.
[23] Alexis de TOCQUEVILLE, *A democracia na América*, p. 427.
[24] Alexis de TOCQUEVILLE, op. cit., p. 329.
[25] ARISTÓTELES, *Política*, I, 6, 1255a.
[26] ARISTÓTELES, op. cit., I, 5, 1254b.

natureza".[27] Aristóteles estabelece, assim, como critérios hierárquicos naturais, os fatores que Norberto Bobbio aponta como "as três fontes principais de desigualdade entre os homens: a raça (ou, de um modo mais geral, a participação num grupo étnico ou nacional), o sexo e a classe social".[28]

Contudo, mesmo nas sociedades hierárquicas de grande complexidade, vigorava uma ética igualitária que pregava deveres recíprocos entre os membros do mesmo grupo ou estamento: a ética da fraternidade da comunidade de vizinhança.

Max Weber, quando trata dos tipos de comunidade, refere a "comunidade de vizinhos", aquela que repousa simplesmente "no fato da proximidade de residência." A comunidade de vizinhos típica é a aldeia. Nela reina "o princípio, próprio da ética popular de todo o mundo: 'como tu comigo, assim eu contigo'", ou seja, o princípio básico da ética comunitária é o preceito conhecido como a "regra de ouro". Na comunidade de vizinhos, "pode contar-se com os demais em caso de necessidade. O vizinho é a típica pessoa que socorre e a vizinhança é o suporte da fraternidade", na medida em que aponta a igual situação de vulnerabilidade de todo ser humano, "pois todos podemos chegar a uma situação na qual necessitemos a urgente ajuda dos demais".[29]

As comunidades de vizinhança, sejam elas "a comunidade de companheiros da aldeia, de linhagem, de grêmio, ou de navegação, de caça ou de guerra", possuíam um duplo padrão moral, conforme a relação intersubjetiva se desse no interior do grupo ou fosse externa a ele. No interior do grupo, valia "a simples reciprocidade: 'assim como tu para mim, assim eu para ti'", e portanto "o princípio do socorro fraternal regia limitado à moral interna: prestação gratuita de bens de uso, crédito sem juro, hospitalidade", tudo "regido pelo princípio (...): hoje por ti, amanhã por mim." Como a regra de ouro disciplinava somente as relações no interior do grupo, no trato com os os estranhos à comunidade, valiam outros padrões: admitia-se por exemplo, "a escravização permanente".[30] Tem-se uma ética da fraternidade de tipo particularista, válida somente para os membros do grupo.

A ética particularista da fraternidade alcança fundar direitos igualitários no interior de comunidades de vizinhança. Os vizinhos são iguais e têm direitos iguais, segundo a regra de ouro: o direito que X exige de Y, X deve reconhecer a Y. Mas essa ética inviabiliza a idéia de direitos universais como os direitos humanos, uma vez que o ser humano só é titular de dever face ao seu vizinho, o que significa dizer que na prática, só o vizinho terá

---
[27] ARISTÓTELES, *Política*, I, 5, 1225a.
[28] Norberto BOBBIO, *Igualdade e liberdadde*, p. 43.
[29] Max WEBER, *Economia y sociedad,* p. 294.
[30] Max WEBER, "Excurso (...)", p. 533.

direitos plenos. O estranho ao grupo terá um estatuto próprio e subordinado, uma vez que o que é devido a ele foge da simetria imposta pela regra de ouro aos vizinhos.

3.2. O próximo como sujeito de dever na ética universalista da fraternidade do cristianismo

Segundo Weber, o ensino de Jesus de Nazaré "contém também em si a ética de socorro originária da comunidade de vizinhança". De fato, o princípio fundamental da ética cristã é formulado nos termos de reciprocidade da regra de ouro, já presente na ética particularista da fraternidade: "Como quereis que os outros vos façam, fazei também a eles".[31] A novidade introduzida por Jesus de Nazaré é a universalização do destinatário dessa reciprocidade: o próximo não é mais o vizinho, mas todo ser humano.

Na parábola do bom samaritano, a pergunta "quem é o meu próximo?" não recebe uma resposta de Jesus no sentido de expor um conjunto de critérios que permitem delimitar previamente quem está e quem não está incluído no conceito, mas indica a necessidade de "se fazer próximo do necessitado",[32] de "constituir a relação de proximidade pelas próprias ações".[33] Ao escolher o samaritano, um estrangeiro, como exemplo de quem "se fez próximo", Jesus universaliza o conceito: todo ser humano é próximo, todo ser humano tem deveres em relação a todo ser humano. E assim, segundo Sto. Agostinho, ele responde de um modo inequívoco a questão "quem o meu próximo?" ou "em relação a quem eu sou sujeito de um dever de reciprocidade?": "A palavra 'próximo' indica relação, e ninguém pode ser próximo a se não daquele de quem se aproxima. Ora, quem não vê que ninguém se exclui do preceito e ninguém pode-se negar o dever da misericórdia? (...) Portanto, é evidente que todo homem é próximo".[34] Se todo homem é próximo, todo homem deve aproximar-se, todo homem está sob o preceito da misericórdia, todo homem é sujeito ou titular de um dever de reciprocidade.

Segundo Weber, no Evangelho "tudo está sistematizado em uma ética da convicção, no sentimento de amor fraternal, referido este preceito universalmente a todo aquele que neste momento, é o próximo".[35] O cristianismo, como religião de salvação universal, viu-se impulsionado a assumir que "seu imperativo ético ia sempre na direção de uma fraternidade universal, por cima das barreiras das formações sociais".[36]

---

[31] *Lucas* 6, 31.
[32] Johan KONINGS, "Raízes bíblicas do humanismo social cristão", p. 51.
[33] Zenon BANKOWSKI, *Living lawfully. Love in law and law in love*, p. 99.
[34] Sto. AGOSTINHO, *Da doutrina cristã*, p. 70.
[35] Max WEBER, *Economia y sociedad*, p. 491.
[36] Max WEBER, "Excurso (...)", p. 534.

O termo *co-humano* pode auxiliar a explicitação daquilo que a ética cristã da fraternidade propunha no seu conceito de próximo: não mais a proximidade geográfica (próximo), mas a igualdade entre todos (humanidade) é a base dos deveres de reciprocidade. O co-humano "é aquele que é pessoa humana comigo, numa solidariedade mútua, que implica diminuição da minha humanidade se não atendo suas exigências. Já que somos humanos juntos, minha humanidade fica diminuída se não atendo às suas exigências".[37]

Toda pessoa humana é devedora, em termos éticos, em relação a toda pessoa humana, sob pena de mutilar a própria humanidade. Sendo social por natureza, o ser humano só pode viver a sua humanidade em comum: o humano é sempre co-humano. As exigências da natureza humana expressam-se conjuntamente em si mesmo e no outro. Há uma mutilação na própria humanidade se a humanidade do outro não for reconhecida em suas exigências, uma vez que a humanidade é partilhada com o outro. A pessoa humana, para preservar a própria humanidade, deve-se assumir como sujeito de dever em relação a todo o humano. A experiência moral básica em termos intersubjetivos é o reconhecimento da humanidade do outro.[38]

3.3. O co-humano como sujeito de dever em Tomás de Aquino e os direitos humanos

A ética da fraternidade produz um sujeito de dever adequado a comunidades igualitárias. Na ética particularista da fraternidade, o vizinho é o sujeito de dever na comunidade dos vizinhos, iguais entre si. O próximo é o sujeito de dever na ética universalista da fraternidade do cristianismo, baseada na igualdade de todos perante Deus. Os direitos humanos também devem basear-se em uma ética universalista da fraternidade, uma vez que se fundamentam na igualdade absoluta entre todos os membros da espécie humana: cada pessoa humana só pode exigir os direitos que reconhece a toda pessoa humana (regra de ouro). Como os direitos humanos não pretendem derivar sua validade de crenças religiosas específicas, é necessário estabelecer uma ética universalista da fraternidade sobre bases laicas, seculares. Tal ética encontra-se presente na obra de Tomás de Aquino.

O desafio enfrentado por Tomás de Aquino é o de fornecer uma teoria ética adaptada às necessidades de uma sociedade urbana nascente, com o direito romano, as universidades, o comércio e a centralização do poder político pelo monarca.[39] Nessa sociedade, tudo leva a que se supere qual-

---

[37] Johan KONINGS, *Raízes bíblicas do humanismo social cristão*.
[38] Para a noção de reconhecimento, cf. Charles TAYLOR, "A política do reconhecimento" e Axel HONNETH, *Luta por reconhecimento*.
[39] Alasdair MACINTYRE, *Depois da virtude*, p. 289.

quer definição do humano a partir de comunidades específicas (tribo, etnia, feudo, religião): há a formação de um mercado europeu e mediterrâneo; há a retomada do direito romano, que suprime as diferenças estamentais do feudalismo; o fortalecimento do poder real leva o Estado nascente a definir os seres humanos como indivíduos, e não como servos, clérigos ou nobres, para fins de administração; há minorias judaicas, cristãs e muçulmanas, na península ibérica e na Palestina, que vivem sob governantes de outro grupo religioso, o que inviabiliza a tentativa de legitimar o poder político pela fé.

Tomás recusa enfrentar o desafio a partir de um fundamentalismo religioso tal como preconizado pelos agostinianos da sua época, pretendendo que a solução para problemas institucionais específicos estaria nos textos bíblicos. Está emergindo uma esfera laica, que exige uma ética laica. Tomás irá responder a esse desafio apelando para fontes pagãs: Aristóteles e o direito romano.[40] Na sua ética filosófica temos uma secularização da ética universalista da fraternidade do Evangelho.

Em primeiro lugar, a regra de ouro é secularizada, isto é, atribui-se a ela um fundamento racional. A regra de ouro é considerada como estando implícita e fornecendo uma explicação para o mandamento divino "Ama teu próximo como a ti mesmo".[41] Ora, esse mandamento, além de verdade de fé, é considerado como um preceito "primeiro e universal da lei natural, evidente à razão".[42] A regra de ouro para o crente tem a autoridade do Evangelho, mas sua validade não depende da fé cristã, constituindo uma regra que a razão impõe a todo ser humano.

A universalização da regra de ouro depende da afirmação da intrínseca igualdade de todos os seres humanos. Tomás mantém a igualdade universal, tal como pregada pelo apóstolo Paulo, na sua epístola aos Gálatas: "Não há judeu nem grego, não há escravo nem livre, não há homem nem mulher; pois todos vós sois um só em Cristo Jesus".[43] Com essa afirmação, Paulo desqualifica as "três fontes principais de desigualdade" (Bobbio): as diferenças derivadas de pertença a comunidades distintas (judeu/grego), as diferenças de sexo (homem/mulher) e as diferenças de classe (escravo/livre) não valem mais como critérios de hierarquia. Todos são iguais, de um ponto de vista transcendente, como afirma Tocqueville: "o cristianismo tornou todos os homens iguais perante Deus".[44]

A contribuição de Tomás consiste em secularizar a igualdade. A igualdade repousa sobre a posse de uma natureza humana comum: "todos os homens por natureza são iguais".[45] Se todos são iguais, todos devem apro-

---

[40] Michel VILLEY, *Questions de Saint Thomas sur le droit et la politique*, p. 107.
[41] Tomás de AQUINO, *Suma Teológica*, I-II, q. 99, a.1.
[42] ST I-II, q. 100, a. 3.
[43] *Epístola aos Gálatas* 3, 28.
[44] Alexis de TOCQUEVILLE, *A democracia na América*, p. 17.
[45] ST II-II, q. 104, a.5.

ximar-se, devem assumir a atitude de próximo em relação a outrem, e portanto, são titulares de um dever de reciprocidade: "devemos ter a todo homem como próximo e irmão nosso".[46]

Essa noção de próximo universal ou co-humano, na ética filosófica de Tomás de Aquino, está inserida em uma ética universalista da fraternidade laica. A igualdade na dignidade de todos os seres humanos universaliza o alcance da regra de ouro. Toda pessoa humana torna-se um sujeito de dever (próximo/co-humano) face a toda pessoa humana. Viver em comunidade é viver em débito com relação aos outros membros, aproximando-se para realizar o que lhes é devido. A reciprocidade abarca todo o humano.

A ética universalista da fraternidade pode fornecer um conteúdo determinado à noção de fraternidade presente na *Declaração*: "Todos os homens (...) devem agir em relação uns aos outros com espírito de *fraternidade*"(art. I). Isso significa juridicamente, reciprocidade (regra de ouro) nos direitos: "No exercício dos seus direitos e liberdades, todo homem" deve assegurar "o devido reconhecimento e respeito dos direitos e liberdades de outrem" (art. XXIX). A partir da explicitação da ética subjacente à *Declaração*, é possível determinar quem é o titular do dever correlato em relação aos direitos humanos: todo aquele que se defronta com uma pessoa humana. Os direitos humanos são o "objetivo de cada indivíduo e cada órgão da sociedade" (Preâmbulo da *Declaração*). Do mesmo modo, o *Pacto Internacional dos Direitos Civis e Políticos*, promulgado pela ONU em 1966 como detalhamento da Declaração de 1948, prescreve: "O indivíduo, por ter deveres para com seus semelhantes e para com a coletividade a que pertence, tem a obrigação de lutar pela promoção e observância dos direitos reconhecidos no presente Pacto". A *Declaração* e os *Pactos* prescrevem, portanto, a atitude de co-humanidade. "Cada indivíduo", em um "espírito de fraternidade", deve aproximar-se dos demais seres humanos, assumindo o papel de sujeito de "deveres para com seus semelhantes", o que significa concretamente "lutar pela promoção e observância" dos direitos humanos.

Como ensina Tocqueville, o decisivo em uma sociedade é a cultura (costumes), não as instituições (leis). Segundo Mangabeira Unger, "as coisas sociais, existem tanto na mente como na conduta".[47] É ingênuo e inócuo pensar a questão dos direitos humanos somente como uma questão de instituições (ONU, tribunais internacionais etc.). Sem uma mudança de atitude, as instituições não ganham consistência e efetividade social. Isso significa que sem a adoção generalizada de uma ética universalista da fraternidade, que leve a adoção de uma atitude de co-humanidade, toda tenta-

---
[46] ST II-II, q. 78, a.1.
[47] Roberto Mangabeira UNGER, *O direito na sociedade moderna*, p. 87.

tiva de criar mecanismos institucionais de proteção aos direitos humanos está fadada ao fracasso. Deve-se superar a visão de mundo liberal, cujo individualismo remete à coletividade (Estado) a titularidade do dever no tocante aos direitos humanos, visão essa repetida pela social-democracia, ao encarregar o Estado de cuidar do indivíduo "do berço ao túmulo". Manter-se nessa visão é vincular os direitos humanos à crise e provável superação do Estado-Nação.

De outro lado, países que realizaram o ideal do Estado social vêm-se às voltas com imigrantes que, aceitos como força de trabalho, não são aceitos como iguais. Apesar da sofisticação institucional da proteção aos direitos humanos desses países, a ausência de uma ética universalista da fraternidade provoca uma divisão da sociedade entre cidadãos e estrangeiros residentes. Estes são os *metecos* do século XXI, partilhando com os estrangeiros da *polis* grega, o *status* permanente de desigualdade e subordinação. Volta-se a uma sociedade estamental sem direitos universais, pela impossibilidade ética de reconhecer o estrangeiro como igual, como próximo, como co-humano.

4. O objeto dos direitos humanos: o justo natural

Todo direito subjetivo tem um *versa* sobre um certo objeto, isto é, possui certo conteúdo. Como foi visto, a situação de direito subjetivo apresenta a seguinte forma: "X tem direito a z face a Y". O que é "z" ou "direito a z"?

A dogmática jurídica tende a conceber "z" como uma faculdade (*facultas*), um termo suave para designar um poder (*potestas*). Essa concepção tem sua origem teórica no século XIV, com a filosofia de Guilherme de Ockham (1295-1350). Articulando-se a partir do direito de propriedade, tem seu *locus* natural no direito privado liberal. Para a ciência do direito, o direito subjetivo é um poder subjetivo.

Mas há uma outra forma de se entender o conteúdo do direito subjetivo. Ele tem sua origem no século XIII no pensamento de Tomás de Aquino, e é plenamente explicitado no século XVI, na obra de Francisco de Vitória (1483-1546). É a concepção de que o conteúdo ou objeto do direito subjetivo não é um poder, mas o justo, aquilo que é devido, abordado do ponto de vista do sujeito beneficiado. A noção central não é a de propriedade, mas a de igualdade. Esta última concepção, do direito subjetivo como justo subjetivo, é a única adequada aos direitos humanos.

4.1. O direito subjetivo como poder subjetivo

O direito subjetivo como poder tem sua primeira formulação filosófica na obra de Guilherme de Ockham. Para este filósofo inglês, na moral há um primado da vontade sobre a razão. É a vontade, divina ou humana, que determina o que é o bem. O bem não é, portanto, matéria de conhecimento (razão). Ora, este primado da vontade leva na esfera política e jurídica a centralidade da noção de poder. Com efeito, se para a moral a vontade é relevante, para a política e o direito só interessa a exteriorização da vontade como um querer eficaz, ou seja, como poder. Rompendo com a tradição racionalista aristotélica, o voluntarismo de Ockham altera a compreensão da política e do direito. O conceito central da política não será mais o conceito de bem comum, mas o de poder político, que determina arbitrariamente o conteúdo da ação coletiva. E a experiência jurídica não está mais centrada no conceito de justiça, mas no conceito de poderes subjetivos derivados de um ato de vontade do poder político (lei) ou do ato de vontade dos particulares (contrato). Em outros termos: o direito (*jus*) de um indivíduo é um poder (*potestas*), derivado de um pacto ou de uma lei, e provido de uma sanção pública.[48]

Essa visão do direito subjetivo repousa sobre uma determinada visão de ser humano. Para a metafísica de Ockham, não há relações no mundo, somente indivíduos. A conseqüência antropológica é a definição do ser humano como indivíduo, isto é, alguém cuja identidade deve ser dada à margem da relação com os demais seres humanos. É notório o sucesso dessa antropologia individualista na história do Ocidente. Ela culmina com a antropologia burguesa-liberal, para quem, nos termos de Marx, "o homem é uma mônada auto-suficiente".[49] Isso significa que o próprio bem é independente do bem dos demais, uma vez que a relação com os demais é meramente acidental, mas não constitutiva da identidade humana. Nessa perspectiva, é claro que o outro aparece cada vez mais como um obstáculo na busca pelo bem próprio: "Cada homem vê nos outros homens, não a realização de sua liberdade, mas o seu limite".[50] A conhecida frase de Sartre, "o inferno são os outros", traduz bem o estado de espírito dessa antropologia.

Quando esse individualismo, presente na obra de Ockham, torna-se, por vários fatores (ciência moderna, Reforma, capitalismo), hegemônico no Ocidente, a própria sociedade passa a se configurar de um modo distinto. Para o individualismo, a sociedade funciona como um grupo de náufragos encalhados em uma ilha deserta, todos estranhos entre si. "É preciso elaborar normas que salvaguardem cada um de nós o máximo possível em tal situação".[51] O que essas normas fazem, de fato, é conferir poderes aos indivíduos para que eles possam realizar seus próprios fins sem a interfe-

---
[48] Michel VILLEY, *La formation de la pensée juridique moderne*, p. 250.
[49] Karl MARX, "A questão judaica", p. 57.
[50] Karl MARX, op. cit., p. 57.
[51] Alasdair MACINTYRE, *Depois da virtude*, p. 419-420.

rência dos demais, poderes sobre pessoas ou coisas: o direito subjetivo "é o poder de disponibilidade sobre uma pessoa ou coisa, garantido juridicamente".[52] Esse tipo de estruturação do direito subjetivo torna-se hegemônico em função, entre outros fatores, de sua importância para o capitalismo. Já dizia Kelsen que atribuir direitos subjetivos aos indivíduos é algo típico "da ordem jurídica capitalista, na medida em que esta (...) toma particularmente em consideração o interesse individual".[53]

Nessa perspectiva, o direito subjetivo adquire um caráter belicoso, de arma que se usa contra os outros, ao ponto de Hart referir-se a ele como uma "soberania em pequena escala".[54] A representação clássica desse poder subjetivo usado contra os demais permanece sendo a obra de Hobbes: "E dado que a condição do homem é uma condição de guerra de todos contra todos (...), segue-se daqui que numa tal condição todo homem tem direito a todas as coisas, incluindo os corpos dos outros".[55]

Sabe-se que "o mundo moderno subvertera o primado tradicional da relação entre os homens, substituindo-o pelas relações entre coisas".[56] Daí a centralidade do direito de propriedade, concebido como o poder de um sujeito sobre uma coisa, na sociedade moderna. O direito de propriedade passa a ser o modelo para todo direito subjetivo, o que signfica que ele é exercido sempre sobre uma coisa, seja um objeto ou um ser humano. De fato, o poder coisifica o outro, torna-o um instrumento, um meio para os fins do sujeito do poder. Neste contexto, uma invocação a um direito subjetivo em uma determinada situação tem como efeito transformar a relação entre sujeitos em uma relação entre um sujeito – o titular do direito – e uma coisa, o titular do dever, que deverá sofrer o ato de poder.

Os direitos do homem foram pensados a partir do conceito de direito subjetivo como poder subjetivo nas primeiras fases da sociedade moderna. Tratava-se, de fato, de construir uma sociedade em que indivíduos auto-interessados interagem de um modo competitivo. Os direitos do homem impunham-se como necessários para limitar o risco representado pelos outros na luta pela consecução dos próprios interesses: "Os direitos se reclamam frente a alguma outra pessoa ou outras pessoas; se invocam na medida em que as outras pessoas aparecem como ameaças".[57]

Os direitos do homem entendidos desse modo apresentam-se fortemente ideologizados, a serviço de uma determinada visão de mundo: "os direitos do homem são de fato, os direitos do burguês bem-sucedido. Sua

---

[52] Max WEBER, *Economia y sociedad*, p. 532.
[53] Hans KELSEN, *Teoria pura do direito*, p. 149.
[54] Herbert HART, apud John FINNIS *Ley natural y derechos naturales*, p. 256.
[55] Thomas HOBBES, *Leviatã*, XIV, p 78.
[56] Louis DUMONT, *O individualismo*, p. 50.
[57] Alasdair MACINTYRE, *Tres versiones rivales de la ética*, p. 232.

reivindicação, sua defesa, sua praça-forte." O homem moderno concebe a si mesmo "como a um Robinson exilado na sua ilha e que trata de se proteger na agitação de um meio que lhe é, segundo a famosa tese de Hobbes, originalmente hostil: o meio social".[58] De fato, os direitos do homem do jusnaturalismo moderno são sempre direitos do ser humano isolado no estado de natureza. Servem antes para reprimir a sociabilidade humana do que para fomentá-la: "Nenhum dos supostos direitos do homem vai além do homem egoísta", do ser humano "enquanto indivíduo separado da comunidade, confinado a si próprio, ao seu interesse privado e ao seu capricho pessoal".[59] A liberdade, como direito do homem nas declarações do século XVIII, "não se funda nas relações entre homem e homem, mas antes na separação do homem a respeito do homem. É o direito a tal separação, o direito do indivíduo circunscrito, fechado em si mesmo".[60]

A difusão desta concepção de direito subjetivo como poder subjetivo entre os juristas ocorreu pelo fato de a dogmática jurídica ver "todas as questões jurídicas apenas sob a perspectiva de um caso de conflito", atuando como "mera preparadora da decisão judicial do mesmo".[61] Para a dogmática, a realidade é o conflito, e a comunidade, uma ficção. Nesse contexto, diz-se que há direito subjetivo quando, em um conflito entre sujeitos auto-interessados, um "indivíduo circunscrito, fechado em si mesmo" alcança convencer um juiz que os demais devem curvar-se ao seu "interesse privado e seu capricho pessoal". Pensar o direito subjetivo na perspectiva conflitiva do indivíduo auto-interessado significa pensá-lo como a possibilidade de sujeitar os outros ao próprio arbítrio, significa pensá-lo como poder subjetivo.

4.2. O direito subjetivo como justo subjetivo

A noção do direito subjetivo como justo subjetivo liga-se à teoria aristotélico-tomista da justiça.

Segundo Aristóteles, "em toda comunidade parece haver algum tipo de justiça e também de amizade".[62] A comunidade é o tipo de associação constituída em torno de um bem considerado comum a seus membros.[63] No reconhecimento de que o outro partilha a mesma concepção do bem, e é indispensável seu auxílio para alcançá-lo, repousa a noção aristotélica de *philia* (amizade). Contudo, a busca do bem comum exige-se que sejam

---

[58] Henrique Cláudio de LIMA VAZ, "Pessoa e sociedade: o ensinamento de João XXIII", p. 108.
[59] Karl MARX, "A questão judaica", p. 58.
[60] Karl MARX, op. cit., p. 57.
[61] Carl SCHMITT, "Sobre os três tipos de pensamento jurídico", p. 183.
[62] ARISTÓTELES, *Ética a Nicômaco* VIII, 9, 1159b.
[63] ARISTÓTELES, *Política* I, 1, 1252a)

especificados os deveres dos membros da comunidade. Esse é o papel que corresponde à justiça.

A noção clássica de justiça, da qual derivará a concepção do direito subjetivo como justo supõe uma antropologia e uma sociologia específicas. A pessoa humana, por ter a sociabilidade como elemento constitutivo da sua natureza, é um ser relacional, isto é, ela só alcança sua plena realização em uma sociedade onde todos tenham todos os bens necessários à sua plena realização: o bem do outro é também o meu bem. Na expressão de MacIntyre, "o meu bem como ser humano é o mesmo que o bem daqueles que constituem comigo a comunidade humana. (...) O egoísta é alguém que cometeu um erro fundamental acerca de onde reside seu próprio bem e por isso se auto-exclui das relações humanas".[64]

Assim como a sociedade moderna tem seu paradigma de organização na noção de mercado, os clássicos tinham uma concepção comunitária de sociedade. A vida social só pode ser entendida como a busca de um bem comum, sendo este nada mais do que o conjunto de condições (liberdade, educação, saúde, segurança, etc.) necessárias à plena realização de todos os membros da comunidade.

A *Declaração Universal* incorpora essa concepção personalista de ser humano e comunitarista de sociedade. De fato, o art. XXIX dispõe, no n. 1: "Todo homem tem deveres para com a comunidade na qual o livre e pleno desenvolvimento de sua personalidade é possível." Cai por terra a crítica marxista aos direitos humanos. Os direitos do homem dos séculos XVIII e XIX eram de cunho individualista. O indivíduo saía do estado de natureza e entrava no estado civil munido de poderes, que o protegiam e isolavam dos outros membros da sociedade. Ao contrário, a antropologia da *Declaração Universal* tem um caráter nitidamente relacional: somente na relação com os demais é possível "o livre e pleno desenvolvimento da personalidade." O outro não é mais visto como obstáculo, entrave à auto-realização; ao contrário, ele é condição da auto-realização. No n. 2 do mesmo artigo, prescreve-se que no exercício do seus direitos e liberdades, todo homem deve "satisfazer às justas exigências da moral, da ordem pública e do bem-estar de uma sociedade democrática." Há, portanto, um bem comum da sociedade, que não é mais definida como arena na qual os indivíduos auto-interessados se digladiam, mas como espaço comum de realização simultânea dos direitos próprios e alheios.

Essas preliminares foram necessárias, pois o conceito de justiça disciplina as relações entre pessoa (antropologia) e sociedade (sociologia). Na terminologia clássica, a justiça encontra-se na intersecção entre Ética (bem da pessoa humana) e Política (bem comum). De fato, se "a justiça consiste

---

[64] Alasdair MACINTYRE, *Depois da virtude*, p. 384.

em dar a cada um o que lhe é devido",⁶⁵ o devido a cada um determina-se pelo bem que lhe é próprio: deve-se dar à pessoa o que é necessário para que ela alcance o seu bem, a auto-realização, e deve-se dar à sociedade o que é necessário para que ela alcance o seu bem, o bem comum. Por isso, a teoria da justiça pressupõe uma antropologia e uma sociologia, na medida em que disciplina as relações entre pessoa e sociedade, ou em outros termos, pressupõe uma Ética e uma Política, uma vez que a justiça é apenas formal (o dever) sendo necessária que lhe seja fornecida uma matéria (o bem), que só pode ser determinado pela Ética, no caso do bem da pessoa e da Política, quando se trata do bem da sociedade.

Nessa tradição, o direito é o objeto da justiça, ou o seu conteúdo. Retomando a definição romana, Tomás define a atividade própria da justiça como "dar a cada um o seu direito".⁶⁶ O direito de cada um é o seu (*suum*): "o ato próprio da justiça (...) é dar a cada um o que é seu." (II-II, q. 58, a. 11). Como objeto da justiça, o direito (*jus*) se identifica com o justo (*justum*),⁶⁷ e o exemplo de Tomás é claro: "a remuneração devida por um serviço prestado" é o *jus*, o direito do trabalhador, aquilo que lhe é devido, o seu "justo subjetivo".

Note-se que "seu" de cada um é sempre referido a outrem. O que é devido, o direito (*jus*) de alguém é sempre determinado em função de sua relação com os demais. A justiça implica alteridade e igualdade: o próprio da justiça "é ordenar o homem nas coisas que estão em relação com outrem. Implica, com efeito, certa igualdade (...) e a igualdade se estabelece em relação a outrem".⁶⁸ A igualdade, e não a propriedade, tem papel paradigmático nessa tradição.

Para determinar uma classificação dos direitos, ou seja, do conteúdo da justiça, é necessário estabelecer antes a tipologia desta. Há três espécies de justiça: a legal, distributiva e comutativa.⁶⁹

"A justiça legal (...) visa o bem comum como objeto próprio".⁷⁰ Pela justiça legal, estabelece-se aquilo que é devido à comunidade para que essa alcance o seu bem. Mas a comunidade não existe acima e para além dos seus membros: a comunidade é a totalidade dos seus membros. Assim, a justiça legal estabelece o que é devido a pessoas na sua condição de membros da comunidade. Como isso vem disciplinado em geral pela lei, o nome "legal" foi considerado apropriado por Tomás de Aquino. Atualmente, um

---

65 ST II-II, q. 67, a.3.
66 ST II-II q. 57, a.4.
67 ST II-II q. 57, a.1.
68 ST II-II, q. 57, a.1.
69 Para o conceito de justiça, cf. Luis Fernando BARZOTTO, "Justiça social: gênese, estrutura e aplicação de um conceito".
70 ST II-II, q. 58, a.6.

desenvolvimento dessa tradição preferiu o termo "social". Assim, a justiça social estabelece o que é devido a todos os membros da sociedade. Pode-se expressar suas exigências do seguinte modo: "A todos a mesma coisa" ou, empregando uma fórmula de Nietzsche, "dar a cada um o que me é devido".[71] Na justiça social, tem-se uma igualdade absoluta entre os sujeitos porque é uma igualdade na dignidade, que não admite gradações.

A justiça distributiva é aquela que "reparte proporcionalmente o que é comum",[72] sejam estes bens ou encargos. Impõe-se determinar o que cabe a cada um dos bens e encargos comuns. Isso é feito por um critério de distribuição que leva em consideração uma qualidade pessoal do destinatário da distribuição: "na justiça distributiva se consideram as condições pessoais que constituem a causa (...) do débito".[73] Na distribuição de uma cátedra universitária, o critério de distribuição será a qualidade pessoal de "suficiência do saber". Para distribuir bens pessoais em uma herança, exige-se a qualidade pessoal de parente. A fórmula geral da justiça distributiva é "a cada um segundo x", sendo x a qualidade pessoal relevante para a distribuição do bem/encargo em questão. Na justiça distributiva, há uma igualdade proporcional entre sujeitos e coisas (bens/encargos). Cada pessoa receberá proporcionalmente o bem ou encargo na medida em que possui a qualidade x. No imposto sobre a renda, a igualdade será proporcional entre pessoas de rendas diferentes.

O terceiro tipo de justiça é a justiça comutativa, aquela que regula "as trocas que se realizam entre duas pessoas".[74] O caso mais típico de uma situação de justiça comutativa é a compra e venda: "Nas trocas (comutações) se dá algo a uma pessoa particular em razão de outra coisa dela recebida, como principalmente se manifesta na compra e venda, na qual se encontra primordialmente a noção de troca. Então é necessário adequar coisa a coisa".[75] Sua fórmula é: a cada um a mesma coisa. Na justiça comutativa há uma igualdade absoluta entre coisas.

Definir o direito subjetivo como justo subjetivo acarreta duas conseqüências: há uma superação da oposição pessoa/sociedade e ao mesmo tempo, a igualdade torna-se um elemento constitutivo do direito subjetivo.

Pensar o direito a partir da teoria clássica da justiça, ou seja, pensá-lo como o justo na situação concreta, leva à superação da oposição irredutível entre indivíduo e sociedade, típica da teoria liberal-burguesa dos direitos do homem: "O homem está longe de ser considerado, nos direitos do homem, como um ser genérico; pelo contrário, a própria vida genérica – a

---

[71] Friedrich NIETZSCHE, *Assim falava Zaratustra*, p. 87.
[72] ST II-II q. 61, a.1.
[73] ST II-II q. 63, a.1.
[74] ST II-II q. 61, a.1.
[75] ST II-II q. 61, a.2.

sociedade – surge como sistema que é externo ao indivíduo, como limitação de sua independência original. O único laço que une os indivíduos é a necessidade natural, a carência e o interesse privado, a preservação da sua propriedade e das suas pessoas egoístas".[76] Ao contrário, a teoria clássica da justiça estabelece a interdependência entre pessoa e sociedade, entre auto-realização e bem comum. A sociedade não é mais do que a totalidade dos seus membros. Por isso, o bem comum consiste no bem de todas as pessoas que compõem a sociedade. De outro lado, sem o bem de todos, não há como o ser humano, um ser social, alcançar a sua auto-realização, uma vez que o bem do outro é constitutivo do seu bem.

Ensina Tomás que a justiça social não esgota o âmbito da justiça: "a justiça legal ordena suficientemente ao homem com suas relações a outrem: enquanto ao bem comum, imediatamente, e quanto ao bem de uma única pessoa singular, mediatamente. Por isso convém que exista uma justiça particular que ordene imediatamente o homem a respeito do bem de outra pessoa singular".[77] Pensemos no caso do direito ambiental. O dever de não poluir beneficia imediatamente a sociedade como um todo, é um dever que visa imediatamente ao bem comum, porém, mediatamente, visa a cada um dos membros da sociedade. Mas é necessário uma justiça que determine o que é devido diretamente aos membros da sociedade considerados na sua singularidade, porém sempre em função do bem comum: "a justiça particular dá a cada um o que é seu em consideração ao bem comum".[78] Na justiça social, considera-se o outro na sua condição de membro da comunidade. Na justiça particular, ao contrário, visa-se diretamente ao bem do particular, e indiretamente ao bem comum. Quando Pedro paga seu credor João, é este último que é diretamente beneficiado, mas indiretamente, toda a sociedade se beneficia, na medida em que o pagamento das dívidas possui uma "função social" na esfera econômica.

4.3. O justo natural e os direitos humanos

Na tradição tomista, "o direito ou o justo" é definido como aquilo que é "adequado (*adaequatum*) a outrem".[79] Mas algo é adequado a outrem de dois modos: ou por convenção ou por natureza.

Por uma convenção privada, como o contrato, ou por uma convenção pública, como a lei, o particular "ou todo o povo consente que algo se considere como adequado ou ajustado a outrem (...). Isto é direito positivo (*jus positivum*)".[80] O direito ou o justo positivo é fruto de uma convenção

---
[76] Karl MARX, "A questão judaica", p. 58.
[77] ST II-II, q. 58, a.7.
[78] ST II-II, q. 58, a.12.
[79] ST II-II, q. 57, a.2.
[80] ST II-II, q. 57, a.2.

orientada para a obtenção do bem comum dos particulares/contratantes (bem comum privado) ou de todo o povo (bem comum político). Note-se que a convenção, para Tomás, é antes um ato de razão do que de vontade.

Ao lado do direito positivo, tem-se "o direito ou o justo natural, aquele que por sua natureza é adequado ou ajustado a outrem".[81] Segundo Tomás, esta adequação se dá considerando a coisa em si mesma, ou em suas conseqüências. O conhecimento é algo naturalmente, adequado ao ser humano, ser racional. A apropriação desse conhecimento pelas pessoas humanas na forma de um "direito à educação", deve ter como parâmetro não a coisa em si mesma (o conhecimento nada informa sobre sua transmissão), mas considerando a coisa com "relação às suas conseqüências".[82] É melhor ter uma instrução familiar, uma escola pública ou uma educação privada? Isso cada comunidade deve estabelecer para atender às exigências de conhecimento da pessoa humana. O conteúdo do direito é absoluto (conhecimento), mas a forma de sua realização (educação) é relativa. O justo natural em sentido primário/absoluto (no exemplo de Tomás, a adequação do macho à fêmea) diferencia-se do justo natural em sentido secundário/relativo, cujo conteúdo natural deve ser adaptado tendo em vista as conseqüências de sua implementação para a pessoa humana e para o bem comum de comunidades concretas. O exemplo de Tomás é o da propriedade privada. A coisa, considerada em si mesma, não é pública ou privada. Mas a razão, verificando a conveniência da apropriação privada (ao menos dos bens de uso), a institui universalmente.

Os direitos humanos são, assim, direitos naturais em um sentido mitigado. Eles são a expressão histórica de algo natural. Nos termos de Tomás de Aquino, eles são justo natural de uma forma secundária, na medida em que o bem que forma seu conteúdo (vida, conhecimento, liberdade) não é criado por instituição humana, mas é apenas reconhecido. Não está em questão estabelecer ou não um sistema de educação. Que as pessoas tenham acesso ao conhecimento para poderem realizar-se como seres racionais, não é disponível, é algo absoluto, incondicional. Mas *como* será efetivado esse acesso por meio de um direito à educação, isso só pode ser estabelecido tendo em vista as "conseqüências", isto é, aquilo que a razão ditou como o mais apropriado diante das circunstâncias. Os direitos, tendo seu núcleo essencial, absoluto, preservado, assumem uma feição mutável segundo as circunstâncias concretas de uma comunidade.

Em termos de Tomás de Aquino, os direitos humanos são *jus gentium*, direito natural no conteúdo e direito positivo universal na sua forma. Note-se, são direito positivo sem necessidade de positivação: "pois desde o mo-

---
[81] ST II-II, q. 57, a.3.
[82] ST II-II, q. 57, a.3.

mento em que a razão natural dita aquelas coisas que são direito das gentes, segue-se que não requerem uma especial instituição, pois a própria razão natural as institui".[83] É um direito positivo universal, não tematizável por uma dogmática restrita a ordenamentos jurídicos positivos particulares. O conceito de *jus gentium* permite obviar dois problemas: ao mesmo tempo que seu fundamento é incondicional e absoluto, por ser natural, a sua concretização é relativa, histórica: a razão (prática) deve estabelecer os modos históricos (positivos) em contextos comunitários concretos de realização de bens (naturais) que tem um fundamento trans-histórico (a natureza humana).

Tratemos de um exemplo de um direito humano social, como o direito à saúde, para demonstrarmos como funciona a lógica do direito subjetivo entendido como justo. O direito humano social à saúde (art XXV da *Declaração Universal*) é um direito subjetivo que cabe a todos os seres humanos. Isso pode ser interpretado de dois modos, segundo o pensamento jurídico ocidental: como um poder subjetivo ou como o justo subjetivo.

A interpretação do direito à saúde como poder subjetivo é extremamente popular em alguns países como o Brasil. Dizer que alguém tem direito à saúde é dizer que ele dispõe de uma ação para coagir o Estado a lhe fornecer tratamento ou remédio, ou seja, é garantir ao indivíduo um poder de disponibilidade sobre uma parcela do orçamento à saúde. O impacto que isso terá sobre a coletividade ou sobre o direito à saúde de outros membros da comunidade é indiferente desse ponto de vista. O direito subjetivo é um poder dado a um indivíduo auto-interessado para realizar o seu bem. Ele é um átomo social cuja realização é independente do bem dos outros membros da sociedade e usará seu direito para tomar à força o que os outros indivíduos auto-interessados recusam a fornecer-lhe de bom grado. O direito à saúde é um direito de propriedade ou um poder subjetivo sobre uma parcela do orçamento da saúde.

Ao contrário, conceber o direito subjetivo à saúde como justo subjetivo é concebê-lo como algo ajustado a um ser social, que deve manter uma relação de *igualdade* com os demais membros da comunidade e cujo bem está ligado ao *bem comum*, não podendo alcançá-lo se destruir este último. Assim, não se trata de saber se algo é adequado ao indivíduo X receber 10 milhões porque sua doença exige essa quantia para um tratamento eficaz. A *saúde* de X é uma *qualidade individual* sua, a ser determinada por um médico. O *direito à saúde* não é uma qualidade individual, mas uma *relação de justiça* que X mantém com os outros membros da comunidade. A saúde, considerada em si mesma, é algo naturalmente adequado ao ser humano, uma qualidade necessária à sua auto-realização. Mas na sua manifestação

---
[83] ST II-II, q. 57, a.3.

histórica, como um direito, ela deve ser considerada nas suas conseqüências, isto é, como algo devido no interior de uma comunidade, o que relativiza um bem que em si mesmo, é absoluto.

Se a comunidade não possui 10 milhões para fornecer a X, sem que seu orçamento entre em colapso (bem comum) e/ou inviabilize o tratamento médico devido a outros membros da comunidade (igualdade), a *saúde* de X será afetada, mas não o seu *direito à saúde*, pois 10 milhões não é algo adequado a ele como membro da comunidade, o que significa dizer que os outros membros da comunidade não lhe devem isso. Pensar que o direito à saúde deve ser determinado do ponto de vista do indivíduo isolado é pensá-lo como uma mônada, é retornar ao modelo liberal de estado de natureza, onde os direitos do indivíduo são determinados à margem da vida social.

A aparição plenamente delineada do conceito de justo subjetivo em matéria de direitos humanos se dá em uma discussão sobre qual é o comportamento juridicamente correto em relação aos índios na colonização espanhola, na reflexão do filósofo e teólogo espanhol Francisco de Vitória (1492-1546). Pela primeira vez na história, trata-se de discutir em um caso concreto, o que é juridicamente devido a seres humanos pela sua simples condição de seres humanos, isto é, trata-se de discutir se os seres humanos têm direitos para além de sua pertença a uma comunidade política particular. Em outros termos: a colonização espanhola coloca como problema concreto se existem ou não *direitos humanos*.

Para Vitória, todos os seres humanos, para além de suas comunidades particulares, pertencem a uma única comunidade universal: "o orbe inteiro, que de certo modo é uma república".[84] Como república, o orbe possui uma ordem. O mundo é uma comunidade ordenada. E, como ensina Aristóteles, em toda comunidade as relações entre seus membros deve pautar-se pela justiça. Para Vitória, os Estados e todos os seres humanos devem pautar-se por essa ordem de justiça universal, que ele caracteriza em termos de *jus gentium*.

Vitória retoma o conceito de direito de Tomás de Aquino: "O direito se toma em sentido próprio pelo justo, isto é, pelo que é justo".[85] O justo/direito se manifesta onde pode haver injustiça: "Aqueles que podem sofrer injustiças, têm direitos".[86] As criaturas irracionais não têm direitos: "As criaturas irracionais não podem ter direito (...), porque não podem sofrer injustiça; logo, não têm direito".[87] Em sentido contrário, todos os seres racionais podem sofrer injustiças. Logo, têm direitos. Os índios são racio-

---

[84] Francisco de VITÓRIA, *Sobre o poder civil*, p. 51.
[85] Francisco de VITÓRIA, *A justiça*, p. 10.
[86] Frncisco de VITÓRIA, *Sobre os índios*, p. 82.
[87] Francisco de VITÓRIA, op. cit., p. 79.

nais. Logo, têm direitos: "Os índios (...) têm a seu modo o uso da razão. Está claro porque tem certa ordem em suas coisas, uma vez que possuem cidades estabelecidas ordenadamente, e têm matrimônios claramente constituídos, magistrados, senhores, leis, artesãos, mercadores, coisas que requerem o uso da razão; do mesmo modo, têm uma espécie de religião, não erram em coisas que são evidentes para os demais, o que é sinal do uso da razão".[88] O conceito de direitos humanos é, pela primeira vez na história do Ocidente, explicitado: pessoas humanas têm direitos pelo simples fato de serem pessoas humanas.

Assim, ao defrontar-se com os índios, os espanhóis devem ter presente alguns direitos que lhes cabem como pessoas humanas. Em primeiro lugar, os índios têm direito à vida, pois todos têm "(...) o direito de defender a própria vida".[89] Em segundo lugar, eles têm o direito de propriedade: os índios são "tão proprietários como os cristãos, e não podem ser despojados de suas propriedades como se não fossem verdadeiros donos".[90] Por fim, os índios possuem liberdade religiosa: "os infiéis (...) não podem ser obrigados a aderir à fé pela força (...), porque crer é um ato de vontade".[91]

5. O fundamento dos direitos humanos: a lei natural

Toda invocação de um direito subjetivo exige a demonstração de seu fundamento objetivo. Não basta afirmar um direito. É preciso apontar seu fundamento. Para a dogmática jurídica, o direito subjetivo (*facultas agendi*) tem seu fundamento em uma norma positiva do ordenamento (*norma agendi*).

Um modelo de abordagem do fundamento dos direitos humanos a partir dos procedimentos tradicionais da ciência do direito é a seguinte passagem de Norberto Bobbio. Inicialmente ele distingue dois tipos de direitos: "um *direito que se tem* ou de um *direito que se gostaria de ter* (grifo no original)." O direito que se tem é real, efetivo, e o que se gostaria ter só existe no plano do desejo. Para fundamentar o primeiro, "investigo no ordenamento jurídico positivo, do qual faço parte como titular de direitos e deveres, se há uma norma válida que o reconheça e qual é essa norma." Direitos que se têm são aqueles que repousam sobre normas de um ordenamento jurídico particular. De um modo mais direto: direitos existentes são direitos positivados. Já no caso dos direitos "que se gostaria de ter", o processo de fundamentação "consiste em buscar boas razões para defender a legitimidade do direito em questão e para convencer o maior número de

---
[88] Francisco de VITÓRIA, op. cit., p. 82.
[89] Idem, p. 71.
[90] Idem, p. 83.
[91] Idem, p. 117.

pessoas (sobretudo as que detêm o poder direto ou indireto de produzir normas válidas naquele ordenamento) a reconhecê-lo".[92] O direito que se gostaria de ter é, obviamente, um direito que não se tem. Somente depois de se produzirem normas válidas é que os direitos passam a existir, e as pessoas podem afirmar que têm direitos. Os direitos humanos são do segundo tipo: as pessoas gostariam de tê-los, mas enquanto não convencerem aqueles que têm o poder de positivar o direito, os direitos humanos permanecem apenas como "coisas desejáveis".[93]

Como defende-se neste artigo que direitos humanos são coisas reais, e fazer depender sua existência daqueles "que detêm o poder direto ou indireto de produzir normas válidas em um ordenamento" é o modo mais simples de frustrar um dos seus principais fins, a limitação do poder, aceita-se o desafio de apontar um fundamento que resulte de um argumento filosófico, e não político, para demonstrar que os direitos humanos são algo mais do que desejos piedosos ou politicamente corretos.

O primeiro erro a ser evitado na tentativa de indicar um fundamento aos direitos humanos é o de apontar as suas causas históricas.

Confunde-se a categoria de "fundamento" com a categoria de "causa". Ora, a história aponta a causa, a gênese ou a origem de um fenômeno, e nunca seu fundamento. Aquele que pergunta pela causa expressa sua questão na forma de um "como?": "Como os europeus chegaram à América?" "Como se deu a passagem do feudalismo ao capitalismo?" O fundamento indica a necessidade de uma justificação, de uma resposta à questão: "por quê?". A determinação da causa histórica dos direitos humanos é extremamente importante. Deve-se investigar a influência da ética cristã, das revoluções liberais, do movimento operário, do movimento feminista, dos tratados internacionais, etc., mas isso não responde à questão "Por quê?". A existência de direitos humanos é uma crença, e como tal, deve ser fundamentada, sob pena de ser considerada uma ficção. A pergunta "por que deve-se acreditar na igualdade entre o homem e a mulher?" não admite a resposta "porque a ONU declarou essa igualdade solenemente." As declarações da ONU, ou a educação, ou a cultura do próprio país, tudo isso pode servir como causa histórica da crença na igualdade entre os sexos, mas não como seu fundamento. Afirmar o contrário seria o mesmo que vincular a pergunta "por que a lei da gravidade deve ser aceita?" com a resposta "porque Isaac Newton a formulou". A formulação por parte de Isaac Newton é a causa histórica da crença, mas o seu fundamento só pode ser a própria realidade, o que nos remete à famigerada metafísica. Assim, aquele que pergunta "por quê?" está, em última instância, pedindo uma certa descrição

---

[92] Norberto BOBBIO, *A era dos direitos*, p. 15.
[93] Idem, p. 16.

do mundo. O fundamento das crenças está no próprio ser, na realidade, e não no fato da aceitação histórica de uma determinada opinião sobre a realidade.

Deste modo, os direitos humanos só podem subsistir em determinadas circunstâncias históricas, e o próprio discurso sobre os direitos humanos depende de um certo contexto histórico. Mas é delirante pretender que o fundamento esteja neste contexto histórico. A história fornece as condições, não o fundamento. Em termos jurídicos: a história fornece a eficácia, mas não a validade.

O segundo erro na questão do fundamento é dizer: "não há um fundamento absoluto" para os direitos humanos. Retoricamente, todo aquele que nas condições modernas pronunciar-se contra o "absoluto", já ganhou para si o auditório, aculturado em um clima relativista. Na questão dos direitos humanos, o relativismo, que está presente no discurso contemporâneo sobre os direitos humanos, não é conseqüente, pois nesse discurso observam-se duas teses contraditórias: a) não há um fundamento absoluto para os direitos humanos e b) os direitos humanos são absolutos.

A formulação da tese b) seria negada pelos relativistas defensores dos direitos humanos. Mas de fato, qual dos defensores dos direitos humanos, por mais vinculado que esteja ao positivismo ou relativismo, poderia aceitar as seguintes afirmações: "'todo homem tem direito a não ser torturado se e somente se isso tiver sido declarado pela ONU', ou 'todo homem tem direito de não ser morto injustamente se e somente se resulta de utilidade para o maior número' ou 'todo homem tem direito a ser retribuído por seu trabalho se e somente se existe consenso a este respeito'"?[94]

Ou seja, pretende-se que os direitos sejam incondicionais, que sua *validade* não dependa de maiorias, consensos ou do beneplácito dos poderosos, ainda que sua efetivação, como foi visto, dependa de adaptações às circunstâncias, como qualquer realidade ética. Ora, se a validade dos direitos é incondicional, absoluta, seu fundamento não pode ser relativo, pois em um raciocínio, a conclusão não pode ser mais forte que as premissas.[95]

Necessita-se pois, de um fundamento objetivo ou incondicional ou absoluto, se os direitos humanos devem ser algo mais do que "coisas desejáveis" sujeito aos humores dos detentores do poder de positivar o direito, a tendências culturais ou aprovação de maiorias ocasionais.

Neste artigo será utilizada a teoria da lei natural presente no "Tratado da Lei" da *Suma Teológica* como fundamento dos direitos humanos.

---

[94] Carlos-Ignacio MASSINI, *Los derechos humanos en el pensamiento actual*, p. 189.
[95] Carlos-Ignacio MASSINI, *Filosofia del derecho*, p. 110.

A teoria da lei natural é uma teoria da razão prática. Ela define os termos e o funcionamento da racionalidade humana no que diz respeito à ação. O primeiro princípio da razão prática é: "O bem é para ser praticado e procurado; o mal é para ser evitado." Esse princípio subjaz a toda ação. Resta saber como identificar o bem: "Tudo aquilo para que tem o homem uma inclinação natural, a razão naturalmente apreende como bom, e por conseguinte, como ação a ser praticada, e o seu contrário, como mal a ser evitado. Assim, segundo a ordem das inclinações naturais, segue-se a ordem dos preceitos da lei da natureza".[96]

As inclinações de um animal social e racional são três, conforme as dimensões da natureza humana, sendo três os bens que as realizam.

Como animal, o ser humano tende à autoconservação e à perpetuação da espécie. Pode-se falar aqui no bem *vida*, na sua manutenção e transmissão.

Na sua sociabilidade, o ser humano está destinado a compartilhar sua vida com os demais, sua existência é sempre coexistência. Ele tende a viver em comunidades, desde a comunidade familar, a comunidade de amigos, até a comunidade política, e no limite, a comunidade universal do gênero humano. A *comunidade* é o bem buscado pela sociabilidade humana.

Pela sua natureza racional, o ser humano tende à verdade. A verdade é intrínseca ao conhecimento. Crenças falsas não constituem conhecimento. Utilizaremos verdade no sentido aristotélico: "Falso é dizer que o ser não é ou que o não-ser é; verdadeiro é dizer que o ser é e que o não-ser não é".[97] A verdade é de tal modo natural a um ser racional como a pessoa humana que Hannah Arendt usa a seguinte metáfora para descrevê-la: "Ela é o solo sobre o qual nos colocamos de pé e o céu que se estende acima de nós".[98] É oportuno lembrar que a verdade, na tradição aristotélico-tomista, não diz respeito somente à razão especulativa, mas à razão prática. A verdade é um bem para o ser racional quando ele conhece e quando ele age, pois agir na ignorância ou no erro é um mal para todo agente racional. Verdade constitui um bem como verdade teórica para o ser cognoscente e como verdade prática para o ser cognoscente-agente: "do entendimento teórico (...) e prático (...), o bem é a verdade".[99] Em síntese: "a verdade é o bem da parte intelectual"[100] do ser humano.

Vida, comunidade e verdade formam os primeiros princípios da lei natural. Esses primeiros princípios não são regras, mas bens. São evidentes

---
[96] ST I-II, 94, 2.
[97] ARISTÓTELES, *Metafísica* IV, 7, 1011b.
[98] Hannah ARENDT, "Verdade e política", p. 325.
[99] ARISTÓTELES, *Ética a Nicômaco*, VI, 2, 1139a.
[100] Tomás de AQUINO, *Comentários à Ética a Nicômaco*, n. 817.

para todo ser racional, e como tal, não são suscetíveis de demonstração, pois não se demonstra o que é evidente. Esses preceitos são analíticos. Basta conhecer os seus termos para verificar sua verdade. Ao dizer que a vida, a comunidade e a verdade são bens para o animal social e racional apenas se explicita o que se entende por animal (ser vivo), social (ser que vive em comunidade) e racional (ser tendente a conhecer a verdade). "Para um animal é um bem estar vivo" é uma asserção evidente a todos os que conhecem o significado do termo *animal* e do termo *vida*.

A justificação desses bens não podem se dar por via de demonstração para quem negue a natureza humana. Pode-se, porém, usar um "argumento de auto-refutação"[101] para mostrar ao cético a existência de bens naturais, indisponíveis e não suscetíveis de negação racional.

Pede-se que o cético afirme verbalmente a alguém sua crença, isto é, que a vida, a comunidade e a verdade não são bens para o ser humano.

Ora, se o cético nega que a vida é um bem, ele está negando uma condição elementar da sua atividade discursiva, que é o fato de estar vivo. Dizer "a vida não é um bem" só é possível para quem está vivo. Se não estivesse vivo, não poderia negar que a vida fosse um bem. A vida é um bem ao menos como condição para sua negação no plano do discurso. Se o cético for coerente com sua crença e suicidar-se, desaparece com ele a afirmação de que a vida não é um bem, e não há mais uma asserção presente a ser refutada.

Negar que a comunidade é um bem é negar a própria situação de fala. Proferir uma asserção é entrar em uma comunidade de diálogo com alguém. Dizer "a comunidade não é um bem" é dizer "quero que alguém entre em comunidade comigo para saber que a comunidade não é um bem", uma asserção auto-refutável.

O terceiro bem a que convidamos o cético a negar é a verdade. "A verdade não é um bem para o ser humano". Assumindo que juízos descritivos, para terem algum sentido, são verdadeiros ou falsos, a frase encunciada pelo cético é verdadeira ou falsa? Se ele pretende que sua frase seja verdadeira, a verdade é o bem que ele está buscando ao proferi-la, e assim ele se refuta. Se ele não pretende que a frase seja verdadeira, não precisamos ouvir o que ele diz, porque ele não está dizendo nada com sentido. Popularmente, esse ceticismo expressa-se no enunciado "a verdade não existe". O argumento é o mesmo: se a frase é verdadeira, existe uma tese verdadeira, a de que "a verdade não existe", e portanto a verdade existe. Se "a verdade não existe" é um frase falsa, então a verdade existe. Mais uma vez, o ceticismo é auto-refutável.

---

[101] John FINNIS, *Aquinas*, p. 59, nota 10. O paradigma do argumento da auto-refutação é o argumento apresentado por Aristóteles ao justificar o princípio da não-contradição na sua *Metafísica*.

Descartado o ceticismo, pode-se afirmar a existência de um conjunto de "princípios primeiros e universais", que dizem respeito à razão prática, isto é, de princípios que estruturam o uso da razão no domínio da ação. São "princípios", pois estão no início de cadeias de justificação de um determinado curso de ação. Entre esses princípios, alguns são bens (comunidade, verdade, vida), outros são preceitos (regra de ouro, dignidade da pessoa humana).[102] Esses princípios manifestam sua objetividade e universalidade no fato de serem "evidentes".

A evidência dos princípios expressa em primeiro lugar que sua negação é auto-refutável. De outro lado, essa evidência não significa que sejam inatos, mas que todo aquele que tem determinado nível de experiência e conhecimento pode apreender de um modo imediato, não-derivado, a sua validade. Assim, aquele que teve experiências morais adequadas, de reciprocidade, e não é um egocêntrico patológico, apreende imediatamente a validade da regra de ouro. Isso não significa que a validade do princípio derive da experiência, ou da história, mas que é necessário que certas condições históricas se façam presentes para que essa validade seja aceita. "O todo é maior que a parte" é uma proposição universal e necessária, mas será aceita como tal somente por aquele que na sua história pessoal chegou a aprender o sentido dos termos "todo", "maior" e "parte".[103]

O discurso multiculturalista contemporâneo nega a existência de qualquer princípio ético universal, apontando o pluralismo valorativo do mundo contemporâneo. Contudo, esse pluralismo nem sempre tem apoio nos fatos. Veja-se o caso da regra de ouro.

No presente artigo, escolheu-se reconstruir na tradição ocidental a regra de ouro universalizada que está na base dos direitos humanos. Descreveu-se a passagem da regra de ouro da ética de vizinhança à ética cristã, e desta para a ética filosófica de Tomás de Aquino. Essa reconstrução teria sido possível a partir de qualquer outra tradição ética ou religiosa que afirmasse a seu modo, o conceito de co-humano. Pois o fato de esta regra, para nós, ter sido universalizada a partir de uma determinada experiência histórica não significa que sua validade dependa de condições históricas específicas, assim como o fato de um astrônomo ter *descoberto* um novo planeta em condições históricas específicas não torna a *existência* do planeta condicionado pela história humana. Do mesmo modo, a regra de ouro *apresenta-se* nas grandes tradições ético-religiosas, como uma verdade cuja validade universal transcende suas manifestações particulares.

De fato, nos *Analectos* de Confúcio pode-se ler a seguinte formulação da regra de ouro: "O que tu mesmo não desejas, não o faças também a

---

[102] A lista dos bens e preceitos é exemplificativa, não exaustiva.
[103] Para a questão da autoevidência dos primeiros princípios da razão prática defendida aqui, seguiu-se o argumento de John FINNIS, *Ley natural y derechos naturales,* capítulo III.

outro". Essa regra encontra-se também no judaísmo: "Não faças aos outros o que não queres que te façam" (Rabi Hillel, 60 a.C – 10 d.C.). Nos textos sagrados do budismo encontra-se a seguinte asserção: "Uma situação que não é agradável ou satisfatória para mim não o há de ser para ele; e uma situação que não é agradável ou satisfatória para mim, como hei de impô-la a um outro?" Também o jainismo estabelece a regra de ouro: "O homem deveria comportar-se indiferentemente em relação às coisas mundanas e tratar todas as criaturas do mundo assim como ele próprio gostaria de ser tratado". Do mesmo modo, podemos observar na tradição islâmica a presença da mesma regra: "Nenhum de vós é um crente se não deseja para o seu irmão o que deseja para si mesmo". Também o hinduísmo proclama a validade da regra de ouro: "Não devemos nos comportar em relação a outros de uma maneira que para nós é desagradável; esta é a essência da moral".[104]

Do *fato* de que as grandes tradições ético-religiosas reconheçam a regra de ouro, não deriva a sua validade. Mas esse fato levanta ao menos duas questões:

a) o pluralismo ético não tem a extensão fática pretendida pelos relativistas, o que invalidaria as suas principais teses;

b) talvez o fato da *aceitação universal* da regra de ouro só possa ser explicada por uma teoria da lei natural.

A teoria da lei natural não torna a história irrelevante na compreensão dos direitos humanos. Os direitos humanos se revelam na história. Para se falar de "liberdade de imprensa", é necessário que haja imprensa. Isso não significa, porém, que o *fundamento* dos direitos humanos seja histórico. Ele repousa sobre princípios objetivos e universais da razão prática. A liberdade de imprensa é uma exigência da liberdade devida a todo ser humano em virtude de sua racionalidade, em uma determinada circunstância.

Os direitos humanos têm seu fundamento na lei natural, ou seja, derivam da aplicação dos primeiros princípios da razão prática às circunstâncias históricas mutáveis. Eles determinam o que é devido ao ser humano como tal, para que ele alcance sua auto-realização nas condições concretas em que se encontra. Tome-se o exemplo da liberdade. Pela sua natureza racional, o ser humano é livre, não determinado. Sua natureza o inclina a ver na liberdade um bem. O primeiro princípio da razão prática "O bem é para ser procurado e realizado, o mal evitado", faz com que a pessoa humana, na

---

[104] *Apud* Hans KÜNG, *Uma ética para a política e a economia mundiais*, pp. 178-179. Em agosto/setembro de 1993, 6.500 representantes das mais variadas religiões reunidos em Chicago manifestaram sua concordância em relação a dois princípios éticos universais: "Todo ser humano deve ser tratado humanamente" (dignidade da pessoa humana) e "O que queres que te façam, faze tu também aos outros" (regra de ouro). Hans KÜNG, op. cit, p. 198. A regra de ouro e o princípio da dignidade da pessoa humana podem ser sintetizados em um único princípio fundante dos direitos humanos: "Todo homem deve salvaguardar o caráter de pessoa de todo homem". Carlos-Ignacio MASSINI, *Filosofia del derecho*, p. 119.

vida comunitária, reivindique a liberdade como algo que lhe é devido, como direito. A regra de ouro estabelece que ele reconheça a mesma liberdade para todo aquele que partilha a mesma condição de pessoa humana. Nesse contexto, a liberdade será proclamada um direito humano, um direito de todos os seres humanos. O conteúdo concreto dessa liberdade, o que ela implica circunstâncias específicas, só pode ser determinado em um debate no qual sejam confrontados os argumentos e os pontos de vista em comunidades particulares. A teoria da lei natural exige uma teoria da democracia.[105]

6. Conclusão

Para a dogmática jurídica, o direito subjetivo é um poder subjetivo (objeto do direito) correspondente a X, na medida em que atende a certos requisitos do ordenamento jurídico (titular do direito), imposto por uma norma (fundamento) como dever a Y (titular do dever).

Essa concepção de direito subjetivo não atende às necessidades do conceito de direitos humanos presente na *Declaração Universal*, porque:

a) Os direitos humanos não podem ser concebidos como poderes subjetivos usados contra os demais; essa era a concepção liberal, anti-social dos "direitos do homem". Os direitos humanos dizem respeito a um tipo de relação que se tem com os outros (justiça), e não um poder a ser exercido sobre eles. Ao passo que a efetivação dos "direitos do homem" burgueses leva ao isolamento do indivíduo em relação aos seus semelhantes, a efetivação dos direitos humanos leva à construção de uma comunidade na qual o bem de todos é condição do bem de cada um. Os direitos da pessoa humana não se opõem à comunidade e ao bem comum, como na visão liberal, mas são o núcleo do bem comum.[106]

b) Os direitos humanos são devidos a todo ser humano (justo natural), não sendo um privilégio dos afortunados que vivem em países (ocidentais e ricos) que positivaram esses direitos. A positivação por um legislador tem caráter meramente declaratório, não constitutivo, pois a pessoa humana, titular dos direitos humanos não é uma categoria jurídica criada pelo ordenamento jurídico particular como outros titulares de direito (proprietário, credor, locador) e o que é devido a ela, para realizar a sua natureza, não depende do arbítrio do legislador.

c) Para a dogmática jurídica e a teoria do direito que se faz a partir dela, o conceito de "seguir uma regra" é central. Importa determinar o sentido e o alcance de uma regra referida à conduta de um sujeito determi-

---

[105] Cf. Luis Fernando BARZOTTO, *A democracia na constituição*.
[106] John FINNIS, *Ley natural y derechos naturales*, p. 242-243.

nado. Daí a ampla difusão nesse paradigma da teoria da norma (regras e princípios), a hermenêutica e a teoria da argumentação. Trata-se sempre de saber identificar, interpretar e aplicar uma norma. A experiência jurídica é vista de um modo vertical: norma/sujeito do dever. Os direitos humanos subvertem essa lógica, retornando à ética aristotélico-tomista: o centro da experiência jurídica não é a subsunção de um caso a uma norma, mas a *relação entre sujeitos*. Os direitos humanos configuram-se de modo horizontal: pessoa humana/pessoa humana. O que constitui o fenômeno jurídico é a *relação* com o outro, o reconhecimento de sua humanidade e do que lhe é *devido* em virtude de sua humanidade. A norma recebe seu sentido da capacidade dos sujeitos de se reconhecerem mutuamente como pessoas humanas. A pergunta central do pensamento jurídico não é "O que a regra/princípio exige nesse caso?", mas "O que uma pessoa humana deve ao seu co-humano nesse caso?" Por isso, nos direitos humanos, o titular do dever não se reporta a uma norma para estabelecer o que deve a outro ser humano, mas à sua capacidade de *reconhecimento* do outro como pessoa humana, como co-partícipe da mesma humanidade. Quando os soldados americanos, na Guerra do Iraque, praticaram a tortura em prisioneiros iraquianos, um dos argumentos utilizados para justificar seu comportamento foi o de que eles não teriam tido acesso às convenções internacionais sobre o tratamento de prisioneiros de guerra. Esta é a abordagem clássica da dogmática jurídica. Só há sujeito de dever se há, ao menos, a possibilidade do conhecimento de normas constitutivas do dever. Essa abordagem é completamente inapropriada para os direitos humanos. O dever de não torturar não deriva de uma norma positiva, mas do reconhecimento da humanidade do outro. Aquele que não tem essa capacidade deve ser responsabilizado, não por ter violado um papel imposto pelo ordenamento jurídico positivado (nacional ou internacional), mas por não alcançar aproximar-se humanamente de outra pessoa humana. O reconhecimento do outro como co-humano e do que é devido a ele face à sua dignidade de pessoa, e não o conhecimento/interpretação de normas, constitui o cerne da experiência jurídica e dos direitos humanos.

d) Os direitos humanos prescindem de um fundamento em uma norma jurídica positivada, estando ancorados em princípios universais e necessários da razão prática. Quando MacIntyre admite a existência de direitos "derivados do direito positivo", concedidos "a classes específicas de indivíduos" mas nega a existência dos direitos humanos, direitos "que pertençam aos seres humanos como tais",[107] ele assume a postura da dogmática jurídica, que só admite a existência de direitos fundados em normas positivadas. Isso significa que do ponto de vista da dogmática, direitos humanos são ficções. Daí a necessidade, para apreender os direitos humanos, do

---
[107] Alasdair MACINTYRE, *Depois da virtude*, p. 126.

ponto de vista da Ética. Para Tomás de Aquino, a lei é "ordenada para a salvaguarda comum dos homens, e quanto mais o faz, alcança o vigor e a razão de lei: na medida, porém, em que falte para com isso, não é dotada da força de obrigar".[108] Uma vez que os direitos humanos expressam as exigências da "salvaguarda comum dos homens", a relação de fundamentação se inverte: não é o direito positivo que serve de fundamento para os direitos humanos, mas os direitos humanos é que fundamentam o direito positivo. A questão não é a de indicar a norma que sustenta a existência dos direitos humanos, mas de determinar em que medida a norma se justifica ou não face aos direitos humanos.

A crítica à dogmática jurídica, no tema dos direitos humanos, deve avançar para além do que foi estabelecido por autores como Roberto Mangabeira Unger. Este convida o jurista a ampliar o horizonte de sua análise, afirmando que "o cidadão, e não o juiz, deve ser o interlocutor primeiro da análise jurídica".[109] A perspectiva do juiz (como o juiz deve decidir esse caso?) é de fato dominante na dogmática jurídica. Para Unger, a análise jurídica deve assumir-se como política, escolhendo a perspectiva do cidadão, aquele que livremente determinará seu modo de vida.

O argumento aqui apresentado escolheu um outro ponto de vista para compreender os direitos humanos: a análise jurídica deve ter como interlocutor a pessoa humana como agente moral, capaz de reconhecer a humanidade compartilhada com outrem. Essa perspectiva não tem natureza técnica (dogmática) nem política (cidadão), mas ética (humano). Para entender os direitos humanos, essa perspectiva é central, e os cidadãos e juízes, ao enfrentarem temas de direitos humanos, devem orientar seus pontos de vista técnicos e políticos a partir dela.

A partir da argumentação exposta, pode-se esboçar uma definição do direito subjetivo: é o justo (objeto do direito) adequado a X (titular do direito), assumido como dever de justiça por Y (titular do dever), tendo como fundamento a lei (natural ou humana). Por sua vez, o direito humano como direito subjetivo seria assim definido: o direito humano é o justo natural (objeto do direito) correspondente a toda pessoa humana (titular do direito), assumido como dever por todo aquele capaz de fazer-se co-humano de outrem (titular do dever) e fundado na lei natural (fundamento).

Essas definições são o resultado de uma argumentação orientada pelo método dialético em sentido aristotélico. Por esse método, os resultados são sempre provisórios, sujeitos à refutação. A utilização desse método não é, porém, neutra em relação ao que foi discutido neste artigo. O engajamento no debate com outrem pressupõe o reconhecimento da humanidade do in-

---
[108] ST, I-II, q. 96, a.6.
[109] Roberto Mangabeira UNGER, *O direito e o futuro da democracia*, p. 141.

terlocutor, ou seja, pressupõe a validade *absoluta* do mesmo princípio utilizado por Francisco de Vitória no estabelecimento do fundamento dos direitos humanos: "Como diz o *Digesto*, a natureza estabeleceu certo parentesco entre os homens (...). Por isso, o homem não é o lobo do homem (*homo homini lupus*) (...), mas o homem é homem para o homem (*homo homini homo*)".[110]

Bibliografia

AGOSTINHO, Sto. *Da doutrina cristã*. São Paulo: Paulus, 2002.
ARENDT, Hannah. "Verdade e política" in ARENDT, H. *Entre o passado e o futuro*. São Paulo: Perspectiva, 1992.
ARISTÓTELES. *Metafísica*. São Paulo: Edições Loyola, 2002.
——. *Ética a Nicômaco*. Madri: Centro de estudios constitucionales, 1999.
——. *Política*. Madri: Centro de estudios constitucionales, 1997.
AQUINO, Tomás de. *Suma de Teologia*. Madri: BAC, 1997 (5 vols).
——. *Comentários à Ética a Nicômaco*. Pamplona: Eunsa, 2000.
BANKOWSKI, Zenon. *Living lawfully. Love in law and law in love*. Dordrecht: Kluwer, 2001.
BARZOTTO, Luis Fernando. *A democracia na constituição*. São Leopoldo: Unisinos, 2003.
——. "Justiça social. Gênese, estrutura e aplicação de um conceito" in *Direito e Justiça*. Porto Alegre: Edipucrs, 2003, n. 28.
BEUCHOT, Maurício. *Derechos Humanos*. México: Fontanamara, 1999.
BOBBIO, Norberto. *Igualdade e liberdade*. Rio de Janeiro: Ediouro, 2002.
——. *A era dos direitos*. Rio de Janeiro: Campus, 1992.
DUMONT, Louis. *O individualismo. Uma perspectiva antropológica da ideologia moderna*. Rio de Janeiro: Rocco, 1985.
FERRAZ JR, Tércio Sampaio. *Introdução ao estudo do direito*. São Paulo: Atlas, 1994.
FINNIS, John. *Ley natural y derechos naturales*. Buenos Aires: Abeledo-Perrot, 2000.
——. *Aquinas*. Oxford: Oxford University Press, 1998.
HABERMAS, Jürgen. *Teoria de la acción comunicativa*, v.1. Madri: Taurus, 1998.
HOBBES, Thomas. *Leviatã*. São Paulo: Abril, 1983.
HONNETH, Axel. *Luta por reconhecimento*. São Paulo: Editora 34, 2003.
KELSEN, Hans. *Teoria pura do direito*. São Paulo: Martins Fontes, 1987.
KÜNG, Hans. *Uma ética global para a política e a economia mundiais*. Petrópolis: Vozes, 1999.
KONINGS, Johan. "Raízes bíblicas do humanismo social cristão" in OSOWSKI, Cecília (org). *Teologia e humanismo social cristão*. São Leopoldo: Unisinos, 2000.
MACINTYRE, Alasdair. *Depois da virtude*. Bauru: Edusc, 2003.
——. *Tres versiones rivales de la ética*. Madri: Rialp, 1992.
MARITAIN, Jacques. *A lei natural e os direitos do homem*. Rio de Janeiro: Agir, 1967.
MARX, Karl. "A questão judaica" in MARX, K. *Manuscritos econômico-filosóficos*. Lisboa: Edições 70, 1993.
MASSINI, Carlos-Ignacio. *Filosofia del derecho*. Buenos Aires: Abeledo-Perrot, 1994.

---

110 Francisco de VITÓRIA, *Sobre os índios*, p. 133. Para a estruturação da fórmula de Vitória, antitética à do poeta latino Plauto, tornada célebre por Hobbes, ver Carl SCHMITT, *Il nomos della terra*, p. 109.

———. *Los derechos humanos en el pensamiento actual.* Buenos Aires: Abeledo-Perrot, 1994.
NIETZCHE, Friedrich. *Assim falava Zaratustra.* Lisboa: Guimarães Editora, 2000.
RASSAM, Joseph. *Tomás de Aquino.* Lisboa: Edições 70, 1988.
SARLET, Ingo. *Dignidade da pessoa humana e direitos fundamentais.* Porto Alegre: Livraria do Advogado, 2004.
SCHMITT, Carl. *Il nomos della terra.* Milão: Adelphi, 1998.
———. "Os três tipos de pensamento jurídico" in MACEDO JR, Ronaldo Porto. *Carl Schmitt e a fundamentação do direito.* São Paulo: Max Limonad: 2001.
TAYLOR, Charles. "A política do reconhecimento" in TAYLOR, C. *Argumentos filosóficos.* São Paulo: Loyola, 2000.
TOCQUEVILLE, Alexis de. *A democracia na América.* São Paulo: Edusp/Itatiaia, 1987.
UNGER, Roberto Mangabeira. *O direito na sociedade moderna.* Rio de Janeiro: Civilização Brasileira, 1979.
———. *O direito e o futuro da democracia.* São Paulo: Boitempo, 2004.
VAZ, Henrique Cláudio. "Pessoa e sociedade no ensinamento de João XXIII" in VAZ, H. C. *Escritos de filosofia II.* São Paulo: Loyola, 2002.
VILLEY, Michel. *La pensée juridique moderne.* Paris, 1975.
———. *Philosophie du droit.* Paris: Dalloz, 2001.
———. *Questions de Saint Thomas sur le droit et la politique.* Paris: PUF, 1987.
VITÓRIA, Francisco. *La justicia.* Madri: Tecnos, 2001.
———. *Sobre los indios.* Madri: Tecnos, 1998.
———. *Sobre el poder civil.* Madri: Tecnos, 1998.
WEBER, Max. "Excurso: teoria de los estadios y direcciones del rechazo religioso del mundo" in WEBER, M. *Ensayos sobre sociologia de la religión,* vol I. Madri: Taurus, 1992.
———. *Economia y sociedad.* México: Fondo de cultura económica, 1992.

— X —

Ações afirmativas no Direito Constitucional brasileiro: reflexões a partir de debate constitucional estadunidense

ROGER RAUPP RIOS

Juiz Federal, Mestre e Doutor em Direito/UFRGS,
visiting scholar na University of Texas - Austin e Columbia University - NYC.
Professor de Direitos Fundamentais na ESMAFE/RS e na AJURIS.
Pesquisador Associado ao NUPACS/UFRGS.

Sumário: 1. Introdução; 2. Conceito de ação afirmativa; 3. O debate acerca das ações afirmativas; 3.1. Argumentos favoráveis às ações afirmativas; 3.2. Objeções às ações afirmativas; 4. Ações afirmativas no direito brasileiro; 4.1. Abertura constitucional para as ações afirmativas; 4.2. O princípio da igualdade e as ações afirmativas; 5. Conclusão.

1. Introdução

Dentre os intrincados temas que desafiam a compreensão do princípio da igualdade, um dos mais polêmicos é o das ações afirmativas. Na literatura jurídica comparada, especialmente estadunidense, com efeito, há um sem-número de livros e artigos debatendo o tema, muitos dos quais as defendendo ardorosamente, enquanto outros a condenam. Do mesmo modo, não há consenso em outras áreas: seja qual for a perspectiva adotada – história, ciência política, sociologia, estatística, antropologia, psicologia – encontrar-se-á divisão e disputa científica e ideológica.

No direito brasileiro, o tema vem adquirindo uma significação marcante. Esta não decorre somente da tomada de posição oficial em favor de ações afirmativas[1] ou da controvérsia jurídica desencadeada pela reserva

---
[1] Ver, por exemplo, o texto, em suas duas edições, do Programa Nacional de Direitos Humanos; ver domínio do Ministério da Educação: http://portal.mec.gov.br/secad/index.php?option=content &task= view&id=97&Itemid=228, disponível em 14/02/2005.

de vagas no vestibular de diversas universidades públicas (por exemplo, Universidade Estadual do Rio de Janeiro, Universidade de Brasília, Universidade Federal do Paraná e Universidade do Estado da Bahia).[2] Mais do que reagir a uma polêmica, trata-se da necessidade de aprofundar a compreensão da eficácia jurídica do princípio da igualdade, cuja previsão constitucional abre-se para uma série de tratamentos positivos diferenciados[3] e se desdobra em vários tratados internacionais incorporados ao ordenamento nacional[4] e leis ordinárias.[5]

Neste contexto, o estudo comparativo das ações afirmativas no direito brasileiro e no direito norte-americano revela-se muito útil.[6] Em primeiro lugar, porque foi nos Estados Unidos que tais medidas se firmaram e ganharam projeção mundial, alavancando o debate internacional sobre o tema. Em segundo lugar, pela troca de experiências e inspiração muitas vezes recebidas pelos movimentos sociais brasileiros das lutas dos movimentos norte-americanos, sendo de se destacar, neste ponto, o movimento negro.[7] Em terceiro lugar, pelo acúmulo de discussão verificado naquele país neste tópico, cujo conteúdo, seja por adequação, seja por contraste, pode auxiliar grandemente para o amadurecimento da discussão jurídica nacional.

Do ponto de vista especificamente jurídico e, mais ainda, de uma dogmática do direito constitucional, ações afirmativas dão ensejo a uma série de precedentes da Suprema Corte dos Estados Unidos e dos respectivos comentários doutrinários. As características marcantes nesta trajetória são a indefinição de abordagens, a variedade das questões examinadas e a profunda divisão no interior do tribunal.

Considerando isto e o propósito deste artigo, apresentarei o tema fazendo referências à experiência jurídica estadunidense.[8] A seguir, destaca-

---

[2] Sobre esta experiência em particular, ver Wilson Roberto de Mattos, "Ação Afirmativa na Universidade do Estado da Bahia: razões e desafios de uma experiência pioneira", in *Educação e ações afirmativas: entre a injustiça simbólica e a injustiça econômica*, org. Petronilha Gonçalves e Silva e Valter Roberto Silvério, Brasília: Instituto Nacional de Estudos e Pesquisas Educacionais Anísio Teixeira, 2003.

[3] Ver, por exemplo, a previsão de adequação das condições de estabelecimentos de ensino a portadores de deficiência física, Leis nº 7.853/1989 e nº 9.394/1996.

[4] Ver, por exemplo, as Convenções Internacionais para a Eliminação de todas as formas de discriminação racial e de gênero, abaixo citadas.

[5] Além da legislação citada na nota 3, ver, por exemplo, Lei nº 9.504/1997, que estabelece cotas em matéria eleitoral, visando a incrementar a participação feminina.

[6] Este trabalho se resume a uma reflexão sobre o tema a partir do debate e da experiência jurídica estadunidense, o que não significa ignorar a existência de experiências em outros países. Para um exame da adoção de medidas afirmativas em um contexto cultural completamente diferente, ver Marc Galanter, *Competing equalities – law and the backward classes in Índia*, Los Angeles: University of California Press, 1984.

[7] Neste sentido, Abdias do Nascimento e Elisa Larkin Nascimento, "Reflexões sobre o movimento negro no Brasil, 1938-1997", *Tirando a Máscara – ensaios sobre o racismo no Brasil*, org. Antônio Sérgio Alfredo Guimarães e Lynn Huntley, São Paulo: Paz e Terra, 2000, p. 203.

[8] Para uma abordagem histórica compreensiva da *affirmative action* nos Estados Unidos, ver John David Skrentny, *The ironies of affirmative action: politics, culture and justice in America*, Chicago: University of Chicago Press, 1995.

rei os principais aspectos deste debate, tendo presente sua relevância nos Estados Unidos e a utilidade de sua consideração para o desenvolvimento do princípio da igualdade no Brasil.

Antes de iniciar este exame, no entanto, é preciso fornecer um conceito do que são ações afirmativas.

2. Conceito de ação afirmativa

O primeiro desafio para o estudo das ações afirmativas é precisamente sua definição. Tratando-se de um tema envolto em tanta controvérsia, muitos termos e expressões têm sido a ela associados, carregados de conotações políticas e controvérsias.[9]

Com efeito, à expressão "ação afirmativa" são associadas, de modo geral, as idéias de cotas, objetivos, tratamentos preferenciais, discriminação inversa e discriminação benigna.[10]

Ao termo "discriminação inversa", assim como "discriminação invertida", costuma-se associar uma conotação negativa. Assim como a "discriminação de primeira ordem" significa prejudicar negros, a idéia subjacente à discriminação inversa é a mesma: prejudicar brancos. A conotação negativa, portanto, decorre da presunção de inadmissibilidade que acompanha o termo *discriminação*. Neste sentido, a expressão "discriminação benigna" padeceria do mesmo mal.

Também carregando um sentido negativo, associa-se às ações afirmativas a imposição de cotas ou de objetivos, tomados como inflexíveis. O sentido negativo decorre não só da rejeição desta modalidade de ação afirmativa pela Suprema Corte dos EUA, como também pela idéia de que elas seriam insensíveis às realidades individuais de cada sujeito na alocação de benefícios. Mesmo que admitida a rejeição de políticas de cotas fixas e invariáveis (há várias modalidades destas políticas de cotas, cujas variantes podem suplantar tais objeções), identificar ação afirmativa com a imposição de cotas configura uma simplificação incorreta da realidade.

A expressão "tratamentos preferenciais", por sua vez, é utilizada por muitos adeptos das políticas de ação afirmativa, por não se associar diretamente a nenhuma das conotações pejorativas presentes nas discriminações inversa e benigna ou nas cotas. Todavia, ela ainda deixa em aberto a questão da justiça da preferência empregada: evidentemente, há preferências justas e injustas. Dizer que alguém foi beneficiado com um emprego pelo fato de ser negro é algo, à primeira vista, indesejável, bastante diferente de apontar

---

[9] Ver Paul Brest, Sanford Levinson, J. M. Balkin e Akhil Reed Amar, *Processes of Constitutional decisionmaking*, 4ª ed., Gaithersburg: Aspen, 2000, p. 899.
[10] Ver Michel Rosenfeld, *Affirmative Action and Justice*, New Haven: Yale University Press, 1991, p. 42-51.

que tal decisão se vincula, por exemplo, a um critério de desempate que visa a combater as conseqüências do racismo.

Outro aspecto importante, que demarca os limites da expressão "tratamentos preferenciais" e indica um conteúdo pejorativo em sua formulação é a contradição da idéia de preferência com os imperativos de abstração e universalidade que informam o ideal de igualdade de todos, independente de raça ou cor, por exemplo. De fato, as ações afirmativas, examinadas pelo o prisma do fenômeno da discriminação institucional e das respostas jurídicas às modalidades indiretas de discriminação, não são tratamentos preferenciais, mas medidas profiláticas diante da desvantagem experimentada por certos grupos, decorrentes do racismo e de outras formas correlatas de preconceito.[11]

Tendo presente estes significados, adoto como terminologia mais adequada a conhecida expressão "ação afirmativa". A compreensão de seu conceito e sua extensão deve atentar para a evolução histórica de tais medidas. As ações afirmativas foram iniciadas e desenvolvidas a partir do combate à discriminação racial. Seu conceito, por conseguinte, nasce vinculado à superação do racismo, especialmente na sua modalidade institucional. Com o passar do tempo, foram incluídos outros grupos étnicos, bem como a discriminação nas relações de gênero.

Menciono esta evolução para melhor enunciar o conceito de ação afirmativa, inicialmente entendido como conjunto de medidas, conscientes do ponto de vista racial, visando a beneficiar minorias raciais em situação de desvantagem social, decorrente de discriminação disseminada nas esferas social e estatal.[12] Consoante a evolução referida, observou-se uma extensão do conceito. Ação afirmativa, então, passou a ser conceituada como o uso deliberado de critérios raciais, étnicos ou sexuais com o propósito específico de beneficiar um grupo em situação de desvantagem prévia ou de exclusão, em virtude de sua respectiva condição racial, étnica ou sexual.[13]

3. O debate acerca das ações afirmativas

Examino, nesta seção, os argumentos recorrentes a favor e contra as ações afirmativas no direito norte-americano, objetivando contribuir para o debate jurídico em nosso país, uma vez que muitos destes são invocados, de modo freqüente, no cenário nacional.

---

[11] Ver Luke Charles Harris e Uma Narayan, "Affirmative action as equalizing opportunity: challenging the myth of preferential treatment", *National Black Law Journal*, 1999-2000, p. 271.
[12] Ver Girardeau A. Spann, *The Law of Affirmative Action*, New York: New York University Press, 2000, p. 3.
[13] Ver Sandra Fredman, *Discrimination Law*, Oxford: Oxford University Press, 2002, p. 126.

3.1. Argumentos favoráveis às ações afirmativas

Cinco argumentos são veiculados como justificação das ações afirmativas na jurisprudência da Suprema Corte: (a) o combate aos efeitos presentes da discriminação passada, (b) a promoção da diversidade, (c) a natureza compensatória ou reparatória das ações afirmativas, (d) a criação de modelos positivos para os estudantes e as populações minoritárias e (e) a provisão de melhores serviços às comunidades minoritárias.

O combate aos efeitos presentes da discriminação passada pode tomar várias formas. Algumas delas são largamente aceitas, inclusive pelas vertentes mais conservadoras da jurisprudência: por exemplo, a obrigação de contratar alguém que fora excluído do processo seletivo por preconceito racial.[14] Outras são mais controversas, como a adoção de medidas favoráveis a grupos comprovadamente sujeitos à discriminação, ainda que não sejam identificadas individualmente vítimas diretas.[15]

Em face deste argumento, a controvérsia mais intensa na Suprema Corte acerca é a causa suficiente para sua justificação: basta invocar a existência de discriminação social disseminada[16] para a adoção das ações afirmativas ou é necessária a demonstração de que o intstituidor da medida foi responsável diretamente por discriminação no passado e, além disso, de que somente as vítimas imediatas serão beneficiadas?

Dada a atual composição da Suprema Corte, a tendência é para uma adoção restritiva desta justificação das ações afirmativas. Esta abordagem, todavia, incorre num limite incontornável: como mensurar a "quantidade de culpa" suficiente justificadora de um programa de ações afirmativas em um nível mais ou menos intenso, dada a realidade histórica da discriminação, seus efeitos difusos e incontestáveis?[17] De fato, se, por um lado, a diretriz restritiva fornece uma justificativa mais direta e imediata, ela, ao mesmo tempo, impede quaisquer medidas mais eficazes no combate à discriminação.[18]

---

[14] Ver, por exemplo, o voto do Juiz Scalia, no caso *City of Richmon v. J. A. Croson* (1989).

[15] Ver *United States v. Paradise* (1987), em que o tribunal referendou ordem judicial para que o Departamento de Segurança Pública do Estado do Alabama contratasse ou promovesse um empregado negro, sempre que um branco fosse contratado ou promovido, dado o histórico de discriminação intencional daquela instituição.

[16] Por discriminação social disseminada se entende "a conexão entre a discriminação passada e a situação inegável de desvantagem no presente, realidade frequentemente impossível de comprovação direta e imediata em casos concretos, em virtude dos efeitos diversos que a discriminação passada ao longo da sociedade de um modo difuso e indiferenciado" (ver Girardeau Spann, "Affirmative Action and Discrimination", *Howard Law Review*, 1995, p. 39).

[17] Ver Kathleen Sullivan, "Sins of discrimination: last term's affirmative action cases", *Harvard Law Review*, nov., 1986, p. 78.

[18] Ver Shawn Pompian, "Expectations of discrimination as a justification for affirmative action", *Virginia Journal of Social Policy and the Law*, primavera, 2001, p. 517.

A *promoção da diversidade* é a justificativa mais aceita na jurisprudência da Suprema Corte diante das ações afirmativas. O importantíssimo caso *Bakke*,[19] bem como o caso *Metro Broadcasting*,[20] adotaram como razão de decidir o fato de que um sistema meramente *colorblind* não é capaz de produzir diversidade de modo satisfatório, associando tal circunstância a objetivos constitucionalmente legítimos e relevantes, tais como as finalidades da Primeira Emenda ou a melhoria e o enriquecimento do sistema educacional.[21]

A diversidade como justificativa para as ações afirmativas é contestada, ao argumento de que o pertencimento a uma minoria racial, por si só, não implica necessariamente a contribuição do respectivo ponto de vista diverso do grupo dominante.[22] Esta objeção, todavia, acabou não vingando na Suprema Corte, além de contar com forte crítica: a experiência da discriminação, por si só, independente da teorização sobre a discriminação, traz à tona dados novos importantes para o desenvolvimento do indivíduo e da comunidade.[23]

A *natureza compensatória ou reparatória*[24] das ações afirmativas é outra justificativa recorrente. As medidas racialmente conscientes seriam modos de remediar, hoje, os prejuízos decorrentes dos erros e dos prejuízos do passado, voltados contra certos grupos ou seus ancestrais.[25] A escravidão, os regimes jurídicos e as práticas sociais discriminatórias de então seriam o fundamento para a compensação atual.[26] Assim colocada a discussão, as ações afirmativas seriam medidas compensatórias com relação ao passado, dado que, todavia, não se afastam argumentos de justiça distributiva na atualidade, dada a persistência, no presente, de antigas e de novas formas de discriminação e de prejuízo raciais.[27]

---

[19] *Regents of the University of California v. Bakke*, 1978.

[20] *Metro Broadcasting v. FCC*, 1990.

[21] Ver Tanya Murphy, "An argument for diversity based affirmative action in higher education", *Annual Survey of American Law*, 1995, p. 515.

[22] Ver John Gregory, "Diversity is a value in American higher education, but it is not a legal justification for affirmative action", *Florida Law Review*, dez., 2000, p. 930.

[23] Ver Deborah L. Rhode, "Feminist Critical Theories", *Stanford Law Review*, 1990, p. 622; Anthony Kronman, "Is diversity a value in American higher education", *Florida Law Review*, 2000, p. 883.

[24] Utilizo, neste trabalho, os termos compensatório e reparatório sem distingui-los. Todavia, é preciso registrar que a idéia de reparação é muitas vezes veiculada num contexto distinto. Há extensa bibliografia jurídica estadunidense discutindo a legitimidade de reparações diretas, muitas vezes envolvendo benefícios monetários, para membros de grupos vítimas do racismo e de discriminação passada, como no caso da população negra ou indígena.

[25] Ver Troy Duster, "Individual Fairness, Group Preferences, and the California Strategy", in Robert Post e Michael Rogin, *Race and Representation: Affirmative Action*, New York: Zone Books, 1988, p. 111.

[26] Ver Howard McGary, Jr., "Justice and reparations", *Philosophical Forum*, nº 9, 1977, p. 250.

[27] Neste sentido, Ronald Fiscus, *The Constitutional logic of affirmative action*, Durham: Duke University Press, 1992, p. 8. Ver também Gertrude Ezorsky, *Racism and Justice: the Case for Affirmative Action*, Ithaca: Cornell University Press, 1991.

As críticas ao argumento compensatório concentram-se no risco de benefício a indivíduos que não foram vítimas de discriminação, da imposição de encargos a indivíduos que não se envolveram em práticas discriminatórias e na insuperável dificuldade de determinar-se o modo de compensação devido a cada indivíduo discriminado.[28] A análise destes argumentos será examinada ao longo desta seção, especialmente quando trato das "vítimas inocentes das ações afirmativas" e da necessidade das ações afirmativas em virtude da discriminação presente, abaixo.

A *criação de modelos positivos* também é uma justificativa invocada para os programas de ações afirmativas. Argumenta-se que a presença de pessoas negras em posições de magistério ou no exercício de profissões altamente qualificadas contribui positivamente para as respectivas comunidades, uma vez que estas passam a contar e conviver com exemplos positivos e estímulos para seu desenvolvimento.[29] Este argumento, dado o ponto de vista restritivo da Suprema Corte, é criticado pelo fato de não guardar relação com a correção da discriminação passada e o benefício direto somente às vítimas imediatas.

Todavia, tal justificativa ganha força se for adotada uma perspectiva mais ampla, admitindo a legitimidade das ações afirmativas como combate à discriminação social, difusa e institucional. De fato, a associação recorrente entre certas profissões e uma determinada raça, perceptível na linguagem cotidiana e influenciadora dos processos cognitivos, mostra como a proibição das ações afirmativas torna ainda mais difícil a superação do racismo.[30]

Por fim, outra justificativa veiculada no debate jurisprudencial é a *provisão de serviços para as comunidades discriminadas*. Sustenta-se que a formação de profissionais nas mais variadas e prestigiadas áreas (tais como medicina, direito, e engenharia) resultaria no incremento da prestação destes serviços às respectivas comunidades. A Suprema Corte também rejeitou esta argumento, aduzindo a sua não-comprovação e que melhores serviços a tais comunidades podem ser providos de modo mais direto, através, por exemplo, de incentivos a profissionais para ali trabalharem[31] (raciocínio que aponta para o requisito de que o desenho institucional das ações afirmativas seja concebido do modo menos intrusivo a outros

---

[28] Ver Barry Gross, "The case against reverse discrimination", in James Sterba, *Morality in Practice*, 4ª ed., Belmonte: Wadsworth, 1994, p. 255.

[29] Ver Kimberlè Crenshaw, "Towards a race-conscious pedagogy in legal education", *National Black Law Journal*, 1989, p. 11; Duncan Kennedy, "A cultural pluralist case for affirmative action in legal academia", *Duke Law Journal*, set., 1990, p. 716.

[30] Ver Andrew Koppelman, *Antidiscrimination Law & Social Equality*, New Haven: Yale University Press, 1996, p. 101).

[31] Ver Erwin Chemerinsky, *Constitutional Law – principles and policies*, New York: Aspen Law & Business, 1997, p. 593.

interesses).[32] Todavia, pesquisas têm demonstrado que a assertiva a respeito do efeito positivo da formação de profissionais na melhoria dos serviços prestados às comunidades minoritárias está correta.[33]

3.2. Objeções às ações afirmativas

Na discussão judicial acerca da constitucionalidade das ações afirmativas, três argumentos são apresentados, de forma recorrente, como suas objeções mais importantes. São eles: (1) a necessidade da observância do mérito e a conseqüente injustiça dos prejuízos à população branca; (2) a tensão entre um modelo de proteção individual ou grupal dos direitos e a gravidade de algumas modalidades de ação afirmativa – especialmente as cotas e (3) o caráter prejudicial à população negra destes programas, dado o reforço dos estigmas e preconceitos deles decorrentes.

As questões do mérito e dos danos causados às "vítimas inocentes" (assim costuma ser designada a situação de brancos preteridos em virtude de ações afirmativas) podem ser examinadas conjuntamente. Diz-se que programas conscientes do ponto de vista racial afastam-se de considerações imparciais e objetivas ligadas ao mérito dos envolvidos, causando, portanto, danos injustos a vítimas inocentes; as ações afirmativas, nesta medida, seriam violações da igualdade entendida como dever de igual tratamento de todos, sem depender de características pessoais imutáveis, tais como a raça (daí a pecha dos opositores das ações afirmativas como "discriminação inversa").

Diante desta questão, adeptos das ações afirmativas argumentam que a igualdade só será alcançada se, estrategicamente, o critério racial for considerado beneficamente[34] de modo temporário, até que se construam condições fáticas onde a superação da discriminação racial possa provocar a desconsideração da raça. Segundo Ronald Dworkin,[35] por exemplo, políticas racialmente conscientes são medidas temporárias visando à instaura-

---

[32] Trata-se da idéia da *less restrictive alternative*, relativa aos requisitos da adequação e da necessidade no direito brasileiro (correspondendo à expressão inglesa *narrow tailoring*). Ver, por exemplo, o julgamento em *Wygant v. Jackson Board of Education* (1986), em que o tribunal invalidou medida que protegia da demissão professores oriundos de minorias étnicas na mesma proporção dos alunos pertencentes a estas minorias. Segundo a decisão, a proporção adotada pelo programa não tinha nenhuma relação necessária com a necessidade de remediar os efeitos da discriminação passada.

[33] Ver J. C. Cantor, L. C. Baker e E. L. Miles, "Physician service to underserved: implications for affirmative action in medical education", *Inquiry*, n° 32, verão, 1996, p. 167; N. K. Bindman, "The role of black and Hispanic physicians in providing health care for underserved populations", *New England Journal of Medicine*, n° 334, maio, 1996, p. 1305.

[34] Ver, a respeito da chamada discriminação benigna, Laurence Tribe, *American Constitutional Law*, 2nd ed., Mineola: Foundation Press, 1988, p. 1521; John E. Nowak e Ronald D. Rotunda, *Constitutional Law*, St. Paul: West Publishing, 1995, p. 692; Gerald Gunther, *Constitutional Law*, 12ª ed., Westbury: Foundation Press, 1991, p. 757.

[35] Ver Ronald Dworkin, *Taking Rights Seriously*, Cambridge: Harvard University Press, 1977, p. 293-303.

ção de uma sociedade *color blind;* sem elas, dificilmente serão criadas condições para os indivíduos alcançarem sua emancipação individual.

Este contexto traz à tona a discussão sobre o lugar e a compreensão do *mérito* individual. Efetivamente, diz-se que as ações afirmativas desconsideram, de modo injusto, tal fator, por privilegiarem, por exemplo, a raça em detrimento de competência na seleção por um posto de trabalho. Defensores das ações afirmativas respondem com ponderações sobre a finalidade da instituição do critério meritório e seu modo de funcionamento. Não sendo caprichosa ou imoral a preocupação com a desigualdade racial, fruto das condições sociais e de injustiças passadas e presentes, sustentam que é admissível incluir o combate à discriminação e seus efeitos em conjunção com outros requisitos. Deste modo, a avaliação do mérito evitaria descontextualização histórica e, mais importante, os efeitos da dinâmica tantas vezes invisível e inconsciente da discriminação institucional. Méritos e desafios individuais, assim, seriam considerados no contexto maior da realidade concreta em que os indivíduos se inserem.

Nesta linha, a própria idéia de mérito tomaria consistência. Não se trata de um conceito abstrato e a-histórico, mas depende daquilo que cada sociedade considerar. Em certas circunstâncias, pode-se combinar critérios e se concluir que a escolha de um estudante negro para a Faculdade de Medicina é mais correta que a de um branco, decisão para a qual podem concorrer não só os diversos méritos revelados diante das barreiras enfrentadas por cada um ao longo de sua trajetória individual (tais como a pontuação em testes de conhecimentos, a capacidade de superação diante dos mais diversos desafios pessoais e a fortaleza em face de condições sociais adversas). Razões outras, como a presença das habilidades requeridas nos dois candidatos, a busca da diversidade, a atenção com as populações menos assistidas e o impacto social da escolha para a população minoritária podem ser decisivas para a definição do candidato mais apto para a vaga. Isto é especialmente sensível em sociedades onde a desigualdade racial apresenta-se profunda, disseminada e persistente, contexto em que se fragiliza até a possibilidade da comparação de mérito individual (entendido somente como pontuação em determinado teste de conhecimento) entre pessoas posicionadas em patamares tão díspares.[36] Ademais, estas ponderações são muito necessárias em sociedades onde estereótipos tendem a desvalorizar grupos raciais, numa atitude sistemática de desconfiança e desprezo diante de atributos e qualidades presentes em membros dos grupos subalternos.[37]

---

[36] Ver Ronald Dworkin, *Taking Rights Seriously*, Cambridge: Harvard University Press, 1978, p. 223-239.

[37] Neste sentido, ver Laura Purdy, "In defense of hiring apparently less qualified woman", *Journal of Social Philosophy,* nº 15, 1984, p. 28; Michael Davis, "Race as merit", *Mind*, nº 92, 1983, p. 347; Richard Delgado, "Rodrigo's tenth chronicle: merit and affirmative action", *Georgetown Law Journal*, abril, 1995, p. 1711.

Ainda sobre as questões do mérito e do impacto das ações afirmativas sobre "vítimas inocentes", Ronald Fiscus desenvolve outra linha argumentativa.[38] Aduz que, por razões de justiça, deve-se considerar quais benefícios sociais seriam devidos a cada indivíduo se vivêssemos em uma sociedade livre de racismo. Em tais condições – refutadas as teorias racistas que associam o desempenho de indivíduos pertencentes a certos grupos à inferioridade *per se* –, a injustiça estrutural que beneficia a maioria branca não existiria e, via de conseqüência, os candidatos brancos menos qualificados não conquistariam os benefícios que lhes são propiciados, uma vez que estes postos acabariam sendo melhor distribuídos entre as diversas raças. Daí a conclusão de que levar a sério a igualdade conduz à postulação destas medidas afirmativas e revela que tais "vítimas inocentes" não são prejudicadas pelas ações afirmativas. Ao invés de "vítimas inocentes", são beneficiárias, inconscientes ou não, da injustiça estrutural que se pratica contra os grupos minoritários.[39]

Neste diapasão, não há vítimas inocentes com direitos violados, mas sim benefícios indevidos decorrentes do racismo. A questão correta, portanto, não é de desprezo do mérito da vítima inocente, mas sim de evitar privilégios indevidos decorrentes da histórica supremacia branca.[40] Trata-se de proteger o direito dos indivíduos negros a concorrerem aos benefícios sociais de modo eqüânime, livres na maior medida do possível da injustiça estrutural que decorre do racismo e de seus efeitos.[41]

Mérito e prejuízos a vítimas inocentes são idéias comumente relacionadas à compreensão da *igualdade como proibição de considerações raciais*. Com efeito, se a raça não fosse valorizada em ações afirmativas, "naturalmente" os melhores seriam escolhidos, independente da raça, não se cogitando, portanto, de danos a inocentes pertencentes a grupos majoritários. Ronald Fiscus, na linha do exposto no parágrafo anterior, refuta as bases desta associação, na medida em que na raiz de tal percepção está a desatenção às distorções produzidas pelo privilégio racial desfrutado pela população branca.[42]

R. Dworkin equaciona diferentemente as ações afirmativas e a proibição de considerações raciais que decorreria do princípio da igualdade. Além de sustentar que tais medidas consubstanciam políticas do interesse da comunidade como um todo, aduz que não há especial proteção constitucional

---

[38] Ver Ronald Fiscus, ob. cit., p. 15-50.
[39] Ver Cheryl Harris, "Whiteness as property", *Harvard Law Review*, junho, 1993, p. 1766.
[40] Nesta linha, manifestaram-se os 4 juízes que votaram pela manutenção da medida afirmativa no citado caso *Bakke*.
[41] No raciocínio do autor, estas premissas serão decisivas para a análise da propriedade da instituição de cotas como modalidades de ações afirmativas, elemento que será examinado abaixo.
[42] R. Fiscus, Ob. cit., p. 38.

para preferências instituídas pela maioria em favor de minorias, em caráter benigno.

Como visto, mérito e prejuízos a vítimas inocentes são argumentos que se conectam à preocupação com considerações raciais em face da *equal protection clause*. Tal preocupação, a seu turno, conduz ao exame da segunda objeção recorrente às ações afirmativas, qual seja, *a tensão entre a proteção individual ou grupal dos direitos dos envolvidos nestes programas*.

Com efeito, partidários e opositores das ações afirmativas podem ser agrupados, a grosso modo, em dois modelos de justiça: o modelo individual e o modelo grupal.[43]

O modelo individual, fundado na consideração abstrata dos seres humanos ao mesmo respeito e preocupação, refuta a utilização de classificações raciais para qualquer finalidade, salientando os valores da autonomia e do mérito individuais. Em seu horizonte, são admissíveis somente compensações a vítimas individuais de discriminação imediata, por parte dos discriminadores e somente destes.[44]

O modelo grupal, por sua vez, enfatiza a situação de desvantagem histórica da população negra e preocupa-se com a discriminação indireta, institucional, sofrida pelos indivíduos pertencentes às populações minoritárias. Ele salienta que apenas remédios repressivos contra atos de discriminação intencional não são capazes de solucionar o problema.[45] Em sua versão mais branda, o modelo grupal preocupa-se com os indivíduos como sujeitos de direito enquanto referidos aos grupos com que se identifica; já a versão mais forte do modelo grupal vê nos grupos uma entidade autônoma e independente dos indivíduos, mais do que uma mera abstração utilizada para viabilizar proteção a certos indivíduos diante de atos concretos de discriminação.[46]

As críticas ao modelo individual enfatizam sua miopia ao focalizar apenas atos isolados de discriminação individual e desconsiderar a dinâmica mais abrangente e difusa do fenômeno discriminatório, especialmente em sua dimensão institucional. Já as críticas ao modelo grupal salientam os riscos oriundos de admitir-se considerações raciais mesmo em casos limitados, fragilizando-se o conteúdo da *equal protection clause*, bem como a

---

[43] Ver Richard H. Fallon, Jr. e Paul C. Weiler, "Firefighters v. Sttots: conflicting models of racial justice", in *Anti-Discrimination Law*, ed., Christopher McCrudden, New York: New York University Press, 1991, p. 141-196.

[44] Neste sentido, por exemplo, a decisão no citado caso *Cronson*.

[45] Neste sentido, por exemplo, a decisão no caso *United Steelworkers of América v. Weber* (1979).

[46] Para uma panorama amplo da discussão sobre os direitos de grupos, ver Ian Shapiro e Will Kymlicka, *Ethnicity and Group Rights* (New York: New York University Press, 1997); para uma introdução ao debate, no seio do liberalismo, sobre a tensão entre direitos dos indivíduos e direitos dos grupos, Brian Barry, *Culture and Equality*, Cambridge: Harvard University Press, 2001.

possibilidade efetiva de tratamentos injustos em detrimento de indivíduos pertencentes a grupos majoritários.

Tendo examinado as críticas ao modelo individual logo acima (quando tratei das respostas aos argumentos do mérito e das vítimas inocentes), detenho-me agora na objeção fundamental ao modelo grupal: oportunidades empregatícias e educacionais, por exemplo, devem estar abertas a todos, na medida de seus talentos, sem preferências raciais. Ações afirmativas nestas áreas são, portanto, injustas.[47] Com efeito, segundo Michael Walzer, a introdução de preferências raciais nestes espaços implicaria uma distribuição errônea de um benefício cujo desfrute se destina aos mais talentosos, e não aos membros de uma ou de outra raça.

Sem esquecer das condições fáticas de desigualdade entre os membros das diferentes raças, acima salientada, Andrew Koppelman responde a este argumento apontando como premissas racistas parecem informá-lo, retirando-lhe seu poder de convencimento. Estas podem ser inferidas do seguinte: (1) da aceitação disseminada de outras preferências, igualmente subversivas da seleção dos mais talentosos (caso de veteranos de guerra, por exemplo), (2) da convicção disseminada, ainda que implícita ou inconsciente entre os brancos privilegiados, de que a disputa pelos espaços deve desconsiderar as condições desiguais vividas pelos negros e pelos pobres em geral e (3) da presença de estereótipos racistas, retratando os negros como preguiçosos e incompetentes que se beneficiam destes programas. Tais fatores, considerados em conjunto, indicam a existência, ao lado da legítima preocupação com a igualdade racial, de motivações ilegítimas vinculadas à idéia de superioridade racial. Este conflito, em última instância, mostraria como o ideal de igualdade de oportunidades sem considerações raciais não é tão "abstrato e inocente" em face da realidade de subordinação racial que vivemos.[48]

Diante dos limites dos dois modelos e da ambivalência das decisões da Suprema Corte, Richard Fallon e Paul Weiler propõem um terceiro modelo, por eles denominado de "modelo de justiça social".[49] Esta alternativa pode ser sintetizada como uma rejeição simultânea dos atos discriminatórios autônomos voltados por indivíduos contra outros indivíduos e da discriminação sistemática difusa que legou à população negra uma condição de subordinação social. Ele abrange, portanto, tanto a repressão a atos individualizados quanto a adoção de medidas racialmente conscientes, voltadas para o combate da discriminação institucional.

---

[47] Ver, neste sentido, Michael Walzer, *Spheres of Justice: a defense of pluralism and equality*, New York: Basic Books, 1983, p. 152.
[48] Ver Andrew Koppelman, ob. cit., p. 34-37.
[49] Ver artigo acima citado, de R. Fallon, p. 158.

Neste contexto, tal modelo vale-se cumulativamente dos remédios contra a discriminação direta e contra a discriminação indireta, admitindo, quando necessário, que o ônus de certos programas atingisse setores mais privilegiados da sociedade. A pergunta que precisa ser respondida é até que ponto a imposição destes encargos é legítima. Para tanto, valho-me da análise das modalidades de ação afirmativa, especialmente das cotas, tarefa a que me dedico a seguir.

4. Ações afirmativas no direito brasileiro

O tema ações afirmativas tem merecido cada vez mais atenção na realidade brasileira. Especialmente a partir de 1988, com a redemocratização e a promulgação da Constituição vigente, tanto setores governamentais como movimentos sociais têm discutido a oportunidade, as modalidades e a admissibilidade constitucional de ações afirmativas.

No campo jurídico, o debate começa a se delinear com a publicação de algumas obras e artigos.[50] Como não poderia deixar de ser, a doutrina tem iniciado sua investigação acerca das ações afirmativas tomando por base o direito norte-americano. Nesta seara, um dos objetivos deste artigo é propiciar ao leitor interessado a contextualização deste tema no quadro maior do direito norte-americano, sem o que uma adequada compreensão das ações afirmativas fica comprometida.

Dada a diversidade entre o ordenamento jurídico brasileiro e o estadunidense, é necessário investigar, no direito brasileiro vigente, qual a fundamentação constitucional das ações afirmativas.

4.1. Abertura constitucional para as ações afirmativas

Tomando como ponto de partida o conceito de ações afirmativas como medidas que se utilizam de modo deliberado de critérios raciais, étnicos ou sexuais com o propósito específico de beneficiar um grupo em situação de desvantagem prévia ou de exclusão, em virtude de sua respectiva condição racial, étnica ou sexual, deve-se registrar, de início, que tais iniciativas não são desconhecidas no direito brasileiro.

Com efeito, diversamente do direito estadunidense, onde não há menção constitucional explícita a respeito desta possibilidade, o direito consti-

---

[50] Ver Joaquim B. Barbosa Gomes, *Ação afirmativa e princípio constitucional da igualdade*, Rio de Janeiro: Renovar, 2001; Fernanda Duarte Lopes Lucas da Silva, *Princípio constitucional da igualdade*, Rio de Janeiro: Lúmen Júris, 2001; Álvaro Ricardo de Souza Cruz, *O Direito à Diferença*, Belo Horizonte: Del Rey, 2003; Carmen Lúcia Antunes Rocha, "Ação Afirmativa: o conteúdo democrático do princípio da igualdade jurídica". *Revista Trimestral de Direito Público*, São Paulo, nº 15, 1996; Marco Aurélio M. F. Mello, "Ação Afirmativa: óptica constitucional." *Revista Trimestral de Direito Público*, São Paulo, nº 33.

tucional brasileiro as contempla. A proteção do mercado de trabalho da mulher, mediante incentivos especiais,[51] configura medida que se utiliza deliberadamente de critério sexual objetivando beneficiar um grupo que experimenta situação desvantajosa (basta considerar os níveis de desigualdade salarial entre homens e mulheres no exercício dos mesmos postos de trabalho ou os índices de escolaridade). Com relação aos deficientes físicos, a redação constitucional é ainda mais determinada: fala da reserva percentual de cargos e empregos públicos para pessoas portadoras de deficiência.[52]

Nesta linha, pode-se ainda vislumbrar a determinação constitucional de medidas conscientes do ponto de vista étnico e racial relacionadas com a proteção das manifestações de culturas indígenas e afro-brasileiras, de modo expresso, merecendo tais grupos, portanto, atenção especial em virtude de suas situações de desvantagem histórica.[53]

A preocupação, registrada no capítulo da Comunicação Social, com a veiculação das culturas regionais na produção e radiodifusão sonora e televisiva, também pode ser considerada, ainda que com alguma atenuação, modalidade de ação afirmativa voltada para a situação de desvantagem ou até mesmo exclusão relativa à origem regional.[54]

Além destes dispositivos constitucionais, deve-se registrar a previsão constitucional explícita de incorporação ao direito nacional dos tratados internacionais de direitos humanos.[55] Nestes, há expressa menção da legitimidade e da necessidade das ações afirmativas.

Reza, por exemplo, a Convenção sobre a Eliminação de todas as formas de Discriminação contra as Mulheres:

> A adoção pelos Estados signatários de medidas especiais provisórias visando a acelerar de fato a igualdade de homens e mulheres não será considerada discriminação tal como se encontra definida na presente Convenção, mas não implicará de forma alguma a manutenção de critérios desiguais ou distintos; essas medidas serão suspensas assim que os objetivos da igualdade de oportunidade e tratamento tenham sido alcançados.[56]

Precisamente no mesmo sentido, também dispõe a Convenção Internacional contra todas as formas de discriminação racial.

O legislador ordinário federal, visando à concretização destes dispositivos constitucionais, elaborou legislação protetiva de deficientes físicos e de mulheres na esfera partidária. São exemplos disto as Leis nº 7.853/1989, nº 9.394/1996 e nº 9.504/1997.

---

[51] Constituição Federal de 1988, art. 7º, XX.
[52] Constituição Federal de 1988, art. 37, VIII.
[53] Constituição Federal de 1988, art. 215, § 1º.
[54] Constituição Federal de 1988, art. 221, II.
[55] Constituição Federal de 1988, art. 5º, § 2º.
[56] Artigo 4º, item 1.

O Plano Nacional de Direitos Humanos, tanto na sua primeira, como na segunda versão, também é explícito ao abordar o tema ações afirmativas. Reproduzo seus termos:

> Adotar, no âmbito da União, e estimular a adoção, pelos Estados e Municípios, de medidas de caráter compensatório que visem à eliminação da discriminação racial e à promoção da igualdade de oportunidades, tais como: ampliação do acesso dos afrodescendentes às universidades públicas, aos cursos profissionalizantes, às áreas de tecnologia de ponta, aos cargos e empregos públicos, inclusive aos cargos em comissão, de forma proporcional à sua representação no conjunto da sociedade brasileira.[57]

Apresentado um quadro geral a respeito da abertura constitucional brasileira para as ações afirmativas, detenho-me no exame do princípio da igualdade.

4.2. O princípio da igualdade e as ações afirmativas

Assentada a admissibilidade constitucional explícita das ações afirmativas no Brasil, é mister realçar sua fundamentação no âmbito do princípio jurídico da igualdade.

O princípio da igualdade no direito constitucional brasileiro afirma, por meio de suas dimensões formal e material, a igualdade de direito. Vale dizer, institui um mandamento de igualdade de tratamento entre indivíduos e grupos, a não ser que haja razões suficientes para a instituição de um tratamento diferenciado. Ações afirmativas, todavia, não dizem respeito à instituição de tratamentos iguais ou diferenciados conforme o grau de desigualdade entre os indivíduos e grupos considerados. Elas objetivam o combate à discriminação através da instituição de medidas especiais, conscientes das realidades discriminatórias, em face de situações de desvantagem ou exclusão. Elas almejam alterar os efeitos das práticas discriminatórias, intencionais ou não-intencionais.

Neste sentido, as ações afirmativas objetivam, de um ponto de vista fático, novas condições de vida, mediante a transformação da realidade existente; dito de outro modo, elas reclamam a criação da igualdade fática. Tal atenção às condições fáticas muda a perspectiva da investigação sobre a dinâmica do princípio da igualdade. Transita-se da pergunta sobre a licitude dos tratamentos destinados a indivíduos e grupos para a preocupação com as conseqüências práticas das ações ou omissões estatais, bem como da manutenção ou alteração das condições sociais de discriminação e desvantagem que atingem certos indivíduos e grupos.

Esta preocupação, diga-se de passagem, não é limitada às ações afirmativas no direito brasileiro. A Constituição, em várias passagens, preocu-

---
[57] Plano Nacional de Direitos Humanos I, item 191.

pa-se com a construção de uma sociedade justa e solidária;[58] com a erradicação da pobreza e da marginalização, com a redução das desigualdades sociais e regionais;[59] com a promoção do bem de todos, sem preconceitos;[60] com a oferta dos direitos sociais da educação, saúde, trabalho, lazer, segurança, previdência social, proteção à maternidade e à infância, assistência aos desamparados;[61] com assegurar a todos existência digna, conforme os ditames da justiça social;[62] com a promoção do bem-estar e da justiça social.[63]

Assim consideradas, igualdade jurídica e igualdade fática entram em rota de colisão, implicando, nas palavras de R. Alexy, o "paradoxo da igualdade":[64] a promoção de novas condições, através da igualdade fática, ao exigir a instituição de tratamento diferenciado entre os pólos das relações entre desiguais, produz desigualdade jurídica. A questão racial serve mais uma vez de exemplo: a superação do racismo no mercado do trabalho pode exigir a alteração de condições fáticas mediante regimes diferenciados de admissão, seleção e demissão de empregados, configurando a colisão entre igualdade fática e igualdade jurídica.

Neste contexto, dentro da perspectiva da dogmática da igualdade jurídica, o mandamento de igualdade material (tratar aos iguais igualmente e aos desiguais desigualmente, na medida da desigualdade) conduz à promoção da igualdade fática. Isto porque, conforme a segunda parte da máxima da igualdade jurídica (a norma de tratamento desigual), "se há uma razão suficiente para ordenar um tratamento desigual, então está ordenado um tratamento desigual".[65] Deste direito a um tratamento jurídico desigual, portanto, decorre o direito à criação de igualdade fática.

O direito à criação de igualdade fática, aqui, aparece como um princípio jurídico, vale dizer, norma jurídica que reclama cumprimento na maior medida do possível, tanto fático como jurídico. Esta compreensão, como acentua o próprio R. Alexy, abre espaço para a consideração dos demais princípios e regras jurídicos incidentes em cada caso, como também dos limites da realidade socioeconômica verificada a cada momento histórico (a reserva do possível em direitos fundamentais sociais).

---

[58] Art. 3º, I.
[59] Art. 3º, III; art. 170, VII.
[60] Art. 3º, IV.
[61] Art. 6º.
[62] Art. 170, *caput*.
[63] Art. 193, *caput*.
[64] Ver Robert Alexy, *Teoria de los derechos fundamentales*, Madrid: Centro de Estudios Constitucionales, 1999, p. 404.
[65] Robert Alexy, op. Cit., p. 408.

Neste sentido, vale referir a posição de Marcelo Neves. Invocando a doutrina de Celso Antônio Bandeira de Mello, sustenta que a discriminação social negativa, implicando obstáculos reais ao exercício dos direitos, justifica a discriminação jurídica afirmativa em favor de negros e índios no Brasil. Neste contexto, fica satisfeita, portanto, a correlação lógica entre o fator de discrímen e a desequiparação, justificando a introdução de eventuais vantagens comparativas em favor destes grupos.[66]

As ações afirmativas podem ser compreendidas e fundamentadas neste contexto. Na dogmática constitucional do princípio da igualdade, um de seus conteúdos necessários é a criação da igualdade fática, sob pena de o mandamento de igualdade material ser completamente ignorado diante da realidade. Ações afirmativas são medidas possíveis e admissíveis constitucionalmente, visando à concretização do princípio da igualdade.

A possibilidade de conflito entre esta dimensão do princípio jurídico da igualdade e outros princípios, potencializada na hipótese de demandas de um direito à igualdade fática originário (como as liberdades negativas, a divisão de competências entre o Parlamento e o Judiciário, a democracia representativa), não implica a não-existência deste direito. Ela reclama, isto sim, a formulação de juízos de proporcionalidade, estabelecendo regras de precedência e os direitos subjetivos definitivos, caso a caso.

Importantíssimo salientar, neste passo, a manifestação do Supremo Tribunal Federal, pelo menos em duas oportunidades, sobre o tema. Numa delas, o tribunal, incidentalmente, pelo voto de dois Ministros, manifestou-se pela compatibilidade das ações afirmativas no direito constitucional brasileiro. Na outra, houve o exame direto e explícito da questão, ainda que tal hipótese não tenha ensejado maior polêmica ou despertado mais atenção. Nas duas, ainda que de modo sucinto, o tribunal enfrentou a relação entre a igualdade de direito e a exigência da promoção da igualdade de fato.

De fato, no mesmo julgado em que o Supremo Tribunal Federal, emprestando interpretação conforme à Constituição ao art. 14 da Emenda Constitucional nº 20/1998, afastou o risco de discriminação indireta contra mulheres no mercado de trabalho,[67] houve expressa menção da experiência constitucional norte-americana das ações afirmativas como conteúdo compatível e requerido pelo princípio da igualdade no direito constitucional brasileiro. O voto do Ministro Jobim referiu-se expressamente à legislação norte-americana que deu suporte às ações afirmativas na jurisprudência da Suprema Corte, assim como considerou a "discriminação positiva" consti-

---

[66] Ver Marcelo Neves, "Estado Democrático de Direito e discriminação positiva: um desafio para o Brasil", in *Multiculturalismo e racismo: uma comparação Brasil – Estados Unidos*. Org. Jessé Souza. Brasília: Paralelo 15, 1997, p. 262.
[67] Medida Cautelar na Ação Direta de Inconstitucionalidade nº 1.946 – DF, relator Ministro Sydney Sanches, DJU 14.09.2001.

tucionalmente legítima como instrumento para obter a igualdade real. Já o voto do Ministro Sepúlveda Pertence mencionou "...a lógica da ação afirmativa como forma de realizar normas e princípios constitucionais, de inspiração isonômica, ainda que programáticos".

O outro julgamento, citado, aliás, no voto do Ministro Pertence, deu-se na Medida Cautelar na Ação Direta de Inconstitucionalidade nº 1.276. Nela, tanto na apreciação da medida cautelar, como na da ação principal, o Supremo Tribunal, unanimemente, concluiu pela constitucionalidade de legislação estadual paulista que instituiu benefício fiscal àquelas empresas que dessem tratamento preferencial a maiores de 40 anos na composição de sua força de trabalho. Ficou expresso que o benefício diferenciado objetivou conferir tratamento preferencial aos trabalhadores mais velhos diante da realidade do mercado de trabalho, visando à transformação de uma situação de desigualdade social.[68] Importante registrar que, na medida cautelar, ficou expresso que o princípio da igualdade no direito brasileiro exige atenção para as desigualdades sociais e reclama sua compensação, de modo que elas não favoreçam também uma desigual proteção jurídica.[69]

Outro aspecto importante é a multiplicidade de teorias sobre a igualdade de fato, elegendo múltiplos e diversificados critérios, muitas vezes conflitantes. Como salientam os autores, critérios como renda, educação, influência política, capacidade de autodeterminação, desenvolvimento pessoal, reconhecimento social, possibilidades de acesso aos diversos bens sociais, auto-respeito e satisfação pessoal, uma vez eleitos, implicam diferentes medidas,[70] dentre as quais podem ou não se enquadrar as ações afirmativas. Elas consubstanciam políticas públicas de concretização do princípio da igualdade fática que, no amplo leque das questões de distribuição e reconhecimento, constituem objeto de disputa política na arena democrática. Deste modo, não se pode dizer que ações afirmativas são a única estratégia requerida pela Constituição para o combate da desigualdade (salvo naquelas hipóteses explicitamente designadas pela própria Constituição, como ocorre com a reserva de vagas para deficientes físicos); o que se pode afirmar é sua compatibilidade constitucional, radicada no princípio da igualdade.

A decisão sobre a adoção de ações afirmativas, portanto, inclui-se no leque de alternativas disponíveis ao legislador compatíveis com o princípio

---

[68] Ação Direta de Inconstitucionalidade nº 1.276-2/SP, voto da relatora, Ministra Ellen Northfleet, DJU 29.11.2002.

[69] Medida Cautelar na Ação Direta de Inconstitucionalidade nº 1.276-2/SP, relator Ministro Octávio Gallotti, DJU 15.12.1995.

[70] Ver R. Alexy, op. Cit., p. 411; Ronald Dworkin, *Sovereign Virtue: the theory and practice of Equality*, Cambridge: Harvard University Press, 2000, Parte I, capítulos 1 e 2; Eric Rakowski, *Equal Justice*, New York: Oxford University Press, 1991.

da igualdade, naquilo que este princípio exige a promoção da igualdade fática.

Do ponto de vista constitucional e diante da realidade da discriminação, a promoção da igualdade fática por meio de medidas diferenciadas (ações afirmativas, por exemplo) é, portanto, obrigatória e condicionada. Obrigatória, na medida em que o princípio da igualdade não se compadece com a perpetuação de desigualdades fáticas injustas; condicionada, na medida em que a instituição de tratamentos diferenciados a serviço da igualdade fática requer a demonstração de razões suficientes.[71]

Se as ações afirmativas, entendidas como a utilização deliberada de critérios raciais, étnicos ou sexuais, com o propósito específico de beneficiar um grupo em situação de desvantagem prévia ou de exclusão, em virtude de sua respectiva condição racial, étnica ou sexual, são ou não adequadas e necessárias para a promoção da igualdade fática e da superação da discriminação na realidade nacional, eis aqui uma questão que refoge ao âmbito deste trabalho. Cuida-se, aqui, de examinar a compatibilidade e o fundamento constitucional de tais medidas.

Como dito, afora as hipóteses em que a Constituição mesma determina a adoção de ações afirmativas, elas são uma alternativa constitucional compatível à disposição do Parlamento, sempre que demonstradas razões suficientes para sua utilização. A consideração da presença ou não destas razões (históricas, políticas, sociológicas, econômicas e antropológicas, dentre outras) remete o interessado no tema ao debate em curso na sociedade brasileira e à produção científica a ele se dedica.

Um argumento a ser examinado contra a constitucionalidade das ações afirmativas no direito brasileiro é a violação da idéia de justiça social e de dignidade humana presentes na Constituição Federal de 1988. Analisando a polêmica sobre cotas raciais no ensino superior nacional, argumenta-se que tais políticas, "... baseadas na tese da justiça comutativa e da justiça distributiva, ambas voltadas à questão da igualdade, são inconstitucionais do ponto de vista da justiça social, na medida em que, a pretexto de estabelecer a igualdade, viola a dignidade dos envolvidos, seja por reduzi-los à condição de vítima (tese da justiça comutativa) ou à condição de meio (tese da justiça distributiva)".[72] Conforme o raciocínio agora ponderado, as ações afirmativas no ensino superior falham ao não observar a exigência de justiça social que é o mútuo reconhecimento entre todos os indivíduos no interior da comunidade, bem como ao utilizarem-se de beneficiados e prejudicados sem considerar o critério "capacidade" para o ingresso e a participação na vida acadêmica.

[71] Ver R. Alexy, op. cit., p. 412.
[72] Ver Luís Fernando Barzotto, *Justiça Social: gênese, estrutura e aplicação de um conceito*, disponível em www.planalto.gov.br/ccivil_3/revista/Rev48/Artigos/ART_LUIS.htm disponível em 13.01.2004.

Assentando, desde o início, que se trata de uma reflexão preocupada exclusivamente com o sistema de ingresso no ensino superior, deve-se atentar, como preliminar, que o fundamento decisivo para a admissão de critérios raciais na jurisprudência da Suprema Corte – tanto no caso *Bakke*, considerado no artigo discutido, quando no posterior caso *Grutter* (2003) – foi a liberdade da instituição de ensino superior para incluir, entre os critérios relevantes para a vida acadêmica, a diversidade racial entre os membros da comunidade universitária, não a diminuição, em si mesma, da consciência racial dentre os estadunidenses. Este dado, por si só, questiona o argumento de que o programa de seleção do caso *Bakke* violaria o princípio distributivo próprio ao ensino universitário. Isto porque não haveria, deste modo, instrumentalização dos candidatos, pois os critérios considerados não são estranhos para a consecução das finalidades da instituição universitária.

Também não compartilho da conclusão de que tais ações afirmativas violariam a dignidade da pessoa humana, entendida como conjunto de bens que seriam, por força constitucional, devidos a todos, em virtude de sua igualdade na dignidade. Se é verdade que vagas no ensino superior não se incluem dentre os bens devidos a todos, de modo universal, também o é que o não ser submetido a tratamento discriminatório, sem dúvida, faz parte dos bens constitucionais fundamentais, absolutamente necessários para a plena realização do ser humano no ordenamento constitucional brasileiro de 1988. Não ser discriminado faz parte inegável daquilo que é devido a cada ser humano em nossa sociedade. A exclusão da população negra do acesso ao ensino superior, fruto de discriminação, não de incapacidade ou de inferioridade, decorre de discriminação. O combate a esta discriminação é uma medida justa do ponto de vista das relações entre os indivíduos e a comunidade. Ele também é necessário para o respeito, o reconhecimento do outro na sua condição histórica real. Neste contexto, ações afirmativas, tendentes a combater a discriminação, direta ou indireta, são, em tese, admissíveis constitucionalmente, sem configurar ofensa à dignidade nem instituir privilégios.

Na mesma linha, não participo da idéia de que a população negra teve sua dignidade desrespeitada ao serem beneficiários desta política, por ser visualizada como vítima. Isto porque, efetivamente, os negros foram e são vítimas de discriminação racial na sociedade brasileira. Desprezar esta realidade é não reconhecer este dado concreto importantíssimo da realidade, onde tais pessoas vivenciam sua experiência no mundo, histórica e concretamente situado. Responder a esta realidade com respeito e atenção, salvo melhor juízo, é reconhecê-los como pessoas humanas. Este reconhecimento da concretude humana é tão necessário para o respeito à dignidade quanto evitar-se sentimentos paternalistas que conduzam à inferiorização do outro.

Por outro lado, a idéia de que indivíduos brancos foram desrespeitados para a consecução de objetivos extra-universitários também não procede. Além da consideração racial dentre os quesitos importantes para a diversidade da experiência acadêmica, vale recordar aqui o debate acerca do privilégio racial na discriminação indireta e de seu combate através de medidas conscientes do ponto de vista racial. Ao passo que pessoas negras foram e são sistematicamente prejudicadas no acesso ao ensino superior, dadas as condições sociais decorrentes da discriminação passada e presente, muitos brancos obtiveram vagas universitárias graças ao privilégio ligado à sua condição racial – circunstância que excluía e continua alijando da disputa pelas vagas um grande número de pessoas, privadas que foram e continuam a ser de condições de competir em virtude de pertencerem a grupos raciais que sofreram intensa exploração e exclusão e carregam até hoje, geração após geração, os efeitos deste passado discriminatório.

Por fim, a promoção do bem de todos, sem preconceitos e quaisquer formas de discriminação,[73] é um dever de todos, em termos de justiça social, cujos frutos e políticas a tanto destinadas são elementos constitucionalmente devidos a todos em virtude do respeito à dignidade humana de cada um, tudo resultando no fortalecimento do bem comum. De fato, toda a comunidade ganha com o combate à discriminação e seus efeitos – eis aqui o cultivo do bem comum.

Não se trata, aqui, de defender políticas de cotas ou quaisquer outros sistemas particulares de admissão que sejam conscientes do ponto de vista racial no ensino superior. A melhor estratégia para o combate da discriminação que se reproduz no ensino superior há de ser discutida e formulada mediante elementos vindos de diversas áreas do conhecimento, a serem objeto de discussão e deliberação política. Cuida-se, isso sim, de ponderar o argumento segundo o qual ações afirmativas seriam inconstitucionais por violarem os ditames da justiça social e a dignidade da pessoa humana.

5. Conclusão

O debate sobre a constitucionalidade das ações afirmativas reclama o aperfeiçoamento da compreensão do conteúdo jurídico do princípio da igualdade. Independente da convicção de cada um a respeito da adequação destas medidas para a construção da igualdade fática na sociedade brasileira, a introdução do tema entre nós tem a dupla vantagem de, a um só tempo, focalizar a atenção de todos na injustiça da desigualdade estrutural que caracteriza nosso país, bem como exigir dos juristas proposições que avancem, de fato, rumo à concretização do princípio da igualdade, visando à superação da desigualdade.

---

[73] Constituição Federal de 1988, art. 3º, IV.

O estudo do debate jurídico norte-americano auxilia, sem dúvida, o aprofundamento nacional acerca de tais medidas. Tal contribuição se revela ainda mais importante em face do texto constitucional de 1988, que é explicitamente aberto à adoção de ações afirmativas. Oxalá saibamos, juristas e operadores do direito brasileiro, trabalhar pela concretização da Constituição da República de 1988 naquilo que ela aponta de mais urgente e necessário para o progresso e a justiça de nosso país, que é a superação da injustiça cristalizada em desigualdade e discriminação.

— XI —

Regras da Corte Suprema Norte Americana sobre Ação Afirmativa[1]

MARK TUSHNET
Professor Carmack Watherhouse, de Direito Constitucional no
Centro Universitário de Direito, Georgetown

Tradução de **Martha Goya**[2]

Sumário: 1. O "Background"; 2. Os Programas Analisados; 3. As razões da Corte; 4. Implicações, 5. Observações Comparativas

Ação Afirmativa – décima quarta emenda e cláusula de proteção da igualdade – justiça distributiva e corretiva rejeitada como base para ação afirmativa – histórico dos casos de ação afirmativa – Decisões-diversidade da graduação e da escola de direito da Universidade de Michigan; "massa crítica" versus cota – considerações constitucionais comparativas.

Enfrentando a questão da ação afirmativa na educação de nível superior pela primeira vez em vinte e cinco anos, a Corte Suprema Americana, em junho de 2003, defendeu programas de ação afirmativa individualizadas e flexíveis, derrubando um programa mais rígido de cotas, conduzido por números.[3] As decisões são o ponto culminante de várias décadas de considerações judiciais sobre ação afirmativa em outros contextos, especialmente emprego e contratação governamental.

---
[1] Tradução resultante da discussão do texto no âmbito do núcleo de estudos "Constituição e Direitos Fundamentais (CNPQ) Coordenado pelo Prof. Dr. Ingo W. Sarlet; na PUC/RS.
[2] Professora, Advogada, Mestre em Teoria da Literatura e integrante do Grupo de Pesquisas "Constituição e Direitos Fundamentais" (PUCRS e CNPq)
[3] Grutter v. Bollinger. 123S. CT. 2325 (2003): Gratz v. Bollinger. 1235 S. CT. 2411 (2003).

1. O "Background"

A cláusula da proteção da igualdade da décima quarta emenda estruturou as decisões da Corte.[4] A cláusula de proteção da igualdade é uma cláusula de igualdade geral, estabelecendo que nenhum Estado pode negar a qualquer pessoa a proteção igual da lei. A Constituição Norte-Americana, diferentemente de outras, não contém autorização específica para as ações afirmativas, nem contém disposição que isente os programas de ação afirmativa da observância da cláusula geral da igualdade.

As primeiras decisões delinearam importantes aspectos para a aplicabilidade da doutrina constitucional.[5] Em um nível mais geral, a cláusula de proteção da igualdade permite ao governo diferenciar entre os beneficiários ou vítimas das suas ações quando essa classificação alcança os objetivos que estão no escopo da autoridade governamental, e quando este faz essas distinções com suficiente precisão. Quando o governo usa classificação racial, as metas que pode buscar limitam-se àquelas que são, nos termos da doutrina, convincentes. Além disso, distinção com base na raça deve ser particularmente um bom meio de fomentar esses interesses convincentes. A classificação racial deve "ajustar-se" aos objetivos muito bem, ou em termos da doutrina, um programa que usa classificação racial deve ser estritamente talhado para fomentar tais interesses.

Os proponentes das ações afirmativas argumentaram que a disposição geral da igualdade deve ser interpretada como barreira para alocar benefícios ou para a imposição de ônus somente quando o uso da categoria racial era "ofensivo", significando que os benefícios brotam das bases raciais para os brancos, historicamente, o grupo dominante, ou que o ônus é imposto por razões raciais aos grupos com histórica desvantagem. A Corte Suprema recusou, no entanto, a distinção entre permissibilidade e a não-permissibilidade do uso da categoria racial baseado no uso individual ou benigno, porque era amplamente cética sobre a habilidade da corte para detectar quando o uso da categoria racial era realmente um pensamento ofensivo defendido como benigno.[6]

Os programas de ação afirmativa originaram-se dos esforços para superar as desvantagens decorrentes de não ser branco nos Estados Unidos. A concepção original era a de que eles eram coerentes com entendimentos

---

[4] Constituição dos Estados Unidos, XIV Emenda.

[5] O comentário destina-se somente a formas de ação afirmativa que explicitamente usam categorias raciais como base para alocação de ou benefícios ou ônus. E considera somente de passagem (somente quando relevante para as questões legais levantadas por essas formas de ação afirmativa) outras formas que usam critérios relacionados a mas não idênticos ao racial como base para as alocações.

[6] Adarand Constructors. Inc. v. Peña. 515 U.S. 200(1995) (defendendo que o padrão para determinar se a ação afirmativa é permitida era o mesmo se a ação desafio era dita para onerar ou beneficiar minorias raciais).

particulares de justiça distributiva e corretiva. Primeiro, a discriminação contra afro-americanos nos últimos séculos tinha não justificadamente privado os membros desse grupo dos benefícios materiais como moradia e renda. Na ausência da discriminação do passado, no entendimento defendido, os afro-americanos teriam tido participação maior na riqueza da nação do que na realidade tiveram. Alguns economistas sugerem que a discriminação reduziu os incentivos para os afro-americanos adquirirem capital humano como educação e treinamento no trabalho, reduzindo, assim, a base econômica que poderiam construir para seus filhos e netos. As ações afirmativas distribuem riqueza hoje para os grupos a serem atendidos por esses programas de modo a ajustar as cotas distributivas de uma maneira que mais se aproximasse do que a justiça distributiva requer. Segundo, a justiça corretiva foi interpretada para exigir – ao menos permitir – ações afirmativas como resposta ao modelo histórico de discriminação, sem considerar os efeitos distributivos decorrentes dessa discriminação.

Nas últimas décadas, a Corte Suprema defendeu que buscar essa meta de justiça distributiva e corretiva não era um objetivo admissível da ação afirmativa. A ação afirmativa poderia ser usada como recurso para atos identificáveis de discriminação por corporações que adotavam programas de ações afirmativas, embora os beneficiários desses programas de ações afirmativas não fossem necessariamente aqueles que tenham, eles mesmos, sofrido esse atos de discriminação. Mas a Corte defendeu que a ação afirmativa não poderia ser usada para remediar o que chamou de discriminação "da sociedade", que são as práticas gerais de discriminação impregnadas na sociedade (talvez somente no passado, talvez persistindo) e que afetam adversamente as cotas distributivas defendidas pelos afro-americanos.

O primeiro caso de ação afirmativa que a Corte Suprema decidiu sobre o mérito envolveu um programa de admissão da escola de medicina um dos segmentos da Universidade da Califórnia.[7] S 312 (1974) A escola de medicina operava um programa de admissão com duas rotinas, reservando 16 vagas, em uma classe de 100 alunos, para minorias raciais. A maioria da Corte considerou o programa ilegal.[8] O juiz Lewis F. Powell Jr, redigiu o parecer jurídico.

O maior desafio à ação afirmativa foi o de que a Constituição proibia os governos de usar a classificação racial para qualquer que fosse o propó-

---

[7] A Corte tinha evitado decidir o mérito de um caso anterior de ação afirmativa em universidade recusando o desafio por considera-lo simulado, depois do demandante graduar-se pela escola de direito cujo programa ele desafiou. De Funis v. Odegaard. 416 U

[8] Conselho da Universidade da Califórnia v. Bakke. 438 U.S. 265(1978). Quatro juízes consideraram o programa conflitante com as exigências do estatuto federal contra a discriminação e que o mesmo não é endereçado a sua constitucionalidade. Quatro juízes teriam sustentado que o estatuto federal proíbe somente o que a constituição proíbe e teriam apoiado o programa.

sito.[9] O juiz Powell rejeitou o argumento. Ele concordou que a ação afirmativa não pode servir de justificativa como um meio de superar a discriminação social. Mas ele argumentou que as universidades podem usar ação afirmativa para alcançar os benefícios educacionais resultante de se ter um corpo de estudantes diversificado.

As décadas entre 1978 e o final do século viram uma crescente tensão entre a difundida prática universitária das ações afirmativas e as posições públicas a respeito dessas práticas. Em 1996, uma instância inferior de justiça federal defendeu que as universidades públicas não poderiam considerar a raça nas suas decisões de admissão.[10] Os julgadores argumentaram que a opinião do juiz Powell retratava somente o seu próprio ponto de vista, não o da maioria da Corte, de modo que uma instância inferior poderia rejeitar a sua posição sem "invalidar uma decisão dominante da Corte Suprema". Além disso, disse a Corte, as últimas decisões da Corte Suprema que excluem outras justificativas para a ação afirmativa lançam dúvida sobre alegação de que a posição de Powell influenciaria uma maioria geral da Corte Suprema. Um referendo popular na Califórnia adotou "interdição" similar para ações afirmativas em 1997.

Mesmo que atingir um grupo diversificado de alunos fosse uma justificativa admissível para ações afirmativas, a segunda consideração doutrinária entrou em jogo. Os programas de ações afirmativas tiveram de ser "estritamente talhados" para a meta de alcançar a diversidade. Porém, as decisões da Corte Suprema sobre ações afirmativas disseram pouco sobre o significado preciso do requisito "estritamente talhado".

As universidades permaneceram comprometidas com as ações afirmativas na extensão que a lei permite. Outras instâncias inferiores defenderam programas universitários de ação afirmativa. Finalmente, a Corte Suprema resolveu revisar dois programas da Universidade de Michigan que tinham sido objetos de uma ação judicial sustentada pelos interesses públicos conservadores dos grupos litigantes. Um foi o programa de admissão para escola de graduação, e outro, para o programa de admissão da escola de direito.

2. Os programas analisados

A secretaria de admissão de graduação da Universidade de Michigan processa milhares de inscrições a cada ano. A secretaria modificou os seus

---

[9] Exceto como os casos anteriores indicam, por mero trabalho ministerial como censo e outras tarefas de arquivamento.
[10] Hopwood v. Texas. 78 E 3d 932 (5th Cir.1996) A Corte Suprema negou o pedido do estado para revisão, com a observação vários juizes de que o apoio técnico ao parecer baseava-se apenas no fato de que o programa desafiado tinha feito uso demasiado da raça, e que o fato da corte inferior ter feito amplas declarações sobre o uso da raça, não tornou o caso apropriado para o reexame da Corte Suprema. Texas v. Hopwood. 518 US 1033 (1996)

métodos para determinar quem admitir enquanto ocorria o litígio, mas o programa que a Corte Suprema considerou tinha muitas características comuns a programas de admissão das grandes universidades públicas. A secretaria desenvolveu um "catálogo de seleção" que somou os pontos atribuídos aos diferentes componentes de inscrição de cada candidato. Candidatos que alcançaram 100 a 150 pontos foram admitidos; a admissão dos que alcançaram 95 a 99 pontos foi postergada mas "provável"; a admissão daqueles com 90 a 94 pontos foi postergada mas considerada improvável; os candidatos com 75 a 89 pontos foram adiados ou preteridos; e os candidatos com 74 pontos ou menos foram adiados ou rejeitados.

A pontuação foi atribuída pela média de notas/pontos do candidato na escola de nível médio, pontos em testes padronizados, a qualidade do ensino médio do candidato, redação pessoal, empreendimento e liderança pessoal. Por exemplo, filhos de bacharéis da universidade receberam automaticamente quatro pontos e os residentes em Michigan receberam 10 pontos. Havia também uma categoria diversificada. Candidatos nessa categoria, que incluía membros de grupos raciais sub-representados (e atletas que a universidade queria recrutar) receberam 20 pontos; isto foi substancialmente mais do que o maior número de pontos para qualquer outra característica "leve" (uma redação pessoal excepcional, por exemplo, poderia receber 3 pontos).O comitê de admissão podia desconsiderar o catálogo de seleção em casos especiais que especificamente chamassem a sua atenção, por exemplo, se um funcionário da admissão acreditasse que as qualidades do candidato não foram adequadamente mensuradas pelo número máximo de pontos possíveis para as características do candidato. Um aspecto importante do sistema de graduação era que relativamente poucos formulários de inscrição receberam atenção individualizada além do cálculo do catálogo de seleção; quase todas as decisões foram baseadas somente nos números resultantes do catálogo.

O programa da escola de direito era substancialmente mais individualizado, em parte porque a escola recebia 3.500 candidatos a cada ano, muito menos que a secretaria de admissão em graduação recebia. A secretaria de admissão da escola de direito revisava formulários de inscrição de candidatos para ter cada item examinado por seus funcionários como um todo. Os funcionários deviam considerar os registros acadêmicos do candidato, experiências de vida, o "entusiasmo" refletido nas cartas de recomendação, assim por diante, como status de maioria ou de minoria, e chegarem à conclusão, não vinculada a nenhum número particular, sobre se o candidato deveria ser admitido.

A escola de direito chegou à conclusão, baseada na experiência dos professores em sala de aula, de que assegurar os benefícios de um corpo diversificado de alunos, dependeria de ter ao que eles chamam de massa crítica das minorias não representadas em cada turma. O registro do caso sugere fortemente que a escola de direito tinha desenvolvido um objetivo incompleto para essa massa crítica e periodicamente avaliava se a classe em que tal alvo se fazia presente estava efetivamente proporcionando os benefícios da diversidade.

Para garantir que cada classe admitida tivesse a desejável massa crítica, o chefe da secretaria de admissão rastreou as decisões de admissão com base na rotina. Este rastreamento tornou aparente um traço implícito do sistema de "revisão total das inscrições"; o peso atribuído a fatores particulares poderia diferir à medida que ocorria o período de admissão. As primeiras decisões poderão dar mais (ou menos) peso aos fatores acadêmicos do que ao status de minoria, enquanto decisões posteriores podem reverter esses pesos.

A Corte Suprema assegurou que a Constituição permite às universidades procurar alcançar a diversidade racial nas suas classes.[11] Assegurou que o processamento individualizado das inscrições da escola de direito satisfez a exigência de que a raça pode ser levada em consideração em programas em que o uso do critério raça tiver sido estritamente talhado para alcançar uma meta admissível, e for estreitamente moldado para alcançar a meta permitida, mas que o programa de graduação não foi estritamente talhado o suficiente.

3. As razões da Corte

A decisão de sustentar o programa de admissão da escola de direito foi a mais importante, porque endossou a posição do juiz Powell, de que alcançar a diversidade nas salas de aula era uma meta suficientemente importante para justificar a consideração da raça nas admissões. A posição da juíza Sandra Day O'Connor para a maioria de cinco juízes em grande parte apoiou-se no "princípio educacional" de que a diversidade é "essencial à missão educacional da instituição".[12] A Corte disse que isso iria "adiar" o julgamento da escola de direito. A juíza O'Connor citou também uma parte da opinião do juiz Powell no caso Bakke, afirmando que a "boa-fé" de uma universidade é "presumida", ausente "a demonstração em contrário".[13]

---

[11] A Corte Suprema também reafirmou decisões judiciais anteriores de que a discriminação por instituições públicas que violam a Constituição também violam o estatuto federal que proíbe a discriminação por entidades privadas que aceitam fundos federais. Os pareceres da Corte, por essa razão, afetam os programas de ação afirmativa essencialmente em todas as faculdades e universidades, porque quase todas as faculdades e universidades privadas recebem alguma forma de assistência financeira federal, o que aciona a exigência estatutária da não-discriminação.

[12] Grutter,1 2 3 S. Ct. na 2339.

[13] Id. citando Bakke. 4 3 8 U.S. na 318-19.

Deferência e presunção de boa-fé podem parecer deslocadas quando padrões legais de governo exigem uma verificação rigorosa sobre o uso da classificação racial, como a juíza O'Connor colocou em um caso precedente, para "desmascarar" as más motivações do uso da raça que impõem desvantagens aos membros dos tradicionais maltratados grupos de minorias. É necessário que se designe uma investigação para detectar as instâncias onde o governo não estava diligenciando uma meta verdadeiramente importante.[14] Deferência e presunção de boa-fé estariam deslocadas porque acatar o princípio educacional de uma universidade e presumir a sua boa-fé excluía uma investigação da importância das metas do governo. A juíza O'Connor justificou a deferência em razão da complexidade envolvida nos julgamentos educacionais e porque o nicho especial das universidades integra a "tradição constitucional" dos Estados Unidos.[15] Mas, mais uma vez, a grande complexidade dos julgamentos poderia ser uma razão contra a deferência, mais propriamente do que a favor, porque a complexidade poderia considerar o fato de que a universidade estava usando a classificação racial para alcançar uma meta que não poderia ser pensada como verdadeiramente importante se fosse trazida a público.

Talvez por causa dessas dificuldades analíticas a juíza O'Connor também referiu-se a materiais de arquivo e peças processuais de apoio que "fundamentaram" o julgamento da escola de direito sobre a importância da diversidade, e ofereceu como "nosso ponto de vista", aparentemente concluído sem contar com princípios de deferência, o "julgamento de que atingir um grupo diversificado de alunos é o centro da missão institucional apropriada da escola de direito".[16]

Uma parte importante das discussões da Corte ocupou-se com outro material que sustentou a "questão do interesse compulsório".[17] A opinião dedicou diversos parágrafos mostrando que as turmas diversificadas "promovem resultados na aprendizagem" e preparam melhor os alunos para a força de trabalho em que vão ingressar.[18]

A opinião citou peças processuais movidas por grandes corporações para mostrar que "as habilidades exigidas hoje num mercado global crescente só podem ser desenvolvidas através da exposição a ampla diversidade de povos, culturas, idéias e pontos de vista.[19] Citou também um parecer de

---

[14] 12 Cidade de Richmond v. J. ª Croson. Co., 488 U.S. 469,493 (1989).

[15] Grutter, 123 S.Ct. at 2339. Juiza O'Connor citou parecer que sugere, mas não sustenta diretamente, que considerações de liberdade acadêmica dão peso extra a alegações de que ações do governo violam a proteção da liberdade de expressão da Primeira Emenda quando o governo esta lidando com faculdades e universidades. Id.

[16] Id.

[17] Id na 2340.

[18] Id na 2340. 2340-1.

[19] Id na 2340.

oficiais militares da reserva e líderes civis que enfatizaram a importância da ação afirmativa nas academias militares e nas universidades que oferecem programas de treinamento para oficiais, que acreditam ser essencial para a boa liderança nas forças armadas com um todo.

Novamente, fazendo um julgamento próprio sobre a importância da diversidade nas salas de aula em uma sociedade mais ampla, a Corte disse: "a participação efetiva de membros de todas as raças e grupos étnicos na vida civil da nossa nação é essencial para o sonho de uma nação indivisível ser realizado".[20] A decisão voltou-se então o papel das universidades e suas escolas de direito ao produzir graduandos que se tornaram líderes na sociedade, concluindo: "de forma a cultivar um conjunto de líderes com legitimidade aos olhos dos cidadãos é necessário que o caminho para a liderança seja visivelmente aberto aos indivíduos de talento e qualificação de todas as raças e etnias".[21]

O discurso da deferência e da liberdade acadêmica, então, poderá ser irrelevante no que diz com os aspectos dispositivos da análise da Corte.

A juíza O'Connor, retomando uma opinião anterior, insistiu que a 14ª Emenda protege pessoas, não grupos.[22] Mesmo a diversidade como base para justificar a ação afirmativa baseia-se, de alguma forma, no fato de que alunos de grupos de minorias são sem dúvida membros de grupos, e a juíza O'Connor não foi capaz de dissipar a tensão entre o seu foco individualista e a ação afirmativa mesma. A escola de direito insistiu que o seu programa não baseou-se na visão de que estudantes de minorias "sempre (ou mesmo consistentemente) expressam alguma característica do ponto de vista da minoria em qualquer questão".[23] Na verdade, a idéia da massa crítica tinha por atributo rejeitar essa visão. Com somente poucos estudantes de minorias em aula, outros alunos podem erroneamente tomá-los como sendo a expressão de algumas características do ponto de vista da minoria. A massa crítica tornou muito mais plausível que os estudantes das minorias possam discordar uns dos outros, assim "diminuindo a força" dos esteriótipos sobre o que as minorias pensam.[24] Isso parece correto.

E contudo, a opinião da juíza O'Connor imediatamente seguiu essa discussão com uma sentença que pareceu atribuir algo de distinto a todo aluno de minoria: "somente por ter crescido em uma região particular ou ter tido uma particular experiência profissional é passível de afetar a visão individual, tanto assim é própria e única a experiência de ser minoria racial

---

[20] Id na 2340-41.
[21] Id na 2340.2340-41.
[22] Id na 2337, citando Adarand. 515 U.S. em 227.
[23] Id na 2341.
[24] Id na 2340.2340-41.

em uma sociedade como a nossa, na qual infelizmente raça ainda conta".[25] Ela parece estar afirmando que o modo de experiência racial de um, pode diferir de um para outro membro de um grupo minoritário, mas que há alguma coisa que distingue todas essas experiências únicas – como grupo – dos diferentes meios nos quais alunos que não são de minorias vivenciariam suas experiências e seu status na sociedade.

Após concluir que as classes com diversidade eram uma meta suficientemente importante, a Corte retomou os pontos específicos do programa da escola de direito para determinar se o uso da raça era suficientemente talhado para alcançar a meta. A juíza O'Connor começou enfatizando que programas de ação afirmativa não podem usar cotas, as quais ela define como "programa que um certo número fixo de membros ou proporção de oportunidades é reservado para grupos específicos".[26] A escola de direito usou o conceito de massa crítica para definir a extensão do interesse em alcançar a diversidade. O propósito de alcançar uma "massa crítica" não converteu o programa da escola de direito em um programa de cotas. O conceito de "massa crítica" estava amarrado aos "benefícios educacionais que a diversidade deve produzir" e, por isto não estava "totalmente em equilíbrio racial", significando uma forma de alcançar alguma expressão racial na composição das classes".[27] A juíza O'Connor enfatizou que o registro mostrou que a percentagem de alunos de minorias em classes iniciais variava de 13,5% a 20,1% por um período de sete anos, o que ela diz ser "uma variação incompatível com a quota".[28]

A opinião da Corte não considerou completamente a opinião dissidente do juiz Anthony Kennedy de que o registro revelava uma variação muito pequena ano a ano, exceto que a escola de direito poderia ter periodicamente reavaliado a meta necessária para alcançar a massa crítica. Nem explicou a opinião por que o alvo não é cota, particularmente à luz do monitoramento dos relatórios diários, algo que a secretaria de admissão poderia fazer somente para assegurar que os membros admitidos estavam realmente se aproximando das metas. A diferença entre a meta da "massa crítica" e a cota parece ser que as cotas seriam preenchidas independente de qualquer coisa (e nunca serão excedidas), enquanto que as metas podem não ser atingidas (ou serem excedidas por pouco) sem gerar ansiedade nas secretarias de admissão. Essa diferença, enquanto indubitavelmente real, parece pequena à luz da insistência da Corte de que o uso da raça nas decisões é inerentemente suspeito.

---
[25] Id.
[26] Id. na 2342.
[27] Id. na 2339.
[28] Id na 2343.

Mesmo sabendo que o programa da escola de direito não envolveu cotas, ainda assim não findou o questionamento. A Constituição exige que os programas que levam a raça em consideração dêem "consideração individualizada" a todas as inscrições: os programas devem "permanecer suficientemente flexíveis para assegurar que cada candidato seja avaliado como indivíduo, e não pelo critério que faça da sua raça ou etnia o traço definidor de sua inscrição".[29] O sistema deu a cada formulário de inscrição "uma revisão holística altamente individualizada".[30] Os funcionários de admissão examinaram os protocolos para identificar uma ampla extensão de modos pelos quais um candidato "poderia contribuir para um meio ambiente educacional diverso".[31] O registro indicou que a escola de direito certamente levou em consideração uma extensa escala de experiências na admissão de alunos; a escola de direito admitiu candidatos de não minorias com notas e escores em testes inferiores do que de candidatos de minorias que rejeitou. Nem foi inadmissível considerar a própria raça uma característica de diversidade, porque "o esforço da Nação com a desigualdade racial" significa que todas os estudantes das minorias "devem igualmente experimentar a importância particular da missão da escola de direito" havendo menos probabilidade de serem admitidos "pelo critério que ignora essas experiências".[32]

A juíza O'Connor reconheceu que, marginalmente e talvez em muitos casos, raça certamente poderia ser uma tendência mas não faz a raça ser o "traço definidor".[33] A razão é que isso poderá ser verdadeiro "para qualquer plano que use raça como um dos muitos fatores".[34] A Corte tendo aprovado o uso da raça, de algum modo, não pode estabelecer um "traço definidor", alguma coisa que regulasse o que fazem em todos os planos, de acordo com o que seria constitucionalmente permitido.

Finalmente a juíza O'Connor trouxe a questão: se a escola de direito poderia alcançar a diversidade nas salas de aula por meios alternativos que não levassem explicitamente a raça em consideração. A constituição exige que as universidades façam "considerações se não é de boa-fé para viabilidade de alternativas raciais neutras".[35] Uma alternativa proposta é o "plano de porcentagem", o qual, no contexto dos graduandos, envolveria a garantia de admissão para todo aluno ou aluna dentro de um Estado nos Estados Unidos, que alcançasse uma classificação específica na escola secundária.

[29] Id na 2343.
[30] Id.
[31] Id.
[32] Id. na 2344.
[33] Id. na 2343.
[34] Id. na 2344.
[35] Id. na 2345.

A juíza O'Connor observou que não está muito claro como tal plano pode ser desenvolvido para escolas universitárias e profissionais (ou escolas que têm cooomo seu escopo missões nacionais) e sugeriu que tais planos não devem ser nem mesmo neutro-raciais.[36] "Outras alternativas são a admissão por sorteio ou decréscimo do peso dado às notas dos testes e a média dos pontos/notas para admissão. Estes, argumentou a juíza O'Connor, são métodos incompatíveis com o desejo da universidade em manter uma escola de direito seletiva. E como tal, "sacrificaria" esta seletividade – e todos os outros valores educacionais – para alcançar a meta da diversidade racial nas classes. A Constituição não exigiu que a universidade escolha entre ter uma escola de direito seletiva ou ter classes com diversidade racial.

As considerações de boa-fé das alternativas significaram, entretanto, que a universidade tem de reavaliar periodicamente a consciência-racial do seu programa de admissão para determinar se permanece necessária. Mais além, as políticas de admissão por consciência-racial devem ser limitadas no tempo",[37] ponto discutido com mais detalhes abaixo.

Uma maioria diferentemente constituída defendeu que o programa de graduação era inconstitucional porque carecia da flexibilidade do programa da escola de direito. Colocar a afirmação deste modo, no entanto, obscurece o fato de que sete Juízes acharam que os dois programas são inconstitucionalmente indistintos. O Presidente da Corte Suprema William Rehnquist e os Juízes Anthony Kennedy, Antonin Scalia e Clarence Thomas teriam invalidado ambos, e os Juízes Paul Stevens, David Souter e Ruth Bader Ginsburg teriam defendido ambos. Somente os juízes Sandra O'Connor e Stephen Breyer acharam ser os programas diferentes em um sentido constitucionalmente significativo.

O Presidente Rehnquist escreveu a sua opinião derrubando os programas de graduação. O defeito era a falha em dar a cada candidato "uma consideração individualizada".[38] A universidade disse que o seu sistema permitia aos encarregados da admissão retirar documentos do arquivo e dar atenção especial se o sistema numérico parecesse estar rejeitando um candidato que deveria ser admitido. Mas o "Chief Justice" escreveu: "esses flagrantes foram raros".[39]

---

[36] Id. A juíza O'Connor não explicou porque não, mas comentaristas acadêmicos sugeriram que os planos de percentagem não são neutros na questão racial principalmente porque são desenvolvidos com a finalidade de assegurar a diversidade racial, no limiar para a admissão garantida definida para assegurar a composição racial desejada da classe admitida (e são, portanto, explicitamente conscientes da raça) e, em segundo lugar, porque alcançam diversidade racial em classes universitárias apenas porque são predicadas em segregação racial em escolas de 2º Grau.

[37] Id. na 2346.

[38] Gratz, 123 S. Ct. na 2428.

[39] Id na 2429.

Claro que o sistema de pontos exige dos responsáveis pela admissão examinar cada formulário para determinar quantos pontos o candidato deve receber em cada categoria. A dificuldade essencial foi que os vinte pontos automaticamente atribuídos aos membros de minorias raciais fizeram da raça "um fator decisivo para virtualmente todo representante minimamente qualificado de minoria sem representatividade".[40] Isto é, candidatos de minorias que atravessaram a barreira da qualificação mínima foram admitidos sem que se considerasse nada mais em seus formulários. Em contraste, integrantes de não-minorias com talentos extraordinários, poderiam receber somente poucos pontos adicionais por esses talentos, raramente suficientes por si só para garantir a admissão.

A opinião do Presidente da Corte Suprema era caracteristicamente concisa na sua fundamentação legal. A juíza O'Connor, por sua vez, formulou seu entendimento das diferenças da graduação e do programa da escola de direito em parecer separado. Na sua visão, o programa de graduação era excessivamente "mecanizado", com escores numéricos determinando o resultado da admissão para cada aluno virtual".[41] Aos candidatos de minorias automaticamente foi dado um número muito maior de pontos do que os que estavam disponíveis para outras características de diversidade, além da raça. "Mesmo o mais destacado líder nacional da escola secundária nunca poderia receber mais do que cinco pontos por suas realizações – um mero quarto dos pontos automaticamente atribuídos para uma minoria sub-representada somente com base na raça".[42]

A decisão no caso da escola de direito concluiu citando a afirmativa da escola de direito de que "nada poderia ser melhor do que encontrar uma formula de admissão racialmente neutra".[43] A juíza O'Connor observou que o caso Bakke tinha sido decidido vinte e cinco anos antes e concluiu: "Esperamos que daqui a vinte e cinco anos o uso da preferência racial não seja mais necessário".[44] A opinião concorrente da Juíza Ginsburg observou que programas de consciência racial "devem ter um lógico ponto final" conforme "o entendimento internacional do ofício da ação afirmativa".[45] Ela su-

---

[40] Id na 2430.
[41] Id. na 2431.
[42] Id. na 2432.
[43] Grutter. 123 S.Ct. na 2346.
[44] Id. na 2347.
[45] Id. Ela citou a Convenção Internacional sobre a Eliminação de todas as Formas de Discriminação Racial, a qual assegura que programas de ação afirmativa não devem se estender "após alcançados os objetivos para os quais foram criados" e a Convenção sobre a Eliminação de todas as Formas de Discriminação contra a Mulher, a qual autoriza "medidas especiais temporárias" que "devem ser suspensas quando os objetivos da igualdade de oportunidades e tratamento tenham sido alcançados". Id. citando a Convenção Internacional sobre a Eliminação de todas as Formas de Discriminação Racial. Art.2(2). G. A Res. U. N. GAOR. 2106. U.N. GAOR, 20ª Sess. Suplemento No. 14. em 47. Doc A/6014(1965) da U.N. vigência a patir de 4 jan. 1969: e a Convenção sobre a Eliminação de todas as

geriu que o período de vinte e cinco anos foi mais uma aspiração do que uma exigência ou data-limite, observando que o *status* legal da ação afirmativa com base na diversidade foi variável em grande parte dos 25 anos precedentes, e mais importante que "tendência racial consciente ou inconsciente", é um traço persistente na sociedade americana".[46] "A partir da atual posição de vantagem, pode-se esperar, mas não com muita firmeza, que um pouco além da próxima geração, os progressos na direção da não-discriminação e de oportunidades genuinamente iguais trarão segurança e o ocaso da ação afirmativa".[47]

A menção a um período de tempo específico para o fim das ações afirmativas é como que uma distinção. Poucas áreas do direito, pelo menos onde os valores subjacentes são altamente contestados, permanecem estáveis por um período tão prolongado. À medida que novos juízes cheguem à Corte Suprema através dos processos naturais de morte ou aposentadoria o direito irá mudar quase que inevitavelmente. Ainda, atribuir um período específico à decisão da Corte deve ter o efeito de desencorajar reconsiderações sobre as decisões básicas da Corte nestes casos. Enfrentando o desafio das ações afirmativas dentro de uma década, mesmo uma Corte reconstituída poderia dizer que a decisão de 2003 no sentido de aprovar a ação afirmativa para a próxima geração deveria se respeitada, mesmo que os Juízes de então possam tomar uma decisão diferente, se virem eles a tratar a questão como aberta.

4. Implicações

As decisões da Corte nesses dois casos parecem ter sido tomadas para gerarem uma pausa, por alguns anos, nas questões da ação afirmativa para admissão em universidades. O Juiz Scalia, na sua opinião divergente, apontou uma série de possibilidades de ações judiciais contra esses programas. Mediante o que a Corte assegura, disse ele, os litigantes poderiam questionar se o programa dá uma atenção "suficientemente" individualizada a cada inscrição de candidatos e se o programa escapou de ter um alvo flexível e se no caso particular havia, de fato, benefício educacional advindo da diversidade.[48] Potenciais litigantes podem ser difíceis de encontrar e, mais importante, o custo desses litígios, que será inevitavelmente recorrente, será alto. Os litigantes, nesses dois casos, foram financiados por um grupo conservador de litigantes de interesse público, mas tais grupos são subfi-

---

Formas de Discriminação contra a Mulher. Art. 4(1). G. A. Res. 34/180. U. N. GAOR. 34a. Sess. Suplemento. No.46. na 194. U. N. Doc. A/34/46 (1979) vigência em 3 de setembro de 1981.
[46] Grutter.123 S. Ct. na 2347.
[47] Id. na 2348.
[48] Id. na 2349-50.

nanciados e preferem enfrentar desafios que tenham maior chance de sucesso do que supostamente as ações afirmativas teriam.

A referência do juiz Scalia, sobre a existência de benefícios pedagógicos nas instituições particulares, levanta uma importante questão dirigida mais diretamente à opinião divergente do juiz Thomas no caso da escola de direito. A questão de se ter um programa de ação afirmativa surge somente em instituições seletivas: aquelas que recebem substancialmente mais solicitações do que as vagas nas salas de aula. O juiz Thomas questionou se havia necessidade especial de seletividade nas escolas de direito públicas. Examinando a educação superior mais amplamente, é importante reconhecer que a maior parte das instituições de educação superior, incluindo muitas das grandes universidades públicas, não são nada seletivas. Os programas da ação afirmativa para admissão em instituição seletiva são somente uma pequena parte de toda a educação superior.

O juiz Thomas acrescentou um importante ponto. Ele observou que o "problema" enfrentado pelas instituições seletivas era que os candidatos de minorias tinham credenciais puramente acadêmicas substancialmente inferiores às dos candidatos brancos. Ele não estava relutante em atribuir isso a alguma incapacidade inata, mas atribuiu isso à educação inadequada oferecida aos membros dos grupos de minorias na escola elementar e secundária. Programas de ação afirmativa, de acordo com o juiz Thomas, foram o caminho fácil para a elite acadêmica amenizar sua consciência "fazendo alguma coisa" para ajudar os membros de grupos de minorias, evitando a tarefa difícil de melhorar a qualidade da educação nas escolas elementar e secundária.[49]

As universidades americanas usam a raça em outros programas que não o da admissão. O mais importante é a concessão de bolsas. Antecedente aos casos deste ano, instâncias inferiores tinham questionado a constitucionalidade da exclusividade de concessão de bolsas para o programa racial.[50] A decisão deste ano não isola tais programas do desafio porque o último faz mais do que levar meramente a raça em consideração como uma das tantas considerações que regulam as concessões de bolsas. Entretanto, as universidades podem ser capazes de defender mesmo os programas exclusivamente raciais de bolsas vinculando-os ao seu permitido programa de admissão de ação afirmativa. O argumento é que o envio de uma carta de admissão não garante que na classe matriculada se desenvolverá a massa crítica que a escola está buscando. O que importa é: quantos dos alunos admitidos realmente mostram "o rendimento", no jargão dos funcionários de admissão. Uma forma de melhorar o rendimento, claro, é admitir estu-

---
[49] Id. na 2361.
[50] Ver e.g. Podberesky v. Kirwan. 38 F.3d 147(4th Cir. 1994).

dantes com bolsas para custear as taxas e despesas. Instituições seletivas competem por um relativamente pequeno número de candidatos de minorias, e programas de bolsa exclusivamente raciais poderão ser uma boa e talvez até a melhor ferramenta para incrementar o rendimento. Se for assim, a aprovação da Corte para admissão pela ação afirmativa pode trazer a aprovação dos programas feitos para aumentar o rendimento, mesmo se estes últimos sejam exclusivamente raciais.

As decisões da Corte podem ter implicações para os programas de ação afirmativa fora da academia. O juiz Scalia acha que tiveram. A lição decorrente do objetivo de alcançar a massa crítica em classes de estudantes de minoria ensinou, ele argumentou, foi "genérica (a lição) para socialização e boa cidadania".[51] Essa lição não foi unicamente "ensinável" em um modelo de educação formal".[52] Ele argumentou que isso decorreu da lógica da Corte de que a ação afirmativa era permitida na contratação, pelo governo, de cargos para o serviço civil. A Corte estabeleceu uma conexão entre a importância da massa crítica na salas de aula e a economia, sugerindo também que as decisões que contêm alguns graus de aprovação da ação afirmativa são importantes para o emprego em geral.

Finalmente a Juíza Ginsburg observou na sua opinião dissidente que a combinação dos dois casos provavelmente reduziria a transparência dos programas de admissão em Universidades. Não seria difícil, ela sugeriu, para a universidade que de fato, usando um procedimento de admissão que empregue algo próximo do sistema de pontos, poderia esconder esse fato oferecendo descrições públicas de um processo de revisão holística.[53] Por exemplo, eles poderiam "camuflar" os seus programas intensificando a importância atribuída à redação pessoal do candidato e então rotineiramente atribuir mais peso às redações que revelam o status de minoria do candidato. O Presidente da Corte Superior de Justiça, Rehnquist, respondeu que tal comportamento sem dúvida eliminaria a "boa-fé" que justificou a deferência aos julgamentos pedagógicos das universidades.[54] Isso é certamente verdade, mas não responde por inteiro à questão da juíza Ginsburg, que levanta as dificuldades para discernir a má-fé num processo que, envolvendo o caso da escola de direito, necessariamente aparecerá altamente discricionário.

5. Observações Comparativas

Durante a argumentação oral sobre o caso da graduação, a Juíza Ginsburg observou o problema da ação afirmativa como um problema "global",

---
[51] Grutter. 123 S. Ct. na 2349.
[52] Id.
[53] Gratz. 123 S. Ct. na 2446.
[54] Id. na 2430n.22.

e que "outros países que operam com a mesma norma da igualdade têm enfrentado".[55] Ela mencionou o Canadá, a União Européia e a África do Sul. Ela questionou o Procurador Geral, que apoiou as ações afirmativas, se a Corte deveria "considerar o que os outros julgadores em outros lugares disseram sobre o assunto".[56] O Procurador-Geral respondeu que "nenhum desses países têm a nossa história", ou a doutrina particular da história que os Estados Unidos fez".[57] O juiz Scalia interveio para perguntar se algum desses países que a juíza Ginsburg mencionou "tinha escapado das preferências ou direitos raciais".[58] O Procurador-Geral respondeu que "infelizmente" era verdade que o que o juiz Scalia chamou de "um direito racial", não tem sido o caminho para uma "sociedade cega para a cor".[59]

A corte não se orienta pela experiência de outras nações em suas decisões, embora a juíza Ginsburg tenha mencionado que estabelecer um tempo limite almejado para a ação afirmativa era consistente com as normas internacionais. O Procurador-Geral pode até estar correto ao sugerir que a experiência de outros lugares pode não ser pertinente para a decisão se os programas de ação afirmativa são permitidos, ou não, considerando as particularidades da história de cada nação. Contudo, uma vez que a Corte estabeleceu a questão se a ação afirmativa era constitucionalmente admissível, uma segunda questão surgiu, em relação às linhas da ação afirmativa. Diferente do "sim ou não" da questão inicial, a segunda questão trouxe indagações sobre a designação dos programas de ação afirmativa. E pode ser, talvez, que a experiência de outro lugar possa trazer informações úteis para o delineamento questões.[60] Assim, por exemplo, a Corte Suprema da Índia tem desenvolvido a idéia de que um programa bem definido de ação afirmativa deveria almejar genericamente os membros mais desfavorecidos das classes de minorias e em algumas circunstâncias deve excluir dos benefícios do programa de ação afirmativa os membros do que a Corte chama de "nata" de certas classes.[61] Uma idéia similar poderia ser desenvolvida de acordo com o que a Corte requer como um padrão restrito, por exemplo. Ainda os limites do direito constitucional comparado são sugeridos pelo mesmo exemplo. O conceito de "nata" pode ter uma ênfase mais crítica em

---

[55] Registro na 23.
[56] Id.
[57] Id.
[58] Id na 24.
[59] Id.
[60] Para uma sugestão similar, ver Mark Tushnet. As Possibilidades do Direito Constitucional Comparado. 1068 YALE L.J. 1225.1232-33(1999) (argumentando que as experiências de outras nações ao designar sistemas federais podem auxiliar na avaliação se um programa particular era incompatível com o sistema federal facilmente operacional).
[61] Para discussão ver Clark D. Cunningham & N.R.Madhava Menon. Raça. Classe. Casta...? Repensando a ação afirmativa . 97 MICH. L. VER. 1296 (1999): Clark D. Cunningham et al.. Passing Strict Scrutiny: Using Social Science to Design Affirmative Action Programs. 909 GEN. L.J. 835 (2002).

conexão com os programas de ação afirmativa cuja meta é a justiça corretiva ou, ainda mais, a justiça distributiva, do que programas com outras metas. E como indicou antes a Corte Suprema dos Estados Unidos, a justiça corretiva e distributiva são metas admissíveis para os programas de ação afirmativa. O conceito de "nata" pode então ser inadequado para designar os programas de ação afirmativa permitidos pela estrutura doutrinal do direito constitucional dos Estados Unidos.

Uma segunda observação deriva de uma outra comparação entre a experiência constitucional dos Estados Unidos e da Índia, e da comparação entre essas duas experiências e a posteriores disposições constitucionais versando sobre ações afirmativas. Para simplificar uma história complexa: a Constituição original da Índia continha somente a cláusula da igualdade geral.[62] A Corte Suprema da Índia interpreta a cláusula da ação afirmativa como inconstitucional.[63] A constituição da Índia sofreu então emendas para autorizar formas específicas de ação afirmativa.[64] A Corte Suprema da Índia, então, enfrentou formas de ação afirmativa fora do âmbito da autorização específica. Revisitou a questão: se a cláusula da igualdade geral adequadamente interpretada barra a ação afirmativa, e concluiu que não.[65]

A constituição dos Estados Unidos contém somente a cláusula da igualdade geral, que a Corte Suprema interpretou como significativamente restritiva de ações afirmativas. Talvez, então, a herança histórica das constituições liberais seja um individualismo que coloca em dúvida os anseios de que a ação afirmativa é compatível com o constitucionalismo liberal. É igualmente tentador sugerir que os redatores de Declarações de Direitos pós-1950, bem como os redatores da Carta de Direitos do Canadá, aprenderam com a experiência da Índia e dos Estados Unidos no sentido de que uma cláusula geral de igualdade pode ser interpretada para impedir programas de ação afirmativa, e que deveriam incluir cláusulas específicas autorizando ações afirmativas se quiserem assegurar a sua constitucionalidade. A experiência da Índia sugere também, no seu estágio final, uma versão do que foi chamado de interpretação holística.[66]

---

[62] INDIA CONST. Art. 14.
[63] STATE OF MADRAS v. DORAIRAJAM A.I.R. 1951 S.c. 226.
[64] INDIA CONST. Art. 15(4) e 16(4) inserido por C.I.S. Parte III (1951) Constituição (Primeira Emenda) Ato do Parlamento Indiano, jun. 18. 1951.
[65] Para uma versão condensada da estória, citando casos. Ver Burt Neuborne. A Corte Suprema da Índia . 1 INTL J. CONST. I. (I-CON) 476.496-99 (2003).
[66] Para a discussão da idéia de interpretação holística ver Vicki C. Jackson. Interpretação Holística: Frizpatrick v. Bitzer e uma bifurcada constituição. 53 STAN. L. Ver. 12159 (2001). Autorizações específicas para ação afirmativa permitem à Corte Constitucional rever a sua interpretação da cláusula da igualdade geral, ensejando a oportunidade de integrar a ação afirmativa em um conceito revisto de igualdade.

As recentes decisões dos Estados Unidos podem promover a oportunidade de verificar se processo similar pode ocorrer mesmo com a ausência de cláusulas constitucionais específicas que autorizem a ação afirmativa. Aqui, a idéia seria de que as decisões aprovem uma forma aparentemente estreita de ação afirmativa e que não pretenda provocar uma mudança geral na doutrina da Corte. Talvez, contudo, a aprovação de uma estreita forma de ação afirmativa possa provocar a Corte a repensar sua doutrina sob a cláusula de igualdade geral como um todo.

— XII —

La configuración normativa de principios y derechos constitucionales en la Constitución europea

FRANCISCO BALAGUER CALLEJÓN
Catedrático de Derecho Constitucional de la Universidad de Granada.
Catedrático Jean Monnet de Derecho Constitucional Europeo

Sumario: 1. El sistema de derechos fundamentales incorporados a la Constitución Europea; 2. La configuración normativa de los derechos fundamentales; 3. La configuración normativa de los principios; 4. La configuración de determinados derechos como principios. El artículo 9.3 CEu; 5. La vertebración de ordenamientos a través de los principios y los derechos constitucionales, 6. La eficacia normativa de los derechos incorporados a la Parte II CEu.

1. El sistema de derechos fundamentales incorporados a la Constitución Europea

La Constitución Europea incorpora en su Parte II la Carta de Derechos Fundamentales que se había proclamado solemnemente el 7 de diciembre de 2000 por el Parlamento Europeo, el Consejo y la Comisión, pero que todavía no se ha incorporado a los Tratados. La no incorporación a los Tratados reduce el valor jurídico de la Carta y su posible equivalencia con el reconocimiento constitucional de los derechos fundamentales propio del Estado constitucional.

La situación actual, hasta tanto entre en vigor la Constitución europea, sigue siendo la de la configuración de los derechos como principios, de acuerdo con lo establecido ya en el antiguo artículo F2 del TUE y actual 6.2 (desde el Tratado de Amsterdam) por el cual, "La Unión respetará los derechos fundamentales tal y como se garantizan en el Convenio Europeo para la Protección de los Derechos Humanos y de las Libertades Fundamentales firmado en Roma el 4 de noviembre de 1950, y tal y como resultan de las tradiciones constitucionales comunes a los Estados miembros como principios generales del Derecho comunitario". El Tratado de Amsterdam corrigió la deficiencia inicial de este precepto tal y como fue incorporado al TUE, al incluirlo dentro de las competencias del TJCE. Esto significa que el precepto supone, al menos, una vinculación para el TJCE que no podrá cambiar su línea jurisprudencial, pero, más allá de ese efecto limitador respecto del propio TJCE, el precepto carece de la fuerza jurídica que hubiera supuesto que el Convenio Europeo de Derechos Humanos se convirtiera en parte del derecho comunitario o que la Carta de Derechos Fundamentales se hubiera incorporado a los Tratados.

La conformación de los derechos fundamentales en la Unión Europea sigue descansando, por tanto, en la labor del TJCE, que formula esos derechos como principios generales del Derecho comunitario, extrayéndolos, más allá de los Tratados, de las tradiciones constitucionales comunes a los Estados miembros y del Convenio Europeo de Derechos Humanos.[1] La Constitución Europea no excluye esta importante función para el futuro, por cuanto que en su artículo 9.3 se establece que "Los derechos fundamentales que garantiza el Convenio Europeo para la Protección de los Derechos Humanos y de las Libertades Fundamentales y los que son fruto de las tradiciones constitucionales comunes a los Estados miembros forman parte del Derecho de la Unión como principios generales".

Junto a esos principios, la Constitución establece la previsión, parcialmente incompatible con la anterior,[2] de adhesión al Convenio Europeo de acuerdo con lo dispuesto en el artículo 9.2 en virtud del cual, "La Unión se adherirá al Convenio Europeo para la Protección de los Derechos Humanos y de las Libertades Fundamentales. Esta adhesión no modificará las competencias de la Unión que se definen en la Constitución".

Pero, más allá de esos principios generales y de los Derechos reconocidos en el Convenio, la Constitución incorpora la Carta de Derechos fundamentales, lo que supone que habrá ya un nivel constitucional de reconocimiento y garantía de los derechos fundamentales. El reconocimiento de los derechos fundamentales se formula en el artículo 9.1 CEu, de acuerdo con el cual: "La Unión reconoce los derechos, libertades y princi-

---

[1] Cfr. al respecto mi trabajo "Livelli istituzionali e tecniche di riconoscimento dei diritti in Europa. Una prospettiva costituzionale", en Tecniche di garanzia dei diritti fondamentali, a cura di Giancarlo Rolla, G. Giappichelli Editore, Torino, 2001. Existe versión española: "Niveles y técnicas internacionales e internas de realización de los derechos en Europa. Una perspectiva constitucional", en Revista de Derecho Constitucional Europeo, nº 1, Enero-Junio de 2004. También versión alemana: "Internationale und interne Ebenen und Techniken zur Verwirklichung von Rechten in Europa. Eine Verfassungssicht", Jahrbuch des öffentlichen Rechts der Gegenwart, Mohr Siebeck, Tübingen, Bd. 53, 2005.
[2] Parcialmente incompatible por cuanto que si se produce la adhesión al Convenio, los Derechos reconocidos en el Convenio no se incorporan al ordenamiento de la Unión Europea como principios generales sino como tales Derechos.

pios enunciados en la Carta de los Derechos Fundamentales que constituye la Parte II".

Es preciso señalar, sin embargo, que no cabe hablar de un sistema autónomo de los derechos fundamentales integrado exclusivamente por la Carta porque la Constitución no atribuye una competencia nueva a la Unión Europea en materia de Derechos Fundamentales. Por el contrario, la Constitución deja bien claro que el reconocimiento constitucional de los derechos no modifica el reparto de competencias. Así en su artículo 111.1, se afirma que "Las disposiciones de la presente Carta están dirigidas a las instituciones, órganos y organismos de la Unión, dentro del respeto del principio de subsidiariedad, así como a los Estados miembros únicamente cuando apliquen el Derecho de la Unión. Por consiguiente, éstos respetarán los derechos, observarán los principios y promoverán su aplicación, con arreglo a sus respectivas competencias y dentro de los límites de las competencias que se atribuyen a la Unión en las demás Partes de la Constitución". E igualmente, en el apartado 2 de ese mismo artículo, se dice que "La presente Carta no amplía el ámbito de aplicación del Derecho de la Unión más allá de las competencias de la Unión, ni crea ninguna competencia o misión nuevas para la Unión, ni modifica las competencias y misiones definidas en las demás Partes de la Constitución". La misma previsión se contempla respecto de la adhesión al Convenio Europeo de Derechos Humanos.[3]

La ausencia de una competencia general de desarrollo de los derechos fundamentales provoca que sean muchos los preceptos de la Carta en los que la Constitución se remite para el desarrollo de esos derechos a lo que dispongan las leyes nacionales o el Derecho de la Unión y las legislaciones y prácticas nacionales.[4] Por ello, es necesario completar las disposiciones de la Carta con las estatales en muchos aspectos, de manera que el sistema completo de derechos fundamentales está integrado sólo de manera parcial por las disposiciones del Tratado constitucional y el Derecho de la Unión.

2. La configuración normativa de los derechos fundamentales

Las configuración normativa de los derechos fundamentales contenidos en la Constitución europea debe analizarse teniendo en cuenta diversas variables:

---

[3] En el artículo I-9.2, ya mencionado: "La Unión se adherirá al Convenio Europeo para la Protección de los Derechos Humanos y de las Libertades Fundamentales. Esta adhesión no modificará las competencias de la Unión que se definen en la Constitución".

[4] Así, por ejemplo, en los artículos II-69, II-70, II-74 (leyes nacionales) II-76, II-87, II-88, IJ-90, II-94 (Derecho de la Unión y legislaciones y prácticas nacionales), II-95 y II-96 (legislaciones y prácticas nacionales. Además hay que tener en cuenta el artículo 112.6 que establece, con carácter general que "Se tendrán plenamente en cuenta las legislaciones y prácticas nacionales según lo especificado en la presente Carta".

1. En primer lugar el valor normativo que se otorga a los derechos en función de si se trata de auténticos derechos fundamentales o de principios contenidos en la Carta, cuyo régimen jurídico es distinto. Para los derechos rigen garantías fuertes como la garantía del contenido esencial establecida en el artículo 112.1: "Cualquier limitación del ejercicio de los derechos y libertades reconocidos por la presente Carta deberá ser establecida por la ley y respetar el contenido esencial de dichos derechos y libertades. Dentro del respeto del principio de proporcionalidad, sólo podrán introducirse limitaciones cuando sean necesarias y respondan efectivamente a objetivos de interés general reconocidos por la Unión o a la necesidad de protección de los derechos y libertades de los demás".

Por el contrario, cuando se trata de principios, hay que considerar lo dispuesto en el apartado 5 del artículo 112, en virtud del cual "Las disposiciones de la presente Carta que contengan principios podrán aplicarse mediante actos legislativos y ejecutivos adoptados por las instituciones, órganos y organismos de la Unión, y por actos de los Estados miembros cuando apliquen el Derecho de la Unión, en el ejercicio de sus competencias respectivas. Sólo podrán alegarse ante un órgano jurisdiccional en lo que se refiere a la interpretación y control de la legalidad de dichos actos".

En todo caso, el régimen jurídico de los derechos viene definido no sólo por su incorporación al apartado II CEu, ya que el artículo 112.2 determina que "Los derechos reconocidos por la presente Carta que se mencionan en otras Partes de la Constitución se ejercerán en las condiciones y dentro de los límites definidos por ellas".

2. En segundo lugar hay que tener en cuenta que, en relación a algunos derechos, la remisión a las leyes nacionales y a las legislaciones y prácticas nacionales obliga a considerar junto a las prescripciones constitucionales de la Unión (y, en su caso, el Derecho de la Unión) las de los Estados miembros y su desarrollos normativos. En ese sentido, el artículo 112.6 reitera, con carácter general que "Se tendrán plenamente en cuenta las legislaciones y prácticas nacionales según lo especificado en la presente Carta". Al mismo tiempo, los ordenamientos de los Estados miembros se incorporan también al Derecho de la Unión por medio del artículo 9.3 CEu, en cuanto principios generales (por referencia a los que se derivan de las tradiciones constitucionales comunes a los Estados miembros) e igualmente por medio del artículo 112.4: "En la medida en que la presente Carta reconozca derechos fundamentales resultantes de las tradiciones constitucionales comunes a los Estados miembros, dichos derechos se interpretarán en armonía con las citadas tradiciones".

3. Por otro lado, es preciso considerar también al artículo 113, ya que ese precepto garantiza que la protección de los derechos de la Carta no va

a suponer una limitación de los derechos reconocidos en el Derecho de la Unión, el Derecho internacional, los convenios internacionales y especialmente el Convenio Europeo de Derechos Humanos, así como de los derechos reconocidos por las Constituciones de los Estados miembros. Por tanto, se garantiza el estándar establecido en esas normas y específicamente el de las constituciones nacionales, que se puede ampliar pero no reducir. De acuerdo con ese artículo: "Ninguna de las disposiciones de la presente Carta podrá interpretarse como limitativa o lesiva de los derechos humanos y libertades fundamentales reconocidos, en su respectivo ámbito de aplicación, por el Derecho de la Unión, el Derecho internacional y los convenios internacionales de los que son parte la Unión o todos los Estados miembros, y en particular el Convenio Europeo para la Protección de los Derechos Humanos y de las Libertades Fundamentales, así como por las constituciones de los Estados miembros".

Al mismo tiempo, la Constitución prevé también que la protección que se otorgue a los derechos será, como mínimo, la que le otorga el Convenio Europeo de Derechos Humanos. De acuerdo con lo dispuesto en el artículo 112.3: "En la medida en que la presente Carta contenga derechos que correspondan a derechos garantizados por el Convenio Europeo para la Protección de los Derechos Humanos y de las Libertades Fundamentales, su sentido y alcance serán iguales a los que les confiere dicho Convenio. Esta disposición no obstará a que el Derecho de la Unión conceda una protección más extensa".

3. La configuración normativa de los principios.

Los principios reconocidos en la Constitución Europea son de diversa naturaleza y no suelen aparecer caracterizados como tales. De hecho, algunos de los principios se pueden reconocer dentro de la definición de los valores (por ejemplo el Estado de Derecho, en el artículo 2) o de los objetivos (por ejemplo, el principio de solidaridad, en el artículo 3, apartados 3 y 4). En otras ocasiones, los principios, en su calidad de delimitadores de la actuación de los poderes públicos, no son mencionados por su nombre, aunque se pueden reconocer fácilmente, como ocurre con el principio de proporcionalidad del artículo 3.5: "La Unión perseguirá sus objetivos por los medios apropiados, de acuerdo con las competencias que se le atribuyen en la Constitución". Este mismo principio de proporcionalidad es definido expresamente como tal en otros apartados de la Constitución, como ocurre con el artículo 11.1: "El ejercicio de las competencias de la Unión se rige por los principios de subsidiariedad y proporcionalidad". También es reconocido expresamente en el artículo 112.1, por referencia a las limitaciones de los derechos y libertades: "Dentro del respeto del principio de proporcionalidad, sólo podrán introducirse limitaciones cuando sean necesarias y respondan efectivamente a objetivos de interés general reconocidos por la Unión o a la necesidad de protección de los derechos y libertades de los demás".

La proclamación expresa de principios es muy amplia en la determinación de las relaciones entre la Unión Europea y los Estados. Por un lado, los principios de subsidiariedad y proporcionalidad, relativos al ejercicio de las competencias de la Unión. Por otro lado, el principio de atribución, dedicado a la delimitación de las competencias de la Unión y los Estados (artículo 11.1). También puede definirse como principio la cláusula de flexibilidad del artículo 18, que está sometida al procedimiento de control establecido para garantizar el principio de subsidiariedad. Del mismo modo, hay que considerar el principio de primacía del artículo 6 CEu: "La Constitución y el Derecho adoptado por las instituciones de la Unión en el ejercicio de las competencias que se le atribuyen a ésta primarán sobre el Derecho de los Estados miembros".

Todos estos principios determinan básicamente las relaciones entre el ordenamiento de la Unión Europea y los ordenamientos de los Estados miembros. En primer lugar delimitando las competencias (de atribución para la Unión, residuales para los Estados); en segundo lugar determinando como se van a ejercitar esas competencias por parte de la Unión; por último, estableciendo la primacía de la Constitución Europea y del Derecho de la Unión adoptado en el ejercicio de sus competencias. Se trata, por tanto, de principios que se mueven en el nivel normativo.

Otros principios recogidos en la parte I, están destinados a disciplinar las relaciones entre la Unión y los Estados miembros: la igualdad de los Estados miembros ante la Constitución o el respeto a la identidad nacional de los Estados referida a sus estructuras políticas y constitucionales fundamentales (incluida la autonomía local y regional, en su caso) así como a las funciones esenciales del Estado (5.1). Especialmente vinculado a la primacía del Derecho de la Unión está el principio de cooperación leal, del artículo 5.2: "Conforme al principio de cooperación leal, la Unión y los Estados miembros se respetarán y asistirán mutuamente en el cumplimiento de las misiones derivadas de la Constitución", lo que se manifiesta, entre otras obligaciones en que "los Estados miembros adoptarán todas las medidas generales o particulares apropiadas para asegurar el cumplimiento de las obligaciones derivadas de la Constitución o resultantes de los actos de las instituciones de la Unión" e igualmente en que "los Estados miembros ayudarán a la Unión en el cumplimiento de su misión y se abstendrán de toda medida que pueda poner en peligro la consecución de los objetivos de la Unión".

También hay que considerar como principios la cláusula de solidaridad del artículo 43[5] y la de asistencia mutua o defensa colectiva del artículo 41.7,[6] que suponen innovaciones importantes.[7] La Constitución contiene además otros principios en la parte I que pueden caracterizarse igualmente como derechos,[8] o que están estrechamente vinculados a derechos constitucionales.[9] Del mismo modo hay que considerar como principios, aunque no estén expresamente formulados como tales, los que rigen la actividad de los órganos e instituciones de la Unión[10] o los relativos a aspectos estructurales del ordenamiento jurídico.[11]

4. La configuración de determinados derechos como principios. El artículo 9.3 CEu

La configuración de los derechos como principios generales que se contiene en el artículo 9.3 CEu, plantea diversas cuestiones al Derecho constitucional europeo. En cuanto este precepto es deudor del actual artículo 6.2 TUE hay que reconocer que puede suponer un nivel de protección más limitado por reducir la garantía normativa del derecho a la cualidad de principio. Desde esa perspectiva, debemos plantearnos si resulta aplicable a estos principios la previsión del artículo 112.5 CEu, en virtud del cual "Las disposiciones de la presente Carta que contengan principios podrán aplicarse mediante actos legislativos y ejecutivos adoptados por las instituciones, órganos y organismos de la Unión, y por actos de los Estados

---

[5] De acuerdo con el artículo I-43: "1. La Unión y los Estados miembros actuarán conjuntamente con espíritu de solidaridad un Estado miembro es objeto de un ataque terrorista o víctima de una catástrofe natural o de origen humano. La Unión movilizará todos los instrumentos de que disponga, incluidos los medios militares puestos a su disposición por los Estados miembros, para: a) prevenir la amenaza terrorista en el territorio de los Estados miembros; b) proteger las instituciones democráticas y a la población civil de posibles ataques terroristas; c) prestar asistencia a un Estado miembro en el territorio de éste, a petición de sus autoridades políticas, en caso de ataque terrorista; b) prestar asistencia a un Estado miembro en el territorio de éste, a petición de sus autoridades políticas, en caso de catástrofe natural o de origen humano".

[6] Artículo I-41, apartado 7: "Si un Estado miembro es objeto de una agresión armada en su territorio, los demás Estados miembros le deberán ayuda y asistencia con todos los medios a su alcance, de conformidad con el artículo 51 de la Carta de las Naciones Unidas. Ello se entiende sin perjuicio del carácter específico de la política de seguridad y defensa de determinados Estados miembros".

[7] Cfr. al respecto, Alberto Navarro González, "Perspectivas de la política exterior y de seguridad de la UE", en europafutura.org, nº 7, Barcelona, 2004, p. 27 y ss.

[8] La Constitución dedica algunos apartados de su parte I a reconocer principios constitucionales que, igualmente pueden ser configurados como derechos y que se reconocen como tales en la parte II. Así, la libertad de circulación y de establecimiento o la prohibición de discriminación por razón de nacionalidad (I-4).

[9] Es el caso del principio de igualdad democrática del artículo I-45, o los principios de democracia representativa (artículo I-46) y de democracia participativa (artículo I-47).

[10] Así, el principio de publicidad del artículo I-50 (caracterizado como "de apertura") y vinculado también a derechos constitucionales. También los principios presupuestarios y financieros del artículo I-53.

[11] Como el principio de publicidad de las normas del artículo I-39.

miembros cuando apliquen el Derecho de la Unión, en el ejercicio de sus competencias respectivas. Sólo podrán alegarse ante un órgano jurisdiccional en lo que se refiere a la interpretación y control de la legalidad de dichos actos".[12] La calificación de estos derechos como principios hace pensar que su régimen jurídico debería ser similar. No obstante, una interpretación favorable a los derechos obliga a promover la mayor potencialidad normativa del artículo 9.3, por lo que no hay que descartar que estos principios generales puedan desarrollar efectos más amplios que los principios a los que hace referencia el artículo 112.5. Al fin y al cabo, los principios del artículo 9.3 proceden de derechos que no tienen necesariamente las limitaciones estructurales de algunos de los principios regidos por el 112.5.

El artículo 112.5 CEu recuerda extraordinariamente al artículo 53.3 CE, en el que se indica que "El reconocimiento, el respeto y la protección de los principios reconocidos en el Capítulo tercero, informará la legislación positiva, la práctica judicial y la actuación de los poderes públicos. Sólo podrán ser alegados ante la Jurisdicción ordinaria de acuerdo con lo que dispongan las leyes que los desarrollen".

En realidad, lo que quieren decir ambos preceptos es que los principios no generan, por sí mismos, derechos constitucionales que sean directamente aplicables sin necesidad de desarrollo normativo. Ahora bien, de estos principios puede decirse que su valor normativo es indudable, si bien no están garantizados por los mecanismos que hacen posible su aplicación directa en ausencia de desarrollo legislativo. En efecto, a diferencia de los derechos, cuya efectividad está asegurada por la garantía del contenido esencial no sólo frente al legislador sino también en ausencia de regulación legislativa, los principios están sometidos a la exigencia de desarrollo normativo para que puedan desplegar su eficacia respecto de los ciudadanos.

En estas condiciones, puede decirse que los principios vinculan a los poderes públicos de la Unión y de los Estados, pero las modalidades de su aplicación dependen de la configuración concreta que realice el legisla-

---

[12] En relación con esta distinción, el Informe final del Grupo de Trabajo II (Carta), afirma lo siguiente: "El Grupo subraya la importancia de la distinción entre "derechos" y "principios", que constituyó un elemento importante – expresado ya en el preámbulo y en el apartado 1 del artículo 52 de la Carta – del consenso logrado en la Convención anterior. A fin de confirmar esta distinción al tiempo que se incrementa la seguridad jurídica con la perspectiva de una Carta jurídicamente vinculante con estatuto constitucional, la gran mayoría del Grupo propone una nueva disposición general (véase, en el Anexo, el apartado 5 del artículo 51) que condensa la interpretación del concepto de "principios" que marcó los trabajos de la Convención anterior y a la que se refirieron en las deliberaciones del Grupo algunos miembros de aquélla, dos de sus miembros tienen reservas contra esta propuesta. Según esta interpretación, los principios difieren de los derechos subjetivos. Tienen que ser "observados" (apartado 1 del artículo 51) y pueden requerir un desarrollo mediante actos legislativos o ejecutivos; pueden, pues, revestir importancia para los órganos jurisdiccionales cuando se interpretan o revisan dichos actos. Esto se ajusta tanto a la jurisprudencia del Tribunal de Justicia como al enfoque de los sistemas constitucionales de los Estados miembros en relación con los "principios", especialmente en el ámbito de la legislación de carácter social".

dor,[13] por más que esa configuración pueda ser objeto de control jurisdiccional para determinar su conformidad con la Constitución europea. El Tribunal de Justicia de la Unión Europea podrá controlar los actos de desarrollo de la Constitución para determinar su conformidad con esos principios. Para ello le habilita el artículo 365 CEu, de acuerdo con el cual: "El Tribunal de Justicia de la Unión Europea controlará la legalidad[14] de las leyes y leyes marco europeas, de los actos del Consejo, de la Comisión y del Banco Central Europeo que no sean recomendaciones o dictámenes, así como de los actos del Parlamento Europeo y del Consejo Europeo destinados a producir efectos jurídicos frente a terceros. Controlará también la legalidad de los actos de los órganos u organismos de la Unión destinados a producir efectos jurídicos frente a terceros".

Ejemplos de principios recogidos en la Carta (unidos, a veces, a derechos)[15] los encontramos en los artículos 82 ("La Unión respeta la diversidad cultural, religiosa y lingüística") 84.2 ("En todos los actos relativos a los niños llevados a cabo por autoridades públicas o instituciones privadas, el interés superior del niño constituirá una consideración primordial") 85 ("La Unión reconoce y respeta el derecho de las personas mayores a llevar una vida digna e independiente y a participar en la vida social y cultural") 86 ("La Unión reconoce y respeta el derecho de las personas discapacitadas a beneficiarse de medidas que garanticen su autonomía, su integración social y profesional y su participación en la vida de la comunidad") 93 (protección de la familia) o 97 (principio de desarrollo sostenible) entre otros. En todos estos preceptos el desarrollo legislativo será determinante de la configuración concreta del derecho, a salvo del control jurisdiccional que se realice de ese desarrollo.

Respecto de los principios del artículo 9.3 CEu, por referencia a los derechos fundamentales que proceden de las tradiciones constitucionales comunes a los Estados miembros (ya que los que están incorporados al Convenio Europeo de Derechos Humanos modificarán su régimen jurídico a partir de la adhesión prevista en el artículo 9.2 CEu y dejarán de ser principios generales para convertirse en derechos) la cuestión que cabe plantearse es si estos principios pueden ser objeto de desarrollo normativo

---

[13] La Declaración 12 de la Conferencia Intergubernamental, anexa al Acta final, relativa a la explicaciones sobre la Carta de los Derechos Fundamentales, diferencia entre principios y derechos sobre la base de lo dispuesto en el artículo II-111.1: los derechos deben respetarse, mientras que los principios deben observarse. Hay que tener en cuenta el artículo 112.7 CEu, de acuerdo con el cual, "Las explicaciones elaboradas para guiar en la interpretación de la Carta de los Derechos Fundamentales serán tenidas debidamente en cuenta por los órganos jurisdiccionales de la Unión y de los Estados miembros".
[14] Debería decir "validez" en lugar de "legalidad".
[15] En la Declaración 12 de la Conferencia Intergubernamental, anexa al Acta final, relativa a la explicaciones sobre la Carta de los Derechos Fundamentales, se indican como ejemplos de principios los artículos II-85, II-86 y II-97 y como ejemplos de preceptos que incluyen elementos de un derecho y de un principio los artículos II-83, II-93 y II-94.

y cuando pueden serlo. En lo que a la posibilidad de desarrollo se refiere, es obvio que sólo será posible en el marco de las competencias de la Unión Europea. En cuanto a lo segundo, parece claro que la determinación de estos principios, a partir de las tradiciones constitucionales comunes, debe ser obra fundamental del Tribunal de Justicia de la Unión Europea. Una vez que estos principios sean determinados, procederá el desarrollo normativo por parte de las instituciones europeas. Ahora bien, la labor previa de concreción jurisprudencial puede favorecer un mayor grado de precisión de estos principios por cuanto que se realizará en el contexto de un proceso jurisdiccional.

5. La vertebración de ordenamientos a través de los principios y los derechos constitucionales

El artículo 9.3 CEu plantea otras cuestiones aparte de la del valor normativo de los principios a que se refiere. Lo primero que nos evoca este artículo es el concepto de "Derecho constitucional común europeo" de Peter Häberle[16] y la idea de que el Derecho constitucional de la Unión Europea se ha formado y se sigue formando a partir de las tradiciones constitucionales comunes de los Estados miembros de la Unión. Estas tradiciones han contribuido poderosamente al desarrollo del proceso de constitucionalización de la Unión Europea, que se ha inspirado, como no podía ser de otro modo, sobre la base de instituciones y técnicas constitucionales que estaban siendo aplicadas en los ordenamientos constitucionales de los Estados miembros.

En esa misma línea, no puede dejar de constatarse que el Derecho constitucional de la Unión Europea tiene todavía un grado de desarrollo menor al Derecho constitucional de los Estados. Por ello, el Derecho constitucional de la Unión Europea tendrá que seguir desarrollándose, en parte, sobre la base de las experiencias constitucionales estatales. Desde esa perspectiva, podemos atribuir un significado importante al artículo 9.3, como es la de incorporar a las tradiciones constitucionales comunes a los Estados miembros como fuente de producción de Derecho constitucional de la Unión, que es reconocida expresamente en el Tratado constitucional.[17]

La relación dialéctica entre el Derecho constitucional interno de cada Estado miembro y el Derecho constitucional europeo se articula a través del artículo 9.3 como también por medio de otros preceptos constituciona-

---

[16] P. Häberle, "Gemeineuropäisches Verfassungsrecht", *EuGRZ*[+cursiva], 1991, versión española de Emilio Mikunda, "Derecho constitucional común europeo", *REP*, n. 79, 1993.

[17] Siendo también fuente de interpretación, de acuerdo con lo dispuesto en el artículo II-112.4, en virtud del cual: "En la medida en que la presente Carta reconozca derechos fundamentales resultantes de las tradiciones constitucionales comunes a los Estados miembros, dichos derechos se interpretarán en armonía con las citadas tradiciones".

les. Así, por medio del principio de primacía del artículo 6 CEu a través de la primacía de la Constitución europea y del derecho adoptado por la Unión en el marco de sus competencias constitucionales. Junto a la primacía, la Constitución europea contiene otros principios destinados a garantizar el respeto de los ordenamientos constitucionales estatales, como es el caso del artículo 5 en relación con la identidad constitucional de los Estados. También el artículo 113 en relación con el respeto del nivel de protección constitucional nacional de los derechos.

Igualmente hay que considerar como manifestación de esa relación dialéctica el mandato de interpretación del artículo 112.4 por referencia a los derechos de la Carta que procedan de las tradiciones constitucionales comunes a los Estados miembros. Del mismo modo, la remisión a las leyes nacionales y a las legislaciones y prácticas nacionales son un exponente claro de que la construcción de los derechos fundamentales en el espacio constitucional de la Unión Europea va a seguir siendo una obra compartida entre la constitución europea y las constituciones estatales.

La interacción entre el Derecho constitucional europeo y los nacionales se verá favorecida por las remisiones que realiza la Constitución europea a los principios y derechos. Estas remisiones son de naturaleza diversa: por un lado, las relativas a las legislaciones nacionales que se agotan, en principio, en la combinación del Derecho constitucional europeo y el interno en cada Estado. Por otro lado, las que se realizan por medio del artículo 9.3 o el 112.4 que suponen la incorporación al Derecho constitucional europeo de Derecho constitucional nacional de los Estados miembros. En este último caso la interacción es mayor porque el Derecho constitucional nacional se verá sometido a desarrollos posteriores a partir de las reformulaciones que se operen en el marco del Derecho constitucional europeo.

6. La eficacia normativa de los derechos incorporados a la Parte II CEu

La eficacia normativa de los derechos fundamentales está garantizada por técnicas similares a las establecidas en algunos ordenamientos constitucionales de los Estados miembros. Una de esas técnicas es la reserva de ley (tanto para el desarrollo como para las limitaciones de los derechos) que adquiere, sin embargo, un significado parcialmente distinto en el sistema de fuentes de la Constitución Europea al que suele tener en los ordenamientos constitucionales de los Estados miembros. Las relaciones entre ley y reglamento no son homologables a las que existen, en términos generales, en los ordenamientos de los Estados miembros, no sólo por las diferencias existentes en el orden institucional, sino también por la diferente posición que ocupa el reglamento, para el que existen también ámbitos reservados y que puede establecer regulaciones independientes de la ley y de desarrollo de la Constitución.[18] A lo anterior hay que unir el hecho de que algunas de las reservas de ley establecidas en la Parte II de la Constitución no lo son respecto de las leyes europeas sino respecto de las leyes estatales, por ser los Estados los que tienen la competencia para regular esa materia.

La remisión a las leyes de desarrollo estatales es una de las peculiaridades más notables de la Carta de Derechos. A través de esta técnica se ha podido conciliar la ausencia de competencias de la Unión respecto de la regulación de determinados derechos y la necesidad de establecer una Carta de Derechos Fundamentales completa y no una simple ordenación parcial de los derechos a nivel constitucional. Esa conciliación no está exenta de problemas por cuanto que nos obliga a plantearnos la cuestión de la eficacia normativa de aquellos derechos cuya regulación se remite a las legislaciones nacionales.

Una primera respuesta hay que encontrarla en el sentido mismo de una Carta de Derechos que debe vincular en todo el ámbito de aplicación del Derecho europeo. Obviamente, las instituciones europeas no están vinculadas por los derechos fundamentales reconocidos en las constituciones de los Estados miembros, por lo que resulta necesaria una declaración propia que suponga un límite a su actuación. Con la Carta de Derechos se superan las limitaciones de la protección actual basada en la formulación de principios, que implica un acercamiento a los derechos desde fuera, para determinar los límites de la aplicación del derecho europeo cuando éste colisiona con derechos fundamentales de los ciudadanos europeos.[19]

Para avanzar más en la eficacia normativa de los derechos hay que hacer referencia a la garantía contenida en el artículo 112.1 CEu: "Cualquier limitación del ejercicio de los derechos y libertades reconocidos por la presente Carta deberá ser establecida por la ley y respetar el contenido esencial de dichos derechos y libertades. Dentro del respeto del principio de proporcionalidad, sólo podrán introducirse limitaciones cuando sean necesarias y respondan efectivamente a objetivos de interés general reconocidos por la Unión o a la necesidad de protección de los derechos y libertades de los demás".

Este precepto incorpora la garantía del contenido esencial en sus dimensiones actuales, incluido el principio de proporcionalidad. Ante todo, esta garantía supone que los derechos fundamentales van a ser eficaces no sólo como límites de la actuación de los poderes públicos (por ejemplo, controlando la constitucionalidad de su desarrollo normativo) sino también

---

[18] Cfr. sobre el tema, mi trabajo "El sistema de fuentes en la Constitución Europea", ReDCE, nº 2, Julio-Diciembre de 2004.
[19] Cfr. mi trabajo "Derecho y Derechos en la Unión Europea" en Javier Corcuera Atienza (Coord.), La protección de los Derechos Fundamentales en la Unión Europea, Dykinson, Madrid, 2002, p. 39-59.

frente a la inactividad de los poderes públicos. A los efectos del control de la regulación de los derechos resultará de utilidad el principio de proporcionalidad. Por lo que se refiere a la inactividad de los poderes públicos opera la garantía del contenido esencial.[20]

Ahora bien, resulta necesario determinar hasta donde alcanzan estas garantías. En lo que a la proporcionalidad se refiere, parece claro que en los casos en que la Constitución contempla una remisión a las legislaciones nacionales serán éstas las que deberán aplicar el principio de proporcionalidad. Comoquiera que el artículo 6 CEu establece la primacía de la Constitución sobre el Derecho de los Estados miembros (a diferencia de la primacía del Derecho de la Unión que sólo opera cuando éste es adoptado en el marco de las competencias que la Constitución le atribuye a la Unión) deben regir las restricciones constitucionales establecidas en relación con el principio de proporcionalidad y que determinan que "sólo podrán introducirse limitaciones cuando sean necesarias y respondan efectivamente a objetivos de interés general reconocidos por la Unión o a la necesidad de protección de los derechos y libertades de los demás".

En lo que a la garantía del contenido esencial se refiere, la eficacia de los derechos queda asegurada mediante su aplicación directa para el caso de que no haya desarrollo legislativo.[21] Por tanto, la remisión a las legislaciones nacionales no implica una capacidad de disposición de los Estados sobre los derechos fundamentales similar a la que tenía tradicionalmente el legislador en el Estado legal de Derecho (como era el caso paradigmático de la Constitución de Weimar). Antes bien, la ausencia de regulación por el legislador nacional implicará la posibilidad de que el derecho fundamental reconocido en la Constitución europea despliegue su eficacia directamente respecto del contenido esencial que permite reconocer a ese derecho como tal.

---

[20] Cfr. sobre estas cuestiones, mi trabajo "Capacidad creativa y límites del legislador en relación con los derechos fundamentales. La garantía del contenido esencial de los derechos", en Miguel Ángel Aparicio Pérez (Coord.) Derecho Constitucionales y pluralidad de ordenamientos. CEDECS, Barcelona, 2001, p. 93-116.

[21] Lo que le otorga puntos de contacto con el principio de eficacia directa. Cfr. sobre este principio: Miguel Azpitarte Sánchez, "Las relaciones entre el Derecho de la Unión y el Derecho del Estado a la luz de la Constitución Europea", ReDCE, nº 1, Enero-Junio de 2004.

— XIII —

Aspectos de una teoría constitucional para Europa

PETER HÄBERLE
Profesor Dr. Dr. h. c. mult. (Bayreuth/St. Gallen)

Traducción de **Francisco Balaguer Callejón**

Sumario: Nota Preliminar; Primera parte: cuestiones metodológicas; I – Métodos de trabajo científico-culturales ("comunidad constitucional" y "conjunto de constituciones parciales"); II – Poder constituyente en Europa: en el camino del método de la Convención; III – Apertura y carácter público del proceso de constitucionalización de Europa: espacio público europeo desde la cultura y el arte, incrementado también desde Internet y desde la política (constitucional); IV – Proceso de producción y recepción regional y mundial (la tríada de textos, teorías y jurisprudencia, el derecho comparado como "quinto" método de interpretación, el "derecho constitucional común europeo"; V – La teoría constitucional europea como disciplina propia (la despedida del "derecho comunitario"); Segunda parte: Contenidos (selección); I – "La identidad europea", "las identidades nacionales" y el "derecho constitucional europeo nacional"; II – Los Preámbulos como figura cultural, científica, literaria y constitucional. La formación de los textos cercana a los ciudadanos; III – La Carta de Derechos Fundamentales de la Unión Europea; IV – Valores fundamentales y objetivos de la Unión; V – El Tribunal de Justicia y el Tribunal Europeo de Derechos Humanos como "tribunales constitucionales" (la sociedad abierta de los intérpretes constitucionales como "defensores" de la Constitución; VI – Luces y sombras del proyecto constitucional de 2004 (continuidad, desarrollos, déficits); Perspectivas y conclusión. Referencia bibliografica.

Nota Preliminar

Si queremos esbozar una teoría constitucional para Europa, tenemos que tener en cuenta que desde cada país se podrá aportar sólo una perspectiva. La que yo puedo dar es una "perspectiva alemana" que debe ser completada al menos con otras 24, de autores más jóvenes y mayores de los restantes Estados miembros de la Unión Europea. Sólo sobre el humus de un tal "contrato científico, social y generacional" podría un día establecerse un marco teórico amplio para todo y para todos. Es necesario un enfoque interdisciplinar en el sentido de unas más amplias y profundas "ciencias europeas" (en plural), por ejemplo, incorporando una historia del arte, la cultura, la música y la literatura europea, como he hecho yo personalmente en mi Memoria para la Universidad Húngaro-alemana en Budapest (1999). Finalmente, deberíamos permanecer siempre abiertos tanto desde el punto de vista teórico como desde el práctico a lo que venga desde Europa del Este, ya se trate de miembros de la Unión Europea, en cuanto Europa en sentido estricto, ya se trate de la Europa en sentido amplio del Consejo de Europa o de la Organización para la Seguridad y la Cooperación en Europa (actualmente con 46 y 55 miembros, respectivamente). Las fronteras entre ambas "Europas" son claramente abiertas y cambiantes.

Primera parte: cuestiones metodológicas

Todo marco teórico tiene que revelar sus métodos, a ser posible, aunque habría que reconocer también que esa exigencia ha sido siempre una peculiaridad propia de la historia de la ciencia alemana. El sano pragmatismo anglosajón y la penetrante y precisa dogmática francesa podrían también realizar aportaciones y correcciones.

I – Métodos de trabajo científico-culturales ("comunidad constitucional" y "conjunto de constituciones parciales")

La ciencia jurídica en general y la teoría de la Constitución en particular es un trabajo racional sobre textos escritos y no escritos, es "texto jurídico y ciencia cultural" y debe tomar conciencia de la "precomprensión" en el sentido de la hermenéutica de Schleiermacher a Gadamer. El trabajo *en* y *sobre* las constituciones está emparentado con los tres libros de las grandes religiones (la Tora, la Biblia y el Corán) en los que se sitúa el texto en el centro. Quizás la alta autoridad de las constituciones en la actualidad reciba aquí, en el fondo, una parte de su asombrosa legitimidad. La Constitución será concebida, a continuación, "como cultura" ("cultura constitucional", "cultura de los derechos fundamentales" son conceptos derivados). Las concepciones tradicionales de la Constitución mantienen su valor relativo (la Constitución como "impulso y límite", como "norma y tarea" como "organización de un proceso vital libre"), pero la perspectiva cultural (acompañada de la imagen de la Constitución como "contrato social") ocupa ahora el centro de nuestro campo visual. Desde esa perspectiva es preciso diferenciar también entre los textos constitucionales en sentido amplio, los textos clásicos desde Montesquieu hasta J. Rawls (teoría de la justicia), de H. P. Jonas (principio de responsabilidad) y G. Radbruch, y de los textos constitucionales en sentido estricto, los textos de las constituciones escritas y positivadas así como las sentencias directivas de los tribunales constitucionales. Para Europa son relevantes las declaraciones de W. Churchill a R. Schuman y J. Monnet, de A. de Gasperi a W. Hallstein y K. Adenauer. Así como nosotros debemos leer, en parte, la Constitución alemana con los ojos de Montesquieu, también debemos ver a Europa en sus textos jurídicos y su realidad constitucional "con los ojos" de los padres fundadores. Para ello debe quedar manifiesta la relevancia del contexto cultural, que resulta imprescindible en muchos textos y del que se derivan también diferencias en cuanto al contenido.

Una teoría constitucional para Europa debe descansar sobre la comprensión de que la Unión Europea es una "comunidad constitucional" (rescatamos aquí la feliz expresión de W. Hallstein de "comunidad europea") y requiere que se tenga en cuenta que Europa en sentido amplio es un conjunto de constituciones parciales: así, el Convenio Europeo de Derechos Humanos representa un nivel constitucional en Suiza y en Austria, aunque todavía no en Alemania. Europa procede, en su concepción, de la cultura, por importante que sea el mercado como vehículo de la integración (el mercado no es, sin embargo, un fin en sí mismo, ni es aceptable una "teología del mercado", sino que debe tener un significado instrumental). El irrenunciable sentimiento de "nosotros" de los ciudadanos europeos se origina y crece en complejos procesos de socialización cultural, en los que desarrollan también su efecto fuentes de consenso emocional (como, por ejemplo, el Himno europeo basado en Beethoven o la Bandera europea) y racional (como los textos de derechos fundamentales). La "identidad europea" tan buscada, sólo puede indagarse desde planteamientos científico-culturales y desde la complementariedad de la pluralidad de identidades nacionales. Desde esa perspectiva hay una cuota de utopía irrenunciable para cada poder constituyente (de lo que eran conscientes los padres fundadores). Los textos clásicos son aquí de aplicación, desde Kant hasta E. Bloch. El concepto de cultura, pluralista y abierto en el que nos basamos puede ser desarrollado en base a palabras clave tales como cultura popular, cultura alternativa y otros. El concepto de cultura procede, en definitiva, de un jurista, como Cicerón.

II – Poder constituyente en Europa: en el camino del método de la Convención

Una teoría constitucional para Europa puede y debe evidenciar que se trata de "poder constituyente". Europa es ya apta para tener una Constitución y necesita una Constitución escrita. El paulatino proceso de constitucionalización de Europa, desarrollado durante años ha llegado hoy, por fortuna, a la fase del método convencional: los miembros de la Unión Europea ya no son los dueños de los Tratados sino que son sólo (con lo importante que eso es desde el punto de vista formal) actores en los procesos pluralistas del poder constituyente. La cercanía a los Estados Unidos en su formación histórica resulta evidente: se desarrolla aquí lo que en los años 1776, 1787 y 1791 se produjo. Los *Federalist Papers* son textos clásicos, textos constitucionales en sentido amplio. Por supuesto que es necesaria todavía una democratización y parlamentarización más amplia del poder constituyente en la Unión Europea, pero el proyecto de Junio/octubre de 2004 ha aportado claros progresos: sus temas, contenidos y avances son de "naturaleza constitucional", lo que quiere decir: fundamental, de carácter fundador de la "res publica europea".

III – Apertura y carácter público del proceso de constitucionalización de Europa: espacio público europeo desde la cultura y el arte, incrementado también desde internet y desde la política (constitucional)

Hay un espacio público europeo desde hace mucho tiempo en la cultura y el arte (desde el Renacimiento pasando por la Reforma hasta la Ilustración, tangible en las obras de los grandes poetas, filósofos, músicos, pintores y escultores). Ante todo, el espacio público europeo se despliega también en el ámbito de la política, evidenciado en las manifestaciones que superan las fronteras, en los medios de comunicación y su "opinión pública", en la publicidad de las sesiones del Parlamento Europeo y de las decisiones de los tribunales. Una parte del carácter público de la constitución europea se manifiesta en la resonancia que ha tenido, no sólo en internet, el trabajo de la Convención Europea. También hay que mencionar aquí algunos proyectos constitucionales particulares (tales como el de Schwarze/Flauss), pero también memoriales, peticiones y trabajos científicos. Ciertamente, el espacio público europeo tiene también déficits, acaso en la forma en que las elecciones al parlamento europeo de 2004 se han desarrollado, con una atención mayor hacia los temas nacionales que hacia los europeos. Los partidos políticos tendrían que actuar más a nivel europeo. El proyecto constitucional de junio de 2004 exige a la legislación, con razón, publicidad. Desde el punto de vista teórico, este principio de publicidad deriva de trabajos de autores tales como I. Kant, R. Smend y J. Habermas.

IV – Proceso de producción y recepción regional y mundial (la tríada de textos, teorías y jurisprudencia, el derecho comparado como "quinto" método de interpretación, el "derecho constitucional común europeo"

El trabajo sobre las constituciones, político-constitucional o de naturaleza interpretativa, está caracterizado hoy por los procesos de producción y recepción. Se trata de la tríada de textos, teorías y jurisprudencia. En el ámbito regional (por ejemplo, en Europa) y mundial (vía internet) se están produciendo procesos de ósmosis, de recepción más o menos consciente, y también de avances creativos. Las influencias recíprocas de los europeos, también en el plano nacional, son verificables en todas partes. Instrumentos de recepción son los partidos políticos, los medios de comunicación, pero también y no en último lugar, los científicos. También entre las naciones tienen lugar efectos recíprocos asombrosos y procesos de intercambio. Los procesos de recepción en Europa del Este son hoy evidentes, ante todo en el campo de los derechos fundamentales, ya que la jurisprudencia del Tribunal Constitucional Federal alemán se ha difundido a lo largo de Europa. La "devolución de poderes" en Inglaterra encuentra también apoyo seguro en el material textual que se ha originado en el ámbito europeo desde hace mucho tiempo. Se deben evitar, en definitiva, calles de una sola dirección. Debería tratarse de procesos de aprendizaje recíprocos; por ejemplo, la fórmula húngara de las minorías como "factores de formación del Estado" merece atención no sólo en el este de Europa. Estados candidatos como Croacia o Rumania deberían tenerla en cuenta.

Un instrumento científico en todos estos procesos es la teoría desarrollada por el autor en 1989 del Derecho comparado como "quinto" método de interpretación (junto a los cuatro clásicos de Savigny, ahora también asumida por el Tribunal Constitucional de Liechtenstein), así como la figura propuesta en 1983/1991, también por el autor del "derecho constitucional común europeo" y la del "paradigma de la evolución gradual de los textos" (1989), que hoy la realidad constitucional nos trae en forma de nuevos textos constitucionales.

V – La teoría constitucional europea como disciplina propia (la despedida del "derecho comunitario")

Comenzando en 1999 y posteriormente en una monografía del mismo nombre de 2001/2002 (tercera edición de 2005), la "teoría constitucional europea" intenta promover el foro científico en el que tiene que asentarse una teoría constitucional para Europa. Actualmente tenemos "derecho constitucional europeo", "derecho administrativo europeo", "derecho civil y penal europeo", etc. Pero no hay ya un "derecho comunitario europeo" delimitable, pese a que en muchos manuales y comentarios se siga utilizando este término. El "derecho comunitario europeo" fue de gran ayuda como expediente provisional para los comienzos. Pero con Maastricht y Amsterdam, Niza y Bruselas, se han constituido ya la disciplinas particulares. De acuerdo con su propia concepción, el proyecto de Constitución de junio de 2004 es, en muchos artículos (con la excepción de los artículos 437-445) una "Constitución", no un "Tratado". Por sus temas y su contenidos, su sistemática y su forma, se trata de una "Constitución parcial" en el sentido antes mencionado.

Segunda parte: Contenidos (selección)

Las palabras clave en relación con el contenido de una teoría constitucional para Europa se manifiestan ya en parte en los métodos, en cuanto métodos y contenidos no se pueden separar de una manera clara. No obstante, vamos a hacer algunas referencias materiales a los principios constitucionales de Europa, aunque sea de manera fragmentaria, por motivos de tiempo.

I – "La identidad europea", "las identidades nacionales" y el "derecho constitucional europeo nacional"

La cuestión de las identidades se introducen ya en nuestro campo visual. No podrían definirse desde un punto de vista jurídico en sentido estricto, si bien el "derecho" debe analizarse a menudo con una perspectiva amplia que incluya los aspectos culturales. En última instancia, el concepto de identidad se remonta al sistema filosófico, en el contexto jurídico debe bastar la advertencia de que se trata de una figura jurídica manejable pero que no debe utilizarse de una manera excesiva. "La identidad europea" describe el conjunto de la cultura jurídica europea, como los principios de "derecho constitucional común europeo" (dignidad humana, división de poderes horizontal y vertical, neutralidad ideológica del Estado, derechos humanos, protección de las minorías, democracia pluralista e independencia judicial, principios tangibles, en parte, en los criterios de Copenhague; también la metodología jurídica y científica se integra aquí). La atención debe dirigirse en dirección a la historia cultural europea y a sus grandes creaciones. Una referencia geográfica es inevitable. El norte de África puede ser objeto de asociación a través del proceso de Barcelona, pero no es una parte de Europa (a pesar de la herencia árabe). La entrada de Turquía en la Unión Europea está sometida a prueba actualmente. Hay límites culturales al crecimiento de Europa. En abstracto se puede afirmar que los factores históricos, culturales, geográficos y económicos contribuyen de manera conjunta a crear la "identidad europea". Las delimitaciones (en relación con Asia y África) son imprescindibles, al tiempo que es necesario construir "puentes" hacia USA y Latinoamérica.

La "identidad nacional" es el concepto asociado al de la identidad europea. Europa vive de la pluralidad de sus naciones, con sus pasos fronterizos, pese a que, desde "Schengen" muchos estados europeos ya no son "extranjeros" y a que la teoría de los tres elementos del Estado de G. Jellinek debe ser revisada, por ejemplo, incorporando la cultura como "cuarto", si no como el primer elemento del Estado. Singularidades de las cultura jurídicas nacionales son muchas figuras, como el Consejo de Estado francés en el ámbito del Derecho administrativo, el derecho parlamentario inglés o la casi "perfecta" comunidad de derechos fundamentales en Alemania. De gran trascendencia para la "identidad nacional" de Italia son nombres como los de Dante o Verdi, del mismo modo que lo es para Francia su espíritu republicano, o para España el Siglo de Oro, o la Constitución de 1791 para Polonia. También los traumas históricos y las heridas forman parte de ese cuadro: "Chernobil" se menciona, no sin sentido, en un artículo de la Constitución de Ucrania de 1996 (art. 16).

Un puente entre la identidad europea y las identidades nacionales se intenta establecer con mi planteamiento sobre el "derecho constitucional europeo nacional" (1995). En este concepto se integran los artículos sobre Europa de las constituciones nacionales, tales como el artículo 23 de la Constitución alemana o el artículo 54.1 de la Constitución de Berna (1993). España se esfuerza actualmente en las reformas constitucionales proyectadas por incorporar un artículo sobre Europa, como también Italia. Se trata de referencias textuales a la integración de Europa, lo que es posible a través de diversas fórmulas: referencias al Convenio Europeo de Derechos Humanos, a la cooperación regional en Europa, a las instituciones de la Unión Europea, a la formación de una comunidad europea en su conjunto, así como a los valores fundamentales de Europa. Yo he recomendado para España estos artículos sobre Europa. En ellos se expresa, por un lado, la "europeización" intensiva de las constituciones nacionales, mientras que por otro se interioriza en cada Nación a Europa, lo que quiere decir que la Nación permanece, pero se enriquece con "Europa".

II – Los Preámbulos como figura cultural, científica, literaria y constitucional. La formación de los textos cercana a los ciudadanos

Una teoría constitucional para Europa debe tener en cuenta el específico "potencial" de los Preámbulos. Ensayados previamente en el ámbito interno de los Estados (también utilizados en el Derecho internacional) los Preámbulos proporcionan mucho: se parecen, desde el punto de vista cultural, a los Prólogos, las Oberturas y los Preludios, incorporan un concentrado de la Constitución y favorecen su conocimiento y comprensión, reelaboran la dimensión temporal (el patrimonio cultural y, en su caso, el desarrollo utópico de futuro) y pueden desplegar una fuerza normativa de carácter irradiante. Si se formulan con un significado que resulte próximo a los ciudadanos contribuye a atraerlos y "ganarlos". Tanto la Carta de Derechos Fundamentales de la Unión Europea, como el proyecto de Constitución de 2004 se sirven de la forma artística del Preámbulo. En el último caso resulta molesto, tan sólo, la fatua cláusula de agradecimiento del párrafo 6, que no tiene parangón en el mundo en el derecho constitucional comparado (¿un producto de Giscard y Fischer?). Una teoría europea de los preámbulos elaborada, como la existente, es piedra angular de una teoría constitucional para Europa.

III – La Carta de Derechos Fundamentales de la Unión Europea

La Carta es un sillar central para la teoría constitucional europea. En sus soluciones inteligentes y pragmáticas, en su elaboración creativa desde los estándares usuales en el derecho comparado europeo en el tiempo y el espacio, en sus innovaciones y su preservación de aquello que ya está acreditado, se puede considerar como una pieza afortunada de la cultura jurídica común europea.

IV – Valores fundamentales y objetivos de la Unión

El proyecto constitucional de junio/octubre de 2004 incorpora nuevos desarrollos en esta materia. Baste mencionar aquí la referencia a la Unión como comunidad de Derecho (W. Hallstein), de paz, de protección del medio ambiente y de solidaridad, así como (no en último lugar) de cultura. Las cláusulas relativas a los valores están muy entrelazadas con los textos relativos a los derechos fundamentales: los derechos fundamentales son, a su vez, valores fundamentales, que desarrollan su eficacia en el proceso interpretativo de los políticos y los juristas. En estos preceptos del proyecto constitucional, se ha realizado, en mi opinión, un buen trabajo. Especialmente destacable es la nueva política de vecindad con los países del entorno.

V – El Tribunal de Justicia y el Tribunal Europeo de Derechos Humanos como "tribunales constitucionales" (la sociedad abierta de los intérpretes constitucionales como "defensores" de la Constitución

Resulta evidente que el Tribunal de Justicia y el Tribunal Europeo de Derechos Humanos son "tribunales constitucionales", aunque sólo tengan competencias en relación con "constituciones parciales" si bien, por lo demás, con todos los rasgos materiales y formales que son característicos de los tribunales constitucionales. Estos tribunales son "defensores" de la Constitución parcial europea, aunque no lo sean ellos solos por cuanto, en última instancia, cada ciudadano europeo es defensor de la Constitución (como nos enseña la tesis del autor de este trabajo sobre la sociedad abierta de los intérpretes constitucionales).

VI – Luces y sombras del proyecto constitucional de 2004 (continuidad, desarrollos, déficits)

Una teoría constitucional para Europa debe estar en situación de valorar tanto las luces como las sombras de los textos. Un "Coro" de múltiples voces debe ser oído en la casa europea. Desde mi perspectiva, quisiera mencionar ahora sólo algunas cuestiones clave: el déficit democrático permanece; no hay, desgraciadamente, un referéndum de ámbito europeo para ratificación de la Constitución europea (la democracia participativa sigue siendo puntual: iniciativa legislativa de los ciudadanos), la proximidad a los ciudadanos y la transparencia se ha conseguido sólo en parte, acaso en el Preámbulo y en los artículos dedicados a los derechos fundamentales y a los valores. El conjunto expresa más bien una "continuidad" en lo ya acreditado, en parte un desarrollo acertado y un compromiso arduo. Puede ser que el texto tarde mucho en ser una realidad constitucional europea. ¿Podría compararse este proyecto con los clásicos *Federalist Papers* de los Estados Unidos?.

Perspectivas y conclusión

Europa sigue siendo un proyecto abierto con "finalidad" abierta. Los científicos europeos pueden aportar algo, en ese sentido, contribuyendo a que se tome conciencia de las oportunidades y los límites del proceso de constitucionalización. La casa europea tiene muchas viviendas, en una de las cuales trabajamos los científicos. En última instancia, se trata de los ciudadanos ("Europa de los ciudadanos"). Ellos tienen que adquirir confianza en la Constitución a través de una pedagogía intensa de las instituciones europeas. Esto requiere un esfuerzo continuado de todos los días, un desarrollo del espacio público europeo y también para el futuro una "cuota de utopía" (por ejemplo, la idea de un contrato social europeo) como la que tenían y nos han legado los padres fundadores.

Referencia Bibliográfica

H. Dreier (Hrsg.), *Grundgesetz-Kommentar*, Bd. I, 2. Aufl. 2004.
J. A. Frowein; W. Peukert, *Europäische Menschenrechtskonvention*, 2. Aufl. 1996.
P. Häberle, *Verfassungslehre als Kulturwissenschaft*, 1. Aufl. 1982, 2. Aufl. 1998.
P. Häberle, *Europäische Verfassungslehre*, 2. Aufl. 2004 (3. Aufl. 2005).
K. Hesse, *Grundzüge des Verfassungsrechts der Bundesrepublik Deutschland*, 20. Aufl. 1999.
M. Kotzur, *Grenznachbarschaftliche Zusammenarbeit in Europa*, 2004.
H. Roggemann (Hrsg.), *Die Verfassungen Mittel- und Osteuropas*, 1999.

Impressão:
Editora Evangraf
Rua Waldomiro Schapke, 77 - P. Alegre, RS
Fone: (51) 3336.2466 - Fax: (51) 3336.0422
E-mail: evangraf@terra.com.br